南华经合注吹影

Nanhuajing Hezhu Chuiying

[清] 胡文蔚◎著

李波
彭时权◎点校

人民出版社

目　录

外篇十五篇總論

雜篇十一篇總論

前　　言

　　胡文蔚,字豹生,號約庵,浙江仁和人,明末清初人,生卒年不詳。《仁和縣志·文苑》載:"胡文蔚,字豹生,性嗜學,雖嚴寒溽暑,手未嘗釋卷。崇禎六年,舉於鄉。好爲詩古文詞,足跡遍天下,遇山川名勝輒有題詠。曹學佺爲《石倉詩選》所採文蔚詩甚多。順治間,授高州府推官。尋,去職。居南海不樂仕,進注《南華》十餘年始成,兼綜條貫,精潔淵微,識者以爲郭象所不及之,歸至南雄,卒。所著自《南華合注》外,有《浮漚集》十三卷、《約庵詩選》十卷、《文集》十卷。"其著作大都散佚,惟有《南華真經合注吹影》(以下簡稱《吹影》)三十三卷現藏於中國國家圖書館。

　　《吹影》一書完成於清朝初期,可謂清代最早的一部莊學著作。其《自序》云:"餘童子時,即珍愛之,至今垂三十餘年矣。歲癸巳,流寓東粵之海濱,時值大饑,斗米千錢,枯坐一室中,再食不飽,百憂相續,計無所以陶情撥悶者,因取《南華》誦之,頓覺心爽神開,視一切死生榮辱,宛如遊塵聚散,於是撫心三歎,博采諸注,及其冗繆,存其幽微,舉凡穿鑿竄易,牽引支離者,悉釐正之;杜撰無稽,浮游矛盾者,悉闡明之。"可知,胡氏從年少時即喜愛讀莊,注莊始於"癸巳"年,即順治十年(1653)左右。又其《自序》篇末標識云:"時歲次丙申驚蟄後三日",可見該序於"丙申"年即順治十三年(1656)完成,此書前後耗時約三年。此作先於同時代人完成,上承晚明,下啟清代,無疑具有開風氣之先的作用。

一、《南華真經合注吹影》注述體例

　　國圖所藏《南華真經合注吹影》三十三卷,正文前有李覺斯《南華經合注吹影序》、錢朝鼎順治十三年《〈南華經合注吹影〉敘》、陳衍虞《南華經合注吹影序》、詹換綠《莊子合注吹影序》、胡文蔚順治十三年《莊子合注吹影自序》（以下簡稱《自序》）及《鑒定諸先生姓氏》《同學諸友人姓氏》（另，美國國會圖書館藏本，書名目錄末多出一篇尹治進的序言）。正文分爲内、外、雜三部分，每部分各有一總論，每篇各成一卷，卷首題"西湖胡文蔚豹生甫删補"，篇前皆有《總論》，眉欄偶有批語，原文頂格書寫，順文雙行夾注；注文低一格，雜引郭象、呂惠卿、王雱、陳詳道、林自、林希逸、褚伯秀、劉辰翁、羅勉道、唐順之、陸西星、焦竑、釋德清、李光縉等人注語，並斷以己意，謂之"補注"。顯然，胡文蔚"合諸注匯錄成集，名曰《合注吹影》"，就是要衷輯歷代名家注疏，薈聚以彰明莊子深義。而胡氏的"合注"中，以郭象、林希逸、陸西星的注解爲主。但他匯輯衆家之評注，並非簡單的拿來主義，而是有所厘定，正如他在《自序》中所云："博采諸注，殳其冗繆，存其幽微，舉凡穿鑿竄易，牽引支離者，悉厘正之；杜撰無稽，浮遊矛盾者，悉闡明之。"誠然，胡氏於書中對前人注解進行了删繁就簡，刊裁厘定的工作，並對於前人注解中不足之處進行了疏通闡發，將前人注解中那些細鎖冗餘部分删除，保留最精當的議論部分。如《逍遙遊》篇中"小知不及大知"至"衆人匹之，不亦悲乎"一段，陸西星注解道："此段又自'二蟲何知'上生下'小知大知'，又自'小知大知'上生下'小年大年'二句，意亦相承，以年小故知小也。朝菌，糞芝也，朝榮而夕瘁，故不知有晦朔；蟪蛄，寒蟬也，夏生而秋死，故不知有春秋：以年小故知小也。若夫楚南之冥靈以千歲爲春秋，上古之大椿以一萬六千歲爲春秋，二木之取於造物者如此之多，其中豈無靈異？謂之大年大知，理固宜然。而世傳彭祖壽年八百，以久特聞，此尚不及冥靈，何望大椿？乃衆人慕而匹之，不亦悲乎？何見之鄙也！教人把胸襟識見擴充一步，不得以所知所曆者而自足也。"胡氏删引道："陸方壺曰：此莊子教人擴充識見，不得以所知所曆者而自域。"顯然只保留了陸氏的議論部分，也是其精華所在。此外，對於前人注解中"牽引支離"處，胡氏也進行了厘定，如《人間世》中"吾未至乎事之情"一句，林希逸注："情者，實也，我方受命，未曾實理會事。"將"事之情"解爲實際理會事務之義。而胡氏注："未至於事之情，'情'字不必作'實'字看。凡奉使者，傳命專對，其中委曲處皆情也。"相比於林注,胡注更貼合莊文的具體情景。另外,胡注中對前人注解中不足的地方也進行了辯駁疏通。如《齊物論》中"咸其自取,怒者其誰耶"一句,胡氏從上下文意的連貫性上對陸西星的注解辯駁道:"陸方壺謂:'聲由竅出,"自"字訓"由","已"字指"竅"。"自取"亦言咸竅之自取。怒者其誰,屬風。'如此仍只說得箇地籟了,不知作止吹怒者風,所以使作止吹怒者,非風也,天。如此看,方與下文不相背。"認爲陸氏"怒者"屬風的注解仍只解說了"地籟",顯然未達莊義,此處的"怒者"應指"天也",如此方與下文連貫。胡氏的解釋有其道理。要之,胡氏對前人注解進行了精細的斟酌厘定,其"合注"的內容絕非簡單地對前人注解進行衷輯匯聚,而是在刪減、厘定、辯駁的原則上進行的。

那麼,胡氏"吹影"又有何深刻寓意呢? 胡文蔚在《自序》中說:"《南華》者,原本《道德經》而闡揚之者也。審是,莊子之言,已爲老子注疏,況言莊子之言乎! 大道不說,一着言詮,從空落影,未免粘惹。南華于道,其影然乎? 注《南華》,其影外索影乎? 即以影言,邪正耶? 動靜耶? 惟杓是瞻,人禽花木,隨感而應,欲滅影,必無形而後可;欲去言,必無道後可,既已謂之曰道,安得謂之無言? 雖曰非有道不可言,不可言即道,爲此言者,且得謂之無言乎?《齊物論》曰:'夫言非吹也。'《關尹子》曰:'言之如吹影。'莊與關暌矣,非暌也。風吹萬不同而無心也,今有心而言之,則非吹,因天籟之自鳴而言若不言,則與吹無以異,故凡言道者,皆吹影也。注莊云乎疏老也,注老云乎疏道也,皆謂之吹影之人也。"顯然,在胡氏看來,《莊子》對於大道,只得其影子。注解《莊子》,無疑是影外索影。言非吹,大凡言道的,皆是吹影。他繼而對"吹影"之用意作進一步闡發說:"其義蓋肇于漆園'罔兩問影'之語。夫行止坐起,影固待形而然,而形又有所待,因是知《南華》者,道之影也;注《南華》者,捕影者也。由影而證形,由形而證道,庶乎其若喻之而若得之矣。……姑以予所注作一壺一虞觀,未嘗不可也。得魚忘筌,尤所望于忘言之人。"顯然,胡氏擬名"吹影",正是希望能夠讓讀者"由影而證形,由形而證道",其用心可謂良苦。

《南華經合注吹影》流傳不廣,版本較少,後代各官私藏書書目中多未著錄。惟據孫殿起《販書偶記》卷一二"道家類"著錄云:"《南華經合注吹影》三十三卷,武林胡文蔚撰,順治丙申本衙刊。"所著錄內容與國圖藏本相同。另美國國會圖書館藏一版本,其體例、字體、眉批及内容與国圖藏本基本相同,惟多出一篇尹治進的序言,序末落款"時順治辛醜歲",據此推測,此版本至少應在國圖藏本後五年即清順治十八年(1661)刊刻而成,其所用底本與國圖所藏本應是同一底本。另據胡靜道《十家論莊》附錄云:"《莊子吹影補注》三十卷,清胡文蔚撰,清順治年間刻本。"①其卷數與題目與國圖藏本不同,惜現不知下落。

二、以莊解莊的思想闡釋

胡文蔚力求探索莊子之真旨,故能夠做到"以莊解莊",這首先表現在對《莊子》各篇章、辭句之間的相互貫通互釋上。如《在宥》篇"主者,天道也;臣者,人道也"句,胡氏注:"即如《齊物論》'其遞相爲君臣乎'之意"。《繕性》篇首段注:"恬者,思慮都捐,勿忘無助,即《天道》篇'虛靜恬淡,寂寞無爲'之旨。"《至樂》篇"顏淵東之齊,孔子有憂色"一段,胡氏注:"即如《人間世》曰:'是以人惡有其美也,名之曰菑人。菑人者,人必反菑之也。'"胡氏利用莊子文本内部材料之間進行的相互詮釋,確實有助于人們對莊子思想的理解。其次,胡氏對《莊子》中某些重要命題概念的具體闡釋,也不像林希逸、陸西星等那樣較多運用理學詞匯或佛學術語來進行比附,而是前後貫通,具有深刻的思想内涵。其中對"逍遙遊"義的闡釋和對《齊物論》篇"因"思想的解讀就表現得尤爲突出。

第一,對"大之以逍遙"的莊學内涵的新釋。

歷代注莊者都極爲重視對莊子"逍遙遊"義的闡釋,因此其内涵日益豐富,與此同時亦使人越來越難以看清莊子的本真思想。胡文蔚在闡釋"逍遙遊"上基本因襲了陸西星"大其心"的看法,但對其明顯的理學思想傾向表示不滿,故而在其《逍遙遊·總論》中對其刪改注解道:

> 夫人心體原自廣大,止緣塵綱系縛,物欲蔽之,囿於偏曲,去道滋違。
> 學道者必先要克擴其心,故廣之以遊,欲其破藩籬而自適也;大之以逍遙,

----

① 胡静道编:《十家论庄》,上海人民出版社 2004 年版,第 569 頁。

欲其放浪而漫衍也。逍遙遊，即《在宥》章“鴻蒙曰：‘浮遊不知所求，猖狂不知所往，鞅掌以觀無妄’”意，所謂出入六合，獨往獨來，處乎無鄉，行乎無方也。

顯然，胡氏“大之以逍遙”的闡釋思維承續的正是羅勉道“豁其逍遙之胸次”和陸西星的“心體廣大”的說法，即在臻於逍遙之境的理路上，依然受到了理學家張載、朱熹等格除“物欲”之弊的“大其心”的修養方法影響，充滿了道學家的意味。然而在對逍遙義的具體理解上，胡氏則擺脫其理學思想束縛，借《在宥》篇中鴻蒙之語“浮遊不知所求，猖狂不知所往，鞅掌以觀無妄”來闡釋“逍遙遊”義，意即“出入六合，獨往獨來，處乎無鄉，行乎無方”的遊於大道的境界。顯然，胡氏的這一闡釋與《莊子・天下》篇所載“獨與天地精神往來”的莊子思想相當契合，深得莊子逍遙之旨。另外，聯系胡氏於《在宥》篇中對以上三句的注釋：“猖狂，放佚之狀。不知所求，不知所往，言無心也。跡雖似乎冗迫，而於舉世紛汩之中，獨觀其天真之所在。”可見胡氏以爲要達到真正的“逍遙遊”，必須要做到“放佚”“無心”的自在狀態，保持“天真”的本性兩個方面，這無疑是對莊子“逍遙遊”思想的創造性的發揮。再看胡氏對“大”的理解：“藐姑射之四子，不以天下爲事，物莫能傷，正至人無己處，故肌膚吸飲，迥與人異，乘雲氣，禦飛龍，遊乎四海之外，即所謂‘乘天地之正，禦六氣之辯，以遊無窮者。’大哉，此之謂神人乎！神人知與造物者爲人，而遊乎天地之一氣，方名爲大。”（《逍遙遊・總論》）合內外篇於一體，這顯然是對老子“道大”思想的進一步發揮，是對莊子“以大爲逍遙”的一種正解，與理學家們以“心體廣大”爲逍遙義的理解是完全不同的。總之，胡文蔚站在曆史與時代的角度對莊子“逍遙遊”義的理解盡管有其局限性，但能夠以莊解莊，合內外於一體，貫通前後，充滿了智慧與新見，糾正了前人的不少偏頗，有其積極意義與曆史地位，值得大書一筆。

第二，對《莊子》“因”思想的深入探析。

莊子在《齊物論》篇多次提及“因”字，常將“因是”一起連用。自郭象以來，曆代注釋者似皆沒有把“因”或“因是”當作莊子思想體系中一個獨立的哲學概念或範疇進行注解，因此對此概念的解釋頗爲模糊，沒有形成一種清晰的發展脈絡。而胡文蔚獨僻蹊徑，發現了莊子"因"字的獨特魅力，創造性地將之單獨提出，使之成爲了莊子思想中的一個重要的哲學範疇，並做了深入探討，意義非凡。他在《齊物論·總論》裏道："篇中'因'字，是老莊要旨，最宜參究。"在正文中對其內涵作了具體闡釋。首先，他反對前人將"因是"連在一起解讀。他說：

> 是以聖人屛絕是非之念不用，而照之以天。天者，太虛無爲，夫何言哉！聖人全體太虛，光明所燭，如天之無所不照，所以然者，道惡乎往而不存，言惡乎存而不可。大道中原有自然而然，至當不易之宜，聖人不立人我，不起意見，亦不過因所自然而已矣。篇中"亦因是"也，凡二見。"因是已"，亦二見。"是也"、"是已"，皆語詞，不可作"是非"之"是"。

顯然，他認爲文中"亦因是"、"因是已"中的"是也""是已"皆語詞，並非"是非"之"是"。這種理解直接否定與顛覆了世人對於莊子因是、因非的舊解。明代學者焦竑在《莊子翼》中說道："'因是已'，此句篇中數見，而解者不知'是已'二字爲語詞，而連'因'字讀之，大誤。"胡氏的見解當受到焦竑的啟發，但焦竑的解釋還只是停留在詞義辨別的層面上，未能將之上升到莊子哲學體系的層面來予以立論，而胡氏卻有意識地做了此種工作。他在解瞿鵲子與長梧子對話中"即使我與若辯之"至"故寓諸無竟"一段道："到此方說所以因之妙。因者，和也，因造化自然之天倪也。爲指點'待彼'二字。彼，即'非彼無我'之'彼'，'怒者其誰'之'誰'也。……'彼'者，天也，造化也，和之以天倪是也。此句是答詞。'曰是不是'至'若其不相待'，是說和的樣子。重提'和之以天倪'一句，方點出'因'字。曼衍正'因'處也，'因'便無窮無竟，無不忘矣。前人於此，從未究心。"顯然，他緊緊抓住"因"字大做文章，將"因"字提高到了相當高的哲學高度。那"因"字的哲學內涵是什麼呢？胡氏釋之以"因其自然"。他在解"彼是莫得其偶，謂之道樞"一段云："夫至是無非，大道惟一，假使彼是者，物我皆忘，分別俱息，則莫得其偶，謂之道樞，云得道之樞要也。又釋'樞'義，言樞如戶樞，環而中虛，故無首無尾，千轉不窮。彼是者能環中以應，因其自然。是乎道之所是，更無有一非者足以窮之；非乎道之所非，更無有一是者足以窮之。不執是非之見，是以不爲是非所窮，惟虛而生明，照之以天者能之，故曰'莫若以明'。環中以應無窮，正見'因'之妙處。"又解"雖然，請嘗言之"一段云："所謂因者，因其自然，而不增加於天均之外者，正'無適焉'而已矣。"不爲是非所窮，即不執是非，因其自然。他特別強調莊子"因"的哲學內涵重在泯滅是非之見，是自然而然的一種狀態，而不是有意爲之。他在解"惟達者知通爲一"一段時說："通則在人既各得其所得，在我且無入而不自得。'得'者，滿志快足也。適得其所願，則幾乎無欲無爭矣。複何是非之有，此之謂'因'也。夫豈有意以爲之哉，自然而然，不知其所以然，道在則然也。"無疑，胡氏將"因"提高到一定的哲學高度，釋之以"因其自然"的觀點，比前人"因其所是而是之，因其所非而非之"（林希逸說）的看法更貼合莊子思想，也更具有現實意義。

三、以儒解莊，會通儒道

自郭象嘗試調和儒道以來，消解《莊子》中的儒道矛盾即成一股潮流，終於到北宋蘇軾、王安石時期明確提出莊子"尊孔"說。此後以儒解莊觀念深入人心，此種方法幾乎成爲了後人解莊的一種靈丹妙藥。王雱、呂惠卿、林希逸、羅勉道、楊慎、朱得之、李騰芳、方以智等莊學研究家無不如此。作爲傳統知識分子，胡文蔚亦難以走出此種窠臼，其著述過程流露出較爲強烈的儒學化傾向。

第一，尊孔、重孔。

胡文蔚每每因襲前人的看法，認爲莊子尊孔、重孔。在《應帝王》中談論"帝治"時解說："順物之自然，即不識不知，順帝之則，而無容私焉，即帝力何有於我哉！如此言帝治，莊子何嘗與吾儒有異，惟言修身養性，則更進一層耳。"在《天運》篇總論中說："若夫六經者，亦大道之陳跡。有所以跡者，道也。苟得於道，無自而不可，不存化人之跡，乃可以化人也。借孔子以明之，莊子始終以孔子爲重也。"解《田子方》篇中"孔子見老聃，老聃新沐"一段云："撰此一段蓋借孔子以尊老聃，則知漆園之推重吾夫子也。"就連蘇軾也不得不承認的莊子深譏孔子的《盜蹠》篇，胡氏也辯解說："此即夫子道不同不相爲謀之意，漆園特以戲謔出之，似乎譏訕而實取重吾夫子也。大意謂不同而謀，桀必

7

非堯,狂將侮聖,奈之何哉!莊子非不知尊孔子,賤盜蹠,誠恐世人不悟兩忘之道,相爭以能,相誇以智,則是非日繁,性命之情日僞,即聖如孔子,亦不能勝盜蹠也。"最後,他在《天下》篇總論中強調說道:"或問《南華》一經,多援引孔子爲重,何於《天下》篇獨不敘及,曰此莊子尊尼山之意也。莊子知孔子爲集大成之聖業,備天地之美,配神明,育萬物,和天下,澤百姓,其爲道術也,六通四辟,無乎不在,而一無所在者也,安敢與諸子同類而語,正所以深尊孔子也。"此種論調也爲清代學人解莊定下了一個調子。

第二,援引儒家經典會通儒道。

林希逸在《莊子鬳齋口義》中說:"必精於《語》《孟》《中庸》《大學》等書,……而大綱領、大宗旨未嘗與聖人異也。"①北宋學者已經普遍嘗試著援引儒家經典來會通《莊子》。後經過明代學者的發展,將《莊子》與儒家經典會通詮釋亦成爲學者們治莊的拿手好戲。胡文蔚自不例外。像前人一樣,他也喜歡援引《論語》《孟子》《大學》《中庸》中的材料來比附《莊子》的某些說法。如解《德充符》篇魯哀公問仲尼"何謂才全"一段,胡氏說:"才,即《孟子》'降才'之才,自其賦於天者言。"解《繕性》篇"中純實而反乎情,樂也"句云:"即《孟子》反身而誠,樂莫大焉"等等。胡氏更喜歡援《易》入莊。如《人間世》篇首段中顏回之衛向仲尼請行,仲尼曰:"若殆往而刑耳。夫道不欲雜,雜則多,多則擾,擾則憂,憂而不救。古之至人,先存諸己而後存諸人。"胡氏注云:《易》曰:'易其心而後語,定其交而後求。'先己後人,古諫法也。今所存於己者未定,何遑暴白人之不善哉!"解《天運》篇"一死一生,一僨一起,所常無窮,而一不可待"句云:"一死一生,一僨一起",不過是"作止"之義,同《易》'一陰一陽之謂道',言兩在不測也。"於《至樂》篇總論說:"至樂者,心性中自然之真樂,即《易》'樂天知命,故不憂'。"解《山木》篇"若夫乘道德而浮遊則不然,無譽無訾,一龍一蛇,與時俱化,而無肯專爲"句云:"此即《易》'消息盈虛',與時偕行之道也,亦涉世之要術。'無譽無訾',即《易》'無咎無譽'意。"這樣的比附是否有其合理性,則只能仁者見仁,智者見智了。不過在胡氏看來,《莊子》

---

① 林希逸:《莊子鬳齋口義》,中華書局1997年版,第1頁。

與《易經》是完全可以會通的,因此他甚至用易學理論來解釋"南華經"三字:"南,陰方也,柔能克剛,正老莊守雌之旨。華者生機,男女構精,非陰不生,所以明無爲之用也。即《易》坤者,地道、臣道、妻道,無成而代有終也。得此道者可以治身,出其緒餘,可以治國與天下,斯爲萬世不易、千聖同揆之道,故曰經。"(《內篇總論》)這種說法並不新鮮,自北宋王安石學派以來不少學者嘗試做過這方面的工作,胡氏的說法亦不免顯得生硬與牽強,但由此可以看出他會通莊、易,以儒解莊的基本立場。

四、探索《莊子》的文章學價值

胡文蔚在繼承前人治莊成果基礎上,頗爲用心於莊子文章研究,在結構、文法以及內在情蘊等方面都有獨特發現,提出了很多新見,對清代莊學研究具有重要啟示意義。

首先,對《莊子》文章結構的獨特理解。胡氏從"莊實老之注疏"的思想見解出發,對內外雜篇的義旨進行貫穿與統攝,從整體性上對內外雜三部分思想進行解讀,首次提出了通篇可作"一篇讀",內七篇"次第終始,井井有條",外"十五篇亦可作一篇讀",雜篇除《天下》篇,其餘"亦可作一篇讀"的新見。

"七篇可作一篇讀"。從成玄英開始,學者們即發現內七篇前後次第有序,有邏輯可尋。胡氏則以自己的理解作出了更爲個性化闡釋,將前人觀點向前大大推進了一步。他說:"按內篇以三字命題,旨趣深永,應是漆園原本,次第終始,井井有條,七篇可作一篇讀。"在他看來內七篇之間具有完整連貫的結構,次第終始,井然有序,完全可以當作一篇讀。他以"真"字通貫整個內七篇旨義:

> 真者,大道真神,見性複命,以天爲師,一真自如,活活潑潑,獨往獨來,自然逍遙,無入而不自得,所以能遊,所謂心有天遊也,言乎天遊則無物不在範圍。一與不一,何所不齊,齊則綱維運旋,心君常定,出世入世,物不能傷,至紛至賾,而悉合於符,千變萬化而不離於宗,何難陶鑄堯舜以應帝王哉! 要惟神者宰之內,所以兼乎外也。

胡氏將"真"字涵義解爲自如活潑,來往逍遙,對應《逍遙遊》篇;而"心有天遊”，則“無物不在範圍”，故而可以“何所不齊”，正應《齊物論》旨；“齊則綱維運轉”，自然“心君常定”，暗合《養生主》；“心君”能定，故能“出世入世，物不能傷”，正契《人間世》旨；由此“至紛至賾，而悉合於符”，正是《德充符》義；“千變萬化而不離於宗”，對應《大宗師》一篇；“何難陶鑄堯舜以應帝王”，歸終於《應帝王》。而神者宰內兼外，一義貫穿內七篇。這樣，他認為內七篇宗旨次第相連，結構完整，七篇如一。

“十五篇亦可作一篇讀”。對於外篇，長期以來衆說紛紜，多數學者以爲外篇相對於內篇較粗，十五篇之間沒有太多聯繫。而胡氏卻一反前人之見，認爲外篇發明內篇未盡之意，是老子無爲而無不爲之旨的發揮，“十五篇亦可作一篇讀”。他在外篇總論中說：

> 或以外篇，但取篇首二字爲題，是後人纂輯者，聊取名篇，故篇中頭緒別出，每段各爲一則，意旨不相聯屬，此真蛙蠡之見，何足以讀《南華》？餘謂外篇者，所以發明內篇未盡之意。七篇中作一篇讀，而十五篇亦可作一篇讀……其大宗大本，在“虛靜恬澹，寂寞無爲”八字，大用在“無爲而無不爲”一句。《駢拇》以仁義爲旁枝也；《馬蹄》以制度爲傷性也；《胠篋》以聖知爲大盜資也；《在宥》以治天下莫若無爲也；《天地》以君道貴法天地也；《天道》以帝道無爲，在運而無所積也；《天運》以三皇五帝務如天之應物而無窮也；《刻意》以有意尊尚，則德不全而神虧也；《繕性》以治性常自然，而無以知爲也；《秋水》以水喻性，不得以一曲自足也；《至樂》以吾心有真樂，不藉外物，以養形活身也；《達生》以達生者達命，養神守氣，神生性複，與天合德而物累消也；《山木》以處才未善，難免於累，惟虛遊者，偕逝而無傷也；《田子方》以抱道者正容悟物，斯葆真而不失其常也；《知北遊》以無知無謂，始能行不言之教，默契大道也。惟外化而內不化，始能化，化而不爲化所化，此莊子合外內而闡示道妙，注疏老子無爲而無不爲之旨也。要知莊實老之注疏，不讀老而讀莊，未能窮其蘊也。

在胡氏看來，外篇的大宗大本，在“虛靜恬澹，寂寞無爲”八字，大用在“無爲而無不爲”一句，莊子合內外於而闡釋道妙，正是發揮了老子之旨。此種說法，可謂度越前人。

　　"十篇亦可作一篇讀"。《莊子》雜篇因其内容駁雜或重複、語言奥峭或膚淺、義理幽隱或淺陋，常被治莊者所疑，其或擱置不予評注，或抵斥其爲僞作。蘇軾《莊子祠堂記》中就認爲《讓王》《説劍》《漁父》《盜跖》四篇，皆淺陋不入於道，是僞作。其後不少學者附會這一觀點。而胡氏卻堅定地以爲，雜篇與内篇互爲表裏，除《天下》篇是總述大旨外，其餘"十篇亦可作一篇讀"。他在雜篇總論中說道：

　　　　雜篇大意，所謂萬物並育而不相害，道並行而不相悖也。天下事物縱龐雜多端，而不離乎道也。寓言、重言、卮言，所以明道也。《庚桑楚》云聖人貴忘人忘己，不示仁義之跡。《徐無鬼》云治天下者，休胸中之誠以應天地之情而勿攖。《則陽》云抱道者見性複命，以天爲師，不言而飲人以和，必不屑妄已幹謁。《外物》云聖人抱神，心有天遊，知外物不可必。《寓言》云假他端以寓意，隨言而隨化。《讓王》云化爭之道，莫過於讓。王而可讓，何有於事物。《盜跖》云道不同，不相爲謀。即孔子不能化其強暴。《説劍》云道之所用，無往不利，能止世主之僻而安其國。《漁父》云精誠之至，與道合真，可以永銷疵患。《列禦寇》云列子外謀成光，精神浮露，故不能使人無保汝，惟真人其神全，其功内，絕去人爲，而純乎其天也。《天下》云道之散於天下也，方術多端。皆一察一曲之偏，自明己之道術，本於博大真人，而變化不測，非囿於方也。愚以爲雜篇十一篇，除《天下》篇是總述著經之大旨，其十篇亦可作一篇讀。

　　胡氏的分析在很多地方顛覆了前人的意見，成爲一家之言。總之，胡文蔚從思想主旨出發，認爲莊子内七篇一義貫穿，外雜篇義旨統一，内外相互印證，共同構建一個完整的思想體系。正如其同學尹進治在其《序》中稱贊的那樣："内外篇互相表裏，全部可合爲一篇，一篇可合爲一句，是則胡公之所獨也。"胡氏的說法影響巨大，對於清代莊子散文研究家林雲銘、藏雲山房主人、孫嘉淦、宣穎、劉鳳苞等人都產生了深遠的影響，可謂開風氣。

　　"一篇可作一句讀"。胡氏在《自序》中鮮明提出："漆園原本，次第終始，井井有條，七篇可作一篇讀。篇中起伏開闔，寓情設喻，極其精雅，琢句下字，絕無孟浪，一篇可作一句讀，是天地間極大文章，堪與六經並傳。"不僅内七篇，

胡氏更以爲外雜篇同内篇一樣,每一篇皆可作一句讀。如《田子方》篇將大量寓言聯綴在一起,讓人很難發現其頭緒。而胡氏分析到:

> 大道在未始有物之初,爲萬物之紀,非知者所得説也。古之真人,正容以悟物,目擊而道存,遊心於物之初,離人而立於獨,視四支百體爲塵垢,死生終始爲畫夜,揮斥六極,神氣不變,複何貴賤存亡哀樂安危,足以滑其胸次。一切聖智禮義,國政儒術,才藝之末,棄猶泥塗也。及一旦與世爲緣,身歷其事,仍千變萬化,莫可窮極者。何也? 有所以爲之宗也,道是也。知是道者,無爲自然,物來順應,得至美而遊乎至樂,忘乎故吾者也。上而虞舜,死生不入其心;下而百里奚,爵禄不入其心;皆得忘之道者也。是以爲儒而冠履佩玦,則事至能斷,國政不足以窮之。爲畫史而解衣盤礴,不役志於畫,則宋元君善之。藏丈人之釣,其釣莫釣,而非持其釣。伯昏無人之射,登高山、臨深淵而不栗。孫叔敖之在我忘彼,在彼忘我,不以令尹之得失爲貴賤,亦皆遺形外物,能忘故吾者也。要之古之真人,雖忘乎故吾矣,然吾有不忘者存。所謂存者,何葆真也,不失其大常也。若凡君所云,凡亡不足以喪吾存,楚存不足以存存。順子之正容而使人意消,溫伯雪子之不可以容聲,則知存存者矣。

總論緊緊圍繞得道而展開,一義貫之,讓人信服。在此基礎上,胡氏還結合文章之思想對文脈進行了細細尋繹,所獲良多。由於篇幅限制,在此不再展開贅述。

其次,揭示出莊文的字法、修辭、筆法等文法特點。自北宋林希逸以來,學者們即開始探尋莊文之文法特點,並對之進行美學鑒賞,漸成風氣。胡文蔚亦從自身的美學趣味出發,對於莊文的文法特點進行了賞析。他主要從幾個方面展開。其一,字法。認爲莊子用字有趣味、求新異。如《人間世》篇"庶幾其國有瘳乎"句,胡氏注:"此字即從'醫門多疾'生來,字法最有趣味。"《田子方》篇"日改月化"句,胡氏注:"即推遷,換字求爲新異也。"指出莊文字法具有"趣味""新異"的特點。其二,修辭。胡氏特別欣賞莊子譬喻奇確的特點。如《齊物論》篇"朝三"一段譬喻,胡氏評曰:"此譬喻之最奇、最確者,文法亦峭異。"《秋水》篇中"夔憐蚿,蚿憐蛇,蛇憐風,風憐目,目憐心"一段,胡氏注:

“設喻奇確,今古爲最。”其三,筆法。胡文蔚對於莊子善省文的筆法特點頗爲傾心。如《齊物論》中“地籟則衆竅是已,人籟則比竹是已,敢問天籟”一段,胡氏評:“前曰地籟,今說天籟,把人籟只一句遞過,是省筆法。”又如《達生》中“凡有貌象聲色者,皆物也,物與物何以相遠! 夫奚足以至乎先! 是色而已。”胡氏評:“即上‘貌相聲色’,舉一而四,省文也。”胡氏對《莊子》文法的揭示,對後來的林雲銘、宣穎乃至晚清劉鳳苞等人,皆產生了一定的影響。

五、以情體莊

胡氏因自身的身世經歷、生存困境以及朝代更迭的時代感受對莊子有着深刻的生命體驗。他在《自序》中說:“歲癸巳,流寓東粵之海濱,時值大饑,鬥米千錢,枯坐一室中,再食不飽,百憂相續,計無所以陶情撥悶者,因取《南華》誦之,頓覺心爽神開,視一切死生榮辱,宛如遊塵聚散。”可見在胡氏流落廣東海濱之時,遭逢饑餓,心中憂悶無法排解之時,正是《莊子》一書給予了他極大的精神慰藉,使得他看淡死生榮辱。而胡氏的漂泊身世與困境經歷讓他對於《莊子》一書有一種真切的生命體驗,使得他在解《莊》中灌注著自己的生命感受。如《外物》篇“莊周家貧,往貸粟與監河侯”一段,胡氏感慨道:

> 予流寓廣州陳村,自戊及癸,獲注此書,時值大饑,流離之子,薄粥野蔬,日才二餐,愧無粟貸友,亦無從乞升門。若監河侯之諾貸,未見其人也,況三百金云,雖多而未與,不若少而有濟。吾以莊子之忿然作色,猶行古之道也。今則何敢? 陸方壼以爲窮塗伏友生,仁者宜亟恤之,乃出此迂緩不急之語。莊子偶記於此,以見世俗之益偷也。悲哉,天乎! 當日如是,茲更甚焉,慎毋使人與人相食之言,驗於後世,則斯人之福矣。

胡氏遭受過身曆饑困的經歷,才對莊周遭遇貧饑的困境體切猶深,他由自身困境而悲歎世事,希望“慎毋使人與人相食之言,驗於後世”。因此他解莊融入了自己的生命體驗,認爲莊子具有關懷世人的“婆心”,內心深處實是悲天憫人,其言辭並非“過激”,乃是“意在還醇”。同時他揣摩莊文語氣,對人物的心理情態進行分析,將莊文中飽含深情的內涵深入挖掘,使文章義理透出一種盎然的情趣,具有較強的審美意義。胡氏這種以情解莊的方法,影響了之後林雲銘、宣穎、胡文英、劉鳳苞等治莊家,使得莊子文章的美學意境得到了極大提升。

　　本次點校以國家圖書館所藏清刊本《南華真經合注吹影》三十三卷本爲底本,並據美國國會圖書館所藏本進行參校。限於水平,難免有失誤之處,敬請方家批評指正。

校　者

2019 年 10 月 16 日

點校說明

1. 本书以國圖所藏清刊本《南華真經合注吹影》三十三卷本爲底本,並據美國國會圖書館所藏本進行參校。目前,國內外各大圖書館僅發現了上述兩個版本,故無他本參校。

2. 本次整理點校對原著之格式作了一些相關處理。經文用黑體字標注,正文中的夾注用普通小一字號標注。爲了方便讀者閱讀,將文本舊有的眉批按照相對應內容(眉批內容既有對莊子原文的批點,又有對胡氏注文的批點),移至正文後(其中總論和注文的眉批則根據評論內容移至文中相應處,用小一字號標注),並冠以【眉批】字樣,以示區別。將書中的旁批移至對應經文後,用小一字號,並冠以[旁批]字樣。文本中有大量圈點符號,本次點校皆不予收錄。

3.《莊子》原文依胡氏《吹影》之理解進行標點,個別地方作適當處理。原文文字與通行本有異者,一般出校記。

4. 胡氏所引各家注文資料,由於經過作者刪節,與原文出入頗大,給校勘帶來了很大困難。本次點校除個別文字字句或引文作者有錯誤的地方予以訂正,並出校記,其他地方則徑予增補,不出校記,以免繁瑣。對於原作中的異體字、古今字、俗體字等一般保持原貌,個別地方進行修正,不出校記。

5. 本次點校所用主要版本如下:

郭慶藩《莊子集釋》,王孝魚點校,新編諸子集成本,中華書局 1997 年版。(校記中所謂通行本即指此本。郭象《莊子注》亦以此本參校);

褚伯秀《南華真經義海纂微》,方勇點校,中華書局 2018 年版;

林希逸《莊子鬳齋口義》,周啟成校注,中華書局 1997 年版;

羅勉道《南華真經循本》,李波點校,中華書局 2016 年版;

陸西星《南華真經副墨》,蔣門馬點校,中華書局 2010 年版。

南華經合注吹影序

　　往讀《南華》,竊怪蒙莊擬耳目於日月,寄聲氣於風雷,出入六合,純以天遊,尚何事于爭名立智以高世? 亦祖老氏之虛無而已。然則何從攝其精神、得其消息而注之? 向秀雅好讀書,自適其適,于注外爲解義,大暢宗風,此呂安所嘗致歎,隱莊之絕倫者。後郭注行,而談莊者始以二家爲宗。雖晉魏風流,亦鮮能標理於其外。惟支公拔新領異,王逸少每留連焉。自是縛塵綱者,說逍遙;矜岏異者,稱喪我。舌本雖柔,清談雖雋,移牀揮麈,安取名流哉! 胡子豹生舊治吾粵,神智曠冥,風期散朗,去華返樸,爲以無爲,雖未與之測莊,已知其有得於《應帝王》之道。近見新刻《南華合注吹影》,其有取於“形動不生形而生影歟”。夫象以盡意,意得則象忘;言以詮理,入理則言息。今豹生《吹影》所釋,去思慮之跡,以窺滾領奧,窮其要眇,躍露精微,尚何有影之可存乎? 余嘗謂注近于述,而注或不止于述。古人才大思滾,故其辭多寓而意隱,凡注依乎其書而著之者也。若于古人曲折委屬、微茫曠遠之旨,而我澡雪神志,諷高曆幽,使思接千載,而視通萬象,以冥遇于其間,而我不特抉剔之、疏徹之,且自行曲之、折之、委之、屬之,挈其卑而上之至天,移其高而沈之入淵,則微茫者我之微茫,曠遠者我之曠遠。雖仍注之,而非止述之也,則茲注爲胡子之書,而非僅莊子之書也。昔人有云:“峻崿百重,絕日萬尋。既造其峰,自謂已蹦嵩岱,仰瞻前嶺,又倍過之。”烏知豹生之注,不在向、郭諸人上耶? 龍水庵禪隱老人李覺斯題。

敘（誦芬堂）

　　老莊之書，蓋後東魯而出，先面孔而行，《史記》雖有問禮之文，又稱老子居周久之，見周之衰始出關，著書五千餘言以遺尹喜。疑於時，至聖已歿矣。南華生於戰國，與子輿同時，其言多詆訕孔子之徒，故儒者不道。而佛教未入中國，及僧肇見《淨名經》乃悟老莊，有所未盡，是則二書在今日不可以束之高閣乎？然自典午之代，三玄盛行，莊始貴於天下，名流偉人非讀莊不雋，勝地彥會有能譚莊一二，則輒謂孤情絕照，通座厭心。二教遂與吾儒鼎分岳峙，莫能偏廢。而郭子玄之注亦附驥騰聲者，垂數百年，至宋儒則謂其注如夢。鳴呼！其果夢也耶，夢中之人又占夢焉？將誰更正之？歷代以來注者不下數十家，後來居上，勢處其難。今豹生胡子積學以養其膽，研幾以發其勇，似若不知前此有注經之人，獨自追漆園而從之者。余閱其書，參極至道，歸原曳懷，如瀉水著地，隨入但化，至於體物辨微，如畫鴒毛者，眼舌蹄翅，揮之欲動，用意勤而取物弘，其有功於南華為甚，鉅謂之《吹影》，蓋謙言之也。余則以為不正言之也。今夫是有為是，非有為非者，形也；各是其是，各非其非者，影也；去非而存是，視影而辨形，雖摻子玄之戈，以入子玄之室，其可也。若夫蛇跗蜩翼，影有待而形又有待，非不兩存，是不孤立。則子玄後澂罔兩之答，而豹生急鑿混沌之竅。爾後之談南華者栩栩然、蘧蘧然，又烏乎其不可也哉！夫是則《莊子》之旨明，而注《莊子》者之旨亦明，即與吾儒並傳，然曰可。順治丙申初夏，虞山錢朝鼎撰並書。

南華經合注吹影序

　　昔者微言既絕,百家爭鳴,獨漆園吏以恢譎馮閎,詮其要渺。古今文人,競相搜獵,間或囿于意筌,輒驚怖河漢。予曾謂善讀《南華》者,正在若滅若沒,不阡不陌處,想其神智曠冥。小丘山而大稊米之況,若必斤斤櫛比,未免拘墟,恐爲蒙莊所笑,曰:"儈父強作解事耳。"注是書者,無慮數十家,向獨僻耽郭象氏一注,謂其杳旨遙情,深得南華味外味,猶之莊叟,未嘗注五千言,而南華內外二篇,悉道德五千言之注也。近質之胡子豹生,始爽然自失。豹生之言曰:"《南華》旨趣宏深,次第井井不亂。一節義類,便攝一篇,一篇指歸,已包全部,訾爲異端,及疑爲汗漫,總由得粗遺精之故。【眉批:此固確論。】于是總群言而伸以己說,精神寂寞,《合注吹影》始成。"夫影固可吹耶? 吹或不關影耶? 將吹南華有影之影,抑吹不必南華,而皆南華未始有影之影耶?【眉批:說得極幻又極眞,是了悟人見解。】蒙莊幻影,向猶在雲煙縹緲中,得此一吹,遂出而拱揖嘯歌於楮墨之際,殆與豹生相視而笑也。獨惜豹生才如陸海、潘江,諸所撰著,幾于金壺汁盡,刲心血以代,新羅雞林,不脛而馳,使置之石渠天祿間,必濯錦成絢,韞山育蕪,乃蹭蹬風塵,侏儒驕飽,僅從征途落寞中,著書以自慰窮愁,其遭逢亦重可悲矣。然古來貂璫滿座,代不乏人,一彈指間,化爲寒煙荒草,鄉里小兒不能舉其姓名者何限! 顧千載以下,猶知有河上公之《老子》、驪山老母之《陰符》、酈道元之《水經》、杜武庫之《左傳》,【眉批:大爲註書者增價。】豹生挾是編以往,必且火攻伯仁,踞其上席,是漆園吏之影,藉豹生活活欲現,而豹生高名,亦附是影長留天地間,其所得孰多哉? 昔郎中三影,膾炙一時,何如豹生盡情吹却,無影可尋之爲了了也! 舉似豹生又與予相視而笑。【眉批:儁雅風華,引人以樂。】嶺海同學弟陳衍虞園公拜題。

3

莊子合注吹影序

　　莊經猶影，善乎豹生之寓言也。蓋蒙莊著書，其旨多洸洋自恣，無端無象，其來也忽焉，其去也渺然。上下首尾，不可典要。譬因形見影，影過即滅，執影以索影，所謂逐日而走也，千萬里而不知其處。然嘗歷深林，所見萬樹森矗，翁翁鬱鬱，澹月落照敘橫，空坡悄然影矣。遇微風披拂，刀刀翏翏，权者、枒者、樸者、楸者、瘣者、歗者、喬者、科者，若錯薪，若輪斜者，靡不枝葉畢動，瀏莅卉歊，瑟瑟然有聲。【眉批：廣莊生地籟之未備。】影之為乎？抑吹之為乎？豹生之以"吹影"名莊注也，洵善于言莊者也。豹生嗜古博淹，居嶺海十餘年，不釋卷，奧篇隱帙，俱經手校，於《南華》一書，尤精考覆。每彙諸大家注解，理會心繹，或訂其訛，或刪其繁，或緝舊聞而補其不及，令人可以一字一句讀莊，以一章一篇讀莊。一篇讀莊，如其一章一句一字焉。合內外雜編讀莊，如其一篇仍如其一章一句一字焉，豹生殆善于註莊者矣。比有人描影，使一工圖之，不似；數十工圖之，仍不似，後一工解衣盤礴，舐筆和墨，【眉批：仍用莊生語，是本地風光。】冠帶衫履鬚眉，狀貌神情，忽忽欲生。或問其故，則曰：於某工而得其冠帶衫履焉，於某工而又得其鬚眉狀貌神情焉。豹生采緝群言，神領意造，顯微而近遠，可謂莊生傳神矣，特影也乎哉！坡老讀《南華》，謂見是書得吾心，見吾豹生，又當何如也？【眉批：結有悠然不盡之趣。】晉江同學弟詹換綠竹也氏拜題於昨宿處。

莊子合注吹影自序

　　《南華》者，原本《道德經》而闡揚之者也。審是，莊子之言已爲《老子》注疏，況言莊子之言乎！大道不說，一着言詮，從空落影，未免粘惹，南華於道，其影然乎？注《南華》，其影外索影乎？即以影言，邪正耶？動靜耶？惟杓是瞻。【眉批：言于道，影也。言人之言者，皆謂之吹影之人。千古秘旨，非深于性命之學者，未易領悟。】人禽花木，隨感而應，欲滅影，必無形而後可；欲去言，必無道而後可。既已謂之曰道，安得謂之無言？雖曰非有道不可言，不可言即道，爲此言者，且得謂之無言乎？《齊物論》曰：“夫言非吹也。”《關尹子》曰：“言之如吹影。”莊與關暌矣，非暌也，風吹萬不同而無心也。今有心而言之，則非吹。因天籟之自鳴而言，若不言，則與吹無以異，故凡言道者，皆吹影也。注莊云乎，疏老也；注老云乎，疏道也，皆謂之吹影之人也。古今注莊者多矣。晉之吹影者，稱郭象，或以爲攘自向秀，宋儒以爲郭注如夢，明陸方壺深然之。阿之者，復詫爲莊子注郭，是眞夢中說影者。平情論之，夢固夢矣，至於刪繁訂訛，分別內外諸篇，殊有定識，經始之功，不可誣也。他若簡文、支遁、崔譔、李頤、司馬彪，互有發明，而世遠書亡，僅散見于別籍殘編間，未睹其全。入宋而呂吉甫、陳碧虛、趙虛齋（諱以夫，注內篇。）、王元澤（諱雱，注內篇。）、劉槩（注外雜篇，續雱後。）、範無隱之《講語》、褚伯秀之《管見》、羅勉道之《循本》、劉須溪之《點校》，相繼大闡宗風，惟林鬳齋乃集其成，故自謂于南華有獨契，而深詆郭氏也。明陸長庚《副墨》，廣其義，而修林之缺漏。李衷一于內篇特有妙悟，洵爲漆園知己。又荊川《釋略》，所略頗多。朱氏《通義》，所通無幾。【眉批：激揚今古，去取之間，公而無我。】此外諸注，指不勝數，大約視此書爲異端，胸中先有一段鄙夷之意，沾沾以儒家論議，參會求合，不得其解，則一笑置之。間有好之者，不過摘取變幻

5

靈奇,耳目未經之字句,以資手口鼓吹,生平未知學道,迷源失流,再一思之,心魂慌惘,翻大言曰:莊子當以不解解之。聆其言,似出乎貫通之後,殊不知其徒欺妄,以自愚耳。【眉批:摹寫拘儒俗士一切飾非誣妄、庸陋時習,令人捧腹大噱。】按內篇以三字命題,旨趣深永,應是漆園原本,次第終始,井井有條,七篇可作一篇讀。篇中起伏開闔,寓情設喻,極其精雅;琢句下字,絕無孟浪,一篇可作一句讀,是天地間極大文章,堪與六經並傳。【眉批:此南華定評,實非溢譽。】而敘事摹畫之妙,淺人千百言未罄者,輒數言、數十言了之,意態活現,逼似左丘明,《史》《漢》以下,所不及也。外雜篇皆取篇中首二字爲題,彷《關雎》《葛覃》名章之意,若《駢拇》《馬蹄》《胠篋》《在宥》《刻意》《繕性》《達生》《外物》《讓王》《天下》等篇,皆通篇一意,人所能知也。其餘奇論破荒,秘理日出,雖若各爲一則,而大旨實淹貫,至于指事類情,廣喻罕譬,原與內篇相表裡。或以爲中多假託者,非也。余皆爲作總論一篇,【眉批:諸家總論絕少,惟褚氏管見簡要明顯,今存十之三。】挈大綱而條分之,正如萬壑朝宗,衆星依斗,令人屬目洞然。說者謂當是郭氏刪訂時,隨手纂輯所成,故頭緒別起,不可串合爲一章,是誠未探源之論。今試灑濯塵襟,細觀總論,潛心觀索其窾妙,必有天樂,融融來會,默契而神怡者,莊仙所謂難與蔽蒙之民言也。說者又謂《讓王》《盜跖》《說劍》《漁父》爲偽作,考太史公本傳,獨稱其作《漁父》《盜跖》《胠篋》,以明老子之術,設果非莊生之所著,太史公寧復稱之,觀此而疑可釋矣。【眉批:引証良是。】要之,南華一經,非惟探道窮淵源,指示天人性命之秘,朗于星日,即下而治人涉世之津梁,莫不具備。余童子時,即珍愛之,至今垂三十餘年矣。歲癸巳,流寓東粵之海濱,時值大饑,斗米千錢,枯坐一室中,再食不飽,百憂相續,計無所以陶情撥悶者,因取《南華》誦之,頓覺心爽神開,視一切死生榮辱,宛如遊塵聚散,于是撫心三歎,博采諸注,爻其冗繆,存其幽微,舉凡穿鑿竄易,牽引支離者,悉釐正之;杜撰無稽,浮游矛盾者,悉闡明之。若此者,每篇多則十之七八,少則十之五六。至《齊物論》"因"字要旨,《應帝王》"無爲出治"要旨,少智太公調問答要旨,前人從未參透者,悉爲詳辯之。別以"補注"二字,合諸注彙錄成集,名曰《合注吹影》,其義蓋肇于漆園"罔兩問影"之語。【眉批:說明命名字義。】夫行止坐起,影固待形而然,而形又有所待,因是知《南華》者,道之影也;

注《南華》者,捕影者也。由影而證形,由形而證道,庶乎其若喻之,而若得之矣。倘世有大悟之至人出,會道于未始有夫未始有始之先,將道之名,且不立,何有于影,何有于吹?吹影之人,何異小兒爲影所弄乎?若余者,又弄小兒之所弄者矣。雖然,壺以涉流,虞以導獵,姑以予所注,作一壺一虞觀,未嘗不可也。得魚忘筌,尤所望于忘言之人。【眉批:反本窮源,直窺無始之秘,民鮮能久矣。】武林吹影道人胡文蔚豹生甫,謹識于穗城之客舍,時歲次丙申驚蟄後三日。

尹治進序

　　莊子生于周末，后孔夫子而生，所著十餘萬言，大率皆寓言。而先儒謂其《漁夫》《盜跖》《胠篋》諸篇诋毀孔子，獨蘇子瞻則謂其不敢與孔子爲一家，其尊之也至矣。善哉！子瞻之言，其得孟夫子之旨也與？《史記》謂莊子與梁惠王、齊宣王同時，孟子遊于齊梁之間，辯仁義、拒楊墨，未嘗取莊子而非之。是莊子者，未嘗盡合乎道，亦未嘗盡漓乎道也。夫吾儒羽翼聖賢諸子，百家無所不淹貫。子思子曰："君子語大則天下莫能載焉，語小則天下莫能破焉。"彼分吾儒于百家之外者，是以吾道爲可載也。析吾儒而自爲百家者，是以吾道爲可破也，不知吾道者百家之源，百家者吾道之委也。吾儒者百家之府也，百家者吾儒之用也。是故河非海也，而要之皆歸于海。玉石非土也，而要之皆產于土。馬至賤也而師馬得路，蟻至小也而師蟻得水。安在諸子百家不可與吾儒大道爲會通而服用之哉？至若莊子《南華》一經，较之老子則隱而微顯，较之關尹、列子則變而愈幻，但向來注其書者多遺略謬誤至于不能解者，則日當以不解解之讀之，使人往往不盡卷而廢之高阁。近時坊間刻本止以郭注通行，要亦終不免于玄耳，遂使僻壤之士、貧窭之子沾沾蹋蹋于一書，既不能自具智慧而貫通之，又不能博取群書而引證之，竝使作者之精神千百年埋没于荒唐誕罔之中，莊子安有益于世，亦安有益莊子哉。吾自少讀祖父書，先少樸莞石公有《六子纂注》一部，而于莊注獨詳。先君子日以是書督予參訂，會家貧不能付諸梓人，而甲申以后，又爲兵燹所害，廿年來不復記忆，至今又有余恨。辛丑歲杪，余讀禮閒，居，豹生胡公以尺素一通古作五册莊注一部示予，有曠世相感之意，而惓惓以莊注舊序散失爲念，予不敢輕易著筆，取其書而再四翻閲之，漸漸若獲吾先人之故物，而每篇皆有總論发源，内外篇互爲表里，全部可合爲一篇，一篇可合爲一句,是則胡公之所獨也。至于條分缕析,章解句釋,或諸注竝列而參以己意,或己意已明而證之他辭,博物取類,纤毫悉備,使人洞若觀火,不特備予先人所未備,而參之郭注與諸家,是回頭一顧百媚生,六宫粉黛無颜色矣。不謂子經再傳至于甲申以後而失之,胡公究心三十年則厘定于癸巳之歲,是知古人之精神傳諸其人亦有數存焉,然吾猶幸得見斯書而爲之序也。夫斯書以"逍遥遊"名篇首,是莊子生于周末不用于世而著是書,故首託"逍遥遊"以寓意。胡公則逍遥而遊于吾粤者十餘年,一身如寄,棲託不一,或留連往事而发爲詩歌,或匏繫一官而施之政事,跡其三十年前與查伊璜同舉于鄉,名噪海内,安知不若垂天之雲而瞬息幾萬里者哉,乃不免六月之息。至于流寓海濱,鬭粟千钱,然后閉門厘定斯書,是猶莊子自託于逍遥遊之意也。而《合注》則以"吹影"爲名者,在胡公本自有說。而序其書者如陳眉公、葛屺瞻、黄石齋、倪鴻、賓四先生,舊序吾不得而見,見其新序者,有謂其謙言之,又有獨取其影字而影言之,是以影索影也。而余則謂凡物皆有影。人影也,物亦影也,以物觀物則必有影,以人望人則亦有影,莊子之影在千百世之上,胡公之影在千百世之下,乃《南華》一經,千百世至今而始明著于天下后世。是莊子以后,胡公以前,形影相弔也。今斯書之成在胡公爲吹影,在莊子則爲合影矣,而使人一見了然,引其說而歸之于大道,則《南華》一經當亦孔孟之所不淡非,而吾儒之所不必外也已。時順治辛醜歲杪,岭南東官杜晚弟右民尹治進謹序。①

―――――――――

① 此敘國圖藏本原闕,據美國國會圖書館所藏本(下簡稱美國會藏本)補。

鑒定諸先生姓氏

劉念臺先生諱宗周　會稽　　錢牧齋先生諱謙益　虞山　　黃石齋先生諱道周　漳州

葉寅陽先生諱秉敬　西安　　曹始能先生諱學佺　福州　　葛屺瞻先生諱寅亮　杭州

王覺斯先生諱鐸　河南　　　張泰階先生諱四知　山東　　方孟旋先生諱應祥　衢州

阮圓海先生諱大鋮　上元　　倪鴻寶先生諱元璐　上虞　　金正希先生諱聲　徽州

黎左嚴先生諱元寬　江西　　馮留僊先生諱元颷　慈溪　　李曉湘先生諱覺斯　東官①

姚永言先生諱思孝　揚州　　何無咎先生諱白　永嘉　　　陳眉公先生諱繼儒　松江

葛介龕先生諱徵奇　海寧　　吳澹人先生諱禎　華亭　　　孫道相先生諱廷銓　山東

馬素修先生諱世奇　蘇州　　吳默識先生諱太冲　錢塘　　方密之先生諱以智　桐城

宋九青先生諱玫　萊陽　　　陳伯玉先生諱祖綬　常州　　陳夢鶴先生諱運昌　杭州

陳臥子先生諱子龍　松江　　曹秋岳②先生諱溶　嘉興　　郭仙岩先生諱景昌　雒陽

嚴潔菴先生諱正矩　孝感　　陶石梁先生諱奭齡　會稽③　陳景和先生諱道暉　河南

吳大車先生諱載鰲　福建　　錢禹九先生諱朝鼎　常熟　　紀載之先生諱咸亨　宛平

劉永生先生諱宏譽　眞定　　丘曙戒先生諱象升　山陽　　馮秋水先生諱如京　雁門

宋尚木先生諱徵璧　松江

---

①　美國會藏本作"李曉湘先生　諱覺斯　東官"。

②　美國會藏本作"水"。

③　美國會藏本此以下人名皆缺。

同學諸友人姓氏

陳木叔 煒	傅野倩 嚴	艾千子 南英	譚友夏 元春	楊維斗 廷樞
劉同人 侗	陳澹仙 素	王邁人 庭	陳子明 鑑	方爾正 孔文
萬永康 日吉	史曉瞻 燧	王予安 豐	吳四如 之賜	薛國符 信辰
林毅菴 慎	吳靜腑 思穆	關六欽 鍵	洪載之 吉臣	張石淙 埔
陳孝求 枭	康小范 范生	黃仲霖 洍	張天生 玄①	梅贊臣 調元
嚴子問 津	劉于公 懋賢	嚴子餐 沆	馬晝初 晉元	吳見末 穎②
吳湯日 道觀	陸梯霞 堦	蔣元長 善	沈朗倩 顥③	郞湛若 露
褚硯耘 廷琯	朱說梅 鼎鼐	張玉璜 之璧	董伯應 期生	董无休 瑒
汪徵五 繼昌	吳錦雯 百朋	吳岱觀 山濤	沈止岳 肅	丁飛濤 澎
陶巨標 履卓	徐文匠 國章	徐鳴玉 國珩	韓聖秋 詩	黃仙裳 雲
林若撫 雲鳳	楊揆一 模聖	張幼青 琇	錢開少 邦芑	汪爾陶 斑
蔡君亮 嗣襄	程周量 可則	張卿子 遂宸	陳慎游 贊	王抑④之 爾揚
陸繡公 彪	周次庭 禮	朱芝園 統筒	陸孝山 世楷	洪瑞玉 琮
龔在田 雲襄	董德容 師吉	伍鐵山 瑞隆⑤	尹右民 治進⑥	祝非石 基阜
任克家 塾	姚亦若 繼舜	朱子葆 茂昉	祝匡盧 翼亮	萬子荊 荊
徐子能 增	施仲芳 洪烈	文園公 果	周寰梅 襄緒	張登子 陸

① 原闕"玄"，據美國會藏本補。
② 美國會藏本作"蔡無能 鼎"。
③ 美國會藏本作"陸踰凡 之越"。
④ 美國會藏本作"易"。
⑤ 美國會藏本作"黃祇永 德純"。
⑥ 美國會藏本作"魏賞延 晉封"。

屠子永①	敦埏	羅杓受	明燮	毛景紹	定周②	黃祗永	德純③	韓子久	應恒
董子九	文鼎	翁念吾	人龍	劉叔子	世紀	陳喬生	子升	李山顏	明聱
倪止先	震	林孔異	之秀	鄧夢陽	森雲④	張雛隱	梧	薛劍公	始亨
羅乃遠	孫耀	黃增岸	中琰	徐久吉	景斌	張穆之	穆	朱子敬	翀
李弋何	鴻	王必仁	原人⑤	陳康侯	晉明	姚六康	子莊	何旦兼	準道
何半千	際泰	陸漢東	卿	鄒公沛	德沛	鄒公魯	魯	姜長卿	啟元
方楚卿	國驊	朱香侯	芬	李定夫	貞	陳皖公	毓章	蘇雲倩	劍龍
何主洛	操敬⑥	鄺無傲	日晉	黃昌白	中李⑦	何玉其	廷相	歐奏孚	正式
盧升爵	藺	龐藝長	上標	梁芝五	佩蘭	羅仲恭	寧默	盧元英	弼
余平叔	聖衡	周象品	繼賢	陳賚予	用霖	李興韜	文燦	麥盛際	廷賡
方時亮	茂猷	方孟申	苞	黃文河	圖	梁素子	天民	楊二雪	晉⑧
毛負蒼	天燾⑨	毛翼漢	天翀⑩	墥陸埊	左城⑪	兄健甫	象乾	弟其章	周肅
弟豫卿	北平	弟絹庵	戴仁	姪際飛	貞開	姪亦韓	壇		

---

① 美國會藏本作"岸"。
② 美國會藏本作"李伯章　際明"。
③ 美國會藏本作"朱漣生　常凜"。
④ 美國會藏本作"王公甯　佐"。
⑤ 美國會藏本作"王象先　承時"。
⑥ 美國會藏本作"蘇未人　士許"。
⑦ 美國會藏本作"黃穀玧　昌禎"。
⑧ 美國會藏本作"曾墨卿　芘"。
⑨ 美國會藏本作"黃躍斯　虞"。
⑩ 美國會藏本作"黃昌白　中李"。
⑪ "城"，美國會藏本作"戚"。

南華真經合注吹影總目

1

南華眞經合注吹影卷之一

內篇七篇總論

李衷一曰：南者，明也，大方無量之謂；華者，法也，出泥不染之謂。內者，心也，本性如如之謂。人心眞體，不生不滅，不垢不淨，無是無非，無生無死，太虛不包其體，日月不喻其光，八萬四千十方三界都從內現，不自外假，故遊者心之遊，齊者心之齊，主者心之主，世者心之世，符者心之符，宗者心之宗，應者心之應。七篇之言，大抵皆以明心也。【眉批：單提心字，亦好。】以其直指本體，出人入天，故名之曰內。

胡約菴曰：南，陰方也。柔能克剛，正老莊守雌之旨；華者，生機。男女構精，非陰不生，所以明無爲之用也，即《易》"坤者，地道、臣道、妻道，無成而代有終也。"【眉批：真種子。】得此道者，可以治身，出其緒餘，可以治國與天下，斯爲萬世不易、千聖同揆之道，故曰經。眞者，大道眞神，見性復命，以天爲師，一眞自如，活活潑潑，獨往獨來，自然逍遙，無入而不自得，所以能游，所謂心有天遊也，言乎天遊則無物不在範圍。一與不一，何所不齊，齊則綱維運旋，心君常定，出世入世，物不能傷，至紛至賾，而悉合於符，千變萬化而不離于宗，何難陶鑄堯舜以應帝王哉！要惟神者宰之內，所以兼乎外也。神者，眞也。【眉批：夫子一貫佛，萬法歸一，如是如是！】

南華眞經合注吹影內篇卷之一

西湖胡文蔚豹生甫刪補

逍遙遊總論

胡文蔚曰:夫人心體原自廣大,止緣塵綱繫縛,物欲蔽之,囿于偏曲,去道滋遠。學道者必先要克擴其心,故廣之以遊,欲其破藩籬而自適也。大之以逍遙,欲其放浪而漫衍也。逍遙遊,即《在宥》章"鴻蒙曰:'浮遊不知所求,猖狂不知所往,猵掌以觀無妄'"意。【眉批:即以莊釋莊,乃不昧作者本旨,非淹貫南華全部,安得靈透明快爾爾?】所謂出入六合,獨往獨來,處乎無響,行乎無方也。然是逍遙遊也,何往不存,無物不具,大鯤、大鵬徒天池,搏扶摇,固逍遙矣。小若鷽鳩、斥鴳,搶枋榆,翱翔蓬蒿間,亦逍遙也。冥靈千歲而遠于鑽灼,大椿萬餘歲而遠於斧斤,逍遙矣。微若朝菌、蟪蛄,方其生於糞壤,生於春夏也,亦自萌苗蠢動,未嘗不逍遙也。一職、一鄉、一國之士,才美而譽彰,豈不逍遙自樂?進而宋榮子之辯內外,忘非譽,更勝之。進而列子之禦風而行,更勝之。【眉批:一線貫萬珠,并穿九曲。】若夫無所待,以遊無窮者,至矣,盡矣!引堯之讓天下,不有治民平政之功,知逍遙不在君天下也。【眉批:堯近于無功。】引許由之辭天下,不居爲君治世之名,不屑以天下易我逍遙也。【眉批:許由近于無名。】藐姑射之四子,不以天下爲事,物莫能傷,正至人無己處,故肌膚吸飲,迥與人異,乘雲氣,禦飛龍,遊乎四海之外,即所謂乘天地之正,禦六氣之辨,以遊無窮者。大哉,此之謂神人乎!【眉批:唯藐姑射可稱無己,分量原有區別。】神人知與造物者爲人,而遊乎天地之一氣,方名爲大;知先天地而不爲久,長於萬物而不爲老,方可稱大年,蓋以無所可用爲用,而成其大用者也。學道者當化小而爲大,超凡而入聖,由聖而入神,若惠子之以大爲無用,眞小知小年之見,猶鳩鷃之咲大鵬,不亦悲乎!【眉批:學道者所造,自有次第。】遊者貴虛,如大樽之浮於江湖,優遊自如。遊者貴無爲,如大樹之樹於廣漠,安所困苦,則庶幾矣。

石人隱士《測莊》【眉批:石人隱士,未詳姓氏,當是見道之流。】曰:遊者,無用而無不用也。逍遙者,遊狀也。莊生之言曰獨往獨來,又曰獨與天地精神往來。逍遙者①,遊也。獨者,絕對待也。無待而後可以遊,無用而後無待。以形用,有待者也;以神用,無待者也。有待則雖大②亦小,無待則雖小亦大。大小,生於形者也。神則無不之也,無不之,而後可以遊。世之傳者形耳,故鯤鵬爲大,鶯鷃爲小;菌蛄爲夭,椿靈③爲壽。不知鯤鵬之待培風,猶鶯鷃之待枋楡也;椿靈④之以千百歲爲春秋,猶菌蛄之以朝夕爲春秋也。鯤鵬非六月之息,竟無以南;椿靈在千歲之後,終期於盡。何者?彼皆有待也。人知宋榮子之笑⑤,而不知列子之禦風,亦不免於笑。其禦也,猶鵬之摶扶搖羊角而上,彼且能無待乎?故必乘天地之正,禦六氣之辨,而後可以語遊。蓋其無己而稱至,無功而稱神,無名而稱聖,獨以精神往來天地間而無所待,故能⑥逍遙遊也。用世者無大堯,而曰我尸之,是有己也;以讓許由,是有功也,有功是有名也。至見藐姑射之神人,而始喪其天下,而後可以遊,故曰塵垢粃糠,陶鑄堯舜。五石之瓠,不龜手之藥,惠子之大樗,形似無用,我以神用之,則天下無不可用者。莊子師老聃,聃之言曰:"當其無,有器之用。"聃以無爲道,器有待,道無待,故無而無不有。

郭象曰:大小⑦雖殊,而放於自得之場,則物任其性,事稱其能,各當其分,逍遙則⑧一也。

---

① 《測莊》原本無"者"字。據明天啟六年快堂刊《快書》本(下皆同)。
② 《測莊》原本"大"下有一"而"字。下句"小"下亦有一"而"字。
③ 椿靈,《測莊》原作"椿冥"。後"椿靈在千歲之後"句同。
④ 椿靈,《測莊》原作"冥靈"。
⑤ 《測莊》原本"笑"下有"鶯鷃"二字。
⑥ 《測莊》原本無"故能"二字。
⑦ 大小,郭本作"小大",據郭慶藩《莊子集釋》,王孝魚點校本(下簡稱通行本)。
⑧ 郭注無"則"字。

　　焦弱侯曰:"逍遙,古作消搖。黃復機解云:'消者,如陽動而冰消,雖耗也,不竭其本。搖者,如舟行而水搖,雖動也,不傷其內。遊於世而若是,惟體道者能之。'"【眉批:焦解頗近于道。】

南華眞經合注吹影內篇卷之一

武林吹影居士胡文蔚豹生甫刪補

東海　陳殿桂薑亦甫

錫山　顧宸修遠甫　評訂

錢塘　陸圻麗京甫

逍遙遊第一

北冥有魚，其名爲鯤。鯤之大，不知其幾千里也。化而爲鳥，其名爲鵬。鵬之背，不知其幾千里也。〔旁批〕疊一句老甚。怒而飛，其翼若垂天之雲。是鳥也，海運則①徙於南冥。南冥者，天池也。《齊諧》者，志怪者也。《諧》之言曰：“鵬之徙於南冥也，水擊三千里，摶扶搖而上者九萬里，去以六月息者也。”〔旁批〕先疏書義，後述其言，便若眞有是書。野馬也，塵埃音理。也，生物之以息相吹也。天之蒼蒼，其正色耶②？其遠而無所至極耶？其視下，亦若是則已矣。且夫水之積也不厚，則③負大舟也無力；覆音複。杯水於坳音腰。堂之上，則芥爲之舟；置杯焉則膠，水淺而舟大也。風之積也不厚，則其負大翼也無力。故九萬里則風斯在下矣，而後乃今培風；背負青天而莫之夭閼音遏。者，而後乃今將圖南。

【眉批】開口便以魚鳥說起，猶詩之有興也。妙在從物理上指點消息，一味詼諧戲謔，引人入勝，何異“隱而不發，躍如”之旨。取法在“至人無己”三句，吃緊在“無所待”一句，無所待則物我皆忘，絶無攖拂，莊子逍遙遊即“君子無入不自得”之謂也。

---

① 通行本“則”下有一“將”字。

② 耶，通行本作“邪”，下同。

③ 通行本“則”下有一“其”字。

補註曰：莊子欲摹寫心體之開廣，先寓言鯤鵬之大，魚鳥且如許不可測度，況人乎！魚大，故變化亦大，所以鵬背亦不知其幾千里。凡鳥奮翮而翔，皆氣爲之，故曰怒飛。翼若垂天之雲，正見其不知幾千里也。海運，海水搖動也，天有大風，波濤每先從海底騰湧，如海濱六月颶風是也，言必有此大風，而鵬方可乘之以遠徒也。北冥，天池，皆寓言。引《齊諧》爲證，亦寓言，未必果有此書。扶搖，風勢也。去以六月息，言此鳥自北去南，約半年之久，始至天池休息也。方壺以六月爲夏正之四月，後天爲巽，正氣動風起之時，大鵬乘此南徙。息字與氣息同，與本文不合，穿鑿勿從。水擊者，大翼展舉之時，逼風入海，水爲之激也。【眉批：解“水激”二字妙甚。】非冥海不足運其身，非去以六月不足盡九萬之程，總是形容其大處。野馬，田間遊氣，陂澤水氣所凝結，即如所云隙中駒影同意，狀其迅疾也。塵埃，遊氛也，日暴煙霧所散，皆生物之氣息，吹噓鼓動于空中，紛紜杳緲，一望無際，若蒼蒼然。【眉批：野馬、塵埃，今日始有分別。】此豈天之正色，不過遠而不知其所極至，見爲彌漫濛密耳。近而視遠者若是，則知上而視下也，亦若是矣。野馬、塵埃相吹噓處，總見爲天之蒼蒼，玩本文自是明曉，何必支離多事。坳堂，堂上之坎也，借水喻風，語殊雋雅。培風，舊訓厚，兼訓助，訓益。鵬搏九萬里之上，則風反在下，風力如培築然，可以承載之而不傾也。【眉批：培風合如是解。】背負青天，言鵬大不知幾千里，止見鵬而不見天，如負天于背也。風在下而能載，故無夭折；鵬搏上而無阻，故莫之閼礙。

稽康云：冥，海也，取其冥冥無涯也。東方朔《十洲記》云：水黑色，謂之冥。垂天之雲，垂猶邊也，其大如天，一面雲也。齊諧，司馬彪、崔撰並作人姓名，簡文云書名。上行風，謂之扶搖，《爾雅》云：扶搖之謂飆。野馬，天地間氣，如野馬馳也。塵埃，氣蓊鬱，似塵埃揚也。崔云：堂道曰坳。支遁云：謂有坳垤形也。【眉批：考核詳備。】

褚伯秀曰：當化者不得不化，當飛者不得不飛，皆天機所運，受化者不自知也。怒而飛者，不得已而後動之義①。爲氣所使，勇動疾舉，有若怒然②。凡

---

① 褚伯秀《南華真經義海纂微》（以下簡稱《纂微》）此句下有“怒，猶勇也”一句。據正統道藏本，後皆同。
② 褚本此句后有“非奮擊不平之謂也”一句。

8

物之潛久者必奮,屈久者必伸。豈厭常樂變而爲此哉!蓋囿形大化中,則隨二氣而運,盈虛消長,理不可逃。《齊物》篇"萬竅怒號",《外物》篇"草木怒生",亦此意,《道德經》所謂"萬物並作"是也。於此以觀其復,則六月息之義可知。世人見其怒而不見其息,知其作而不知其復,背夫逍遙之鄉,日趨有爲之域,以至事物膠葛,患累糾纏,薾然疲役,不知所歸,可不哀耶!《關尹子》云:"天地雖大,能役有形,而不能役無形"。夫欲免于二氣所役者,請于冥魚未形以前求之。

陸方壺曰:此段意在充積之厚,然後有大運用。若平日學問淺薄,不曾見得自己有個高明廣大者在,便欲渺人寰,空宇宙。出門有礙,如何去得?

蜩音條。與鶯鳩音學。笑之曰:"我決①起而飛,搶榆枋音方。時則不至,而控於地而已矣。奚以之九萬里而南爲?"適莽蒼者,三餐而反,腹猶果然;適百里者,宿舂糧;適千里者,三月聚糧。之二蟲又何知?

補註曰:此下士聞道而笑之喻也。【眉批:聞道而笑之喻,發前賢所未發。】羅勉道曰:蜩,蟬類,形黑,而五月鳴者爲蜩;形斑而七月以後鳴者,爲蟬;形青者爲蛁蟧。或曰小蟬,二說皆是。鶯,初能飛之小鳩也。搶,欲奮突榆枋之上也。控地,力弱而投于地也。奚以之九萬里而南爲,疑其必不能至也,即如肩吾以藐姑射之神人,爲狂言而不信。莽蒼,近郊之地,望見林莽蒼鬱處。三適,見文字波瀾之秀。又結一句曰"之二蟲又何知",何等跌宕!二蟲,即蜩鳩也。

小知不及大知,小年不及大年,奚以知其然也?朝菌音窘。不知晦朔,蟪蛄不知春秋,此小年也。楚之南有冥靈者,以五百歲爲春,五百歲爲秋。上古有大椿者,以八千歲爲春,八千歲爲秋。而彭祖乃今以久特聞,衆人匹之,不亦悲乎!

補註曰:又推廣言之,以小知不及大知,由小年不及大年也。"朝菌"三句,言在朝菌、蟪蛄之小年,則晦朔、春秋,便似大年,其所以不知者,即小知之不及處也。【眉批:"小知"二句卸下,看有理。】正意歸重在彭祖上,衆人皆羨慕彭祖,享年七百,謂其逍遙,久遊世間,不知以視冥靈、大椿,不及遠甚,不亦悲乎!

---

① 決,通行本作"决"。

悲衆見之不大也。朝菌生糞上,天陰則苗,見日則死。蟪蛄,《通略志》①云:寒蜩,正名蟪蛄,九十月鳴。何以不知秋?羅勉道曰:"此指四五月小紫青色者。"只依舊作寒蟬,春生夏死,夏生秋死。則羅注近是。羅又曰:"冥靈者,南冥②之靈龜也。麟鳳龜龍,謂之四靈。朝菌與大椿,蟪蛄與冥靈,是舉一植一動對說,則冥靈非植物明矣。""五百歲爲春"二句,《史記》:"龜千歲,尺二寸。"二个五百,總千歲之數。"八千歲爲春"二句,拆椿字爲二個八百,乘之以十,則二個八千之數,滑稽杜撰,偶然出此,殆亦亥字二首六身之類,但讀者未之悟耳。此注可稱鉤深索隱。攷彭祖,堯封於彭城,姓籛名鏗,至商年七百餘歲。《大宗師》云:"彭祖上及有虞,下及五伯"。則宜爲八百。○匹之,慕其長年,求似之也。

陸方壺曰:此莊子教人擴充識見,不得以所知所曆者,而自域。○陸西星,字長庚,著《南華副墨》,廣陵人,號方壺。

湯之問棘也是已。【眉批:句法。】**"窮發之北,有冥海者,天池也。有魚焉,其廣數千里,未有知其修者,其名爲鯤。有鳥焉,其名爲鵬,背若泰山,翼若垂天之雲,摶扶搖羊角而上者九萬里,絕雲氣,負青天,然後圖南,且適南冥也。斥鴳笑之曰:'彼且奚適也?我騰躍而上,不過數仞而下,翺翔蓬蒿之間,此亦飛之至也,而彼將奚適也?'"此小大之辯也。**

【眉批】欲借湯以實其言,故又說一翻,即重言之旨也。

補註曰:引湯問棘,亦是寓言。《齊諧》正之以書,此正之以人也。窮發,猶言不毛。羊角,風之屈曲勢。絕雲氣者,凡雲皆在半天,九萬里之上,更無雲氣。今登泰山頂,見雲盡在山下,理固如是。斥,小澤也。末句大小之辯,結上意,生下意,同一事而刪繁就簡,頗有變化。

劉須溪曰:寓言之意,託之齊諧而不足,又託之湯,云如不信,試更質之某人也。

故夫知效一官,行比一鄉,德合一君而徵一國者,其自視也,亦若此矣。而

---

① 胡本原作《通志略》,據羅勉道《南華真經循本》(以下簡稱《循本》)改。所用《循本》爲正統道藏本,後皆同。

② 南冥,羅本原作"冥海"。

宋榮子猶然笑之。且舉世而譽之而不加勸,舉世而非之而不加沮,定乎内外之分,辨乎榮辱之境,斯已矣。彼其於世,未數數然也。雖然,猶有未樹也。夫列子禦風而行,泠然善也,旬有五日而後反;彼於致福者,未數數然也。此雖免乎行,猶有所待者也。若夫乘天地之正,而禦六氣之辯,以遊無窮者,彼且惡乎待哉!故曰:至人無己,神人無功,聖人無名。

【眉批】列子之御,猶大鵬之搏扶搖,不能無待于風也。

補訂曰:此正言大小之辯也。知效一官,陳力就列,才識能辨職也。行比一鄉,素行爲鄉黨尊信,相與親比之也。德合一君,徵一國,見知於人主,徵信於國人也。自視亦若此,若斥鴳之視翱翔蓬蒿間,自以爲至美也。猶然,笑貌。定内外之分,辨榮辱之境,知榮辱爲外境,吾心之無榮辱者爲内,安於定分而不顧也。斯已矣,猶僅如此而已。樹,建立也,言未能忘定與辯,尚無大樹立也。兩未數數者,在宋榮子,則不肯如世人之以才能,汲汲求用於時;在列子,則未嘗如修德致福者,汲汲邀助于天也。免乎行,有所待者,言雖無行地之勞,猶然待風而御也。天地之正,以言乎沖和清明,覆載之本體也。六氣者,六合之氣,上下四旁,氣有盈虛消息之變。御者,自知其辯。遊無窮,指無物之始也。待者,憑他轉移,能遊而不能逍遥。無所待,則我可自如,獨往獨來,行乎無方矣。故以至人、神人、聖人贊美之。功與名,皆有所待而后成。無己,復從何有待?無己則自無功、無名矣。此貌姑射之神人,所以高於讓天下之神堯、逃名之許由也。等而上之,無復加矣。【眉批:大法眼。】

焦氏曰:至人知道,内冥諸心,而泯絕無寄,故曰無己。神人盡道,成遂萬物,而妙用深藏,故曰無功。聖人忘道,神化蕩蕩而不可測,故曰無名。

堯讓天下於許由,曰:“日月出矣,而爝火不息,其於光也,不亦難乎!時雨降矣,而猶浸灌,其於澤也,不亦勞乎!夫子立而天下治,而我猶尸之,吾自視缺然,請致天下。”許由曰:“子治天下,天下既已治也,而我猶代子,吾將爲名乎?名者,實之賓也。吾將爲賓乎?鷦鷯巢於深林,不過一枝;偃鼠飲河,不過滿腹。歸休乎君!予無所用天下爲。庖人雖不治庖,尸祝不越樽俎而代之矣!”許由,潁川陽城人,字武仲,隱於箕山。《說文》云:鼢鼠,一曰偃鼠。

【眉批】文法雅秀,千古雋筆。

【眉批】"予無所用天下爲"一句,是綱領。以下至末,總是此意。

舊註曰:浸灌,或抱甕,或桔橰,皆是。尸之,猶言主之也。偃鼠,潛伏之鼠。歸休乎君,言君且歸去休,不必來訪我也。名,爲君之名也。

補註曰:堯以爝火、浸灌自喻,而讓天下,有成功而不與,便是神人無功。許由以一枝滿腹自安,而辭天下,視榮名爲外物,便是聖人無名。然堯曰我猶尸之,曰吾自視缺然。由曰巢,曰滿,曰予無所用,尚見爲有己,未能到至人無己之地位,故又寓言藐姑射一段。【眉批:通篇脈絡始靈。】

憨山曰:歸字一句,使堯速歸也。休乎一句,止堯不必再來也。君字一句,此一字,冷語,意指堯只見得人君尊大也,意雖尖新,稍嫌割裂,非莊生立言至旨。○憨山,明曹溪沙門,諱德清,注內篇。

王元澤曰:道在聖人,出則堯,隱則由,易地皆然也。○王雱,宋龍圖學士,注內篇,王安石子。

褚氏《管見》曰:聖人不以出處分輕重,而以理義爲去就。假使由幡然受禪,應不失端拱之尊,使堯翛然得謝,則自適韜光之素,末不越俎代庖,言各安所安,各足所足,而天下無事矣。○褚伯秀,杭州道士,輯《南華義海纂微》,附以己意,名曰《管見》。

肩吾問於連叔曰:"吾聞言於接輿,大而無當,往而不反。吾驚怖其言,猶河漢而無極也;大音泰。**有逕庭,不近人情焉。"連叔曰:"其言謂①何哉?"曰:"'藐姑射**音亦。**之山,有神人居焉,肌膚若冰雪,淖**音綽。**約若處子,不食五穀,吸風飲露,乘雲氣,禦飛龍,而遊乎四海之外,其神凝,使物不疵癘而年穀熟。'吾以是狂**如本字,作诳字音解者非。**而不信也。"連叔曰:"然。瞽者無以與乎文章之觀,聾者無以與乎鐘鼓之聲。豈唯形骸有聾盲哉!夫知亦有之。是其言也,猶時女也。之人也,之德也,將旁礴萬物以爲一,世蘄乎亂,孰弊弊焉以天下爲事!之人也,物莫之傷,大浸稽天而不溺,大旱金石流、土山焦而不熱。是其塵垢秕穅將猶陶鑄堯舜者也,孰肯以物爲事!"**

【眉批】短句古而勁。

---

① 原本無"謂"字,據通行本補。

【眉批】申言無所用天下爲。

補訂曰:此形容神人之無己,爲逍遙遊之極致也。肩吾、連叔皆寓言,求其人則鑿矣。大而無當,夸大而不合義理也。往而不返,衝口而出,不回顧也。猶河漢而無極,放浪不知源流也。逕,門前路也。庭,堂外地也。逕與庭,相距不遠。大有逕庭,言與常言相去太遠也。肌膚若冰雪,至人之息深深,陽氣潛伏不動,故潔白如雪,神寒如冰也。專氣致柔,故綽約也。神人辟穀而餐沆瀣,正《黃庭經》云"人皆食穀與五味,獨食太和陰陽氣"之意,故曰不食五穀,吸風飲露。"乘雲氣"三句,即乘天地之正,禦六氣之辯,以遊無窮。神人蓋無所待之人乎,神人與天地並生,萬物爲一,其神凝,中和致而位育備,物消庶厲,年谷豐熟,必然之理。肩吾反以爲狂言孟浪,無稽而不信,則陋矣。狂,猶云狂夫之言,流蕩失實,不必改作"誑"字。【眉批:前人改狂爲誑,殊可笑,今作狂夫之言,極是。】連叔然接輿之言,鄙肩吾之見,以爲人謂心亦有聾盲之病者。是其言,猶此時之女也。時,如本字,不必改作是字。【眉批:時字如本字解,更妙。】磅礴,周流無心之意。蘄,求也。亂,猶治也。神人周遊萬物之上,無爲而天下自治。當世自求治於神人,是以過化存神,不見其迹,寧弊弊勞役從事哉!若堯舜之兢兢業業,一日二日萬幾,乃弊弊焉,以天下爲事者也。物莫之傷,外物不能擾其心也。稽,訓至。不溺、不熱,正見莫之傷。斯人出其緒餘,可以做成堯舜事業,原不以物爲事。塵垢秕糠,言視治天下如塵垢秕糠之無用,總見神人無己而忘我且忘世也。林疑獨曰:弊弊,經營貌。

宋人資章甫而適諸越,越人斷音短。**发文身,無所用之。堯治天下之民,平海内之政,往見四子藐姑射之山,汾**音焚。**水之陽,窅**音窈。**然喪其天下焉。**

【眉批】突出奇喻二事,皆比也,而實分賓主,亦見無所用天下。

原註曰:此段承上意而言,前三句是譬喻,下以堯明之。資章甫而適越,言宋人以市冠爲適越之資斧,或云用章甫飾首而入越,越人不用冠,故宋人亦無所用之,與"禹適躶國,解衣而入"同。神人不以治天下爲事,正類此。【眉批:如此體會,真八面玲瓏。】藐姑射之神人有四,未詳姓名。司馬彪曰:"即許由、齧缺、王倪、被衣"。四子道存師友,故堯因許由往見之。汾陽,堯都也。窅然,茫茫忽忽貌。既見而歸,頓若喪其所政治,四子非惟不以天下爲事,能使堯舜一見而自失其天下，非陶鑄堯舜而何，此時堯亦幾於無己矣。其逍遙也，何如哉？李元卓曰："章甫，殷冠"。資，貨也。

惠子謂莊子曰："魏王貽我大瓠音互。之種，我樹之成而實五石。以盛水漿，其堅不能自舉也。剖之以爲瓢，則瓠落無所容。非不呺然大也，吾爲去聲。其無用而掊之。"莊子曰："夫子固拙於用大矣。宋人有善爲不龜音均。手之藥者，世世以洴音平。澼音僻。絖音曠。爲事。客聞之，請買其方百金。聚族而謀曰：'我世世爲洴澼絖，不過數金。今一朝鬻技百金，請與之。'客得之，以説吳王。越有難，吳王使之將。冬與越人水戰，大敗越人，裂地而封之。能不龜手，一也。或以封，或不免於洴澼絖，則所用之異也。今子有五石之瓠，何不慮以爲大樽，而浮乎江湖？而憂其瓠落無所容，則夫子猶有蓬之心也夫！"

【眉批】又承上言用大有宜，所貴不在用天下。

林鬳齋曰：實，瓠之子也。一瓠之大，其子五石，則亦可盛五石之水漿矣。堅，重也。不能自舉，言一人之力，不能舉也。瓠落，淺大而不適於用之貌也。呺然，虛大貌。掊擊，碎之也。不龜手，言冬月用此藥澤手，不文理龜拆也。洴澼，打洗也。絖，絮也。司馬彪曰："絮細者，謂之絖"。以有此藥，爲人洗絮，因世其業也。樽，浮水之壺，以壺繫腰，浮水不溺，故曰中流失船，一壺千金。慮，思也。何不慮，言子之思，何不及此也。蓬心，猶茅塞其心也。○宋林希逸，閩人。

陸方壺曰：說到藐姑射山之四子，已是大之極了。又恐人疑此種學問，離世絕俗，將茫蕩而無所用，設大瓠、大樗二喻，言是大也。用之涉險，可以利濟，置之閑曠，可以全生。君子之學，無入而不自得，所以爲逍遙也。

呂吉甫曰：道之爲言一也，不善用之，不足以周四體，則世世洴澼絖之謂也。善用之，非特善吾身，雖天下淪溺，猶將拯之，則裂地而封之謂也。夫注焉而不滿，酌焉而不竭，此亦人心之江湖也。今有大器，不能浮之於大處，而患其無所容，則謂之有蓬之心也，宜矣。

憨①山曰：以前寓言、重言，惠子二節，文以巵言也。

---

① 原文爲"憨"，誤。

李衷一曰：瓠性虛，盛以水漿，則失其虛；瓠性浮，置之地，則失其浮；瓠性員，剖以爲瓢，則失其員，大抵皆滑心之謂。人心浩大，亦如江湖，譬瓠爲大樽，虛在水上，任其自之，無有係着，無有罣礙，安往不可？蓬，舟上蓬也。蓬轉則行，定則止，轉移在人力也，有着力牽繫意。合四說，無遺義矣。○明李光縉，福建解元。

惠子謂莊子曰：“吾有大樹，人謂之樗。其大本擁腫而不中繩墨，其小枝卷音權。**曲而不中規矩。立之塗，匠者不顧。今子之言大而無用，衆所同去也。”莊子曰：“子獨不見狸狌乎？卑身而伏，以候敖者；東西跳梁，不避高下；中於機辟，死於網罟。今夫斄**音狸。**牛，其大若垂天之雲。此能爲大矣，而不能執鼠。今子有大樹，患其無用，何不樹之於無何有之鄉，廣莫之野，彷徨乎無爲其側，逍遙乎寢臥其下。不夭斤斧，物無害者，無所可用，安所困苦哉！”**惠子姓惠名施，曾爲梁相。

【眉批】此節有用之用，不若無用之用。無用之用，乃可以陶鑄堯舜，仍是無所用天下爲也。

【眉批】到此方出“逍遙”二字。

呂惠卿①曰：物以有用爲用，其用小；以無用爲用，其用大。狸狌跳梁，死於網罟，以智巧殺身之喻也。斄牛至大，不能執鼠，逍遙無爲，全生之喻也。聖人于道，體之以深根固蒂，則其爲樹也大矣。欲樹之者，莫若反求吾心。蓋心之爲物，莫知其鄉，得其莫知之處而安之，是樹之於無何有之鄉也。充之而彌綸六合，靜之而萬物莫撓，逍遙其側，寢臥其下，未始須臾離也，則所謂大而無用者，安所困苦，而子患之乎？

林膚齋曰：樗，惡木也。大本，樹之身也。擁腫，盤結而瘰瘣也。立之塗，近於道旁也。此惠子戲以喻莊子之大言無用也。狸狌，狐屬。敖者，物之遨遊者。侯，欲襲取之而狙伺也。此最小而桀黠者，一旦爲機綱所中，遂殺其身。機辟，掩取禽獸之機弇也。斄牛，旄牛也。其牛至大，用之以執鼠，則非所宜，以況有此大樹，則不當更以規矩繩墨，斷而小之，樹之在得其所。無何有之鄉，

---

① 原误作郭子玄语，据褚伯秀《南华真经义海纂微》改。

廣莫之野,喻至道中有造化自然可樂之地。役役人世,有福則有禍。若高飛遠舉,以道自樂,雖無所用於世,而禍害皆不及之。故曰不夭無害,安所困苦。

李衷一曰:莊子以逍遙名篇,却不於章首說明,到完逍遙寢臥句,纔點出,何也? 大抵逍遙本旨,無用而已。無用則虛靜,虛靜則神凝,神凝則逍遙。曰予無所用天下為,曰安肯以天下為事,曰窅然喪其天下,皆無用也。惠子以為有用,而役役以堅白異同,與世爭辯,外神勞精,去逍遙遊遠矣。

陳詳道曰:凡物小者為用易,大者為用難。人情用小者常工,用大者多拙。惟因性任理者,方能於其難而處之以工。狸狌小而有用,不免於禍。犛牛大而無用,物莫能害。是知有用之用,不如無用之用也。

南華眞經合注吹影内篇卷之二

西湖胡文蔚豹生甫删補

齊物論總論

胡文蔚曰：物論，謂衆論也。齊者，所以一之也。夫道，何往而不存，惡乎有顯晦？隱於小成者，榮華之言也，【眉批：說出病根。】此之謂物論。戰國時，學術龐雜，人執一見，家創一說，莊子以爲不若兩忘而化其道也。大抵物論不齊，起於是非之無定。是非生於衆態，備悉於小知間間，日以心鬭一節内，復有一種以無有爲有，未成乎心者之是非，最爲害事。究之是出於彼，非出於是，全是一團我見，故要喪我。【眉批：衆態皆起于有我。】喪我則物化，不立意見，不起分別，齊生死，齊人我，物論自無不齊。言三籟者何？言者，風波也。【眉批：言者風波也，以莊解莊，尋見源頭了。】風作則萬竅怒號，怒號正如是非之喧騰，萬竅正如衆態之變異，風涉則衆竅爲虛，正如許多是非，到底終歸烏有。風爲天地間自然之氣，有使之怒，使之已者爲天籟。在人則有不知其所使，可行已信，有情而無形者爲彼，此彼字即末待彼之彼，【眉批："彼"字指道，因者因彼也。】不可看作兩樣，即眞宰，即眞君也。無何獨芒之人，不知領取，終身與物相刃相靡，喪其成心，自以爲是，因而非其所是，是其所非，生生不已。不知道在未始有始之先，俄而有無，俄而有謂，言與一爲二，二與一爲三，自有適有，巧曆不能算。而始有封有畛，是非之彰，道之所以爲虧也。設我顯與之辯，轉有不及辯處，故聖人懷之，不由而炤之以天，言乎天則喪我矣，喪我則莫得其耦。環中以應無窮，虛而生明，其妙總在於因，因則通然否、成毀爲一。因其自然，已而不知其然，道也，天也，即眞宰、眞君也，即不知其所爲使者也。故曰，待彼也邪？然未嘗察察以爲明,晦而用之曰滑疑,含而藏之曰葆光,平平常常,無異於人,曰寓諸庸。通而不勞,忘而不分,圓而不類。好異者非因,而無適者善因。有常有謂,悅生惡死者非因;知止其所不知,不知其所由來,死生無變,相待而若其不相待者,善因。眾人不能,而惟至人大聖乃能之。【眉批:指揮如意,字字靈通,投投是道。】《大宗師》云:"與其譽堯而非桀,不若兩忘而化其道。"此篇惟"達者知通爲一"節,云"因是已,已而不知其然謂之道",合二句參看,便知因是因箇甚的。因者,因道而忘我,我且不立,何從得人?是非没了對頭,如人失其耦。兩家各自走散,故曰兩行。惟兩忘,所以兩行也。聖人可乎可,不可乎不可;然於然,不然於不然,任道而行,相通爲一,不以是非相辯,使人人各足,均平而不畸,故曰休乎天均,言與爲休息也。【眉批:因字能盡情闡發,真可使頑石點頭,鈍根立悟。】天倪者,道中自然之端倪。不得其朕,莫知其所萌,似分而不可分,聖人與之調適,而牴牾都銷,故曰和之以天倪。凡此皆是因處,直到臨了,方點破曰,因者因之以曼衍,即所謂爲其肳合也。【眉批:百川萬瀆,朝宗向若矣!】王倪曰至人神矣,因之妙,至於不可知之謂也,所以忘年忘義,而寓諸無竟。無竟者,即環中以應無窮也。寓諸庸,庸故無竟也。夫果有所待而然者邪,即心、即道、即天,物且化而歸無,何物論之足云,齊之足云哉。此篇前人誤看因是已,爲因人之是而是之,又添出箇因非,是以格格言下,不能貫通,已詳"彼是方生之說"節解中。

李衷一曰:明者,空中自現本體明妙,釋氏言慧覺是也。因者,空中自然,眞性如如,禪宗言淨因是也。明是因處明,因是明處因。明如鏡像,因是法身。明從虛生,故得其環中;因則無二,故通知爲一。【眉批:明、因二義瞭然。】一不知其一,故曰兩行。明不見其明,故曰滑疑。通一猶有一在,無適則無一矣。滑疑猶有耀在,葆光則無耀矣。明而無明者,不可知之謂神。因而無因者,無所待之謂無竟,無竟則無聲,亦且無影。神則夢不知,覺亦不知,故曰物化。大抵人間是非,乍怒乍號若風,風濟則聲寂,無形無影若夢,夢覺則境亡,因風起聲,因覺得夢,循環輾轉,不知其盡。然今日之風聲,與昨日之風聲無異;今夜之夢境,與昨夜之夢境不同。風有聲可聞,夢無影可捉,言風言夢,意蓋如是。【眉批:古今談風、夢從此變化。】然眾人之夢覺在醒寐,至人之夢覺在死生;眾人之夢有夢,至人之夢無夢;眾人之覺,在夢后;至人之覺,在夢中;眾人有幻夢,無化夢;至人有性覺,無明覺。安得出生入死,無夢無覺之人,與之言《齊物論》哉！袁一解因字窔妙。篇中又作"因人之是而是之,因人之非而非之",竟自相矛盾,何也？

唐荆川曰:人生各立一形骸,各具一心知,便有自是心,自是而非人之是,欲勝人而慮人之不吾勝也,而爭心生焉。人掉一舌,家置一喙,千囂萬元,閙若閬市,曾不思百年逆旅。人生如夢,握權失勢,貴賤夢耳;朱門白屋,累茵懸結,貧富夢耳;朝秦暮楚,昨主今客,去來遷徙,夢耳。【眉批:警世良箴。】即如人所甚愛者生,而生不可留;甚惡者死,而死不可免,一朝算盡,七尺之軀,付之蝶夢,何論是非？故不喪我,不足以一死生,不足以齊物論,此心之所以如死灰,而形之所以如槁木也。

荆川又曰:通篇論本無是非,是非皆我見所作。

《測莊》曰:物之不齊,不能物化也。【眉批:洞徹首尾而骨節毛竅,無不透露。】不物化,由不喪我,有我以與物耦,而是非、有無、眞僞、儒墨、彼此、醜美、成毀、喜怒、壽夭、大小、封畛、悅惡、夢覺,可不可、然不然、類不類、知不知,形聲影响,無非耦者,【眉批:耦字所包甚廣。】樊然淆亂,不可齊矣。凡此皆逐於形,而不得其君形者。君形者主乎我而喪我,因乎物而化物,是人之天也。從其隨物賦形而不偏,命曰天均;從其無所不藏,命曰天府;從其無所不发端,命曰天倪,其實一也。聖人不由而照之於天,故喪我,喪我則齊物矣。籟之形于窺穴也,地也;形於比竹者,人也。音響參差,不可名狀,而宰之者誰,則天爲之也。今人由有我而有情與形,魂交情開,接搆心鬪,從太虛中,幻出機械萬狀。不能化物,而與物相靡,無以君形,而爲形所役。芒芒以老死,而孰知有不芒者乎？芒者形也,不芒者天也,聖人照之以天,故寓之於庸。庸者用也,用則通,通則得,得環中以應無窮。無窮,無竟也,故寓諸無竟。寓者,遊也,無用而無不用也。無用者喪我也,無不用也,齊物也。無我者天也,有我者人也。天故無聲而能聲聲,無形而能形形,無物而能物物,故曰齊也。周之夢爲蝶也,是與物俱化也。與物俱化,烏知是非,烏知彼是哉！

郭子玄曰:夫自是而非彼,美己而惡人,物莫不①然。然是非雖異,而彼我

①　通行本"不"下有一"皆"字。

均也，故齊之①。

胡豹生補曰：篇中"因"字，是老莊要旨，最宜參究。【眉批：補總論未盡之意，如輔車相依，不可缺一。】若說到未始有夫未始有始之先，不但無是非，無成虧，並言亦無，因亦無，無亦無；不但無耦，並一亦無，樞亦無，明亦無，光亦無，天亦無。今曰齊物論，却從其次以爲有封焉，而未始有是非上立論，大旨謂惟無是非者，乃可以齊是非也。大抵物論之殽雜，起于未成乎心者之有是非。物無非彼，物無非是，既有彼是，遂有此非。桀可非堯，跖將毀由。言隱於榮華，道隱於小成，職此之故，惡乎正之？曰惟知不言之辯，不道之道者，能正之。故欲齊物論，莫妙於因。因者，忘物我，無將迎。大道中有自然而然，至當不易之符，所謂天也，與之虛而委蛇也，即照之以天也。【眉批：說出個中微妙。】莫若以明，明者，天之明也。天何處不明，而未嘗自有其明，故貴滑疑之耀。葆光者，天之光也。天無日不見光，而未嘗自用其光，故貴葆光。天均曰休，平等無低昂，而休裕自適也。天倪曰和，咸宜無牴牾，而與物同春也。兩忘而化於道，故曰兩行，此之謂因也。因則不能無所待，故曰待彼也耶。彼即前非彼無我之彼，造化也，天也。【眉批："因"字、"彼"字、"待"字，奧義即在本經中拈出。】然則待之何似，曰惡識所以然，惡識所以不然，有分而無所分，眞與之偕化而已矣。个中意旨，本是了了，可惜前人曾未解出，皆讀曰因是。以爲因人之是而是之，因人之非而非之，沿訛不省，止緣把是亦因彼的"因"字，因是因非，因非因是二句的"因"字，作好一邊看故也。【眉批：指摘沿訛誤認的緣由，即引經文以證之。】篇中明明說是非之所以成，道之所以虧，可見未成乎心者之是非，全是我見偏見，因之則顛倒是非，紛爭日甚，安望齊乎？況始則言"聖人不由而照之以天"，后兩言"爲是不用而寓諸庸"。細玩既使我與若辯一段，四言惡能正之，業反覆歷言彼是之不可用矣，安得因之？

林虙齋曰：言因是，不言因非者，省文也，竟從本文外，增添注脚。陸方壺解"物無非彼"一段，已探驪珠，后復兩岐，至朝三節，以因是爲猶是，此老胸中亦有光景，急時參不透，故指東話西耳。【眉批：辯才無礙，針針中穴。】焦弱侯已知"是也"二字爲語詞，仍作因人之是非，以爲是非，不知何故。

---

① 郭註無"故齊之"三字。

南華眞經合注吹影內篇卷之二

武林吹影居士胡文蔚豹生甫删補

南陽　汪起蛟漢翀甫

懷寧　黎民貴汝良甫　评訂

臨川　饒崇秩抑若甫

齊物論第二

南郭子綦隱几①而坐，仰天而噓，嗒②音塔。**焉似喪其耦。顏成子游立侍乎前**，曰："**何居乎，形固可使如槁木，而心固可使如死灰乎？今之隱几者，非昔之隱几者也。**"子綦曰："**偃，不亦善乎，而**汝也。**問之也。今者，吾喪我，汝知之乎**？

補註曰：仰天而噓，心與天遊也。似喪其耦，身世皆忘，若不知斯人爲徒也。耦，舊训匹，非。"形固可使如槁木"二句，子遊疑心全在"固可使如"四字，他人不如是，子綦獨如是；前日不如是，今日忽如是，夫豈使之而然乎？可者、乎者，疑而未定之詞。【眉批：雖是虛字，實篇中肯綮，不可忽略。】子綦答言，善哉汝之一問，不可少也。凡使之而然者，皆起於我見，今者吾喪我，并我且無之，復何容心哉？汝知此理乎，即首篇"至人無己"意。

林膚齋曰：不曰我喪我，而曰吾喪我，言人身中纔有一毫私心未化，則吾我之間亦生分別，三字下得極妙。洞山曰："渠今不是我，我今正是渠。"便是此

---

①　几，通行本作"机"。下同。

②　嗒，通行本作"荅"。

等關竅。

王元澤曰：耦，匹也。物莫不有匹，惟道神妙而無匹，無匹則歸於一致，而忘彼我，物論自齊矣。

刘须溪曰：喪耦，我固在也。我喪則物論從何起，人我大同，是非一致矣。

憨山曰：吾，自指真我。喪我，謂忘其血肉之軀也。

女聞人籟而未聞地籟，女聞地籟而未聞天籟夫。"子游曰："敢問其方。"子綦曰："夫大塊噫音臨**氣，其名爲風，是惟無作，作則萬竅怒呺**音號。**而汝也。獨不聞之翏翏**音流**乎？山林之畏**音偉**佳**①**音萃**。大木百圍之竅穴，似鼻，似口，似耳；似枅**音雞**。似圈，似臼，似洼者，似污者；激者，謞者，叱者，吸者，叫**②**者，譹者，宎者，咬者。前者唱于，而随者唱喁。泠風則小和，飄風則大和，厲風濟則衆竅爲虚。而獨不見之調調，之刁刁乎？**

【眉批】林希逸曰：世云詩是無聲畫，以寫難狀之景也，何曾見畫得個聲出？南華此段將天地間無形無影之風，可聞不可見之聲，卻就筆頭上畫得出，每讀之使人手舞足蹈而不自知也。

【眉批】小和、大和，音如倡和之和。

補註曰：莊子欲形容物論之不一，卻從天地間得其至。無根者曰風，風之起也，萬竅怒呺；風之止也，形影俱空，則知是非然否，却是空花幻泡，而不齊者自齊矣。

删訂舊註曰：陰陽之氣，鬱而欲舒，則風生故，曰大塊噫氣，其名爲風。風起則披拂振撼，滿世界皆是，故曰作則萬竅怒呺。翏翏，往來不絕之聲也。畏佳，木摇動貌。大木百圍之竅穴，姑就一木之大者言之，以槩其他也。試言竅穴之形：有二孔突起，似鼻者；一孔横生，似口者；孔斜入而似耳者。三者似人形。枅，欂櫨也。枅則相累積而空缺，圈則員而中空，臼則口濶而中宎，三者似器形。水聚牛跡曰洼，水流宎下之所曰污，二者似坎形。試言竅穴之聲：激者，如水激聲；謞，音嚣，發箭聲；叱出而聲厲，吸入而聲微，叫高而聲揚；譹，音豪，

① 佳，通行本作"佳"。
② 叫，通行本作"叫"。

獸聲也;寀,音杳,室東南隅,深室中聲留而音沉也;咬,音交,如交交鳥聲也。
于與喁,又相和之聲。竽爲五音之長,故曰唱于。喁者,衆竅如魚口之噞喁也。
泠,清泠。飄,飄忽。厲風,猛而大也。濟,涉也。厲風過涉,則衆竅爲虛。調
調然和,刁刁然微,樹杪風貌。○補曰:夫竅穴中之風,惟有聲可聞,故曰獨不
聞。林木搖漾之風,有形可見,故曰獨不見。【眉批:"聞見"二字,絕有分曉。】二之
字指風,前之字亦指風。萬竅者,喻人心機竅之多,即大知、小知等衆態也。怒
呺,喻人身是非變遷之異。風濟即虛,喻物論之多,轉眼皆空。

　　林疑獨曰:風出空虛,尋求無迹。起于靜而復于靜,生于無而歸于無。惟
竅之所受不同,在人之所聞亦異。比於萬物,禀受亦然。衆竅爲風所鳴,萬形
爲化所役,然風不能鳴無竅,而化不能役無物,能脫形骸之累,而冥妄想之情,
了然明達,而吾非我有,則入於神妙,而造化不能拘之矣。

　　劉須溪曰:畏從山曰嵔,佳從山曰崔,山林之隈僻角尖處,風所不至也。濟
如亂涉之謂,厲風大於飄風,所過則衆竅並作如噓,虛、噓通。若謂厲風止,則
厲風何所屬耶? 說了許多竅穴,更著調調、刁刁,則林稍之披靡,皆無遺矣。世
間無日無是非,小是小的風,大是大的風,然終必寂然而止,所謂齊也。知其所
從生,則不待止而齊矣。怒者其誰耶,莫之爲而爲者,天也。

　　羅勉道曰:今俗呼風小,爲調調地。采茶者以嫩條爲刁掇。言刁刁然可
掇耳。

　　**子遊曰:"地籟則衆竅是已,人籟則比竹是已,敢問天籟。"子綦曰:"夫吹
萬不同,而使其自已也。咸其自取,怒者其誰耶?"**

　　補註曰:比竹,笙簧之類,人籟五音皆是,此特言一端耳。前曰地籟,今說
天籟,把人籟只一句遞過,是省筆法。夫萬有不同之聲,皆風吹之而成,未幾寂
然自止,其已也。若有使之者也,設作與止,咸風之自取,則衆竅之怒而號者,
誰其使之,可見非風非竅之間,必有無聲而能聲萬有者,分明有箇眞宰主張之,
而特不得其朕,非天而何。【眉批:全在使字上見爲天籟。】自字,指風說。已,聲止
也。陸方壺謂:"聲由竅出,自字訓由,已字指竅。自取,亦言咸竅之自取。怒
者其誰,屬風。"如此仍只說得箇地籟了。不知作止吹怒者風,所以使作止吹
怒者,非風也,天也。如此看,方與下文不相背。

李衷一曰:怒者其誰一句,承上起下,言是非相激,得失互爭,如萬竅怒號,聲氣不平,則誰使耶?

林註曰:一氣之動,誰寔使之,此言可味。

大知閑閑,小知間間。大言炎炎,小言詹詹。其寐也魂交,其覺也形開。與接爲搆,日以心鬥。縵者,窖者,密者,小恐惴惴,大恐縵縵。其發若機括,其司是非之謂也;其畱①如詛盟,其守勝之謂也;其殺如秋冬,以言其日消也;其溺之所爲之,不可使復之也;其厭也如緘,以言其老洫也。近死之心,莫使復陽也。喜怒哀樂,慮歎變慹音聶。姚佚啓態。樂出虛,烝成菌。

【眉批】摹劃世人堪憐堪憎、可駭可懼之態,種種曲肖,筆端變幻,巧奪天工。

【眉批】忽下毒棒。

補註曰:此段摹寫世人許多機詐,不異萬竅怒號。總見物論之不齊,起於衆態之不一也。大知之人,胸次曠達,物來順應,常從容自得,所以閑閑。小知之人,察察爲明,吹毛索瘢,分別較量,所以間間。於是发而爲言,大者如日月經天,光明洞徹,曰炎炎。小者瞻前顧後,拘牽文義,曰詹詹。

林鬳齋曰:知,理會事功者。言,議論學術者。雖是,亦不须太拘泥。其寐也魂交二句,言人夜則魂與魄交而爲夢,覺則魂與形開而應事。搆,經營也。平旦以來,便有交接,内役其心,如戰鬥然,日日如此,故曰與接爲搆,日以心鬥。縵者,做事縵怛怛地,柔懦人也。窖者,胸藏機窣,陰險人也。密者,利悉秋毫,不畱餘地,鄙吝人也,又周匝綿密,不少滲漏,深細人也。惴惴,反側不安。縵縵,散緩自失。此項人,其議論是非,各有所主,若射者之取中,故曰發若機括,言一語不虛發也。好勝之心,守而不化,若與人詛盟然。用心憂勞,日見銷鑠,如秋冬之時,萬物彫殘然。三句,下是正意,上是譬喻。意有所溺,一往不回,如既溺之人,無復回之也。厭如壓,其爲物欲所掩蔽,如被緘縢,至老而莫救,故曰老洫。洫者,謂其如墜於溝洫也。斯人也,身雖生而心已死,故曰近死。陽,生氣也。莫使復陽,言不可救藥,使其元陽來復也。此以上形容世

---

① 畱,通行本作"留"。

俗之用心。喜怒以下十二字，又形容其接物之情狀。

褚註曰：慮則預度未來，嘆則咨嗟既往，變則游移而更換，慹則畏懼而不動，姚則悦美以自肥，佚則縱樂而忘反，启則情開而自放，態則色莊而驕矜，一體之中，有此異狀，患得患失，焦火凝冰，是以形化心俱，日消而近死，如樂之出虛，乍作乍止，如蒸之成菌，倏死倏生耳。【眉批：此節林、褚二註，已無遺義。】

日夜相代乎前，而莫知其所萌。已乎，已乎！且暮得此，其所由以生乎！非彼無我，非我無所取，是亦近矣，而不知其所爲使。若有眞宰，而特不得其朕①，可行已信，而不見其形，有情而無形。"取"字與咸其自"取"，"取"字相炤應。

補註曰：承上文言物情如此紛紜。實不自由，畢竟有箇主張之者在也。夫殊情異狀，日夜相代，循環不已，無非造化所爲，而去來新故，莫可端倪，絕不知其起於何處，故曰莫知其所萌。已乎已乎，猶言是了是了，言人之旦暮所由以生者，其即得此乎。此字指造化，即"怒者其誰"之"誰"，即"非彼無我"之"彼"。言我不是彼，則我何由以生，故曰非彼無我。然非我去取他，則彼亦無從生我，故曰非我無所取，猶之風離於竅，終不成響也。取，即得此之得字，同咸其自取之取，訓領受，領受即得也。【眉批：非數十年靜坐，冥心默契，安知此中消息。豹生更從何處索解入。】

陸註曰：如此看來，造化不離我身，似亦近矣。然其所爲見使於造化者，人實不知之。眞宰亦指造化。若有者，似乎有之，而不敢以爲實有也。朕，萌芽之地，不得其朕，即莫知其所萌也。必欲求得其朕，除非眞宰有形。今也眞宰，使人人便行之，說與人，人亦深信，故曰可行已信。只爲不見其形，故無朕可得，既無朕可得，終屬朦胧，故斷一句曰，有情而無形。有情故能使人無形，故不得其朕。

補曰：觀此處其所爲使，便知使其自己也，使字屬天矣。

百骸、九竅、六藏，賅而存焉，吾誰與爲親？汝皆悦之乎？其有私焉？如是皆有爲臣妾乎？其臣妾不足以相治乎？其遞相爲君臣乎？其有眞君存焉？如求得其情與不得，無益損乎其眞。

————————

① 朕，通行本作"眹"。

補註曰：試把人身有形上體認，知有眞宰在。【眉批：此節與下節方壺妙有體認。】○方壺曰：骸，骨也。人有三百六十骨節，總言百以該之。九竅，耳目口鼻，通前後而九。六藏，心藏神，肝藏魂，脾藏意，肺藏魄，腎藏志，通命門而六。賅，音該，備也。試舉而問，不知此數件，最親厚者誰與，其皆親而悅之，其亦有私親者焉。焉亦問辭，如是皆有。至眞君存焉，亦是問辭，反覆微問，要人深思而自得之。爲臣妾者，如目視而耳聽，手持而足行，同來在此服役，故曰皆爲臣妾。既同爲臣妾，其勢定不足以相使，然而手有時而役足，足亦有時而役手，耳目亦然，又似遞爲君臣，其果若是哉？其有眞君存焉？眞君即眞宰，能役人而不遞相爲役者也。旦暮得此之此，非彼無我之彼，怒者其誰之誰，皆是這箇。蓋其所以使我如此者，眞君之情也，眞君與我旦暮不離，不以求得而有，不以不得而無，故曰求得其情與不得，無益損乎其眞。情即上有情無形之情，眞字即眞君之眞。眞君於人原無益損，但悟之即聖，迷之則凡耳。

一受其成形，不亡以待盡。與物相刃相靡，其行盡如馳，而莫之能止，不亦悲乎！終身役役而不見其成功，薾音涅。**然疲役而不知其所歸，可不哀耶！人謂之不死，奚益？其形化，其心與之然，可不謂大哀乎？人之生也，固若是芒乎？其我獨芒，而人亦有不芒者乎？**

補註曰：大都物論不齊，皆起於形竅，要知形竅原不足恃，人身中蓋有眞君在，古來聖眞仙佛，潛修默養，深爲寶惜者也。奉持眞君，必若喪我者，槁木死灰而後可，奈之何今人一受成形，反爲形役，迷失眞君，至死而不知所歸，可不惕然深省乎？

删訂陸註曰：眞君於人，未嘗旦暮或離，一自受形以來，不忍亡去，相與終身，直待此形之盡而後已。眞君與我，有情若此，我當恭敬奉持，却將他與外物相刃相靡，于順逆之塲，不自愛惜。其所行爲，竭蹷趨事，一往不囘，如良馬馳逐，莫能自止，不亦悲乎！憫其不知輕重也。終身役役，所爲皆伐性傷生之事，有何功效？徒疲於奔走，薾爾困憊，日暮途窮，不知所歸，可不哀哉？哀其無下落也，人生自勞如此，壽雖百年何益？故曰不死何益。夫人從壯得衰，從衰得老，其形漸化，賴有箇不亡者在，所以千古常存。今迷失眞君，心與俱化，可不謂之大哀乎！哀其喪眞君也。試返躬自思之，人之生也，固當如是芒然而無知乎,其我獨如是,而人不盡然乎,有不警省而自勵者,非人矣。

夫随其成心成而師之,誰獨且無師乎?奚必知代而心自取者有之,愚者與有焉。未成乎心而有是非,是今日適越而昔至也。是以無有爲有,無有爲有,雖有神禹且不能知,吾獨且柰何哉?

【眉批】随其成心而師之二句,已露因字妙旨,觀者須著眼。

删訂陸註曰:若能認得眞君,随成心而師之,則誰人無師。成心者,渾然俱足,現現成成,乃天命之本然,吾人之眞宰也。是心也,人人有之,奚必知古今代謝,取於造物之獨隆者有之,雖愚者亦有焉。但愚者多與接爲搆,日以心鬪,牿亡其本心。渾成者,未免虧損,故未成乎心。成心既失,中無主宰,而妄生意識,横起是非,譬之今日適越而昔至也。何者?適越之人,必平日先到其地,方可說其境内風俗山川,若今日始至,便謂昔日曾來,豈不是臆度妄想,此等之人,是以無有爲有也。且如禹作《禹貢》,亦只說得他足跡所到處,六合之外,便不能知了。此理也,今未成乎心而有是非之人,强作解事,終爲夢語,吾獨奈之何哉!

補註曰:前此許多議論,到此方露是非二字,後來眼目,皆伏於此,是非爲物論之端。未成乎心而有是非,又一篇之肯綮。物論所以不齊,皆由此故。

【眉批:此指示篇中吃緊綱領,勿忽略放過。】

夫言非吹也。言者有言,其所言者,特未定也。果有言耶?其未嘗有言耶?其以爲異於鷇音寇。音,亦有辯乎,其無辯乎?

林註曰:此篇本爲齊物論是非而作,前既發爲三籟之論,謂天地之間,凡有聲者皆出於造物,却又引而伸之,演說人身皆爲造物所使,分明有箇天然眞宰,循此眞宰,便能師成心。只爲小人未成乎心而有是非,所以有紛紜不一之論。自此以下,方直說是非。

陸註曰:言非吹也,又度上吹字下來。夫言亦心聲,何以不比於吹,只爲有未成乎心者之言,故曰非吹。非吹則非天籟矣。何者?言者有言,所言者皆各自言其意也,特未定得他是何等言語,其果有心於司是非而言之耶,其亦任天之便,雖言之而如未嘗言耶!夫初生之鷇,任天之便,啾然而鳴,非有心也。人之言,以爲異於鷇音者,其亦有說乎,亦無說乎?有心言之,則與鷇異;無心而任天之便,則與轂等。與轂等,則與吹等,與吹等,然后謂之天籟。

羅註曰:人聞禽音,如鵲報喜,鴉報凶,可聽爲準。轂音未定,則不可爲準,人言之未定,亦猶是也。【眉批:此說亦通。】

道惡乎隱而有眞僞?言惡乎隱而有是非?道惡乎往而不存?言惡乎存而不可?道隱於小成,言隱於榮華。故有儒墨之是非,以是其所非而非其所是。欲是其所非而非其所是,莫若以明。物無非彼,物無非是。自彼則不見,自知則知之,故曰彼出於是,是亦因彼。

補註曰:此節是一篇要領。○夫道一而已矣。盈天地間皆道,原無差別,何所隱而有眞僞?言以明道,千聖同揆,殊途一致,何所隱而有是非?隱者,遮掩也,如浮雲翳日,無損於明,原不足晦道與言也。大小精粗,何適無道,惡乎往而不存?高下淺深,何言非道,惡乎存而不可?只緣天下有一種小成之人,偶見道之一端,自以爲是,執其偏見,遂成外道。雖大道不爲之少隱,而執拗之人,自隱其全而成其小矣。小成之人,別有一種議論,矜夸粉飾,抗世明高,雖至言不爲之少隱,而榮華者自隱其是而趨於華矣。【眉批:能疏莊仙言外之旨,人之所難。】自是而後始有儒墨之道之言,互相是非,茫無定論。于何定之,莫若以明。明者,大知慧也。明乎本來之未始有是非,而後是非可忘,一形不罥,而乃萬形畢鑒也。本來原無一物,有何是非,止因人已對立,我相既存,物相随現,自我而外皆物也,即皆彼也。無非物也,即無非彼也,故曰物無非彼。【眉批:物對我而言作人看,故曰彼。】是從物生,立言者疇肯自以爲不是,故曰物無非是。無非二字,只作虛字,勿誤爲是非之非。【眉批:物無非彼,物無非是,兩無非不可誤認爲是非之非。】夫物理固如是矣,然泛泛從彼身上探討,則不見其所以然,惟從我自己心上比量,則知之。何也?我亦常見其是而不見其非也,推己及人,可見是出於彼,是亦因彼,見而生耳。彼者,物見也。自以爲是也,何必與之更辯哉?

彼是,方生之說也。【眉批:奇喻。】**雖然,方生方死,方死方生,方可方不可,方不可方可。因是因非,因非因是,是以聖人不由而照之於天,亦因是也。**【眉批:"因是"一見。】

補註曰:彼是者,彼自以爲是,一團我見也。荆川欲作"彼此"二字看,繆甚。〇此段單言彼是爲一偏之見,所以生出非來,是非相因而日出也。夫彼是者,蓋未成乎心者,自以爲是也,譬若方生之說也。其意云,凡人有生必有死,原不相離,只說生而不說死,是但見得一邊而已。雖然,彼出於是,天下之爲彼者多矣,豈更無有彼是者,以非我之是,兩執其是,遂至相非,猶之一日之間,方生方死,方死方生,變化無常。群言之異,方可方不可,方不可方可,然否迭出。因彼自以爲是,因而以人爲非;因非人之是,因而是彼之非。相爭相辯,議論繁多,總爲偏見。【眉批:如此解"彼是"及"因是因非,因非因是",大闡秘旨,漆園自應首肯。】是以聖人屛絕是非之念不用,而照之以天。天者,太虛無爲,夫何言哉!聖人全體太虛,光明所燭,如天之無所不照,所以然者,道惡乎往而不存,言惡乎存而不可。大道中,原有自然而然,至當不易之宜,聖人不立人我,不起意見,亦不過因所自然而已矣。篇中"亦因是也",凡二見。"因是已",亦二見。是也、是已,皆語詞,不可作是非之是。【眉批:是也、是已皆語詞,切記。】〇是亦因彼,執我見之因也。聖人之因,順其所自然之因也,所謂因之以漫衍也。因是因非,因非因是,同是亦因彼之因。如此看破,疑團可解。【眉批:這幾個因字最要體認,是一篇大關竅。】

是亦彼也,彼亦是也。彼亦一是非,此亦一是非。果且有彼是乎哉,果且無彼是乎哉?彼是莫得其偶,謂之道樞。樞始得其環中,以應無窮。是亦一無窮,非亦一無窮也。故曰莫若以明。 偶,即首節似喪其耦之耦,正相照應。

補註曰:此言彼是者,究無是處,立彼此之見,則偶敵終窮,不若虛中以應也。是亦彼也,即所云是亦因彼。彼亦是也,即所云彼出於是。總言其爲我見也。自我而觀,彼之外又有彼;自彼而言,彼之外便爲此。彼此各執一見,相持不下,所謂彼是者安在,要皆人我對偶之累也。【眉批:明晰秋毫,自識個中竅妙,何須燈外覓火。】夫至是無非,大道惟一,假使彼是者,物我皆忘,分別俱息,則莫得其偶,謂之道樞,云得道之樞要也。又釋樞義,言樞如戶樞,環而中虛,故無首無尾,千轉不窮。彼是者能環中以應,因其自然。是乎道之所是,更無有一非者,足以窮之;非乎道之所非,更無有一是者,足以窮之。不執是非之見,是以不爲是非所窮,惟虛而生明,炤之以天者能之,故曰莫若以明。環中以應無窮,正見因之妙處。【眉批:是非出於道,故無窮,此之謂因。】

以指喻指之非指，不若以非指喻指之非指也。以馬喻馬之非馬，不若以非馬喻馬之非馬也。天地一指也，萬物一馬也。

補註曰：夫大道不稱，辯而不及，環中無偶者，妙在不與之辯耳。若以是喻是之非是，雖有眞僞可否之不同，既謂之是，則彼是、此是，皆是也；不若以彼見、此見總爲物見，都無是處。而後知榮華之外，有至言焉，惡乎存而不可矣。譬在人爲指也，在獸爲蹄，在禽爲爪，非指也。以指喻指之非指，雖有名食大小之異，既謂之指，則人指、我指，皆指也，不若以蹄爪之非指，喻指之非蹄爪，更直捷也。羈勒者馬也，駕耕者牛，夜吠者犬，非馬也。以馬喻馬之非馬，雖有牝牡、驪騹之異，既謂之馬，則良馬、駑馬皆馬也，不若以牛犬之非馬，喻馬之非牛犬，爲明顯也。由是推之，天地一指也，職覆職載，兩不相非也。萬物一馬也，鳶飛魚潛，各不相礙也。天地與我並生，萬物與我爲一，無端而橫起意見，分別人我，猶之以一指一馬，互相是非，不亦可以已乎！如此說，何等明快！前人深求之，而反生理障。【眉批：此節斷該如此解，前人從未參透。】

可乎可，不可乎不可。道行之而成，〔旁批〕正見可因處。物謂之而然。惡乎然？然於然。惡乎不然？不然於不然。物固有所然，物固有所可，無物不然，無物不可。故爲是舉莛與楹，厲與西施，恢恑憰怪，道通爲一。其分也成也。其成也，毁也。凡物無成與毁，通復①爲一。此段應聯下段爲一節。

【眉批】莛，音廷。恑，音詭。憰，音決。

補註曰：夫言隱於榮華而有是非，然則欲正是非，其惟道乎！夫以明者可乎可，不可乎不可，蓋實見其至當而不易也，亦何所憑哉，道也。道行之而有應如是，不應如是者，成其可不可也，物從而謂之，故云然也。此然字與下少異，合者然之，然於道之所當然；不合者不然之，亦不然於道之所不然。道散寄於物，物固有所然所可，無物不載道，無物不然，無物不可。審於是，則惡乎往而無至當不易之理，又何必增是非於其間哉！爲是舉夫梁橫而柱直，厲惡而施美，恢弘之與詭詐，譎變之與怪異，以道觀之，總歸一致。【眉批：此節與下節說個以明的體用，正見因道之妙。】

──────────

① 通復，通行本作"復通"。

删改舊註曰:莛,屋梁也。楹,屋柱也。其分也,成也,言分頭做事,成功則一也。如適長安者,東西取路,分也;期會都門,成也。如制藥者,剪之碎之,分也;合而和之,成也。其成也,毁也,如巨室既成,所毁之木必多;如六國既毁,西秦之帝始成。究竟無成無毁,通復爲一。通復,神奇化爲腐臭,腐臭復化爲神奇也。

惟達者知通爲一,爲是不用而寓諸庸。庸也者,用也;用也者,通也;通也者,得也;適得而幾矣。因是已,已而不知其然謂之道。〔旁批〕與"道行之而成"合看,便悟。

【眉批】"因是已"二見。

補註曰:此大同之道也。以語小成之人,方且執其彼是,妄生分別,安能知之? 惟達者知自是之人,畛域自囿者,不過起於好奇立異之念,故日滋搆鬪。爲是不用而寓諸庸,寓者,寄也,即寓兵于農之寓,寓至道于布帛菽粟中也。日用尋常之理,賢愚可以共由,故曰用。用則近而鄉黨,遠而要荒,上而千古,下而百世,四迄無阻,故曰通也。通則在人,既各得其所得,在我且無入而不自得。得者,滿志快足也。適得其所願,則幾乎無欲無爭矣。復何是非之有,此之謂因也。夫豈有意以爲之哉? 自然而然,不知其所以然,道在則然也。

勞神明爲一而不知其同也,謂之朝三。何謂朝三? 曰:"狙公賦芧曰:'朝三而暮四。'衆狙皆怒。'然則朝四而暮三。'衆狙皆悦。名實未虧,而喜怒爲用,亦因是也。是以聖人和之以是非,而休乎天均①。是之謂兩行。

【眉批】奇喻。

【眉批】芧,音序。

【眉批】"因是也"②三見。

補註曰:因而至於不知其然,絕無期必之勞矣。彼勞苦精神,强通爲一,不知理之大同者,謂之朝三。此譬喻之最奇最確者,文法亦峭異。狙公,衆狙之主也。今山中猿猱,類尊一點捷者爲王,衆皆爲之役使。芧,山中野菓,或云山栗,或云橡。賦芧,責衆狙輸菓於狙公也。朝方出,故不礙多;暮將歸,故利在

---

① 均,通行本作"鈞"。

② 因,原文無,按評點前後内容應補。

少。名,三與四也。實,總計是七也。名實未嘗變,而喜怒緣朝暮爲用,不過在一轉移間,此亦狙公因衆狙自然之喜怒耳。狙公,舊作養狙之人。賦,作出芋食衆狙,終不妥。是以善因之聖人,和之以是非而休乎天均,亦如狙公調衆狙之喜怒,使之暢然各適,無有低昂差別,休息乎至足之天。兩行者,如狙公能釋衆狙之怒,而自可生衆狙之喜也。兩忘而化於道,不以吾心之無是非,攪人間之是非,故名兩行。既曰通一,何以又曰兩行?是非對立,則偶而相杭,是既不存,非將自去。兩人行去,各自走散,則通而爲一矣。行者立之反,正莫得其偶也。彼是者,則行不去矣。【眉批:"兩行"二字,今日始得明白,快哉,快哉!】○此節因字,就狙公說。前亦字,對是亦因彼說;此亦字,云狙公亦是因也。

古之人,其知有所至矣。惡乎至?有以爲未始有物者,至矣,盡矣,不可以加矣。其次以爲有物矣,而未始有封也。其次以爲有封焉,而未始有是非也。是非之彰也,道之所以虧也。道之所以虧,愛之所以成。果且有成與虧乎哉,果且無成與虧乎哉?

【眉批】是非之彰,道之所以虧,二句篇中最關係語。

補註曰:雖然,吾之齊物論,恐是非之彰,道將虧於小成也。愧持論日趨於下,不及古人遠矣。古之人,至極而不可加者,其知在未始有物之先,次之則有物矣,又次之而始有封矣。矧是非之彰乎?夫道虧於儒墨之是非,而后有未成乎心之人,以無有爲有,浮言過當,偏詞失實,溺於私愛,執其勝心,是是非非,水溢火燃,不可止息。試從無物之始觀之,凡物無成與虧,道通爲一,又何自有是與非?知此,則物論不齊而自齊矣。【眉批:簡潔明顯,芟盡支離。】

有成與虧,故昭氏之鼓琴也;無成與虧,故昭氏之不鼓琴也。昭文之鼓琴也,師曠之枝策也,惠子之據梧也,三子之知,幾乎皆其盛者也,故載之末年。惟其好之也,以異乎①彼;其好之也,欲以明之彼。非所明而明之,故以堅白之昧終。而其子又以文之綸終,終身無成。若是而可謂成乎?雖我亦成也。若是而不可謂成乎?物與我無成也。是故滑疑之耀,聖人之所圖也。爲是不用而寓諸庸,此之謂以明。

_____

① 乎,通行本作"於"。

【眉批】又申言"爲是不用而寓諸庸"一句,何等融貫周密!

林虞齋曰:既說成虧之理,却以鼓琴喻之,最爲親切。且如有琴於此,撫而操之,則一曲之中,自有終始。是成虧生于既鼓之后,若不鼓則安有始終哉!如人一念不起,則亦無有物我之同異也。昭,姓也,名文,古之善鼓琴者。策,擊樂器之物。枝,猶持也,持而擊曰枝。此二字,想古語有之。據梧,以梧爲几而凭之。因上言鼓琴,復引二子,言三子之技巧,獨步一時,其聰明,庶幾乎皆精美而極盛者也。載之末年,載,事也,言從事於此,終其身也。

陸方壺曰:昭氏以琴名世,其子不能繼其業,便是有成與虧的樣子。又取師曠來作證佐,師曠任地聰慧,其人却以盲廢,枝策而行,此亦是他有成與虧處。枝,柱也。策,杖也。或是杖策,爲刊寫者之誤。又引到惠子,却是愛成而道虧者。滑疑之耀,乃不明之明,與非所明而明之彼者,大是天淵,正是老子光而不耀之旨。

補曰:自"惟其好之也"至"故以堅白之昧終",【眉批:六句單指惠子,說極透徹。】單指惠子說。好者,好辯也。惟其好之也,意在抗世明高以求異,所以曉曉不已,欲誇示於人,明誇說己長也。二彼字,只作人字看。非所明而明之,言堅白之論,究竟没甚好處,自己尚未了徹,强欲誇示於人也。故此悁悁懵懵,過了一生,故曰故以堅白之昧終。綸,琴弦也。言昭文之子,一生學父之技,終身不能如其父之盛,故曰無成。又總結而詰問之,若三子而可謂成乎,雖無成如我,亦可謂之成也,此莊子現身說法自謙處。若三子而不可謂成乎,則知大道不器,技倆聰明,都用不着。彼與我,皆無成也。設昭氏去琴,師曠去聰,惠子去辯,不用明而明全,何成何虧,其如恃智而好異乎。是以聖人貴用晦而明也,不用才知,不用奇瑰,而寓諸庸也。所謂照之以天,而無微不燭,無翳不空也。滑疑者,滑亂而可疑。不明之明,即《易》"君子以用晦而明"也。

今且有言於此,不知其與是類乎,其與是不類乎?類與不類,相與爲類,則與彼無以異矣。

補註曰:此段爲彼是者指引一虛心對勘之法,以消除其偏執,莊子何等婆心!【眉批:劈面一棒,哪得不悟!】今設有言於此,其與是類與不類,固未可知,亦不必問。惟設身處地,平心比量,知我自以爲是,而不見其非,則彼與我一樣,知彼出於是,而不肯自以爲非,則我與彼一樣,究竟都是偏見,又何必非其所是,而是其所非哉!要知尚存是非之迹,不如因者之兩忘而化於道也。林註曰:把他做我看,把我做他看,則見我與他一般,易地而看之意。此說最簡要。他解未免影外圖影,即前"自彼則不見,自知則知之"二句,意却又如此翻跌,可稱無礙辯才。

雖然,請嘗言之。有始也者,有未始有未始有始也者,有夫未始有始也者。有有也者,有無也者,有未始有無也者,有未始有夫未始有無也者。俄而有無矣,而未知有無之果孰有孰無也?今我則已有謂矣,而未知吾所謂之其果有謂乎,其果無謂乎?

删訂諸註曰:雖然,物論之是非,必有所始,請遡本源而言之。道在天地之先,試言造化之氣,非惟有始之上,有無始;而未始有始之上,有未始有夫未始有始者。試言造化之形,非惟有有之上有無,而未始有無之上,更有無無者。無極之先,渾渾沌沌,莫得名言,俄而說有無二字,從空落影,未免沾惹。今試問其有者無者,果孰是孰在,依舊歸無,今我則已有此言矣,從空捕影,未免饒舌。又試問我所謂有者無者,果孰有孰無,依舊還無。參究至此,彼執是非者,不亦爽然自失乎!

天下莫大於秋毫之末,而泰山爲小;莫壽乎殤子,而彭祖爲夭。天地與我並生,而萬物與我爲一。既已爲一矣,且得有言乎;既已謂之一矣,且得無言乎?一與言爲二,二與一爲三,自此以往,巧曆不能得,而況其凡乎!故自無適有,以至於三,而況自有適有乎!無適焉,因是已。

【眉批】"因是已",四見。

補註曰:能相忘於無言,并天地萬物大小壽夭,總歸於無。若出於有言,秋毫可大於泰山,殤子可壽於彭祖。【眉批:別眼烱烱。】何也?秋毫已有形,而泰山不能無形也。殤子已盡其算,而彭祖之算,不能不盡也。是非何足憑乎?不知天地者陰陽也,我秉陰陽之氣而爲人,原與天地並生,萬物與我,同在一氣中,實如同體,故曰爲一。既已爲一矣,異類且如同體,況乎人我,且得有是非之言乎?然既謂之一,業有朕兆,況曰萬物與我爲一,已有物有我有一,且得無言乎?只是箇一字,引伸觸類,直至千百萬億,巧曆不能計其未盡之數,況其凡乎?況自有適有乎?大約自無而適於有,則日趨於多,是非所以紛擾,自有而化於無，則目見其滅，物論所以漸息。所謂因者，因其自然，而不增加於天均之外者，正無適焉而已矣。

夫道未始有封，言未始有常。爲是而有畛畛音軫，疆界也。**也。請言其畛：有左有右，有倫有義，有分有辯，有競有爭，此之謂八德。六合之外，聖人存而不論；六合之內，聖人論而不議。《春秋》經世先王之志，聖人議而不辯。故分也者，有不分也；辯也者，有不辯也。曰：何也？聖人懷之，衆人辯之以相示也。故曰：辯也者，有不見也。**

删補諸註曰：夫道惡乎往而不存，原不落方所，何封之有？封如封疆之封，云界限也。言惡乎存而不可，原不落然否，何常之有？常如典常之常，云準則也。只爲未成乎心者，自以爲是，生出一箇是來，随有一箇非，與之對，物論遂爾囂騰。【眉批：處處還他明白，方得漆園立言苦心。】約而言之，畛則有八。左右者，形若對立，勢實相反。倫者，物之理。義者，事之宜。纔有彼此，便說理說事，各執意見。群則有分，族則有辯，議論不同，各立門戶矣。互相馳逐曰競，兩相折難曰爭，方以類聚，閧如交訟矣。此皆自無適有之事，是以道隱於小成，言隱于榮華也。聖人知其如此，故不立是非之偶。六合者，四維上下也。道在天地之外，聖人存其理而不論，耳目所未經者，不以駭人之見聞。道在宇宙之內，萬有萬殊，聖人論而不議，日用之當然者，未嘗過爲剖晰，以启斯民之機智。《春秋》，先王經世之大典，孰美孰惡，聖人議之而不辯，未嘗輕爲別白，以供後世之口實。所以然者，不欲爲后世開是非之端也。至明者不分，至當者不辯。小知之人，沾沾與人分辯，安能盡天下之人之事而分之辯之？故曰分也者，有不分也；辯也者，有不辯也。何也？聖人懷之，神明默成，不言而喻；衆人則必有辯之，以夸示也。凡見道者，類退藏於密，正容以悟物，纔有炫美明高之意，便是所見不大處。故又斷一句，曰有不見也。如惠施、公孫龍之說，誕詭浮遊，終未能見道也。

崔撰曰：有倫有議，當作"有論有議"。

夫大道不稱，大辯不言，大仁不仁，大廉不嗛，大勇不忮。道昭而不道，言辯而不及，仁常而不成，廉清而不信，勇忮音實。**而不成。五者圜**①**而幾向方**

---

① 圜，通行本作"园"。

矣。故知止其所不知，至矣。孰知不言之辯，不道之道，若有能知，此之謂天府。注焉而不滿，酌焉而不竭，而不知其所由來，此之謂葆光。故昔者堯問於舜曰："我欲伐宗、膾、胥敖，南面而不釋然，其故何也？"舜曰："夫三子者，猶存乎蓬艾之間，若不釋然，何哉？昔者十日並出，萬物皆照，而況德之進於日者乎？"宗、膾、胥敖，三國名，宗一、膾一、胥敖一也。

（補註曰：）①大道彌綸天地，渾渾噩噩，莫可指稱。胸中透徹者，不假詞說。仁及天下後世者，不甾驪虞小補之跡。嗛者，自滿自足之義。忮者，剛狠之狀。既說此五句，又反言以申明之，昭昭在人耳目之前，則非可得而不可見之道，一落言詮，便多遺漏。時地所違，安能致詰，故不及。通利害，達經權，仁乃大成，繫於有常，則仁有時而窮。廉者儉德，若矯情示潔，則若節不可貞。勇者任事之器，若則愎自用，則好勝者必遇其敵。【眉批：發前人所未發，却是眼前道理。】五者之用，其機本圜，稍着形跡，便露圭角，近於方矣。圜則員通而不礙，方則拘方而多滯，總緣昭者、辯者、常者、清者、忮者諸人，急于見長始也。自以爲知既也，强不知以爲知，遂至於此，故知止其所不知，至矣。凡有所不知者，或静處潛思，止而自省，或休心息念，劃而自止，皆止也。今則大知若愚，深藏不露，却與止其所不知者一樣，知如不知，乃爲知之至也。【眉批：方是"止"字本來面目。】不言之辯，不假言詮，而知道也。不道之道，知道而不泥道之跡也。若有人能知之，則人而天矣。胸中全是一團天理，故曰天府。注焉不滿，益之不能益，酌焉不竭，損之不能損也。不知其所由來，首尾終始，不可思議也。葆光，藏而不露，即止其所不知，猶前云滑疑之耀也。葆光之人，不起畛域，不見人我。堯欲伐三國而不釋然，何哉？故舜以十日並照廣之，言三子猶在蓬艾之間，不妨並存，況德進於日，宜存照臨之下也。

林註曰：此段蓋喻物我是非，聖人置之不辯者，照之以天也。十日之說，即莫若以明之譬也。

齧音臬。缺問乎王倪曰："子知物之所同是乎？"曰："吾惡乎知之？""子知子之所不知邪？"曰："吾惡乎知之？""然則物無知邪？"曰："吾惡乎知之？雖

---

①　補註曰，三字原闕，今補。

然,嘗試言之。庸詎知吾所謂知之非不知邪？庸詎知吾所謂不知之非知邪？且吾嘗試問乎汝①：民溼音濕。寢則腰疾偏死,鰌音秋。然乎哉？木處則惴慄恂懼,猨猴然乎哉？三者孰知正處？民食芻豢,麋鹿食薦草也。,蝍且②音即疽,蜈蚣也。甘帶蛇也。,鴟音痴。鴉嗜③鼠,四者孰知正味？猨猵狙以爲雌,麋與鹿交,鰌與魚游。毛嬙麗平聲。姬,人之所美也,魚見之深入,鳥見之高飛,麋鹿見之決驟,四者孰知天下之正色哉？自我觀之,仁義之端,是非之塗,樊然散④亂,吾惡能知其辯？"齧缺曰："子不知利害,則至人固不知利害乎？"王倪曰："至人神矣,大澤焚而不能熱,河漢沍音互。而不能寒,疾雷破山,風振海,而不能驚。若然者,乘雲氣,騎日月,而游乎四海之外,死生無變於己,而況利害之端乎？"

補註曰：此又承上文"知止其所不知,至矣",撰出一段議論來。缺倪問答,既云吾惡乎知之,又說嘗試言之,具見筆端起伏。"庸詎知吾所謂知之非不知"二句,正解"知止其所不知"之意。又言至人,正與"至矣""至"字相應。鰌安溼寢,猨猴安木處,民則不安,互相是非,孰知正處,味色亦然。正處者,無處之處,居藐姑之山也。正味者,不味之味,吸風飲露也。正色者,無色之色,吐納陰陽,坎離交媾,肌膚若冰雪,綽約若處女也。惡知正處,即作惡知正其是非,與後惡能正之同意,亦可。猵,猵狙,似猿,狗頭。狙,玃屬,常伺伏要路,邀男女與之合。林註作玃牂,以猿爲雌,非。三物同類而異種,互爲雄雌,則有之。決驟,見人便驚馳避去也。言處、味、色三段,皆爲是非物我之喻。故結之曰,自我觀之,仁義是非,紛然殽亂,亦猶處、味、色之不同,又安可得而辯。仁義曰端,是非之所由分。是非曰塗,物我之所共蹈。神矣者,不可知之謂也,不能熱,不能寒,不能驚者,遊心於無物之始也,死生且無變,而況利害是非,小之尤小者乎。又曰,物之所同是者何,道也,即已而不知其然謂之道。至是而物不能非之者也。【眉批：人略我詳。】

---

① 汝,通行本作"女"。
② 且,通行本作"蛆"。
③ 嗜,通行本作"耆"。
④ 散,通行本作"殽"。

李衷一曰：害神者，知也；起知者，居處食色也。居窮華靚之麗，而知始滑於居；食窮水陸之珍，而知始滑於食；色窮娥媌靡曼之姣，而知始滑於色。焦神極能，求妍去惡，相刃相靡，以至老死而未已，直爲是耳。所以利害生而是非亦起，故曰聖人爲腹不爲目。

羅勉道曰：麋鹿食薦。薦，稠草也。漢景詔曰："或池饒廣，薦草莽。"趙克國奏："今虜去其美地薦草。"

瞿鵲子問乎長梧子曰："吾聞諸夫子，聖人不從事於務，不就利，不違害，不喜求，不緣道，無謂有謂，有謂無謂，而遊乎塵垢之外。夫子以爲孟浪音漫瀾。**之言，而我以爲妙道之行也。吾子以爲奚若？"長梧子曰："是黄帝之所聽熒也，而丘也何足以知之？且女亦大早計，見卵而求時夜，見弹而求鴞**音嚣。鴟鴞似黄雀而小，關西呼曰巧婦。陸機云："大約如斑鳩，其鸣有災禍，俗名曰服。"**炙，予嘗爲女妄言之，女以妄聽之。奚旁日月，挾宇宙，爲其脗**音吻。**合，置其滑涽，以隸相尊。衆人役役，聖人愚芚，參萬歲而一成純。萬物盡然，而以是相蘊。予惡乎知說生之非惑邪？予惡乎知惡死之非弱喪而不知歸者邪？麗之姬，艾**戎國，地名。**封人之子也，晋國之始得之也，涕泣沾襟，及其至於王所，與王同筐牀，食芻豢，而後悔其泣也。予惡乎知夫死者不悔其始之蘄生乎？夢飲酒者，旦而哭泣，夢哭泣者，旦而田獵。方其夢也，不知其夢也；夢之中又占其夢焉。覺**音教。**而後知其夢也。且有大覺，而後知此其大夢也。而愚者自以爲覺，竊竊然知之。君乎，牧乎，固哉丘也！與女皆夢也，予謂女夢亦夢也，是其言也，其名爲弔**音的。**詭。萬世之后，而一遇大聖知其解者，是旦暮遇之也。**

【眉批】予嘗爲女妄言之，女以妄聽之句：字法。

【眉批】熒，熒惑星也。作惑亂解。

【眉批】兩丘也，應另是一人，非指孔子。

删補舊註曰：又承上言至人之事，寓言瞿鵲、長梧之問答。不從事於務，不以世務爲事也。無利害，何有就違無求於世，故不喜。不踐跡，故不緣。無謂有謂，不言而喻也。有謂無謂，言若不言也。長梧云妙道之行，難言之矣！雖使黄帝聞之，亦生熒惑，子所言之人，未必知也。且女所聞，亦甚平常，遂云妙道，大蚤計矣。喻如方見雞卵，尚未孚化，便求報曉；方見弹鴞，尚未墮丸，便求進炙也。妄言妄聽,猶聊且爲之,未可十分認眞也。

補註曰:奚,只作誰字看,喚起聖人二字,一呼一應。舊作何如解,與下文不順。誰旁日月,而明合二曜;誰挾宇宙,而造化在手;誰爲其脗合,與日月宇宙,脗合無間;誰置其滑湣,以隸相尊,不汩於塵緣,不迷於利欲,不卑卑尊尊,隨時偃仰。以隸者,以爲役使也。相尊者,相與奉事之也。在衆人,則終身役役而不悟,惟聖人一切置之,止其所不知,而還醇返樸,芚然若愚。愚芚,渾沌無知之貌,即《老子》"衆人昭昭,我獨若昏;衆人察察,我獨悶悶"意。然是愚芚之德,純全無虧,包含萬有,以言萬世之久,參而一之,通古今爲旦暮,以言萬物之多,與我爲一,莫不盡然,都以是愚芚之德,相蘊藏於無盡,是指愚芚而言也。蘊,包藏也。【眉批:"奚"字至"以是相蘊"一段,頗覲澀難解,茲已明如指掌矣。】若此者,方爲至人,可以超生死而無變。彼衆人之悅生惡死,則大惑矣。生,寄也。死,歸也。焉知生之非弱喪,如少年拋棄鄉土,迷失在外,焉知死之非知歸,如倦而思鄉,還其梓里耶?吾知其死也,必應悔其始之悅生矣。麗姬先泣後悔,前後異情,是非無定之喻。【眉批:眼光如炬。】夢中之悲樂,原不足憑,在夢中時自以爲是也,覺而後知其非。愚者自以爲覺,妄分君牧,自設尊卑,究竟安在,彼是者亦復類此。【眉批:石亦點頭。】總之,無非夢也。說到此處,却是至怪,名曰弔詭。弔,至也。惟解生死之係者知之。設萬世之後,遇一大聖,知其解者,猶旦暮遇之也。即古語千里而一聖,猶比肩之義。○孟浪,無所取舍也。

既使我與若辯矣,若勝我,我不若勝,若果是也,我果非也耶?我勝若,若不吾勝,我果是也,若果非也邪?其或是也,其或非也邪?其俱是也,其俱非也邪?我與若不能相知也,則人固受其黮闇。吾誰使正之?使同乎若者正之,既與若同矣,惡能正之?使同乎我者正之?既同乎我矣,惡能正之?使異乎我與若者正之?既異乎我與若矣,惡能正之?使同乎我與若者正之?既同乎我與若矣,惡能正之?然則我與若與人,俱不能相知也,而待彼也邪?何謂?句。和之以天倪,曰是不是,然不然。是若果是也,則是之異乎不是也亦無辯;然若果然也,則然之異乎不然也亦無辯。化聲之相待,若其不相待,和之以天倪,因之以曼音萬。衍,所以窮年也。忘年忘義,振於無竟,故寓諸無竟。此節痛說人之是非不足憑準,明明說出因之所以然,前人何故不究心。

【眉批】此節極陳彼此是非,我若同異都靠他作準不得,惟在因之以曼衍。曼衍者,從容中道,無容心之謂,因故無窮無竟,與物俱化。彼字急須理會,已詳註中。

補註曰:到此方說所以因之妙。因者和也,因造化自然之天倪也。爲指點"待彼"二字。彼,即"非彼無我"之彼,"怒者其誰"之誰也。我與若,即彼此也。凡彼此執是非以相辯者,勝負俱當不得事,縱使再請幾箇人來參訂,亦當不得事。與他一樣的人正不得,與我一樣的人也正不得。設與我與他,都不相同,是另樣的人,如何正得?設與他與我都一樣,是兩岐的人,一发正不得。大家總在黯闇之中,安得相知?這些人既用不着,必須待彼來方可。何以謂之彼,何謂二字,問詞也;彼者,天也,造化也,和之以天倪是也,此句是答詞。"曰是不是"至"若其不相待",是說和的樣子。重提"和之以天倪"一句,方點出"因"字。曼衍正因處也,因便無窮無竟,無不忘矣。前人於此,從未究心。【眉批:沒緊要處正須仔細,于于全文大旨不礙。】天倪者,大道中自然之端倪,似分而不可分者。和者,與之渾融而無齟齬也。曰是不是,然不然,兩存之,亦兩忘之,總置不問。倘所是者,若合於天倪,而果是也,則其所以異於不是之由亦不辯。然若果然亦同,正大辯不言處。有是非然否者,聲也;無是非然否者,化也。有聲者,有聲聲者,化聲若相待,聲出乎化,化不與聲俱顯,化統乎聲,化非從聲可尋。若其不相待,相待而若不相待,故似分而不可分。待彼者,付之以無辯,所以爲善因也。【眉批:瑩徹如水壺映照。】故和之以天倪者,因天倪之自然而然,與之爲曼衍。曼衍者,委蛇無容心之狀,瀟灑遊衍,儘可以適諸居,故曰所以窮年。且心無係戀,以生死爲一條而忘年;且不問成虧,以可不可爲一貫而忘義。且不二不測,無始無終,動亦無窮盡,靜亦無窮盡,吾身若寓於其間而已。振,動也,終也。靜與始,在其中。或曰,無竟,無涯際也。總見因者之妙用無方,若日與人爭是非,辯然否,動輒有礙,安得無竟。

罔兩問景曰:"曩子行,今之止;曩子坐,今子起;何其無特操與?"景曰:"吾有待而然者邪?吾所待又有待而然者邪?吾待蛇蚹音付,腹下齟齬,所以主行者也。蜩翼邪?惡識所以然?惡識所以不然?"昔者莊周夢爲蝴①蝶,栩栩音

① 蝴,通行本作"胡"。

許。**然蝴蝶也，自喻適志與，不知周也。俄然覺，則蘧蘧然周也。不知周之夢爲蝴蝶與，蝴蝶之夢爲周與？周與蝴蝶，則必有分矣，此之謂物化。**

【眉批】又從"待彼""待"字上設義。

【眉批】二句是"已而不知其然"。

補註曰：見道者，造化生心，即心即天。所待之天，取之我而自足。待彼而若不相待，二而一，分而不分者也，故借景發揮之。景，影也。罔兩，影外之光。無特操，言無定狀也。

林註曰：吾有待而然者，言影之動，所待者形也。我雖待形，而形又有所待者，是待造物也。形之爲形，亦猶蛇蚹蜩翼而已。我豈徒待彼耶？蜩蛇既化，而蚹翼猶存，是其蛻也。寧能自動邪？我既待形，形又有待，則惡知所以然與不然哉？此即因者，待彼之喻。栩栩，飛貌，喻知也。適志，快意也。言夢中之爲蝴蝶，不勝快意，不復知有我矣，故曰不知周也。蘧蘧，僵直貌。此形容既覺在牀之時，在莊周則以夜來之爲蝴蝶爲夢，恐蝴蝶又以我今者之覺爲夢，故曰不知周之夢爲蝴蝶與，蝴蝶之夢爲周與。這箇夢覺，須有箇分別，故曰周與蝴蝶必有分矣。此一句，似結不結，却不說破，正要人就此參透。便是禪家做話頭相似，此之謂物化，言此謂萬物變化之理也。

陸註曰：若以夢覺分彼我，我是夢中之蝴蝶，彼爲覺後之莊周。若以一人而分夢覺，曩爲夢裡之蝴蝶，今爲覺後之莊周。所謂一而二，二而一者。果是兩箇，須索待彼，原是一箇，則不消待矣，此之謂化。言古今夢覺渾融爲一也，必到物化田地，方能不物於物。

補曰：愚謂物化者，物化而歸無，此人我所以能一，而物論所以得齊也。

劉註曰：夢覺齊，人物齊，大小齊，是非齊，生死齊。生死齊，盡矣。他人於此，必在齊上收煞，却冷轉一語，翻盡從前話柄，曰周與蝴蝶，必有分矣。不知者以爲尚生分別，知者以爲人牛俱失之機，正言若反。

南華眞經合注吹影內篇卷之三

養生主總論

胡文蔚曰：養生主者，養其所以主吾生者也，釋氏名曰"主人公"，道家名曰"丹基"，即《齊物論》所謂"若有眞宰，其有眞君存焉"，吾生之神是也。養神者善惡都忘，着不得一毫聰明思慮。人受天地之中以生，緣順安處，默抱此中，以爲養生之大經，故曰緣督以爲經。【眉批：將篇中自然線索輕輕提弄，百節自然靈轉。經文止四段，原無多頭緒，惟緣督以爲經一句爲難解，先賢大約皆指導引言，縱竭思維，終無他奇義也。】學者當于喜怒哀樂未发時體認，分明是玄門養丹田法。千時萬念皆空，一塵不染，忽得眞消息，容我作主保身全生，事親盡年，一了百了，則得之矣。下三節似喻似比，如鏡花水月，令人意會，眞是化工之筆。解牛小技，庖丁知以神遇而不以目視，依天理，因固然，批隙導窾，以無厚入有間，能遊刃于中虛之地，故恢恢有余則養生者之貴緣督也，信矣！依也，因也，遊也，緣之謂也。奏刀中音，肯綮未嘗，解如土委，經之謂也。右師而介，不能保身全生，犯刑之人也。雖非其罪，天之生是使獨，養生者不善也。譬之澤雉，啄飲甚艰，畜於籠中則甚足，雉寧善之乎？老聃尸解，能盡年之人也，適來適去，安時處順，何哀樂之有？弟子悲而哭之，全從世情起見，忘其所受於師之教矣！夫人四大假合而爲身，分明是帝之所懸。今老聃尸解而去，凝神乘氣，別有眞身，遊於六合之外，是謂帝之懸解。若老聃者，斯可謂之保身全生，事親盡年，眞能養生之主者也。而究其要旨，不出守中得之。誠哉！緣督以爲經，爲養生主之要旨也。如此體帖，方見莊子妙處，眞是一字不肯輕下。諸解說玄說妙，未免枝葉。

林鬳齋曰：先言逍遥之樂，次言無是無非，到此乃是做自己工夫也。三篇似有次第。

陸方壺曰：養生主①，其意自前《齊物論》中“眞君”透下。【眉批：善于尋源。】蓋眞君者，吾之眞主人也。一受其形，不忘以待盡，日夜與物相刃相靡於利害之場，行盡如馳而莫之止，可得謂之善養乎？此篇教人循乎天理之自然，安時處順，將使利害不驚於心，而死生無變於己，然後謂之善養生人也。

褚伯秀②曰：達養形之理者，勿傷；得養神之道者，無爲。

---

① 陸註原文下有“養其所以主吾生者也”一句。
② 原作“郭子玄”，據褚伯秀《南華真經義海纂微》改。

南華眞經合注吹影內篇卷之三

武林吹影居士胡文蔚豹生甫删補
杭州　钱世清生一甫
烏傷　金光公绚甫　评訂
晋江　詹换绿君袍甫

養生主第三

吾生也有涯，而知也無涯，以有涯随無涯，殆已。已而爲知者，殆而已矣。爲善無近名，爲惡無近刑，緣督以爲經，可以保身，可以全生，可以養親，可以盡年。

【眉批】筆鋒靈快，古今無兩。

删補諸註曰：涯，训際，训盡。人生年壽有涯，而心之思慮變化無窮。禪家謂之識神播弄，主人無有休歇。愚者認賊作主，以爲本來元神，千差萬錯矣。吾身寓形宇内，爲生幾何，乃作聰明，使機巧，營營爲千萬年之計。若知爲主，而吾随之，相刃相靡，於是非利害之場，豈不殆哉！言繭爾疲役，吾内必傷，銷亡立見也，若能省悟，猶可及止。夫何自以爲智，揚揚得意，不至於日銷不已，亦終于殆而已矣。"爲善無近名"二句，或引"善不積不足以成名，惡不積不足以滅身"爲證，是爲惡近刑名也；或引"上不敢爲仁義之操，下不敢爲淫僻之行"爲證，是不爲而不近也；或引"六祖惠能，指人不思善，不思惡，是本來面目，善惡尚不許思，況復爲之而近刑名，終是不爲不近"意。將二語，遂成千古疑團，坐在諸公不細玩本文語意也。【眉批：翻盡陳詮。】此二句，是結上文語，不可連"緣督"句，讀去只如《論語》"王者無近功"解，自然明白。爲善不但得名於當時，而且流芳於後世；爲惡不但目前受刑戮，而且身後有譏弹。【眉批：此是約庵慧眼，如朝旭中天，陰翳全消矣！】彼自以爲知者，所爲不過善惡二端，非惟爲惡多奇禍。即使爲善，而名者造物所忌，人之所爭，忠臣孝子而外，古今之以名蒙難者，不可勝數，故曰殆而已矣。學道者只宜虛靜恬淡，寂寞無爲，常使一念不起，萬緣皆空，如是安養主人，許有進步。緣，引也，因也，順也。經，如織者之有經，非經則緯不能成匹；以應物而言，爲經營，爲經式。督者，人之中脉，通此督脉，引氣而上，行至泥丸，下貫尾閭，導引之吃緊法也。故以中爲训，吐納家所謂守中之訣也。緣督者，屏絕思慮，存之又存，導引既久，眞元會合，內丹自生，立超生死，此玄門養生眞訣，在釋氏則內觀用工夫得手處，在吾儒則養性事天之旨。中者，無過不及，天理自然之極，人受此以生，所謂性也。人能常守此中，則性在是，而立命亦在是。保身四者，備之矣。就莊子論莊子，合從導引說，不必以儒釋牽扯。可以保身，旁日月，挾天地，別有不壞眞身，非四大假合之身也。全生，入水不濡，入火不燋，非飲食夢覺之生也。養親，養吾身眞父母，非氣血所生之凡父母也。【眉批：此亦約庵慧解，從本經融會得來。】盡年，沖舉尸解，長於千古而不爲老，盡之一解也。朝聞夕死，可以無憾，亦一解也。

李衷一曰：随，從也，如以目從視，以耳從聽之類。已而爲知，言已又起知也。以目從視，便淫了目，目淫益起視，紛紛擾擾，何時而已，必至戕生，故曰殆而已。爲善便近名，曰無近名，無爲善也。爲惡句亦然。善惡都有行想，有羈累，皆能殆已，故欲無之，此說亦通。又曰：緣，因也；督，治也；經，營也。緣其眞元，督其知累，以此爲經營導引，援《參同契》爲證。不知督爲督脉，若作督治之督，從何導引經營，失之遠矣。又曰：保身，形骸無朽敗；全生，眞元無喪失；盡年，竟年不死，皆塵凡之見。又曰：養親，事其聖父靈母，乾坤之精也。此說已得三昧，何前三說，自相矛盾。【眉批：若不明明指點，皆爲前人所誤，一生在夢中過了，吹影子是漆園大功臣。】又曰：嗟乎，名之殆人，何以異刑哉！功名之士，役身于卷婁；虛名之士，捐神於抗修。鮑焦立稿，爰旌伏地。安歸乎，歸於名也。由方外觀之，堯、舜、禹、湯、孔子之儔，盡名客也。黥以仁義，劓以是非，無涯之殆，惟名爲甚。故老子曰"名與身孰親"，又曰"吾鎮之以無名之樸"。彼昭昭買名聲於天下者，世謂之榮士，乃莊子之所謂戮民。此論可補予說之未備。

庖丁爲文惠君解牛，手之所觸，肩之所倚，足之所履，膝之所踦，_{踦音畫。}然嚮然，奏刀騞_{騞音麥。}然，莫不中音，合於《桑林》之舞，乃中_{去聲。}《經首》之會。文惠君曰："譆，善哉！技蓋至此乎？"庖丁釋刀而對曰："臣之所好者，道也，進乎技矣。始臣之解牛之時，所見無非牛者，三年之外①，未嘗見全牛也。方今之時，臣以神遇而不以目視，官知止而神欲行，依乎天理，批大卻_{卻音隙。}，導大窾，因其固然，技經肯綮之未嘗，而況大軱_{軱音孤。}乎？良庖歲更刀，割也；族庖，月更刀，折也。今臣之刀十九年矣，所解數千牛矣，而刀刃若新發於硎。彼節者有間②，而刀刃者無厚，以無厚入有間，恢恢乎其於遊刃必有餘地矣。是以十九年，而刀刃若新發於硎。雖然，每至於族，吾見其難爲，怵然爲戒，視爲止，行爲遲，動刀甚微，謋然已解，如土委地，提刀而立，爲之四顧，爲之躊躇滿志，善刀而藏之。"文惠君曰："善哉！吾聞庖丁之言，得養生焉！"

【眉批】分明一幅解牛圖，分明一則上真吐納秘義。

【眉批】是返觀內炤工夫。官知止，知字現大光明。"因其固然"四字，萬法之宗。

【眉批】看他頓挫跌宕之致。

【眉批】婆心接引。

補註曰：夫養生緣督之次第先後，何如不可以言傳也。請言庖丁之解牛，始而不敢嘗試，既而雍容自得，終而更加詳慎，夫然后乃滿志而善藏，矧進于是者乎！觀其手觸、肩倚、足履、膝踦者，以一身全力赴之也。奏刀中音合舞者，容止舒和而聲息閒適也。所見無非牛者，用志不分，惟牛之是知也。未嘗見全牛者，牛之天理內外，無遁形也。以神遇而不以目視者，默契於心，黜聰明也，依之因之。肯綮大軱之未嘗者，得心應手，神全而物不能障礙也。十九年而刃若新發於硎者，應變剸繁，久而無傷也。以無厚入有間者，行所無事，自然而然也，遊刃有餘矣。爲怵然爲戒，其難其慎終如其始也。故用力微，而所解多且易也。末以得"養生"一句結之，明明爲養生者寫出一箇樣子，句句皆導引之

---

① 外，通行本作"後"。
② 間，通行本作"閒"。

法,悟者應自曉然。【眉批:如此秘旨,誰人識得,縱坐破了千個蒲團,未能透徹乃爾。】

刪訂林註曰:觸,動也。倚,以手用刀,則肩有斜勢也。履,足之所立,有步武也。踦,微曲也。以身就牛,則膝微曲也。此老筆端之妙,說得意態生動如此。砉然、嚮然、騞然,皆用刀之聲,却以“奏刀”二字,安在中間,即如《七月》詩“八月有野,九月在宇,十月蟋蟀入我牀下”同一文法。進用其刀,曰奏。《桑林》《經首》,皆樂名,舞則有樂。會,舞者之聚也。二句與中音,形容其合律呂之意。文惠君,梁惠王也。譆,嘆也。釋,捨也。捨刀而對,謂其技自學道而得之,非徒技而已矣。【眉批:林註解釋字義可稱詳悉,篇中吃緊關鍵,筆筆寫出,亦半緣刪訂之功。】官知止,言耳目皆無所聞見,不言之神自行,不假安排也。天理,牛身天然之腠理。大卻,骨肉交際之處。批,愚謂訓分,因其交際處而分剖之也。窾,空也,骨節間有空缺處也。導者,順而解之也。此皆因其固然者,我之爲技,未嘗經涉其肯綮之間,況大軱乎!肯綮,肉骨綮結處也。大軱,大骨也。月更刀,以其斷大骨,或損折也。歲更刀,或於肯綮之間,有割切,亦易損也。十九年而刃若新磨,言其善於用刀也。硎,砥石也。彼節者有間,言牛之骨節自有間縫處,以甚薄之刀,入而解之,寬然遊刃而有餘地,絕無滯碍也。此處蓋言世事之難易,皆有自然之理,我但順而行之,無所攖拂,其心泰然,故物不能傷其生,此所以爲養生之法也。雖然一轉,甚有意味。大凡人值逆境當前之時,多是手忙脚亂,爲之動心,若能委曲順應,自不棘手,所以添此一轉。族,牛身筋骨聚會之處也。我之解牛,雖曰目無全牛,每至筋骨盤結處,亦見其難,遂把作難事做。怵然者,變動意。戒,加倣戒也。視爲止,以目視之,未免少停止,而後遲遲焉行其刀,不敢甚着力也。謋,音豁。解,音蟹。謋,忽然意,言骨肉忽然已解散,如土委地,多而易也。躊躇,從容也。滿志,如意也。不用力而牛解,刀刃無傷,所以如意也。

褚伯秀[①]曰:善刀而藏,應物餘暇,斂穎韜光,物遂其適,事盡其理,而吾之利用,未嘗或虧也。

焦漪園曰:砉然,皮骨相離聲。騞然,聲大于砉也。《經首》,《咸池》樂

---

① 原作“郭子玄”語,據褚伯秀《南華真經義海纂微》改。

章也。

李衷一曰：神行如遊刃，神藏如善刀。○諸說有以牛屬土，刀屬金，澤屬水，雉爲離爲火，以五行配合，終是穿鑿，故不存之。

公文軒見右師而驚曰："是何人也？惡乎介也？天與，其人與？"曰："天也，非人也。天之生是使獨也，人之貌有與也。以是知其天也，非人也。"澤雉十步一啄，百步一飲，不蘄畜乎樊中，神雖王，不善也。

【眉批】此段語義似淡，極老；似淺，極深。

補註曰：介，刖而存一足也。介者，犯刑殘身之人也。右師惡乎而然也，抑非其罪而天與，抑自貽伊戚，其人之招與？故爲之語曰，天使之也，非人使之也。天之生是人也，蓋使之獨有一足也。何也？凡人之生，天與之形，道與之貌，人皆同而此獨異，以是知其然也。嗟乎右師，犯刑殘身之人也，自當知非，遠引退而修養生之道，乃復自以爲智，馳騁於名利之場，以有涯隨無涯，終於殆而已矣，宜公文軒見之而驚耳。相彼澤雉，不緣飲啄之艱，而甘樊籠之苦。今右師身處樊籠中，不及澤雉遠矣。【眉批：周身毛竅咸吐白毫光。】

老聃死，秦失弔之，三號而出。弟子曰："非夫子之友耶？"曰："然。""然則弔焉若此，可乎？"曰："然。始也，吾以爲其人也，而今非也。向吾入而弔焉，有老者哭之，如哭其子；少者哭之，如哭其母。彼其所以會之，必有不蘄言而言，不蘄哭而哭者，是遁天倍情，忘其所受，古者謂之遁天之刑。適來，夫子時也；適去，夫子順也。安時而處順，哀樂不能入也。古者謂是帝之懸解。指窮於爲薪，火傳也，不知其盡也。

【眉批】彼其所以會之句：彼字的是指弟子說。

【眉批】忽說老聃死，且有弔之者，恁地駭人。

【眉批】只借薪火三句結，簡淨。

補註曰：老聃善養生主之人也。今曰老聃死，其真死乎？非乎？血肉之軀，未有不死，老子之死者，形也。生生之主，萬古長存。老聃之不死者，神也。尸解飛昇，方將與造物者爲人，與天地同久，三號而出，明知其不死也。秦失之弔，猶行世法，至人勿爲也。弟子疑其薄友，真是世俗之見，秦失以正意答，故兩然之。始吾以爲老聃及門弟子，其聞道之人也，而今知其非也。向入弔之時,老少哭之,悲痛迫切,有如子母。彼字指老子弟子。彼其所以老少偕哭,不約而孚,若或會之,必有不期然而然者。會字只作聚字解,如會蕚之會。【眉批:解會字妙。】舊說彼字指老子,云此必老子未能去情,有以感會及門之心,故言哭不蘄而來,則是老子翻有不是處矣,不妥。是遁天倍情者,言這起人,全不知造物勞我、息我之至理,是去天愈遠也。學道之人,先斷情根,今悲恸之狀,较甚於世俗,是比常情更加一倍也。舊說改作背字,謂背棄其情實者,非。忘其所受,言忘其所受於老聃之教也。舊作忘其始之所受於天者,非。斯人也,天之戮民也,特逃遁倖免耳。古之人,謂之遁天之刑,舊改作型字,謂一成之理而不可易者,非。【眉批:遁天倍情如此解,根極理奧矣,兩遁似同而不同,今日方有分曉。】夫子之生,随時而適來耳;夫子之死,順運而適去耳。安時而奉若,處順而不違,快活逍遙,有何哀樂得到其胸中?今老少從而哭之,殊非本師之意矣。其人洵非老子之徒矣。世俗之人,勞心役形,柴栅其内,糾纏其外,何異倒懸?帝未嘗以死生懸人,人自束縛,翻疑爲帝死生無變於己,是之謂懸解。帝,天也,譬人之軀殼,猶之薪也。人之元神,猶之火也。指薪而數之,不知其幾千萬也,焚之則立盡,其窮也,亦彈指間耳。火得薪以傳,熄於此者,續於彼,自古及今,未有知其盡者,火固無窮也哉!今人謂死爲盡,直哀其盡而哭之,不知自道眼觀之,同在一氣混沌中,嗣續不斷,滅於此而生於彼,亦如此耳。然則老聃原未嘗死也,形有存亡,神無聚散也。若老聃者,乃可謂之能保身,能全生,能養親,能盡年之人也。此養生者,所以貴養其生之主也。【眉批:人以死爲盡,養生者逍遙快活,遊于無窮,故形或如薪之有窮,其元神不滅,猶火之不知其盡。】

焦從吾曰:竊謂養生者,長生也。長生則不死矣,而終之以老聃死,何也?莊子慮世人不察養生之理,而泥延年益壽之說,謂形骸之身,可久存於世,往往求之黃白之事,方術之異,以庶幾不死,不知有形則有涯,有涯則有死矣。養生家稱不死者,莫如老子,今覩老子安在乎?索老子於老子,老子之形,則嘗死也。顧所以爲老子者,奚必柱下而伯陽,姓李而名耳哉!老子之不死者,神耳。神無生滅,無聚散,未生非無,方生非有,既死非亡。養主者,養其生之神也。不死者,不死其生之神也。随無涯者死,懸解者不死;緣督者生,忘所受者不生,故曰死而不亡者壽,又曰不自生,故能長生。有不生之生,而又有不亡之死。

南華眞經合注吹影內篇卷之四

人間世總論

胡文蔚曰：不曰人世間，而曰人間世，言託跡人間，所以涉世之法也。養生之人，既處世間，安能斷絕人事？按人事之大者無過君臣、師傅而已。【眉批：提經中要旨，撰成一篇驚世奇文，卻如七襄天錦不露些子線影梭痕，大眾請各書坐隅時加省察。】諫暴君，使多詐之國，傅無道之儲，最其難者。不信厚言，則拂上而見殺。遷令勸成，將作爲而殆事。積伐才美，且逢怒而危身。必若心齋者之吉祥止止，養中者之乘物遊心，正身者之心和形就，不爭名，不爭知，不觸其所妬，不生其厲心，虛而委蛇，物來順應，庶幾免于禍患。嗟乎！世既衰矣，福輕禍重。楂梨果蓏，熟則見剝；荊氏栢楸，夭于斧斤。惟曲轅之櫟，以無用而壽；商丘之木，以不材而全；支離之人，以殘疾終其天年。大矣哉！無所可用，所以爲大用也。慎毋以德臨人，如桂以可食受伐，漆以可用取割。處世全生之道，思過半矣。

李衷一曰：篇中只二意。顏回、公子高、顏闔之論，是無爭世意。櫟社、商丘、支離疏、接輿之論，是無炫美意。但莊子生周末，見世亂不可爲，歸重在不用上去，故以接輿之言結之。養生主，是出世法。人間世，是住世法。【眉批：說得是。】

張四維《補註》曰：夫處人間世者，君臣之分爲大，固不可不盡也。然當度可否之宜，謹出處之節，視古今而無愧，超悔吝以自存。此篇首寓孔顏問答，繼以子高、顏闔之論，其言守身行義，應物審幾之道，備矣。復有櫟社、商丘、支離之喻，見當世禍亂不可措手，縱做得好，不如不做爲高。【眉批：明哲之言。】故末曰：人知有用之用，而不知無用之用也。

　　焦漪園曰：此篇大旨，在乎外應世而内全眞，道不離而物自化。古之聖賢，不得已而有世俗之償，罔不密由斯道，惟其知涉世之難，斯可以處世而無難也。【眉批：即君子戒慎恐懼意。】老子云："聖人猶難之，故終無難耳"。

南華眞經合注吹影內篇卷之四

武林吹影居士胡文蔚豹生甫删補

海昌　查繼佐伊璜甫

仁和　沈捷大匡甫　评訂

廣陵　許標建霞甫

人間世第四

顏囬①見仲尼，請行。曰："奚之?"曰："將之衛。"曰："奚爲焉?"曰："囬聞衛君，其年壯，其行獨，輕用其國而不見其過，輕用民死，死者以國量乎澤，若蕉，民其無如矣！囬嘗聞之夫子曰：'治國去之，亂國就之。'醫門多疾，願以所聞思其則，庶幾其國有瘳乎！"

【眉批】修辭古奧。

補註曰：處人間世者，君臣之分爲大，開口便說處亂世，事亂君之難。衛君，蒯聵也。年壯行獨，血氣方剛，自曰予智，不恤衆議也。輕用其國，見全無匹夫勝予，朽索御六之意。不見其過，人莫敢諫诤也。輕民生而戕賊之，計前後死者，以國量乎澤，言死者滿溝壑山澤間，可以澤量也。故曰，輕用民死，死者以國量乎澤。與以谷量牛馬同義。若蕉，視之如草菅也。無如，言無所歸也。已治之國，不煩我經理，故去之。亂國豪傑束手，宜往而救之，故就之。譬疾病之人，多集醫者之門，乃見醫術之高也。總是莊子寓言，孔子未必有此語。願以所聞思其則，言願以所聞于夫子者，勉思所以救正之法，庶其國或有瘳耳。

---

① 囬，通行本作"回"。

疾愈曰瘳,此字即從“醫門多疾”生來,字法最有趣味。此處止說思其則,未曾說何以救之,故後曰雖然,若必有以也。莊子文章細密,至此要用心體認。【眉批:具徵註者細心。】

仲尼曰:“若①殆往而刑耳。夫道不欲雜,雜則多,多則擾,擾則憂,憂而不救。古之至人,先存諸己而后存諸人,所存諸己者未定,何暇至於暴人之所行?且若亦知夫德之所蕩,而知之所爲出乎哉?德蕩乎名,知出乎爭。名也者,相軋也;知也者,爭之器也。二者凶器,非所以盡行也。且德厚信矼音龐。未達人氣,名聞不爭,未達人心,而强以仁義繩墨之言,術暴人之前者,是以人惡有其美也,命之曰菑人。菑人者,人必反菑之,若殆爲人菑夫!且苟爲悅賢而惡不肖,惡用而爾也。求有以異?若惟②無詔,王公必將乘人而鬭其捷,而目將熒之,而色將平之,口將營之,容將形之,心且成之,是以火救火,以水救水,名之曰益多。順始無窮,若殆以不信厚言,必死於暴人之前矣。”

【眉批】以下四節,皆删輯衆說,訂補缺略,以成之一字一句,無不貫通。

【眉批】名聞不爭,云擅令名令聞,而人不敢與之爭長。

【眉批】術暴人之前者:術與述通。

【眉批】曲盡爾時屈服、危懼情態。

(補注曰:)殆,幾也,言汝將往而取刑耳。凡規諫君人者,道在逢機中窾,數語即定,若龐雜多端,紛紜煩擾,徒自苦耳,何暇于救人?《易》曰:“易其心而後語,定其交而後求。”先己後人,古諫法也。【眉批:解《南華》如解《五經》《四書》一般,開卷豁然,絕無疑難之苦,直使人可讀,千古快事!】今所存于己者未定,何遑暴白人之不善哉!在若不過以有德與知可以感動之,要知纔有求名之念,則自然之德已蕩;纔有用知之私,則爭競之端立起。德蕩乎名,知出乎爭,若亦知夫所以然乎?軋,相傾奪也,非所以盡行。言二者,非保身處世之道也。矼,愿慤之意。達人氣,察言觀色也。言我雖有德有信,而未達彼人之性氣;我雖有令名令聞,而未深曉彼人之心意,强以仁義繩墨之言,陳述于暴人之前,則人將惡

① 通行本“若”前有“譆”一字。
② 惟,通行本作“唯”。

汝,謂汝之矜誇,自有其美也。有者,自恃自用之意。大凡人必誠心敬服,然後
吾言可行,否則疑我攻發其過失,將貽害於彼者,故命之曰菑人,彼必害我,而
反受其菑矣。術,與述同。彼衛君苟爲知悅賢而惡不肖,豈無賢者可用,何必
而求有以異而自售乎?惡用而,"而"字,即"若惟無詔""若"字,皆汝也。惟
汝不待詔而自往,彼將乘汝之輕身,以知巧鬭汝求勝。捷,勝也。汝此時茫無
主宰,目將熒之,眩惑而不寧;色將平之,故爲和愉,求平于彼;口將營之,商酌
于舌端,救解不暇;容將形之,俯仰依違,屈而從彼;心且成之,姑且順成之,放
過爲後圖也。彼方凶暴,又得勝汝,其氣愈旺,是以水救水,以火救火,名之曰
益多,言轉增其過也。【眉批:畫出數般形象,怎般生動。】始來成順如此,後來日甚
一日,安有底止,故曰順始無窮。未信而諫,交淺言深,若殆必死于暴人之前。
我故曰,若殆往而刑耳。

　　**且昔者,桀殺關龍逢,紂殺王子比干,是皆修其身,以下傴拊人之民,以下
拂其上者也。故其君因其修以擠之,是好名者也。昔者堯攻叢枝、胥傲,禹攻
有扈,國爲虛厲,身爲刑戮,其用兵不止,其求實無已,是皆求名實者也。而獨
不聞之乎?名實者,聖人之所不能勝**音升。**也,而況若乎?雖然,**若汝也。**必有
以也,當以語我來。**

　　【眉批】大意謂求名實者人必反菑之。

　　(補注曰:)昔日以下,又引古人證之。龍逢、比干之死也,緣修其身,以傴
撫君上之民。夫君不愛民,而我代傴撫之,拂上之意矣,故其君因其好修而擠
之,曰是好名者也,而殺之。傴撫,愛養之也。擠,誣也。叢枝、有扈之滅亡也,
緣求利無已,用兵不止,故堯禹攻而虛厲之也,國爲虛厲,社稷丘墟,死爲厲鬼
也。厲,無後無歸之鬼也。實,利也。是皆求名實者也。又總結上二項意。而
"獨不聞之乎"四句,見求名實者,聖人且不能堪,況可施之于暴君乎?"雖然
必有以也"二句,使自陳其所思之法則何如也。

　　**顏回曰:"端而虛,勉而一,則可乎?"曰:"惡,惡可!夫以陽爲充孔揚,采
色不定,常人之所不能**①一本無能字。**違,因案人之所感,以求容與其心,名之曰**

――――――――――――

①　通行本無"能"字。

日漸之德不成,而況大德乎?將執而不化,外合而內不訾,其庸詎可乎?"

【眉批】奇句。

補注曰:回于此因,自陳其法則。曰端而虛,外整肅而內謙虛也。勉而一,志氣則矜愼,德性則純一也。回蓋欲以盛德感之之意。不知夫衛君意矜而氣驕,內固陰險,外邊陽爲充滿孔揚之色,所謂色莊之人也。故采色不定,變態無常,左右莫之能違。因自以爲是,摭人之言語,以爲成案,肆加譏貶,以求暢乎其意。若人也,做模樣,弄聰明,名之曰日漸之德尚不能成,而況大者乎!"日漸之德"二句,言衛君剛愎如是,即望其日漸更改,以修其德,且不能成,況爲大德乎!今汝欲以盛德感之,彼方剛愎自用,飾非拒諫,執而不化,子雖以端虛勉一者,外而求合于彼,內而守其不訾者,終未見其可也。訾,乖忤也。

"然則我內直而外曲,成而上比。內直者,與天爲徒。與天爲徒者,知天子之與已,皆天之所子,而獨以已言蘄乎而人善之,蘄乎而人不善之耶?若然者,人謂之童子,是之謂與天爲徒。外曲者,與人之爲徒也。擎跽曲拳,人臣之禮也,人皆爲之,吾敢不爲耶?爲人之所爲者,人亦無疵焉,是之謂與人爲徒。成而上比者,與古爲徒。其言雖教,讁之實也。古之有也,非吾有也。若然者,雖直而不爲①病,是之謂與古爲徒。若是,則可乎?"仲尼曰:"惡,惡可!太多政法而不諜,雖固亦無罪。雖然,止是耳矣。夫惡可以及化,猶師心者也。"

【眉批】成而上比者,與古爲徒等句:句法。

【眉批】雖然止是耳矣等句:句法。

(補注曰:)回又思其則曰,內直者,俞咈一任自然,而不與以一己之私也,故以童子與天爲徒釋之。曰外曲者,不求異于世俗,爲人臣所當然之禮也。曰成而上比者,稱述先王,稽古爲訓也。讁,指摘其失也。太多政法而不諜,太多即前"道不欲雜"也。諜,安也。不諜,即前"擾則憂"也。政法,猶法則也。"雖固無罪"至末,言汝以此往,人亦無疵,固亦不取罪于人,然如是止耳,惡可以化及暴人。化人者,潛移默導,有神而明之之妙。今子猶挾三術,未免有心,是師心者也。師心,則有意必固我者在,胡可以及化乎?夫子欲回先化已,而

① 通行本無"爲"字。

後化人也。【眉批：明爽。】○林註曰：成者，我之成說。比，合也。以我之成說，上合古人，引古爲證也。

顏囘曰："吾無以進矣。敢問其方？"仲尼曰："齋，吾將語若。有而爲之，其易耶？易之者，皡天不宜。"顏囘曰："囘之家貧，惟不飲酒，不茹葷者，數月矣。若此，則可以爲齋乎？"曰："是祭祀之齋，非心齋也。"囘曰："敢問心齋。"仲尼曰："一若志，無聽之以耳，而聽之以心，無聽之以心，而聽之以氣。聽止於耳，心止於符。氣也者，虛而待物者也。惟道集虛，虛者，心齋也。"顏囘曰："囘之未始得使，實自囘也。得使之也，未始有囘也，可謂虛乎？"夫子曰："盡矣，吾語若。若能入遊其樊，而無感其名，入則鳴，不入則止，無門無毒，一宅而寓於不得已，則幾矣。絕跡易，無行地難；爲人使易以僞，爲天使難以僞。聞以有翼飛者矣，未聞以無翼飛者也。聞以有知知者矣，未聞以無知知者也。瞻彼闋_{音缺}者，虛室生白，吉祥止止。夫且不止，是之謂坐馳。夫徇耳目內通，而外於心知，鬼神將來舍，而況人乎！是萬物之化也，禹舜之所紐也，伏羲、几蘧之所行終，而況散_{上聲}焉者乎？"

【眉批】則幾矣，謂幾近於心齋也。

【眉批】几蘧，或謂古帝皇名。然無所考，大約寓言也。

補訂曰：顏囘更思其則，再無進步，請問其方。齋者，洗心滌慮，萬緣皆空之謂。夫子曰，女今無其則矣，若再有而爲之，亦豈易耶？有心于化人，而易視之者，終不出于自然，故與皡天不宜。化人者，當先化我之心，故進之以心齋。心齋者，無二爾志，無荒爾心，聲塵之感，勿以耳役，聰明之用，勿以心迎。聽以氣者，一息呼吸，微之又微，空靈活潑，官知止而神欲行，喧寂俱融，默與道契，若合符然。聽止于耳者，耳根常靜，黜聰明而內通也。心止于符，一眞自如，止于至善，不踰矩也。二止字微有不同，可以心悟，不可以言傳。氣者，無思無慮，任運而動，其于物，無所待而若有待，故曰虛而待物。惟道集虛者，道在未始有物之先，不可以見見，不可以聞聞，惟萬緣皆空，而道乃中存。集者，存也。心齋者，虛也。洗心滌慮，萬緣皆空之爲虛也。【眉批：闡法幽微，萬法皆通。一塵不染，何異佛祖談經，慧根下器，言下一齊禮拜。】得使、未得使，只作使之心齋看，爲妥。未始有囘也，不見有己，則心化矣，故夫子贊之曰盡矣。入遊其樊而無感其名。樊,謂樊籠,世綱也。常人遊于世綱之中,易爲浮名感動,自負敢言直諫,能人之所不能,往往不量而入,自取殆辱。汝若能不炫其名,一以無心處之,入則鳴,可與言則言;不入則止,不可與言則不言;不開一門,使心無旁竇;不發一毒,使心無欣厭;渾然純一而寓于不得已,則動以天矣。人也而天,幾得之矣。門,出入之處,無門者,心無滲漏也。毒,惡草。無毒,無怨惡也,而欣好在其中。宅,人之所處也。以渾然純一自處,又若假寓于人,已不得作主,庶幾乎至人忘我之道矣。與執一者,大相径庭。無門數句,是形容一虚字。○“絕跡易,而行地難”以下,删訂陸註曰:且人之處世,若欲一切屏去,絕跡不行,直易易耳。只爲天下有不得已者,如大義大分之所在,豈得一切屏棄,但貴處之以無心,應之以無情,如人行地而不見有行地之跡,則甚難。所以難者,天使不可以僞也。若爲人使,則以世情起見,矯情飾貌,易以僞。爲天使,則行止語默,渾然全在自然之中,故難以僞。如此者,無知而知,知不以知,如鳥之飛不以翼,所謂虚也。室虚,則容光必炤而生白;心虚,則靈明能應而道集。非有吉祥,吉祥莫大焉。止止,上“止”是萃止之義,下“止”即虚處也。人各有所止之處,夫且不知所止,非坐馳而何?馳者,止之反,身坐于此,心逐于彼,猶馬伏槽櫪,意騖千里,凶害悔吝,動者受之矣。言吉祥,必無死于暴人之前之禍;言坐馳,則未免擾而憂,太多政法而不諜也。狥,只作任字解,或作使字亦可。夫惟狥耳目內通而外心知者,常使聰明之德,斂藏于內,心知之思,屏黜于外,順萬物之感,而一以無知之知應之,則靜虚之體,不爲物交所蔽,將見靈明洞煥,與鬼神相通。鬼神來舍而況於人乎,是則虚心無我,所由命萬物之化也。舜禹執此以爲樞紐,几蘧、伏羲服行終身,而況尋常以下之散焉者乎?

李衷一曰:仲尼語回,欲化衛君,不在衛君身上討,只從自己心內討。如心裡有一段欲爭鬭他、感動他、委曲他的意思,便不虚,便被他牽去,便是坐馳,安能化物?只一若志,以道集虚,心中清清净净,了無門户,了無垢毒,外不狥耳目,內不起心知,一以不得已之道處之,他自然感化,如不行之步,無翼之飛,神明合德,至人爲徒矣。故曰,鬼神將來舍,況人乎!【眉批:李註可謂要言不煩。】

葉公子高將使於齊,問於仲尼曰:“王使諸梁也甚重,齊之待使者蓋將甚

敬而不急，匹夫猶未可動也，而況諸侯乎？吾甚慄之。子嘗語諸梁也曰：‘凡
事若小若大，寡不道以懽成。事若不成，則必有人道之患；事若成，則必有陰陽
之患。若成若不成而後無患者，惟有德者能之。’^{以上叙孔子語。}吾食也，執粗
而不臧，爨無欲清之人，今吾朝受命而夕飲冰，我其內熱歟？吾未至乎事之情，
而既有陰陽之患矣。事若不成，必有人道之患。是兩也，爲人臣者不足以任
之。子其有以語我來。”仲尼曰：“天下有大戒二。其一命也，其一義也。子之
愛親，命也，不可解於心；臣之事君，義也，無適而非君也，無所逃於天地之間，
是之謂大戒。是以夫事其親者，不擇地而安之，孝之至也；夫事其君者，不擇事
而安之，忠之盛也。自事其心者，哀樂不易施乎前，知其不可奈①何而安之若
命，德之至也。爲人臣子者，固有所不得已，行事之情而忘其身，何暇至於悅生
而惡死？夫子其行可矣。丘請復以所聞：凡近交②則必相靡以信，遠則必忠之
以言，言必或傳之。夫傳兩喜兩怒之言，天下之難者也。夫兩喜必多溢美之
言，兩怒必多溢惡之言。凡溢之類也妄，妄則其信之也莫，莫則傳言者殃。故
法言曰：‘傳其常情，無傳其溢言。’則幾乎全。”

【眉批】美言可市。

【眉批】此人臣義不辭難之義。

【眉批】辨物類情，曲中多致。

補註曰：此段見爲臣使命之難，“惟有德者能之”一句最重。忠孝者之安
命忘身，傳情者之不遷令勸成，遊心養中，致命之善，皆德之爲也。○葉公名諸
梁，字子高。于時奉命使于齊，故問爲使之道，蓋將甚敬而不急，言齊强大多詐
之國，其待使者，必恭敬盡禮，雖不欲開釁于楚，未必以楚爲急，恐所圖之事，其
應多緩。寡不道以懽成，“道”字，林註訓“言”字，不若依本字講，言事無小大，
未有不得其道而能懽然成就，無後悔者。【眉批：看道字有理。】人道之患，事不成
而君督責之也。陰陽之患，謀事求成，而憂勞致疾也。執粗而不臧，言吾平日
自奉甚薄，所食者，執粗而不求精美，爨下司火之人，便其簡約，常自清涼，無

---

①　奈，通行本作“奈”。
②　近交，通行本作“交近”。

有苦于炙熱而欲清者,以此食淡,應無內熱之病。今朝拜命而夕飲冰,誠憂思而內熱也。未至于事之情,"情"字不必作"實"字看。凡奉使者,傳命專對,其中委曲處皆情也。【眉批:解"情"字好。】命,得之于天,不可易者也。義,人世之所當爲而爲者也。普天之下,莫非王臣,無所逃也。"自事其心"至"德之至也"五句,見忠孝出于至性,爲人臣子者,惟自事其心而已,絕非沽功邀譽,幸而蒙休處順,不幸而犯難殺身,吉凶哀樂,不易其施,總是一樣做法。倘事變當前,出于意外,知其不可如何而安之若命,其德全也。是總結不擇地、不擇事未盡之義。今子甚慄于兩者之難任也,竊竊然憂之,不知爲人臣子者,業身任其事,固有所不得已,夫復何辭。要在隨機應變,黽勉圖成,以身徇之,何暇悅生惡死,而憂內熱之患。夫子其行可矣,丘爲之勸駕,雖然尚有所聞,復爲夫子言之。相靡以信,"信"字不必如舊說,指定符節,一切發政施令、會盟慶弔,皆信也。【眉批:解"信"字好。】喜而溢美,怒而溢惡,人情之常,過後思之,每自咲其過當而妄,他人聽之,必以爲莫须有而致疑矣,疑則必妄擬傳言者之假託,殃罪不免,所以傳言,止可傳常情而已。故引法言以證之。幾乎全者,庶幾免于殃也。法言,或古有此書,未可知。楊子雲"法言"二字,應出此。

林註曰:丘請復以下,又轉一轉,說盡人世情狀。信,有物以爲信驗也,如符節之類是也。相靡,相順也。近處之交接,則如此。若其交者遠,則必以言語盡其情。忠,盡情也。然其言何自而達,必有人傳道之。然傳言之間,其兩喜兩怒者最難。彼以喜而來,此以喜而應,則其說好處,多有過當,故曰溢美。溢,過當也。若彼此皆怒,則其說不好處,又多過當,故曰溢惡。纔是一等過當說話,必是不實,故曰凡溢之類妄。既不實,則其聽之者,必皆莫然而就,未能盡信。莫,致疑貌也。纔至致疑,則兩遷之惡,皆歸於傳言之人,必加之罪,故曰莫則傳言者殃。因其奉使,故以此爲戒。《法言》者,古有此書也,故舉以爲證。傳其常情,謂傳言之人,但傳其平常樸實頭說話,其言語過當處,則不可傳,故曰無傳其溢言。奉使能如此,則庶幾可以自全。

且以巧鬬力者,始乎陽,常卒乎陰,泰至則多奇巧。以禮飲酒者,始乎治,常卒乎亂,泰至則多奇樂。凡事亦然。始乎諒,常卒乎鄙。其作始也簡,其將

畢也巨。言者,風波也。行者,實喪也。夫風波易以動,實喪易以危,故忿設無由,巧言偏辭。獸死不擇音,氣息茀_{音勃}然,於是並生心厲;尅核太①至,則必有不肖之心應之,而不知其然也。苟爲不知其然也,孰知其所終。故《法言》曰:'無遷令,無勸成。過度,益也。'遷令勸成,殆事。美成在久,惡成不及改,可不慎與?且夫乘物以遊心,託不得已以養中,至矣,何作爲報也?莫若爲致命,此其難者。

【眉批】名言可變化苛刻之性。

【眉批】偉論開天。

删補陸註曰:上既說傳言之難,却又引世間此類事,教以慎始善終,所謂危言以動之也。末示以乘物養中,則盡之矣。以巧鬭力者,如今人等閒相撲,始也不過嬉戲爲樂,其卒常至于陰懷機智以角勝,戲之太甚,則奇詐百出,怒而搏擊矣。正如以禮飲酒者,初筵秩秩,始乎治也,卒之載號載呶,常至于亂。何者?飲太甚,則多奇樂,如徵歌舞,卜夜繼日,淳于髡男女合坐,墮珥遺簪是也。推之凡事皆然。初以誠信相約結,既而鄙詐之心生焉。是皆作始者,不知所慎,故始焉苟簡從事,其后遂至于決裂而不可收拾,故其畢也必巨。君子懷此永圖,作事謀始,必于言行爲先之。夫言不根心準理,則躁妄浮遊,如風波一般,倘不知戒而爲此行者,其實必喪,故曰:言者風波也,行者喪實也。【眉批:二句不可平講,行者風波之行也。】這等人中無主宰,易爲人所搖奪,樸散淳漓,奸詭之人,必有奇禍,故曰易以動,易以危。戒之慎之,大凡忿怒之作,無他由也,巧言過當,偏詞失實,狂誕無稽,矢口而出,如將死之獸,勢窮力蹙,其音迫亂,不暇擇也。斯人非惟語躁,而且氣麤氣息茀然,剛暴乖張,于是聽者心皆不平,並生厲心,忿所由生,職此之故,可不慎乎!【眉批:獸死不擇音,是巧言偏辭之喻。氣息以下,仍就巧言者說。前人皆指獸說,謬矣,今正之。】尅,險薄也。核,苛察也。君子寬以容物,物必信從,若尅核太甚,人皆不堪,必懷不肖之心應之,不知其然而然也。苟爲如是,相戕相賊,爾欺爾猜,更不知其何時而已,故曰孰知其所終。由是觀之,人情世故,許多風波,統由言起,則爲使之道,可知矣。復引

---

① 太,通行本作"大"。

《法言》未盡之語曉之，無遷令，無勸成者，云通兩君之好，止傳其常情，不可率意遷改，事之成否，聽之機緣，不可勉強作合。過度益也句，凡恰當之謂度，度外求增加之謂益，如遷令勸成，即求增加於分外也，益則殆事。美成三句，云兩國和好，解兵息民，是成君之美也。安富尊榮，效在數年、數十年之後，豈不久？設片言債事，兩君之惡一成，則興兵搆怨，禍不旋踵，改悔何及，不可不愼。【眉批：“美成在久”二句如此看纔妙，昔所未有。】“且夫乘物”至“報也”四句，云子若乘事物之自然以遊心，無有固執之念，随機應變，迫而後起，養吾心之中不偏不倚，順應無情，斯其至矣！又何必遷令勸成，作爲以報命也。總之爲使之道，莫若直致其命而已。此其難者，云今人莫不有功名之望，急于圖成，疇肯順應無情以養中。此反覆告誡之意也。

　　李衷一曰：君之命，與親之命，等也，不可辭也；事之成，與事之敗，命也，所當安也。傳其常情，既無人道之患；聽其自然，又無陰陽之患，成敗置之度外，美惡順其自至，而無容心焉。以此致命，何難之有？

　　顏闔將傅衛靈公太子，而問於蘧伯玉曰：“有人於此，其德天殺，與之爲無方，則危吾國；與之爲有方，則危吾身。其知適足以知人之過，而不知其所以過。若然者，吾奈之何？”蘧伯玉曰：“善哉，問乎！戒之，愼之，正汝①身②哉！形莫若就，心莫若和。雖然，之二者有患，就不欲入，和不欲出。形就而入，且爲顛爲滅，爲崩爲蹶。心和而出，且爲聲爲名，爲妖爲孽。彼且爲嬰兒，亦與之爲嬰兒；彼且爲無町畦，亦與之爲無町畦；彼且爲無崖，亦與之爲無崖。達之入於無疵。汝不知夫螳螂③乎？怒其臂以當車轍，不知其不勝任也，是其才之美者也。戒之，愼之，積伐而美者以犯之，幾矣！汝不知夫養虎者乎？不敢以生物與之，爲其殺之之怒也；不敢以全物與之，爲其決之之怒也。時其饑飽，達其怒心。虎之與人異類，而媚養己者，順也。故其殺者，逆也。夫愛馬者，以筐盛音成。矢，以蜄音脤。盛溺乃吊切。。適有蚉虻僕緣，而拊之不時，則缺銜毀首碎胸，意有所至而愛有所亡，可不愼邪？”

---

① 汝，通行本作“女”。
② 通行本“身”後有一“也”字。
③ 螂，通行本作“蜋”。

【眉批】其知適足以知人之過:知,上聲。

【眉批】形莫若就,心莫若和:八字保身涉世之訣。

【眉批】"嬰兒"六句,是老子"和光同塵"註腳。達之入於無疵,是佛祖棒喝。

補訂曰:此段見爲人師傅之難。其德天殺,如陰霜殺草之殺,言其德性爲造物所銷鑠也。無方,多爲敗德敗度之事也。"其知適足以知人之過"二句,言慣吹毛求疵,摭拾人之差失,而自己身上,不知省改也。正汝身,言且向自己身上理會起。"形莫若就"二句,就,從也,隨順也。和,調和誘導之也。外爲恭敬随順之形,而内則盡調和誘導之心也。就者,聊與之周旋,入則捨我從彼,如练入染缸,連我變壞了。和者,姑與之委蛇。出則微有分別,漸露圭角也,故曰不欲。就而入者,一味依阿渱涩,連我放倒,則爲顛爲滅,爲崩爲蹶,誰其救正? 和而出者,揚己之善,以身爲范,必自取嫉妬,謂我賣聲名,且必受中傷,爲其所妖孽。嬰兒,猶云孩子氣也。無町畦,放蕩而無界限也。無崖,縱肆而無崖岸也。亦與之爲者,言不必顯與之異,且任他所爲,竢有可覺悟轉移處,徐加點化,達之入于無疵,使他不知不覺,如轉關楗,一撥便轉,乃爲妙用。要之,不離一"順"字。故又說三喻,螳螂恃才不量,怒臂當車,汝若屢伐而美以犯之,幾同螳螂矣。【眉批:"幾"字即指螳螂,有理。】積,屢也。養虎者,調其饑飽,不與以生物全物,使虎之怒心無自而萌,則俯而媚人,明于順之說也。養馬者,以竹筐瓦蜄,盛其矢溺,愛之至矣。適有蚉虻,僕僕然緣聚其身,我愛馬之甚,卒然搏之,出馬不意,撫之不時,以致驚駭,必決銜勒,碎胸首絡轡之具,寧復顧我之愛,故曰意有所至,而愛有所亡。慎之哉,無伐才美,無犯怒心,然後無道之儲,可傳也。

匠石之齊,至乎①曲轅,見櫟音歷。社樹,其大蔽②牛,挈之百圍,其高臨山十仞而後有枝。其可以爲舟者,旁十數。觀者如市,匠石不顧,遂行不輟。弟子厭觀之,走及匠石曰:"自吾執斧斤以隨夫子,未嘗見材如此其美也。先生

---

① 乎,通行本作"於"。
② 通行本"蔽"後有"數千"兩字。

不肯視,行不輟,何耶?"曰:"已矣,勿言之矣! 散上聲。木也,以爲舟則沉,以爲棺槨則速腐,以爲器則速毀,以爲門户則液構音蔓,以爲柱則蠹,是不材之木也,無所可用,故能若是之壽。"匠石歸,櫟社見夢曰:"汝將惡乎比予哉? 若將比予於文木耶? 夫柤音查。梨橘柚,果蓏之屬,實熟則剥①,則辱,大枝折,小折泄,此其以能苦其生者也,故不終其天年而中道夭,自掊擊於世俗者也。物莫不若是。且予求無所可用久矣,幾死乃今得之,爲予大用。使予也而有用,且得有此大也耶? 且也若與予也,皆物也,奈何哉其相物也。而幾死之散人,又惡知散木?"匠石覺音教。而診其夢,弟子曰:"趣取無用,則爲社,何耶?"曰:"密! 若無言! 彼亦直寄焉,以爲不知己者詬厲也,不爲社者且幾有剪乎! 且也彼其所保與衆異,而以義譽之,不亦遠乎?"

【眉批】曲轅,山名。挈之,以手量之也。兩手合而圍之曰圍。

【眉批】罵得好,刻毒而暢快。

補註曰:人間世法,如此不易,況當亂世,畢竟不可措手,故又借曲轅商丘之木,發揮二段,以見不材之爲眞材,無用之爲大用。其高臨山,高于山也。十仞而後有枝,正見其高也。旁枝可爲舟者十數,極言其本與幹之大也。不輟,不少停也。厭觀者,遲之既久,快足于心也。可用之木曰文,不在可用之列曰散。果,木屬。蓏,草屬。大枝折,則小枝方長之氣泄也。【眉批:精通物理。】掊擊,即摧折意。物莫不若是者,物皆以有用自戕。幾死乃今得之者,言數有睥睨之者,惟今匠石明之耳。"若與予也"五句,故作嘲戲之語,莊子筆端幻境。診,占所夢也。趣取二句,趣,趨也,言所趨所取在無用,何復用而爲社耶? 密,緘口意。匠石謂彼社亦直自寄于櫟耳,非櫟求之爲社也。櫟方訝爲不知己者之詬罵厲辱之也,豈榮之哉! 櫟本以無用爲用,雖不爲社,終不近于剪伐,且彼以無用爲保,所保與衆殊異耳。利人長物,禁人爲非,社之義也。而以此譽櫟,不亦遠于求無所可用之心乎! ○陸註曰:託社求全,是亦一義也,但櫟不爲是耳,亦通。司馬云:"液,津液也。構,謂溢②出構構然也。"趣取,虞齋作木之志

---

① 通行本有兩"剥"字,句作"實熟則剥,剥則辱"。

② 溢,據《經典釋文》作"脂"字。

趣,憨山作意趣,猶言意思,皆可。或引《史》《漢》作“促”字。諸解不同,勿如作“趣取”爲當。

南伯子綦遊乎商之丘,見大木焉,有異,結駟千乘,隱將芘音庇。其所籟①音賴。。子綦曰:“此何木也哉? 此必有異材矣②!”仰而視其細枝,則拳曲而不可以爲棟梁,俯而視其大根,則軸解而不可以爲棺槨,咶音忝。其葉,則口爛而爲傷,嗅之則使人狂酲音呈。,三日而不已。子綦曰:“此果不材之木也,以至如③此其大也。”嗟乎,神人以此不材! 宋有荆氏者,宜楸栢桑,其拱把而上者,求狙猴之杙音弋。者斬之;三圍四圍,求高名之麗者斬之;七圍八圍,貴人富商之家,求樿音善。傍④者斬之;故未終其天年,而中道⑤夭於斧斤,此材之患也。故《解》之以牛之白顙者,與豚之亢鼻者,與人有痔病者,不可以適河。此皆巫祝以知之矣,所以爲不祥也,此乃神人之所以爲大祥也。

隱將芘其所籟,李註曰:“言其枝葉所蔭,可以隱芘千乘也”。林註曰:“我能蔭物曰芘,求蔭于我曰籟”。軸解,不實也,如今之芋莖然。嗟乎,神人以此不材,嗟乎,嘆美之詞,言木以不材全生,即太古神人,所以全其生者,亦以此不材而已。荆氏,地名。宜,地氣所宜植也。杙,橛也,所以樓戲狙猴者。麗,屋棟。高名,大家也,或高明之明誤寫。樿傍,棺之全偏也。《解》,古巫祝之書也。適,言往祭于河也。痔病句,古或有以人祭河,如西門豹之事。上言可食之物,此言可用之物,皆以材招夭伐,見不必求用于世也。

陸註曰:以人祭河,以人爲巫祝也。此說可從。【眉批:陸解爲正。】

憨山曰:解者,祭祀解賽也。古者,天子有解詞,謂解罪求福也,出《漢書·郊祀記》。

支離疏者,頤隱於齊,肩高於頂,會音膾。撮音錯。指天,五管在上,兩髀音皮。爲脇。挫鍼治繲音械。,足以餬口;鼓筴播精,足以食音嗣。十人。上徵武

---

① 籟,通行本作“藾”。
② 矣,通行本作“夫”。
③ 如,通行本作“於”。
④ 傍,通行本作“傍”。
⑤ 通行本“道”後有一“之”字。

士,則支離攘臂①於其間;上有大役,則支離有以常疾不受功;上與病者粟,則受三鐘與十束薪。夫支離其形者,猶足以養其身,終其天年,又況支離其德者乎! 李衷一曰:支,節也。離,不合也。疏,不親也。皆與世無偶之意。

【眉批】創句靈異,古今罕有,外雜篇奇特者尤多。

補註曰:此段意謂非惟大木,以不材全其生,即支離殘疾之人,足以養身終年。故至人所以貴支離其德。疏,支離者之名也。郭註②曰:“齊與臍同。”傴者不見其頤,下隱臍間也。頭低則肩高于頂也。會撮,椎髻也。古時髻近項,脊曲頭低,故髻指天也。管,腧也。五臟之管,皆屬于背,背曲則管向上也。兩髀,腿兩邊也,身下則髀似其脅也。挫鍼,縫衣也。治繲,浣衣也。鼓筴播精,以箕播米也。徵武士則攘臂其間,恃其無用不竄匿也。不受功,復其身,不任作役也。支離其德者,無用于世,冥而無跡也。

陸註曰:夫支離其形尚足以自養而終其天年,況支離其德者乎! 支離其德者,不自見,不自伐,藏其用於不用,泯其能於無能,故得免於世而自全也。上以木喻,此以人喻。

孔子適楚,楚狂接輿遊其門曰:“鳳兮,鳳兮,何如德之衰也! 來世不可待,往世不可追也。天下有道,聖人成焉;天下無道,聖人生焉。方今之時,僅免刑焉。福輕乎羽,莫之知載;禍重乎地,莫之知避。已乎,已乎,臨人以德! 殆乎,殆乎,畫地而趨! 迷陽,迷陽,無傷吾行。吾行卻曲,無傷吾足。山木自寇也,膏火自煎也。桂可食,故伐之;漆可用,故割之。人皆知有用之用,而莫知無用之用也。”

原註曰:莊子見世亂終不可爲,畢竟最重在不用一邊,故以接輿結之。極言材之爲患,人貴知無用之用也。鳳鳥應瑞來儀,世衰而出,其德可知。成,成功也。生③,全生也,免刑全生。福輕于羽,尚不知承而載之。載,承受也。身攖患難,滿目綱羅,禍重如地,竟不知遠而避之。已乎,已乎,可以止矣,復岸然臨人以德。殆乎,殆乎,危亦甚矣,尚蹎蹐靡騁,如畫地而趨。必也自晦其明,

---

① 通行本“於”前有“而遊”二字。
② 今本郭註並無此注,其出處不詳。
③ 原为“全”,據正文改。

如迷陽然,庶無傷吾行;必遲回詳審,如卻曲然,庶無傷吾足。陽,明也。迷者,韜其光也。卻曲,顧慮卻視,不敢大步也。

李衷一曰:迷陽,君子以晦而明也。卻曲,退而曲全也。山木、膏火、桂漆,不知隱身招禍者之喻。

舊說迷陽四句言:陽,明也,人之本性,本自光明,汝迷而失之,必至行于世而有傷。卻曲者,言囘護避就也,不能直道而行,必至傷足。

南華眞經合注吹影內篇卷之五

西湖胡文蔚豹生甫删補

德充符總論

胡文蔚曰：德充者，充足于内也。符，驗也。有諸己者，形諸外也。有德如王駘，命化守宗，遊心乎德之和，則仲尼將以爲師。有德如申屠嘉，則遊于形骸之内，可以屈子產之心。有德如叔山無趾，有尊足者存，則能以死生爲一條，可不可爲一貫。有德如哀駘它，則能未言而信，無功而親，使物不能離，此皆充於德，而形之醜惡可忘也。不然，外神勞精，益生内傷，即博學好辯若惠子，雖道與之貌，天與之形，復何取哉？【眉批：七篇中獨此篇大旨明顯，故總論亦簡約不繁。】

褚氏《管見》曰：物得以生之謂德，乃天賦粹美，所以成形尊生，由是而充之，性與天道，可得而聞也。夫德本乎天，而充之在人，可不自愛重乎？物之符契，特應感小節，以印德充之驗。其成功大業，有相天地，贊化育者焉。故王駘足以起敬於孔子，欲引天下而從之，則其修爲，必有大過人者，且不教不議，而學者虛往實歸。自非以心契心，而死生無變，命物守宗，而化由己出，其能至是乎？視所一，遺所喪，以見得道者忘形。惟止能止衆止，明夫以虛而來鑑。凡此皆所以充之之道也。【眉批：總論約七八家，惟褚氏爲簡要，故存之。】德充而爲物所歸，猶松柏之于衆木，堯舜之于百姓，豈特正生爲幸，幸在能正衆生。而一己之生死禍福，非所芥蒂，故擇日登假，去晒在我，何肯以物爲事哉！申屠嘉，無取兀之過而招兀，視兀猶全也。子產以執政之貴而傲兀，雖貴不足貴也。無趾所存，有尊于足者，與全人無異矣。哀駘它之雌雄合乎前，使哀公忘惡而授國，此非愛其形，愛使其形者也。故太和内運，無往而不爲物歸矣。哀公以仲尼爲德友,德尊而位可忘也;靈公視無脤爲全人,德尊而形可忘也。聖人所遊,與物無際,警乎大哉,獨成其天,是忘人之所不忘,而粹美所歸,有不得而辭者。惠子厚于才,而薄于德,故問好惡之情,遂答以性命之性,所以深救其失,使道貌天形,不傷于好惡,有形無情,常因乎自然。至是則德充物符,彼己兩盡,是非好惡,化于忘言,何在乎外神勞精,以堅白自鳴哉!取殘兀惡屬之人,以標論本,蓋所以爲尚形骸、外德性者之戒云。

南華眞經合注吹影內篇卷之五

武林吹影居士胡文蔚豹生甫删補

海昌　查培繼王望甫

平陰　朱鼎鼐說梅甫　评訂

韓江　陳衍虞園公甫

德充符第五

　　魯有兀者王駘，從之遊者，與仲尼相若。常季問於仲尼曰："王駘，兀者也，從之遊者與夫子中分魯。立不教，坐不議，虛而往，實而歸。固有不言之教，無形而心成者耶，是何人也?"仲尼曰："夫子，聖人也。丘也直後而未往耳，丘將以爲師，而況不若丘者乎? 奚假魯國，丘將引天下而與從之。"常季曰："彼兀者也，而王先生，其與庸亦遠矣。若然者，其用心①亦將獨若之何?"仲尼曰："死生亦大矣，而不得與之變。雖天地覆墜，亦將不與之遺。審乎無假而不與物遷，命物之化而守其宗也。"常季曰："何謂也?"仲尼曰："自其異者視之，肝膽楚越也;自其同者視之，萬物皆一也。夫若然者，且不知耳目之所宜，而遊心乎德之和，視其一而不見其所喪②，視喪其足猶遺土也。"常季曰："彼爲己，以其知，得其心，以其心，得其常心，物何爲最之哉?"仲尼曰："人莫鑑於流水，而鑑於止水，惟止能止衆止。受命於地，惟③松柏獨也在，冬夏青青;受命於天，惟舜獨也正，幸能正生，以正衆生。夫保始之徵，不懼之實。勇

---

①　通行本"心"字後有一"也"字。

②　通行本"視"前有一"物"字，"一"前有一"所"字。

③　惟，通行本作"唯"字。下同。

士一人,雄入於九軍,將求名而自要者①,而猶若是,而況官天地,府萬物,直寓六骸,象耳目,一知之所知,而心未嘗死者乎！彼且擇日而登假,人則從是也。彼且何肯以物爲事乎?"

【眉批】林云:常季,孔子弟子。

【眉批】郭云:無形心成,怪其形殘而心乃充足也。

【眉批】而王先生:王先生,王字應作姓,音旺者非。

【眉批】物之化而守其宗也:性命微旨。

【眉批】物何爲最之哉:句法。

【眉批】惟止能止眾止:倒字法。

【眉批】雄入於九軍:天子六軍,諸侯三軍,通爲九軍。

補註曰:此段見充于德者,一死生,官天地,命化守宗,方以六骸爲寓形,耳目爲假象,即至聖如孔丘,方將以爲師,況其他乎? 以見德充者,不于其形也。引三兀者與哀駘它,總是此意。莊子哀世人尚形骸而外德性,如惠子益生有身之類,故末以忘其所不忘結之。○中分魯,言從王駘遊者,與夫子各得其半也。實而歸,言充然有得于心也。奚假,豈特也。彼兀者而王先生,王字舊訓旺,言勝于孔子,似牽強,不若依本字,作姓,即王駘兀者也,倒言之加先生二字以尊之,嘆美其遠異于庸人也。超生死者,自不爲生死所變,故曰,死生亦大矣,而不得與之變。即使天地有壞時,而眞身萬古常存,故曰,雖天地覆墜,亦將不與之遺。

删訂陸註曰:知吾身與天地,其在道中,幻妄不常,皆非實相。若夫性空眞體,一眞自如,審乎無假,不受變滅,超然獨存,不與物遷,故曰,審乎無假而不與物遷。非惟不隨物化,又能提挈陰陽,主張萬化,執樞紐,守根宗,故曰,命物之化而守其宗。宗即大宗師,未始有始也者之謂。愚謂無始之始,萬有萬化之所由出,合《應帝王》壺子所云"未始出吾宗"參看便知。至人渾異同,忘物我,常人不知,輒異視之,即一人之身,肝與膽亦暌違如楚越,至人同視之,知萬物與我一體。夫若然者,六用一原,聽不以耳,視不以目,耳亦可聽,目亦可見,又焉知耳目之所宜乎? 方且渾合爲一,無可分異,遊心於德之和,不見有彼此得

---

① 通行本"自"前有一"能"字。

喪,得亦莫非一,而得未常增;喪亦莫非一,而喪未嘗滅,視喪其足,猶遺土也。此即命物之化而守其宗。駘之用心,如是而已。彼爲己六句,舊說彼之爲己,不過以知得其心,夫心亦人之常心,人皆有之,何獨稱最哉? 毘陵朱得之《通義》曰:"彼爲己,言其學非爲人,而人乃尊之,何也? 以其知得其心,言反視而得見其天君也。以其心得其常心,言其初以天德良知,得見此心,時如遊子歸家,既到家,乃知是固有之業,只言其爲己,何與于人而人乃尊之。"極是。且與下文正生以正衆生,人則從是關切,一則曰心成,再則曰其用心獨若之何,三則曰得其心,足徵常季參究心學,非泛常之人。夫子教之曰,水定則能鑒衆形,心定則能止衆止。王駘守宗之心,定心也。彼無意於止人,而人之未能安此心者,自來求教耳,故以松柏大舜設喻。正生即正性也,正性即守宗也,守宗即保始也。夫保始之徵,如人養勇,一以無懼爲主而不動心。徵,驗也。自要,如久要之要,自許自命也。勇士求名,且雄入九軍,況守宗正性之人,其徵不能命物之化乎? 曰官天地,如以天地爲五官也。府萬物,胸藏萬有也。寓六骸,以四大爲寓形也。象耳目,以聰明爲假象也。一知之所知者,知死生物我爲一,而寧一自養也。知之所知無涯,常人與之相刃相靡,至人則抱神以静,無勞形搖神也。心未嘗死者,神自守形,活潑逍遙也。登,升也。假,音遐,即衝舉之說,時至則僊,原無所擇也。人則從彼也,彼且何求於人哉,故曰彼且何肯。【眉批:諸注於此處多其詞說,旁引罕喻,雲繞絲縈,閱者茫然掩卷。《吹影》細加訂正,探源劉蕺,一目瞭然,如觀寶鏡,曲肖須眉,神情迸露,謂之腕有慧劍,胷有靈珠,豈誣哉!】

林註曰:心無所見曰死。彼豈擇日而至于道,言無時而不在道也,即道不須臾離之意。【眉批:着了!】

林疑獨註曰:以無形司有形曰官,以無物藏萬物曰府,寓六骸者寄而若空,象耳目者存而不用,一知而不爲物貳,心存而不與形偕,制命在内而不在外,所以擇日而登假也。

申屠嘉,兀者也,與鄭子產同師於伯昏無①人。子產謂申屠嘉曰:"我先出則子止,子先出則我止。"其明日,又與合堂同席而坐。子產謂申屠嘉曰:"我

---

① 無,通行本作"无"字。

先出則子止,子先出則我止。今我將出,子可以止乎,其未耶? 且子見執政而不違,子齊執政乎?"申屠嘉曰:"先生之門,固有執政焉如此哉? 子而悅子之執政而後人見①者也,聞之曰:'鑑明則塵垢不止,止則不明也。久與賢人處,則無過。'今子之所取大者先生也,而猶出言若是,不亦過乎?"子產曰:"子既若是矣,猶與堯爭善,計子之德,不足以自反耶?"申屠嘉曰:"自狀其過,以不當亡者衆;不狀其過,以不當存者寡。知其不可奈何,而安之若命,惟有德者能之。遊於羿之彀中。中央者,中去聲。地也;然而不中者,命也。人以其全足,笑吾不全者衆②矣,我怫然而怒;而適先生之所,則廢然而反。不知先生之洗我以善耶? 吾與夫子遊,十九年矣,未嘗知吾兀者也。今子與我遊于形骸之內,而子索我於形骸之外,不亦過乎!"子產蹵然改容更貌曰:"子無乃稱。"

【眉批】子產果如此鄙陋,自應面折之。

【眉批】亡者,刖足也。

【眉批】只以知兀不知兀婉詰,而子產之勝心忽釋。

(補注曰:)引此見兀者忘己之形,竝忘執政之貴,幾於內外俱忘者,且能屈子產之心,使之蹵然改容,亦德充之符也。○我出子止,羞與刖者並行也。明日又質而問之,明言子齊執政,明其不引避也。先生之門,論德而不計位,徒自悅執政而後人見,譏其矜誇在位,欲處物先也。取大者明師,而鄙吝未消,是大過也。

林註曰:取者,求也。言子學于先生,將求廣其識見,而猶出言淺狹如此也。與堯爭善,四字最奇,云子既兀矣,縱能爲善,猶得與堯爭乎。"計子之德"二句,云度子之德,豈不能返觀自省耶?"自狀其過"四句,言自陳過差,則知非其罪也,謂不當刖者多,不自明言過差,人必疑爲惡受刑,決有取刖之罪,故以不當存者寡。郭註曰:弓矢所及爲彀中。夫利害相攻,不能遺身忘知。與物同波者,皆遊于羿之彀中也。③ 焦註曰:彀中,言羿箭鋒所指,乃必中之地,故曰中地,皆好。十九年不知吾兀者,遊心於德之和,而忘形骸也。子產反是,

① 通行本無"見"字。
② 衆,通行本作"多"。
③ 引文與郭注有出入。

徒見外而見內,是大過也。蹵然更貌,不安之甚也。子無乃稱,焦註曰:"言我已知矣,不必更言",極是。陸註曰:"稱,謂善于稱述",蓋服善而譽之之詞也。

魯有兀者叔山無趾,踵見仲尼。仲尼曰:"子不謹前,既犯患若是矣。雖今來,何及矣!"無趾曰:"吾惟不知務,而輕用吾身,吾是以亡足。今吾來也,猶有尊足者存,吾是以務全之也。夫天無不覆,地無不載,吾以夫子為天地,安知夫子之猶若是也!"孔子曰:"丘則陋矣。夫子胡不入乎,請讲以所聞!"無趾出。孔子曰:"弟子勉之!夫無趾,兀者也,猶務學以補前行之惡,而況全德之人乎!"無趾語老聃曰:"孔丘之於至人,其未耶?彼何賓賓以學子為?彼且蘄以諔^{音叔}詭幻怪之名聞,不知至人之以是為桎梏耶?"老聃曰:"胡不直使彼以死生為一條,以可不可為一貫者,解其桎梏,其可乎?"無趾曰:"天刑之,安可解。"

【眉批】尊足者,何物存在何處,大家請速速理會去。

(補注曰:)引此,見有尊足者存,所可貴者,絕不在形骸也。踵見,訓繼見,頻也。不知務,不解事也。孔子命入而講所聞,無趾遂出,明有不滿之意也。賓賓,恭敬貌。陸方壺曰:夫子說無趾務學以補前行之惡,不知他一等人,全然不在善惡上起念,本無今是,何有前非,別求裨補,頭上安頭,此種學問向名教中人說不得。故無趾與老聃私議曰,孔丘於至人,其猶未耶,彼且為善救惡,汲汲焉求名於世,不知至人方以是為己之桎梏。蓋桎梏,手足所無之物,惟被刑之人乃或有之。【眉批:以是為桎梏,若天刑之也。是一意。】以死生為一條者,未始有生,孰名為死;以可不可為一貫者,本來無是,安得名非。如是則善法惡法,皆是幻法;善名惡名,皆是詭名。此箇不二法門,直是解粘去縛,本來無物,何處生塵,但天刑之人,帝縣不解。

補曰:天刑,只作天之戮民說,正桎梏意。

魯哀公問於仲尼曰:"衛有惡人焉,曰哀駘它,丈夫與之處者,思而不能去也;婦人見之,請於父母曰'與為人妻,寧為夫子妾'者十數而未止也。未嘗有聞其唱者也,常和①而已矣。無君人之位以濟乎人之死,無聚祿以望人之腹,又以惡駭天下,和而不唱,知不出乎四域,且而雌雄合乎前,是必有異乎人者

---

① 通行本"和"字後有一"人"字。

也。寡人召而觀之,果以惡駭天下。與寡人處,不至以月數,而寡人有意乎其爲人也。不至乎期年,而寡人信之。國無宰,而①寡人傳國焉,悶焉而後應,汜音泛。而若辭。寡人醜乎,卒授之國。無幾何也,去寡人而行。寡人恤焉若有亡也,若無與樂是國也。是何人者也?"仲尼曰:"丘也,嘗使於楚矣。適見独子,食音嗣。於其死母者,少焉眴若,皆棄之而走。不見已焉爾,不得類焉爾。所愛其母者,非愛其形也,愛使其形者也。戰而死者,其人之蓳②也,不以翣句。音接。。資刖者之屨,無爲愛之,皆無其本矣。爲天子之諸御,不爪剪,不穿耳;取妻者止於外,不得復使。形全猶足以爲爾,而況全德之人乎!今哀駘它,未言而信,無功而親,使人授己國,惟恐其不受也,是必才全而德不形者也。"哀公曰:"何謂才全?"仲尼曰:"死生存亡,窮達富貴,賢與不肖毀譽,饑渴寒暑,是事之變,命之行也;日夜相代乎前,而知不能規乎其始者也。故不足以滑音谷。和,不可入于靈府。使之和豫通而不失於兌,使日夜無卻音隙。而與物爲春,是接而生時於心者也,是之謂才全。""何謂德不形?"曰:"平者,水停之盛者。其可以爲法也,内保之而外不蕩也。德者,成和之修③也。德不形者,物不能離也。"哀公異日以告閔子曰:"始也吾以南面而君天下,執民之紀而憂其死,吾自以爲至通矣。今吾聞至人之言,恐吾無其實,輕用吾身而忘吾國。吾與孔丘,非君臣也,德友而已矣。"

【眉批】:吹影子曰:隨筆寫來,聞氣極澹、極古、極雅、極儁。吾以爲風華欣暢,品在太史公之上非欺也。今試沉潛體味,必然流連嘆賞,不忍捨去,既而由淺喻深,進窺理奧,自能高超於塵網之表,入道無難,惟悟者自致之。故曰,父不可以傳諸子也。

【眉批】而知不能規:規,音季。

【眉批】至人存養工夫,和盤托出。

删補曰:此段見充于德者,才全而德不形,能使人愛慕之而不忘也。惡人,醜貌之人也。望如月望之望,飽滿圓足之義。和而不倡,不見其能首事也。知

---

① 通行本無"而"字。

② 蓳,通行本一律作"葬",後不出校記。

③ 修,通行本作"脩"。

不出乎四域，不見有遠略也。雌雄合乎前，即丈夫思不能去，婦人願爲妾意，言男女歸之者衆也。不至以月數，未及月也。闷然而後應，嬾應遲言之意。氾者，不着緊之意。寡人醜乎，愧不若它也。若有亡也，如漢高若失左右手意。是何人者也，云此何等人品，能使人愛之思之若是。犹子食，食乳也。眴若，動目私視之也。【眉批：解眴字好。】作驚貌，作目無光，皆非。不見己，謂死母不見之也。不得類，謂死母不類舊時也。使其形者，何物？神氣也充之，即天與性也，以喻形骸之內有德也。資，助意，猶與之也。無其本，言戰死非行禮之喪。刖者，外飾無所施，亦形容德在內，不在外之意。不爪剪，不穿耳，不修飾而全其形也。取妻者不復使，即《禮記》“新娶者勿役”意。形全者猶足降至尊盼睐，結新婚之懽燕，況全於德者乎！知此，則它之所以可愛而可用，於焉取決矣。才，即孟子降才之才，自其賦於天者言。德，指其成於己者言。才未全者，喜于自衒，才全則德內足矣，奚形之有。不形者，随事物而見，無所往而非德，非一端可指名也。“生死存亡”至“其始者也”數句，言人于死生窮達諸事，或見得一邊，或做得一件，終爲事變所役，不得謂之全才。全者，太和保合而已。彼視世間種種事變，千態萬狀，與天命相爲流行，日夜相代，紛紜雜亂，直如浮雲駒影，皆是後起之緣，不能驚擾其始者也。規，音季，驚視自失貌，舊作求字解，于義未愜。“故不足滑和”二句，彼直窺未始有始之先，命物之化而不與物遷，何得失欣厭足以滑其和。靈府虛明，有何情緣，得入其中也？“使之和豫通而不失其兌”一句，最難解。使之和，即遊心於德之和，蓋天和也。豫，如“凡事豫則立”之“豫”，通四應而不礙也。兌，說也，言人之悅服之也。哀駘它常抱此和德，能使人君授以國而無廢事。豫也，與人共處而無逆通也。雌雄合于前，若無與樂是國，不失其兌也。【眉批：千古疑城，彈指而破。】日夜無郤，郤者，不受之義，云不得已而有世俗之償，随緣順應，未嘗拒絕也。與物皆春者，物我欣暢也。二“使”字，哀駘它使之也。接，酬應也。感而遂通，時行時止，心如太虛也，故曰是接而生時於心也。此心渾然太和，審乎無假，不與物遷，故曰才全。何謂德不行，言哀駘它未嘗以德爲法于世也，譬若水然，天下之至平而可法者，莫盛于停水，然不過內保其明，空澄洞照，與物無私，外不援蕩，波恬鑒徹，未嘗求止而自止也。夫德之不形，猶水之平也。或曰水盛則滿，滿則平，平則不流,故停也。"成和之修"二句,成猶全也,全此中得之和,盈滿充足,不少滲漏,未嘗以保物爲事,物自親愛向往而不離也。民紀,所以紀綱其國之法。憂其死,言愛其民也。德友,言是有德之人,友之則可,臣之則不可也。

李頤曰:哀駘,醜貌。它,其名也。

闉音因。跂支離無脤,說衛靈公,靈公悅之,而視全人,其脰音豆。肩肩。甕瓷大癭說齊桓公,桓公悅之,而視全人,其脰肩肩。故德有所長,而形有所忘。人不忘其所忘,而忘其所不忘,此謂誠忘。故聖人有所遊,而知音智。爲孽,約爲膠,德爲接,工爲商。聖人不謀,惡用知? 不斵,惡用膠? 無喪,惡用德? 不貨,惡用商? 四者,天鬻也。天鬻也者,天食音嗣。也。既受食於天,又惡用人! 有人之形,無人之情。有人之形,故群於人;無人之情,故是非不得於身。眇乎小哉,所以屬于人也;謷音敖。乎大哉,獨成其天! 惠子謂莊子曰:"人故無情乎?"莊子曰:"然。"惠子曰:"人而無情,何以謂之人?"莊子曰:"道與之貌,天與之形,惡得不謂之人?"惠子曰:"既謂之人,惡得無情?"莊子曰:"是非吾所謂情也,吾所謂無情者,言人之不以好惡內傷其身,常因其自然而不益生也。"惠子曰:"不益生,何以有其身?"莊子曰:"道與之貌,天與之形,無以好惡內傷其身。今子外乎子之神,勞乎子之精,倚樹而吟,據槁梧而瞑,天選子之形,子以堅白鳴。"

【眉批】跂支離無脤:脤,音辰。

【眉批】甕瓷:瓷,音盎。

【眉批】天鬻也者,天食也:讀此可悟修句琢字之法。

【眉批】無人之情,故是非不得於身:二句養心丹訣。

【眉批】據槁梧而瞑:瞑,音眠。

【眉批】發大慈悲,明明說與,何惠子尚未領會。

補訂曰:此段見惠子博學好辯,以益生自苦,形雖全也,不及無脤大癭之充于德多矣。闉跂,曲背也。或曰,跂而守城門者,亦通。無脤,缺唇者,或作無腳根,但跂而行,又作無臀,不知何考。肩肩,細長貌。甕瓷大廔,項瘤者也。二項喻人之美惡,不在形骸,得意于君,視全人反不如之,故曰德有所長,形有所忘。夫人之所可忘者,形之醜也;所不可忘者,德之美也。知有形而不知有德者,眞忘也。誠,眞也。聖人有所遊,所謂心有天遊也。知者道之浮慧,如人之孽子,庶出而操心常危。以禮自检曰約。拘攣粉飾,不能自然曰膠。與世酬應,日從事于外曰接。處處求美,事事要好曰工。賣聲名于天下曰商。【眉批:疏知、孽、膠、接、工、商諸義,大費苦心】聖人皆無所用之也。不貨,即如君子不器,不囿于物也。四者,指上四惡用言。天鬻,言爲天所養也。天食,猶天爵也。又惡用人,言既有天爵,而不求人爵也。群于人者,和光同塵也。是非不得于身者,身世偕忘,無分別爭競也,言無入而不自得,超出于是非之外,與天爲徒也。然則謂之無情,似乎離世絕俗,不與物同春者,不知聖人之身,常自謙抑,眇乎小哉,所以聯屬天下,以成群也;其心謷乎大哉,浩然天遊,故能成其天,天則無所不忘,且忘無可忘矣。人故無情,"故"字如"則故而已"之"故",謂本來也。惠子所謂無情,如頑石木偶,槁而不靈也。莊子所謂無情,言清虛恬淡,不橫起意見,滑和內傷也。莊子所謂益生,言求補于所生之外,不能安時處順也。惠子所謂益生,言此身墮地以來,本皆自無而有也。正惠子好辯巧言處,非以奉養資生之具爲益也。莊子不與深辯,却以正答曰,子之形貌,同出于道與天,無異于人也。不順其自然,橫起是非好惡,逐妄迷眞,外神勞精,以堅白曉曉自鳴,非徒無益而又害之,非益生而何哉?外神,猶言神不守舍也。槁梧,枯木以爲几也。選,授也。【眉批:處處都有斟酌,較之舊說,明晦迥別。閱者遍羅古今,諸解合觀之,方知訂補之功爲不小耳。】

林註曰:脰,項也。槁梧,即今所謂枯桐也。桐類不一,惟枯桐中琴瑟,故名瑟瑟爲槁梧。瞑,倦也。

南華眞經合注吹影內篇卷之六

西湖胡文蔚豹生甫刪補

大宗師總論

胡文蔚曰：大宗師者，道也，莫大惟道也。道者，自然而已，所謂至眞至卓者也。【眉批：眞身現前，諸幻相不驅而遁。】知自然者，能登假于道，故不悅生惡死；其與物也，有宜而莫知其極；其狀也，不可以比象形容；知死生爲命而與天爲徒，遊于物之所不得遁而皆存，然是大宗師也。有情有信，無爲無形，可傳而不可受，可得而不可見，知之者其惟眞人乎？古之眞人，有眞知。眞知者，以不知爲知，無終無始，無死無生，係物而不係于物，待化而不待于化，不假見聞，心與默契者也。次則女媧、顏回，其庶幾乎！一則由外天下而入于不死不生，名曰攖寧；一則由忘仁義而至于離形去智，名曰坐忘。下此而子輿之善因而懸解也，子來之蟲臂鼠肝而不悍也，子反、子琴之以生爲附贅懸疣也，孟孫才之不知就先就後也，皆能忘死生者也，所謂以所知養其所不知者也。若許由以仁義是非爲黥劓，而曰吾師乎，吾師乎，則知大宗師純以天遊而絕無人爲思慮之跡矣。末結以子桑之貧曰命也夫，應上第五段死生命也句，【眉批：始終條理，一絲不亂。】以見世人惡貧之念，甚於惡死。苟知窮達有命，則知死生猶旦夜之常，而不忘其所始，不求其所終，兩忘而化于道，何生死悅惡之有？信乎，大宗師爲衆父父，而養生者宜尊事而不違也。

李衷一曰：《大宗師》一篇，千言萬語，離不得"了生死"三字。夫道亦大矣，專言生死，何也？生人處世，只爲悅生惡死，作多少有爲之計，却不思陰陽非可悍之物，躍冶爲不祥之金，而拘拘附贅疣之是，惜一朝命盡，如塈舟澤山，夜半失去,實不知死爲眞死,生爲寄生,其去道也始遠矣。【眉批:先說凡見,後示聖功。】夫天地間,至無者道,至有者亦道。莫大於天地,而先天地生;莫幻於鬼神,而爲鬼神神;莫高於太極,而在太極先;莫深於六極,而居六極下。惟眞人之於道也,有眞知。眞知者,眞了也,一了百了,無所不了。故不逆不雄,不謩不悔,不濡不熱,不夢不憂。其息深,其天機深,不以身爲身,而以道爲身。道無死生,眞人不悅生,不惡死;道無出入,眞人出不訴,入不距;道無往來,眞人翛然往,翛然來;道無終始,眞人不忘終,不求始。有所適也,而自適其適;有所爲也,而無爲以爲,【眉批:指示眞人心學。】此道之所以爲大宗師也。得是道者,爲帝、爲聖、爲神、爲僊,若狶韋諸人是也;失是道者,爲辱、爲殆,失己亡身,若狐不偕是也。女媧、子祀、子來而下,其於道也,稍有所聞,將箇生生念頭,一刀兩斷,直下便了,于吾師殆庶幾焉。故知天之所爲也,以不知爲知,知之眞也,眞人是也。知人之所爲者,以其所知養其所不知,知之盛也,女媧等是也。首言天,末言命。天之所爲者,天而生也。命之所以爲者,而弗可得也,是其所不知也。故曰死生,命也;其有夜旦之常,天也。眞人之眞知,知自天自命而已。天命者,大宗師者也。【眉批:與人說破,妙。】

　　焦從吾曰:眞人已得道則超乎命,世累不得繫之。所謂眞知,則究極天人,暢達性命而無疑者也。窮理盡性,以至于命,則以處己而言;命物之化而守其宗,則以宰物而言。處己之命,子桑是也;宰物之命,其惟大宗師乎!【眉批:數語洞晰玄微。】

南華眞經合注吹影內篇卷之六

武林吹影居士胡文蔚豹生甫刪補

古閩　林崇履坦菴甫

京口　談兆隆伯棟甫　評訂

蘭江　祝匡基一之甫

大宗師第六

知天之所爲，知人之所爲者，至矣。知天之所爲者，天而生也；知人之所爲者，以其知之所知，以養其知之所不知，終其天年而不中道夭者，是知之盛也。雖然，有患。夫知有所待而後當，其所待者特未定也。庸詎知吾所謂天之非人乎？所謂人之非天乎？且有眞人而後有眞知。何謂眞人？古之眞人，不逆寡，不雄成，不謩①士。若然者，過而弗悔，當而不自得也。若然者，登高不慄，入水不濡，入火不熱，是知之能登假於道也，若此。

【眉批】知天之所爲者句：內養眞詮，略該于二語。

【眉批】反復提誨。

【眉批】是知之能登假：假，音格。

刪訂曰：人之生也，無事不出于天，故曰天所爲。人在世間，分內有不得不爲之事，故曰人所爲。天固自然矣，以人爲合之，人事盡而天理見，故曰，知天之所爲，知人之所爲者，至矣。生者，自然而然之謂也。"以其知之所知"二句，言如人之年壽修短，吾之所不知也，天也。然吾只知緣督以爲經，可以養生

---

① 謩，通行本作"謨"。

盡年,以其可知者,盡諸己;而以其不知者,聽之天,謂之養,則有涵泳從容,以竢之之意。若妄有作爲,必裨益于有生之外,或至夭折而不得終其天年,不得謂之知之盛也。此參訂林、陸二家之說也。至"雖然有患"及"所謂人之非天乎"六句,從未讲得明白。愚以謂,雖言是知之盛,猶未若眞人忘知合道者之無患也。【眉批:此下皆補前人之缺。】夫知者後起之識,大道所不貴;既謂之知,則不得不有所待而後當。當者,當否之當,猶言恰好也。如謂之知天,必其人,果知天之所爲,而後見其當;謂之知人,必其人,果能以所知,養其所不知,而後見其當,其勢不能無待,設其所待者,猶未定也。吾所謂之知天者,庸距知其非人乎? 吾所謂之知人者,庸距知其非天乎? 只如此說,洞如黑白,何必枝葉? 甚矣,知之難定也! 必忘知之眞人,而後有眞知。古之眞人,無知而無所不知,不以知爲事者也,即以人爲觀之,所處偶值鮮薄,安之如故而不逆,少有求多之念,即逆也。所謀適幸成就,視之若無而不雄。雄者,誇诩自炫也。從違毀譽,心無繫恋,不求知于人而聽之。謩,謀而要之也。士,不必改作"事"字。若然者,純乎天矣。方且無過,何從生悔;方且無當,何從見得? 蓋得失俱忘矣。【眉批:兩若然者,確然有分曉。】若然者,以天遊矣。登高非高,烏乎慄? 入水非水,烏乎濡? 入火非火,烏乎熱? 蓋無入而不可矣,是知之能與道合眞,而不睯天人之跡者也,故能若此。"若此"二字,應上兩"若然"者。○林註曰:登假,言深造于道也。或曰以眞知而升于道也,登假如前《德充符》,作升至解。

古之眞人,其寝不夢,其覺音教。無憂,其食不甘,其息深深。眞人之息以踵,衆人之息以喉。屈服者,其嗌音厄。言若哇,其嗜欲深者,其天機淺。古之眞人,不知悅生,不知惡死,其出不訢音欣,其入不距,翛音蕭。然而往,翛然而來而已矣。不忘其所始,不求其所終。受而喜之,忘而復之,是之謂不以心捐道,不以人助天。是之謂眞人。

【眉批】:畫出浮薄小人嚅囁佻儇之狀。

補訂曰:眞人既與道合眞,則絕無人爲之私矣。無夢者,心静神寧,無塵緣之擾也。無憂者,清明在躬,無身世之虞也。不甘者,吸風餐露,忘舌塵之味也。其息深深,氣所歸復,微之又微,不可見聞也。息之深者,如起于踵,眞人是也;息之淺者,如出于喉,衆人是也。屈服者,其嗌言若哇。嗌,咽也。哇,欲

吐貌。凡見理不到者語不根心，一見至人，心自屈服，心屈則言亦與之俱屈，只
在喉舌間支吾，不吞不吐也。其嗜欲深者，其天機淺。凡人形生神發，皆是天
機。有養者，自然深凝涵蓄，多欲之人易爲物誘，一舉一動，自然浮躁也。"不
知悦生"二句，眞人忘生死，非惟無悦惡，并不知有悦與惡之情事也。不知有
悦與惡，所以不訴不距。訴，喜也。距，逆也。出，生出也。入，返造化也。翛
然，往來自如之意。出從何來？有所始也，默契于心而不忘。入從何往？有所
終也，始于彼則終于彼，順處之而不求。今之求其所終者曰，吾以修爲，求證聖
果，便是有我，有我則不能與道合眞。受，受命而生也。復，復命而死也。喜之
與不訴有別。不欣者，適來随時，不以有生爲幸也。喜之者，有生之後，常快活
逍遥也。【眉批:此處宜着眼。】復，歸也。全而歸之，無所係念，曰忘而復之。不
以心捐道者，须臾不離，即心即道也。不以人助天者，不求益于有生之外，養其
自然也。此眞人，純乎天而不以知爲事，故名眞知也。

　　吕註曰:踵者，氣之元，息之所自起。身以足爲踵，息以所自起爲踵，皆以
其至下言之。深之又深，則至於無息矣。

若然者，其心志應作忘，書者或訛也**，其容寂，其顙頯**音頄**，淒然似秋，煖然
似春，喜怒通四時，與物有宜而莫知其極。故聖人之用兵也，亡國而不失人心，
利澤施乎萬世，不爲愛人。故樂通物，非聖人也；有親，非仁也；天時，非賢也；
利害不通，非君子也；行名失己，非士也；亡身不眞，非役人也。若狐不偕、務
光、伯夷、叔齊、箕子、胥餘、紀他、申徒狄，是役人之役，適人之適，而不自適其
適者也。**

　　補訂曰:此段見眞人無心於人之所爲，以求知也。若然者，指上不以心捐
道，不以人助天言。其心忘者，無一事一物，足係其心也。"志"字，趙氏正爲
"忘"字，與容寂義協，宜從。【眉批:簡約明晰，與舊注不同。】陸註曰:志者，心有所
主而定之意。其容寂者，收斂之極，望之如槁木也。林註曰:面壁十九年是其
容寂處，可味。其顙頯，言寂寞中却又廣大和平，無慘蹙也。與物有宜而莫知
其極，此句大有妙理。夫宜物而有所極止，是猶有限量也。惟無物不宜，而莫
知其宜之所究竟，眞如四時之運行，無窮而不已也。亡國不失人心，不以得國
而爲利也。不爲愛人，不以濟世爲恩也。治世安民曰通物，以此沾沾自樂，則

非聖人天下不與之心。萬物一體,曾何分別?有親則有疎矣,非仁人民胞物與之懷。與時偕行則可,規規然管窺推測,援天時以律人,非賢也。與利遠害,通變不窮則可,知其一而不知其二,非君子也。學求諸己,行名失己,非士也。至人忘其身而身存,是謂眞亡。逐名利而忘身者,是謂不眞。斯人徒爲世緣所羈,役役勞苦,非能役人者也。狐不偕諸人,即亡身不眞者也。眞人無心以應世,直無所往而不自適矣。○《循本》:狐不偕,古賢人。務光,黃帝時人,耳長七寸。胥餘,《尸子》云箕子名,或云比干。申徒狄,殷人,《荀子》載其負石沉河。

古之眞人,其狀義而不朋,若不足而不承;與乎其觚而不堅也,張乎其虛而不華也;邴邴乎其似喜乎,崔乎其不得已乎!滀乎進我色也,與乎止我德也;厲乎其似世乎,謷乎其未可制也;連乎其似好閉也,悅①乎忘其言也。以刑爲體,以禮爲翼,以知爲時,以德爲循。以刑爲體者,綽乎其殺也;以禮爲翼者,所以行于世也;以知爲時者,不得已於事也;以德爲循者,言其與有足者至於丘也,而人眞以爲勤行者也。

【眉批】讀此節可與夫子"溫良恭儉讓"及"子溫而厲"一章合看。

【眉批】人眞以爲勤行者也:喻己本無爲而人以爲有爲也。

補註曰:再舉眞人,而極言以盡其形容,不可名言而强爲之狀也。義而不朋,以義宜世,而非黨乎人也。若不足而不承,自視歉然,而非屈己求合也。卑而奉上曰承。與乎,剛柔中適之貌。觚,有棱之器,有圭角而不堅,無太剛忤物之咎。張乎,舒展之貌。虛者多浮,華者少實,虛而不華,則恰好。邴邴,開霽貌,似喜而實非喜。崔,崔巍之義,如兩峰相逼而起也,故曰不得已。滀,聚也,和悅之貌。晬然見于面,故曰進我色也。與,閒適貌。色則日見其進,而德則日見其止。止,即"止于至善"之"止",止其所而不遷也。厲,嚴毅之色。望之儼然,似同乎世人之貌。謷乎不屈于人,故曰未可制,言不可限量也。連者,合也。好閉,緘口之意。悅,和藹也。方其未言,似不欲言;及其既言,亦若不言,二句總一意。【眉批:舊說悅作俛,俯下之意。俛,首無言也,亦通。但以狀眞人未宜,故

① 悅,通行本作"悗"。

從悅。】刑主蕭殺,故以爲體。體,本也。爲道損之又損,至于無損,故曰綽乎其殺。綽,寬裕之義。翼者,輔也,用也。以禮爲翼,柔和謙退,所以輔翼人道,而行于世也。以知爲時者,随時進退,行乎不得不行,止乎不得不止也。以德爲循,循序漸進,與有足者至於丘山等也。而人以爲勤行而後能之,勤行未免有欲速苦難處,眞人惟知養其自然而已,何勤行之有,此所謂自適而無不適也。

故其好之也一,其弗好之也一。其一也一,其不一也一。其一,與天爲徒;其不一,與人爲徒。天與人不相勝也,是之謂眞人。死生,命也;其有夜旦之常,天也。人之有所不得與,皆物之情也。彼特以天爲父,而身猶愛之,而況其卓乎!人特以有君爲愈乎已,而身猶死之,而況其眞乎!泉涸,魚相處於陸,相呴音吁。以濕,相濡以沫,不若相忘於江湖。與其譽堯而非桀也,不如兩忘而化其道。

【眉批】此"命"字與末"命也夫"照應。

【眉批】而況其卓乎,顏子卓爾。

【眉批】而況其眞乎,此之謂本真。

夫眞人之能不悅生惡死者,究其故,亦知其所以,一而已矣。【眉批:即吾儒一貫,釋氏萬法歸一之旨。】李衷一曰:一,即天也,自然也。好,即悅也。弗好,即惡也。好之也一,則無好矣。弗好之也一,則無惡矣。知其一,則不以心捐道,不以人助天,而何好、何弗好之有?眞人心無好惡,所以一也。愚謂其一同也,其不一異也。好惡之異同,自道而觀,渾淪無別。一與不一,總歸於一。【眉批:一與不一作異同看更明確。】故曰其一也一,其不一也一,即末句兩忘而化於道也。其一,是知天之所爲,純乎自然者,與天爲徒;其不一,是知人之所爲,以人合天者,與人爲徒,畢竟不一亦一,都成自然。何人何天之有?故曰天與人不相勝也。李又曰:夫人有生必有死,如旦之必夜,誰能免得?顧其莫之爲而爲者,天也;莫之致而至者,命也。自是一毫人力,與不得他,有箇實理主張其間,故曰物之情。此箇實理,在未始有生死之前,所謂眞與卓也。眞即眞君,卓則超形氣獨存者,道是也。知此則知視君父,尤爲至尊至親,不惟不可勝,且不敢求勝矣。敢棄之褻之乎?人之不能離乎眞與卓,猶魚之不能離乎泉也。人一離乎道,涸處於人僞之陸,而呴濡以仁義之濕沫,將一者不一,是非毀譽紛然並起,何如相忘於道術,而不知死生聚散之爲得乎? 林註曰:譽堯非桀句,見莊子獨見處。本來無桀亦無堯,無興亦無廢,無善亦無惡,無毀亦無譽,毀譽、興廢、善惡,皆相待而生,不若兩忘而付之自然,故曰化之以道也。佛經曰"是法平等,無有高下",又曰"有無俱遣",又曰"大道無難,惟嫌揀擇",皆同此意。"兩個泥牛鬭入海,直到如今無消息"二語,最可玩味。

夫大塊載我以形,勞我以生,佚我以老,息我以死,故善吾生者,乃所以善吾死也。夫藏舟於壑,藏山於澤,謂之固矣。然而夜半有力者負之而走,昧者不知也。藏大小①有宜,猶有所遯。若夫藏天下於天下,而不得所遯,是恒物之大情也。特犯人之形而猶喜之,若人之形者,萬化而未始有極也。其爲樂可勝計耶? 故聖人將遊於物之所不得遯而皆存。善夭善老,善始善終,人猶效之,又況萬物之所係而一化之所待乎?

【眉批】此聖人大本領,須着眼。

陸方壺註曰:夫人能兩忘而化於道,則是能遊於物之所不得遁者而皆存。何者? 道者物之所不得遁也,惟道可以長存,故生死壽夭,一無所變。李衷一曰:夫人以生爲悅,死爲惡,殊不知其形生也勞苦,何足悅? 其老死也佚息,何足惡? 惟任大塊之自然,兩忘而化於道,便是善生死。不善生而怖死,益生以求生,守身以存身,欲其無遁,惡可得乎? 夫以壑藏舟,以澤藏山,猶有所遁,況於吾身。補曰:或問舟固可解之而去,山何以亦可移? 愚答曰:論到滄桑崩折,理蓋如是。夜半,熟睡不知之時。有力,舊說單指造化,愚謂解舟,指人;移山,指造化。何謂藏天下於天下? 林註曰:付之自然也。凡在天之下者,皆付之於天,則無所遁矣。萬物之眞實處,常如此,故曰恒物之大情也。陸註曰:天下不一者物,至一者理。知其理之一也。一以自然付之,使物各得其自然,以天下之理,藏天下之物,而我之理,又藏於天下之中,故皆不得遁也。此便是以其一者,一其不一者。蓋一者,眞實之理也。"特犯人之形"至"不得遁而皆存"五句,合從林註,言人皆以形自喜,而不知人之一身,千變萬化,安知其抵止。苟能知之,則萬物皆備于我,天地與我爲一,其樂可勝計哉? 聖人遊心於自然,則

① 大小,通行本作"小大"。

無得無喪,故曰遊于物之所不得遯而皆存。犯者,相遇相值之意,言人特于萬化中,偶值得人之形耳。善夭,愚謂夭如顏回,不礙亞聖是也。善老,可以盡年也。善始,不忘其所始也。善終,不求其所終也。四善合從陸註,指聖人說,言聖人能忘得喪,所以有此四善。人且效之,況大宗師爲萬物之所係,一化之所待乎!一化,即萬化也。大宗師,執此一者,以爲化樞,故曰一化。李註曰:"道無始而生萬物,故物係焉;道無終而一萬物,故化待焉"。《肇論》曰:"莊生之所以藏舟,仲尼之所以逝川,斯皆感往者之難畱也。"何者?人所謂少壯同體,百齡一質,徒知年往,不覺形随。是以梵志出家,白首而歸。鄰人見之曰:"昔人尚存乎?"梵志曰:"吾猶昔人,非昔人也。"鄰人皆愕然,非其言也。所謂有力者負之而趨,昧者不覺,其斯之謂歟?

江通曰:物與化爲體,體随化而遷。百年之中,大化有四。復于其間,時變歲遷,日改月化,雖一息之頃,呿吟前後,新故不同。譬彼風之擊水,前波非後波;燈之在缸,後焰非前焰。俯仰之間,已形萬變。昧者潛移于造化,但睹已形之陳跡,不知造化之默運。於物之成而樂其成,不知虧之之理已伏矣;於物之虧而嘆其虧,不知成之之理已進矣。楊子《太玄》言:"月闕其東,不知開明于西。"蓋言大化之密移,虧成之迭進也。求之於身,百年之役,顏色智態,皮膚爪髮,無日不異,亦已明甚,奈何其不自悟耶?此莊生論藏舟,孔子嘆逝川之義也。

《管見》曰:藏舟藏山,喻人處造化中,欲逃造化之遷變,不可得也。凡天下之物,有藏必有遯,遯則不存矣。惟其無所藏,故物不得遯而皆存。物不得遯而皆存之處,無何有之鄉,廣莫之野是也。【眉批:指出本來面目,大衆會見否。】得是而遊焉,任其無心之遇,曠然達觀,無往不存,此藏天下于天下之道也。雖出機入機,生化萬變,見其日新耳,物安所逃哉?世人執于私見,往往認物以爲己有。謂舟山爲不遯之物,壑澤爲可藏之地,形質有不化之方。不悟夫冥樞潛運,寸晷不停。物與地者,與形俱化,而不自知也。然則欲超遯化,將有道乎?曰無藏無執,心與天遊,欲求見在,猶不可得,又惡知所謂遯化哉?

夫道,有情有信,無爲無形;可傳而不可受,可得而不可見;自本自根,未有天地,自古以固存;神鬼神帝,生天生地;在太極之先而不爲高,在六極之下而

不爲深；先天地生而不爲久，長於上古而不爲老。豨音嬉。韋氏得之，以挈天下；伏羲得之，以襲氣母；維斗得之，終古不忒；日月得之，終古不息；堪坏音丕。得之，以襲崐①崙；馮音凭。夷得之，以遊大川；肩吾得之，以處泰②山；黃帝得之，以登雲天；顓頊得之，以處玄宮；禺强得之，立乎北極；西王母得之，坐乎少廣，莫知其始，莫知其終；彭祖得之，上及有虞，下及五伯；傅說得之，以相武丁；奄有天下，乘東維，騎箕尾，而比於列星。

【眉批】該括道藏本旨。

李註曰：大宗師者，道也。至此方明白說出。道無形無爲也，而曰有情，自有欲以觀其徼者言之也。情者靜之動，信者動之符，即老子“其情甚眞，其中有信”之謂也。有情有信，故可傳可得；無爲無形，故不可受不可見。林註曰：自本自根，推原其始也。推原此道之始，自古未有天地之時，此道已存矣。鬼，造化之跡也。帝，猶《易》曰“帝出乎震”之“帝”。鬼與帝，所以能神者，此道爲之。天地亦因道而有，故曰生天生地。氣母，元氣也。《焦氏筆乘》曰：“北斗，天之綱維，故曰維斗。”堪坏，神名，人面獸形。馮夷，《清泠傳》曰：“華陰潼鄉隄首人，服八石，得水仙，是爲河伯。一云以八月庚子，浴于河而溺死。”肩吾，山神，孔子時尚不死。玄宮，北方之地，《月令》曰“其帝顓頊，其神玄冥”是也。禺强，《山海經》曰：“北海之渚有神，人面鳥身，珥兩青蛇，踐兩赤蛇，名愚强。”西王母，《山海經》曰：“狀如人，狗尾蓬頭，居洵水之涯。”《漢武帝內傳》云：“美容貌，神仙人也。”少廣，山名，一云西方空界之名。傅說一星，在尾上，言乘東維，騎尾箕之間也。

呂註曰：耳目得之而視聽，手足得之而運動，非有情乎？寒暑得之而往來，萬物得之而生育，非有信乎？然求其所以爲之者，不可得，是無形也。或不言而喻，或目擊而存，是可傳也。而莫得而有之，不可受也。以心契之，脗然而合，是可得也，而莫得其朕，不可見也。高深以形言，久老以時言。古之聖人，隱顯不同，未有不得道而爲聖者，非特豨韋氏及傅說而已。道爲天下母，自天

---

① 崐，通行本作“崑”。

② 泰，通行本作“大”。

而下，未有不得道而立者，非特維斗日月而已。此其所以爲大宗師也。【眉批：合呂注參之，更無剩義矣。】

南伯子葵問於①女偊音禹。曰："子之年長矣，而色若孺子，何也？"曰："吾聞道矣。"南伯子葵曰："道可得學耶？"曰："惡，惡可！子非其人也。夫卜梁倚有聖人之才，而無聖人之道；我有聖人之道，而無聖人之才。吾欲以教之，庶幾其果爲聖人乎？不然，以聖人之道，告聖人之才，亦易矣。吾猶守而告之，三②日而後能外天下；已外天下矣，吾又守之，七日而後能外物；已外物矣，吾又守之，九日而後能外生；已外生矣，而後能朝徹；朝徹而後能見獨；見獨而後能無古今；無古今而後能入於不死不生。殺生者不死，生生者不生。其爲物，無不將也，無不迎也，無不毀也，無不成也，其名爲攖寧。攖寧也者，攖而後成者也。"南伯子葵曰："子獨惡乎聞之？"曰："聞諸副墨之子，副墨之子聞諸洛誦之孫，洛誦之孫聞諸瞻明，瞻明聞之聶許，聶許聞之需役，需役聞之於音烏。謳，於謳聞之玄冥，玄冥聞之參寥，參寥聞之疑始。

【眉批】此段言聖人多勉然而得，自然以引誘下學，即孔子不居聖與仁之意。

陸註曰：此段寓言，道不易聞，尤不易傳也。才，指才力言，所以資藉運量，以成吾道者也。今二氏家，金言法才兩濟，缺一不成，意蓋如此。

李衷一曰：上眞之人，自然得道，不由積習，不假聞知，無終無始，非善終始，無生無死，非了生死，係物而不係於物，待化而不待乎化，是天而生也，故曰大宗師。女偊而下諸人，以知知道，以聞聞道，有終始矣，而善終始；有生死矣，而了生死。所謂以其所知，養其所不知，知之盛也。其去惜生怖死之人遠矣。故併言及之，女偊之聞道也，以積習而後成。自"外天下"至"不生不死"，凡六重而後無之；自"副墨"至"疑始"，凡九重而後疑無是始也。人聞道則憂患不能入，所以年長而色少。道者，自己根宗。自者，自己才力。卜梁倚有其才，無其道，故守而告之。守，待也。告，告以道也。三日、七日、九日，俟其漸忘之

① 於，通行本作"乎"。
② 三，通行本作"叁"。

意。天下對物,天下遠而物近;物對生,物外而我內。"外天下"至"外生",由
忘物而忘我也。外生則不貪生,胸中無障蔽,故朝徹,言一朝透徹,不俟七日與
九日也。一云如平旦澄徹之氣。見獨者,人不見而己獨見之,自了自悟之意。
見獨則與獨俱往,故無古今,無喜生惡死,故入于不生不死。殺生者不死,心死
而神活也。生生者不生,心活則神死也。將迎成毀,雖攖之而我未嘗殆,故名
曰攖寧。攖而後成者,謂于紛紜擾亂之中,而成大定。此便是不壞世相,而成
實相,如來所說上乘義諦,意蓋如此。非謂其斷滅人事,以求寂定,然後能成此
名也。道以體之爲正,文墨所論,則爲副。洛誦,謂聯絡而誦讀也。瞻明,見理
之明。聶許,躡而行之也。需役,需物而使之,如耳有聽、手有書之類。於謳,
咏歌以樂之也。自"副墨"至"瞻明",學而有所見;自"聶許"至"于謳",行而
至于樂。然皆未足以爲道之體,玄冥則無見無知,參寥則竝無亦不立,疑其爲
始,而莫知其爲始,乃所以爲未始有始也。

羅勉道曰:槁形死心,所以殺生也,而不死;縱情肆欲,所以生生也,而
不生。

殺生,李云:"忘生",崔云"除其營生也,故不死"。生生,李云"矜生",崔
云"常營其生也,故不生"。

**子祀、子輿、子犁、子來四人相與語曰:"孰能以無爲首,以生爲脊,以死爲
尻**音尻,苦糕反**,孰知死生存亡之一體者,吾與之友矣。"四人相視而笑,莫逆於
心,遂相與爲友。俄而子輿有病,子祀往問之曰:"偉哉,夫造物者,將以予爲
此拘拘也!"曲僂**音萋**。發背,上有五管,頤隱于齊,肩高於頂,句**音勾**。贅指天,
陰陽之氣有沴**音麗**,其心閒而無事,趻**音妍**。踔**音仙**。而鑑於井,曰:"嗟乎,夫
造物者,又將以予爲此拘拘也!"子祀曰:"女惡之乎?"曰:"亡,予何惡?浸假
而化予之左臂以爲雞,予因以求時夜;浸假而化予之右臂以爲彈,予因以求鴞
炙;浸假而化予之尻以爲輪,以神爲馬,予因而乘之。豈更駕哉?且夫得者時
也,失者順也,安時而處順,哀樂不能入也,此古之所謂懸解也。而不能自解
者,物有結之。且夫物不勝天久矣,吾又何惡焉?"**

【眉批】故作奇波,駭人心目。

首、脊、尻,只是首尾始終之意。尻,脊梁盡處也。"偉哉,造物者"二句,

言造物偉哉大乎,我與造物原同此大,乃賦我以形,以予爲此拘拘之病狀也。曲僂,病而身不能申仰也。五管,瘡之管也。句贅,髻也。指天,露頂也。陰陽之氣不和而成病,曰有沴。其心閒而無事,不以病爲憂也。蹣跚,扶曳而行之貌。

郭註曰:沴,陵亂也。夫應①自然之變者,無嗟也,爲物以嗟耳②。浸,漸也。體化合變,則無往而不因,無因而不可。當所遇之時,世謂之得。時不暫停,順往而去,世謂之失。安時處順,謂之懸解。一不能自解,則衆物共結之矣。能解則無所不解,而實一無所解也③。天不能無晝夜,我安能無死生,而惡之哉!

補曰:無死生者,爲大宗師,故能入于不死不生者,乃可與聞道。此段與子來、子桑戶、孟孫才四節皆寓言,死生無變於己之意也。皆能不悅生、不惡死之人也。

俄而子來有疾,喘喘然將死,其妻子環而泣之,子犁往問之,曰:"叱!避!無怛化!"倚其尸與之語曰:"偉哉,造化!又將奚以汝爲?將奚以汝適?以汝爲鼠肝乎?以汝爲蟲臂乎?"子來曰:"父母於子,東西南北,惟命之從;陰陽於人,不翅於父母。彼近吾死,而我不聽,我則悍矣。彼何罪焉?夫大塊載我以形,勞我以生,佚我以老,息我以死,故善吾生者,乃所以善吾死也。今大冶鑄金,金踴躍曰:'我且必爲鏌鋣。'大冶必以爲不祥之金。今一犯人之形,而曰'人耳,人耳!'夫造化者必以爲不祥之人。今一以天地爲大鑪,以造化爲大冶,惡乎往而不可哉?"成然寐,蘧然覺。

【眉批】子輿病、子來疾、子桑死,言有生必有死,能善吾生,即所以善吾病、善吾死也。又云孟氏母死,善居親喪,即所以善吾生死也。

此子來之能不悅生惡死也。叱,呵而禁止之也。避,使其妻子避之也。怛,驚也。謂無以哭泣驚將化之人也。鼠、肝、蟲、臂,舉最微最賤之物以問之,欲觀子來之所安也。鑄金之喻,奇而正。成然,安睡之貌。以生爲寐,以死爲鑄

---

① 應,郭本作"任"。
② 郭本"爲"作"與",無"以"字。
③ "而實一無所解也"句,郭本作"不解則無所而解也"。

覺也。

删訂陸註曰:死生何異寤寐,當其寐,原不喜人之驚之也。人耳人耳,惟願爲人也。變化之大,無所不遇。今一遇人形,亦時或然耳,必欲爲人,誠妄念也。知金之躍冶爲不祥,則係着之情可解,解則無適而不可也。成然寐二句,寤寐自如,不以生死累心。

子桑户、孟子反、子琴張三人相與友曰:"孰能相與於無相與,相爲於無相爲? 孰能登天遊霧,撓挑無極,相忘以生,無所終窮?"三人相視而笑,莫逆于心,遂相與①友。莫然有間,而子桑户死,未葬。孔子聞之,使子貢往待②事焉。或編曲,或鼓琴,相和而歌,曰:"嗟來桑户乎! 嗟來桑户乎! 而汝也。已反其眞,而我猶爲人猗!"子貢趨而進曰:"敢問臨尸而歌,禮乎?"二人相視而笑,曰:"是惡知禮意?"子貢反以告孔子,曰:"彼何人者耶? 修行無有,而外其形骸,臨尸而歌,顏色不變,無以命之,彼何人者耶?"孔子曰:"彼遊方之外者也,而丘遊方之內者也。外內不相及,而丘使女往弔之,丘則陋矣。彼方且與造物者爲人,而遊乎天地之一氣。彼以生爲附贅懸疣,以死爲決疣潰癰。夫若然者,又惡知死生先後之所在? 假於異物,託於同體,忘其肝膽,遺其耳目,反覆終始,不知端倪。芒然彷徨乎塵垢之外,逍遙乎無爲之業,彼又烏能憒憒然爲世俗之禮,以觀音貫。衆人之耳目哉?"子貢曰:"然則夫子何方之依?"曰:"丘,天之戮民也。雖然,吾與女③共之。"子貢曰:"敢問其方?"孔子曰:"魚相造乎水,人相造乎道。相造乎水者,穿池而養給;相造乎道者,無事而生定。故曰魚相忘乎江湖,人相忘乎道術。"子貢曰:"敢問畸人。"曰:"畸人者,畸於人而侔於天。故曰天之小人,人之君子;人之君子,天之小人也。"

【眉批】疣,音換。癰,疽屬。疣,音留。贅,腫結病。

此亦不悅生惡死者也。相與於無相與,言無心也。相爲於無相爲,言無爲也。登天遊霧,即遊於塵垢之外也。撓挑,踊躍意,《循本》作戲弄。無極,言行無轍跡,不拘方所也。相忘以生,無所終窮,言能忘其生,則無所不忘,随變

① 通行本"與"後有一"為"字。
② 待,通行本作"侍"。
③ 女,通行本作"汝"。

任化，無所究竟也。莫然，無所事事意。有間，即有頃也。待事，即往而襄事也。編曲，織箔也，一曰即琴曲。嗟來者，歌者發聲之詞，如今之鳴呼來格之義。猗，助語詞。而已反其眞，言女已無思無爲，遠歸于造化。○删訂李註曰：不曰禮而曰禮意，禮之意，在反始，哭泣蹯踊，非禮也。大道無物，至禮無文。子貢不知，却以世法繩之，故曰是惡知禮意。修行無有，君子禮以和行，不由禮，是無修也。無以命之，云不知喚作何等人也。方外之人，彼直與造物爲友，遊于混芒一氣之中。以生爲寄，故有附贅懸疣之喻，死則大患乃解，意如決疢潰癰，既有此等意見，又惡知死生後之所在，而哀樂爲乎？且彼直謂此身幻耳。假于異物，託于同體，即《圓覺經》所謂地火水風，四大假合而成幻身。及其死也，骨髮齒爪歸地，精津血液歸水，煖氣歸火，動轉歸風，今者幻身復在何處？忘肝膽，無思慮也。遺耳目，黜聰明也。反覆終始二句，忘生死也。彷徨逍遥，不知身世，任去來也。又烏能憒憒焉，以哭泣蹯踊之禮，觀示人之耳目哉！○林註曰：彷徨，浮遊意。芒然，無所見知意。憒憒，自昏貌。爲世俗之耳目而行禮，徒自昏勞也。○補曰：吾與女共之，向作轉語，言吾與女共遊於有方之外。愚謂不然。雖然固是轉語，實言不但我爲天之戮民，女亦與共之也，共是天之戮民也。子貢曰，道無方無體也，何以謂之方？夫子曰，人之生於道，如魚之相生於水，魚穿池得水而養足，人清静寂寞而定生；泉有時而涸，定有心而求也，不若相忘於江湖道術也。方內方外，總貴乎忘也。忘者，無心虛遊，随感随應，而一無所應也。造，猶言生也。畸人，獨異乎世之人也，暗指子桑戶三人。天以拘禮法者爲小人，在人則以爲君子也。分明是言內方外之分別處，安得以吾與女共之，爲共遊方外，以敢問其方，爲問方外之道。細觀本文，則得之矣。

顏囘問仲尼曰："孟孫才，其母死，哭泣無涕，中心不戚，居喪不哀，無是三者，以善處①喪蓋魯國，固有無其實而得其名者乎？囘一②怪之。"仲尼曰："夫孟孫氏盡之矣，進於知矣。惟簡之而不得，夫已有所簡矣。孟孫氏不知所以生，不知所以死，不知就先，不知就後。若化爲物，以待其所不知之化已乎！且

---

①　原本無"處"字，據通行本補入。
②　一，通行本作"壹"。

方將化，惡知不化哉？方將不化，惡知已化哉？吾特與汝，其夢未始覺者耶？且彼有駭形而無損心，有旦宅而無情死。孟孫氏特覺，人哭亦哭，是自其所以乃。且郭注作乃宜解，亦同。也相與吾之耳矣，庸距知吾所謂吾之乎？且汝夢爲鳥而厲乎天，夢爲魚而沒於淵。不識今之言者，其覺者乎？其夢者乎？造適不及笑，〔旁批〕直寫性情之隱。獻笑不及排。安排而去化，乃入於寥天一。

【眉批】是自其所以句，合觀諸注，惟郭以“且”字作“宜”字，云是自其所宜也，文義頗愜。宋儒若林、呂及明諸先輩皆作所以乃，猶云乃所以如此也，盛稱三字奇特。但經史中從無此句法，姑兩存其說，以竢博雅君子正之。

陸方壺曰：以善喪蓋魯國者，言以善居喪之名，蓋於一國也。夫子言孟孫氏盡其寔矣。且進而知天之所爲矣。夫大道本無有所降，入於名相之中，則當芟煩就簡，返於太樸。而人情則有所不得已者，夫惟簡之而不得，故於不得已之中，而行所謂簡者。今已有所簡矣，如無哭不得，簡而至於無涕；無心不得，簡而至于無戚；無喪服不得，簡而至于無哀。所謂於世法中而行出世法者，孟孫氏其知之矣。夫死生亦大矣，彼且不知所以生，所以死，一付之於自然。不知所以生，故不就先，而無悅生之心；不知所以死，故不就後，而無惡死之心。若與萬物同化于大爐大冶中，以女臭爲，以女臭適，皆所不知。一意安時處順，以待所不知之化已乎者，休心滅意之謂。方且將化，順其將化，惡復知有不化者哉；方且不化，順其不化，惡復知有已化者哉。蓋化與不化，等之夢覺。今吾與女，特夢而未覺者也。且彼之居喪也，特有駭形而無損心。有駭形者哭泣之容也，無損心者不滅性也。所以然者，知有旦宅而無情死也。【眉批：二句須串講。】生猶旦也，宅猶寄也。人生特寄寓于旦，死則夜而歸耳，必非實死。情，言實也。彼之見解若此，不奈世情，故人哭亦哭，以行世法，是自其所以欲簡之不得，而已有所簡也。“所以乃”三字，頗奇，猶言乃所以如此也。且女所以怪之者，特我見耳，故曰，且也相與吾之耳矣。吾，即我也。焉知吾之所見，當否何如，故曰，庸距知吾之所謂吾之乎。且女夢爲鳥而厲于①天，夢爲魚而沒於淵，如此顛倒幻境，俱在未覺之中，不可據以爲實。今之所謂吾之者，其果覺語耶？

---

① 陸本“于”作“乎”。

夢語耶？大抵人人多是夢境。若是覺，人不復生此顛倒怪異，直將化與不化，任其自然。不復更生悅惡，而有損心矣。造適者，適意之極也。不及咲，不暇笑也。獻笑者，因物之可笑，適然而咲。初不暇於安排，此蓋自然而然。一天之所爲也，去其安排人力之私，化而入於天矣。寥天一，即天也，道也，自然也，大宗師也。○哭則有淚，恸則出涕。○此段合諸注，無如陸註爲通貫。故略删正數語而録之，洵無遺義矣。

意而子見許由，許由曰："堯何以資汝？"意而子曰："堯謂我：'汝必躬服仁義，而明言是非。'"許由曰："而奚來爲軹音咫？夫堯既已黥汝以仁義，而劓汝以是非矣。汝將何以遊夫遥蕩恣睢轉徙之塗乎？"意而子曰："雖然，吾願遊於其藩。"許由曰："不然。夫盲者無以與乎眉①目顏色之好，瞽者無以與乎青黃黼黻之觀。"意而子曰：愚謂自"許由曰"至此三十四字宜删，且語復《逍遥》篇也。"夫無莊之失其美，據梁之失其力，黃帝之亡其知，皆在鑪錘②之間耳。庸距知夫造物者之不息我黥而補我劓，使我乘成以随先生耶？"許由曰："噫，未可知也。我爲汝言其大略，吾師乎！吾師乎！齏音齋。萬物而不爲義，澤及萬世而不爲仁，長於上古而不爲老，覆載天地、刻雕③衆形而不爲巧，此所遊已。"

【眉批】汝將何以遊夫遥蕩恣睢轉徙之塗乎：此"遊"字與"遊藩"有別。

【眉批】此所遊已：請問此"遊"字與逍遥遊"遊"字是一是二。

毀道德以爲仁義，似黥。破玄同以爲是非，似劓。恣睢，自得貌。藩，崖也，域也。無瞳子曰盲，有瞳子曰瞽。齏，碎也。

補註曰：到此方露一"師"字，見大宗師者，莫可名言，無仁義、是非、久暫、老少、智巧者也。○資汝，資助意，猶所云贈人以言也。奚來，何必來也。爲軹，語詞也。黥劓，借喻傷殘意，猶言被他教壞了也。遥蕩恣睢轉徙之塗，言逍遥自得之地，即前撓挑無極，彷徨塵垢之外之義也。鑪錘之間，言使我失其固有，改轍更心，以相從者，在先生陶鑄轉移之間耳。今幸見先生，安知非造物者之息我黥，補我劓，使我乘成以事先生耶？乘成者，言昔者窾鑿不全，今随先

---

① 眷，通行本作"眉"。

② 錘，通行本作"捶"。

③ 雕，通行本作"彫"。

生，庶可乘此以全其眞純，返其太樸，以從事也。

陸註曰：吾師乎，吾師乎，以是言大宗師之德。無可名言，蓋堯以仁義教人，吾師鑿則萬物而不爲義，澤萬世而不爲仁，夫不爲仁，不爲義，即老子所謂"生而不有，爲而不恃，長而不宰"之義。鑿萬物者，有時銷殺萬物，盡爲鑿粉，而不得以義名之者，無心自然故也。長於上古而不爲老者，溟溟滓滓，立於未始有始之先，而千古萬古，常如一日，不見其老，又且覆載天地，彫刻衆形，若有工巧以制御之，而不得以巧名者，無心自然故也。吾師之德若此，此吾之所以遊心也，又何屑屑焉於仁義之端，是非之辯乎哉？

顏回曰："回益矣。"仲尼曰："何謂也？"曰："回忘仁義矣。"曰："可矣，猶未也。"他日復見，曰："回益矣。"曰："何謂也？"曰："回忘禮樂矣。"曰："可矣，猶未也。"他日復見曰："回益矣。"曰："何謂也？"曰："回坐忘矣。"仲尼蹴然曰："何謂坐忘？"顏回曰："墮支①體，黜聰明，離形去知，同於大通，此謂坐忘。"仲尼曰："同則無好也，化則無常也。而果其賢乎？丘也請從而後也。"

【眉批】此節莊子借顏子發論，別是莊子一樣學問。

【眉批】此求顏子則繆矣。離形即墮肢體也。去知即黜聰明也。坐忘，有無俱遣，與吾喪我同意，如《道德經》所云忘我、忘物、忘忘也。

郭註曰：回益矣，以損之爲益也。仁者，兼愛之跡。義者，成物之功。愛之非仁，仁跡行焉；成之非義，義功見焉。存夫仁義，不足以知愛利之由無心，忘之可也。但忘功跡，猶未玄達。禮者，形體之用。樂者，樂生之具。忘其具，未若忘其所以具也。夫坐忘者，奚所不忘哉？既忘其迹，又忘其所以迹者，內不覺其一身，外不知有天地，然後曠然與變化爲體，而無不通也。無物不同，則未嘗不適，何好何惡哉！同乎化者，惟化所適，故無常也。

林註曰：此一段借顏子以形容造道之妙。畢竟莊子當時，亦知顏子爲孔門亞聖也。

陳詳道曰：枝海以爲百川，則見川不見海；合百川以歸海，則見海不見川。道，海也。仁義禮樂，百川也。回得道而忘仁義禮樂，是觀海而忘百川，然猶未

———————————

① 支，通行本作"肢"。

忘道也。至于離形而忘物,去知而忘心,宴然無所係累,則道果何在哉?與我兼忘而已,此回之所以爲賢也。義近禮,仁近樂,故忘義而后忘禮,忘仁而後忘樂。○大通者,無意求通,而無所不通也。無常,不可端倪也。【眉批:陳說靈敏,宜細玩。】

　　子輿與子桑友,而霖雨十日。子輿曰:"子桑殆病矣。"裹①飯而往食之,至子桑之門,則若歌若哭。鼓琴曰:"父邪,母邪?天乎,人乎?"有不任其聲,而趨音促舉其詩②。子輿入,曰:"子之歌詩,何故若是?"曰:"吾思夫使我至此極者而弗得也,父母豈欲吾貧哉?天無私覆,地無私載,天地豈私貧我哉?求其爲之者而不得也。然而至此極者,命也夫。"

　　殆病者,疑其將病也。若歌若哭者,力弱而聲微也。不任其聲者,無力而聲不出也。趨舉其詩,情隘詞蹙,歌得不成頭緒也。謂之命,則莫爲莫致,非己之所與知者。所謂養其不知者,養此而已。若可求可思,則非自然矣。

　　李衷一曰:《大宗師》一篇,言了生死,終之以言貧,何也?大抵世俗凡夫,惡貧甚於惡死,貪富甚於貪生。朝經夕營,老死不休,患貧故耳。不去此惡貧之心,便不能去怖死之心;不去此嗜富之心,便不能去悅生之心。【眉批:此莊夫子救援世人苦心,卻被李先生拈出誰不歡喜從事。】嗚呼!人在化中,如金在冶,死生壽夭,富貴貧賤,任其自付,誰能違之?故曰生死命也,又曰我之至此極者,命也。夫通於命者,忘貧富,斯忘死生矣。噫嘻,眞人尚矣!子桑之死,何如子輿之病;孟孫之哭,何如琴張之歌;女偊之攖,何如顏回之忘。知非有淺深,而見非有大小也。能超生死之塗,破夢覺之關,病可也,死亦可也,形骸可無拘也;咲可也,哭亦可也,世法可無拘也;攖可也,忘亦可也,囂寂可無拘也。子貢守禮,回亦守禮,夫子賢回而不及賜,回忘而賜不忘也。賜不受命,卒以貨殖,回也簞瓢,庶乎屢空,紛華乃滑神之階,恬澹爲登假之妙,言桑戶之貧于坐忘之后,豈無意哉?又曰,《大宗師》終以仲尼,仲尼萬世師也,莊子尊之之意也。【眉批:尊孔子是漆園本意,可笑庸儒加以侮聖之罪,斥爲異端,總緣學古無識。】

――――――――――

① 裹,通行本作"裏"。
② 通行本"詩"後有一"焉"字。

南華眞經合注吹影內篇卷之七

西湖胡文蔚豹生甫删補

應帝王總論

胡文蔚曰：老子曰："王法天,天法道,道法自然",又曰："道之精以治身,緒餘以治國家,土苴以治天下"。故六篇之後以治天下終焉。【眉批：參透老莊立言本意。】"應"如感應之"應",言身爲帝王則有所以應帝王之道。林註曰："帝王之治,其道相應如此",亦好。莊子一片救世苦心,早知後世必有篡逆殺奪之禍,將仁義禮樂,經制典常,反爲奸盜所假竊,故反覆告誡,不過要人去華反樸,爲以無爲。《胠篋》篇曰："國之利器,不可以示人。"彼聖人者,天下之利器也,非所以明天下也。岌岌乎惟恐帝王,以身爲天下之利器,則愈趨愈下,流毒無已。是以首節先將虞帝貶剝,大旨則謂藏仁以要人,終屬有意。不及泰氏之德甚眞,眞則不欺矣。【眉批：洞于觀火。】欺德者之治天下,猶鑽弋熏鑿,速鳥鼠之遠避也,故聖人確乎正而後行。彼順物自然而無私者,正也。勞形怵心者,非正。上不居功,下不恃化,熙熙皥皥,莫可舉名者,正也。以智謀術數窺伺者,非正。大約君人者,多用聰明才畧之士,審察時政,思患預防,不知事會之來,往往出于籌畫之外,則智略有時,而窮帝王之道。應何如？必也不怒而威,不賞而勸,不言而信,如杜德機然；必也恩怨俱忘,名實不入,潛移默化,機发于踵,如善者機然；必且太和保合,時靡有爭,蕩蕩平平,如太衝莫勝,衡氣機然；必也范圍不過,萬物皆備,一相不立,令人莫可誰何？無從擬議,如未始出吾宗然,此之謂爲以無爲而無不爲也,治以不治而無不治也。【眉批：萬縷千梭,一絲不亂,貫通之妙乃爾。】何也？不尸名而天下莫之能名,不府謀而天下之謀皆其謀,故勝物而不傷也。今之言帝者,莫尊於五方之帝,五方之帝又莫尊於中央。渾沌氏者,不識不知,無思無慮之世也。今渾沌鑿矣,帝不得不五,王不得不三,日趨於僞矣。戒之哉,慎毋紛擾多事,以滋亂流毒也。

焦漪園曰:古之應帝王者,無爲而萬物化,無欲而天下足,淵靜而百姓定,故南華以齧缺問爲是篇之首。有虞喻多慮,泰氏喻無爲,無爲足以配天。若夫以己出經式義度,欲以化天下之民,無異矰弋熏掘,是速其高飛深穴之逃耳。蓋有爲則有心,有心則奸詐所由生,求如標枝野鹿之相忘,可得乎?是以天根問爲天下,荅以心淡氣漠,順物無私;子居問明王之治,荅以忘功善貸,使物自喜,皆所以應帝王之道,以無爲爲之者也。鄭有神巫,知人生死,喻知謀之士,足以察國家之盛衰,知謀術數,不過人爲之私,所以用之有窮,而無爲之主,豈知謀可度,術數可窺哉?結以南北二帝,遇于中央,言道散爲物,離無入有,今會而一之,非不善也。有合則有散,所以啓儵忽之鑿,不若彼此無心,相忘而交化也。

李衷一曰:以帝王名篇,而不言古帝王,何也?此莊子微旨也。釋氏所云以三十二相觀如來,即非如來也。帝王非帝王,有應帝王存焉,無爲之道是也。道隱乎無名,成乎無謀,行乎無事,知乎無智。名以仁義,即非仁義,而無仁義;名以禮樂,即非禮樂,而無禮樂。帝不得無以帝,王不得無以王。老子曰:"上德爲之而無以爲。""失道而後德,失德而後仁。"仁可爲也,義可虧也,寂寞而天下治矣。故又言無相,相妙於無相,乃眞相也。帝妙於無帝,乃眞帝也。雖然,其言儵忽渾沌之帝,何也?帝無儵,儵者,倏往倏來之意;帝無忽,忽者,恍有恍無之意;帝無渾沌,渾沌者,無分無別之意。耳目口鼻,可得而形相也,容止威儀,可得而色相也。儵忽、渾沌,不可得而相也。其地不見,其謀不聞,其遇無形,其待無狀,況死而未嘗有哉?【眉批:或訝爲虛幻,不知實至理。】故曰儵忽、渾沌者,無相之謂也。仲尼贊堯"民無能名",其稱舜也曰"無爲而治"。莊生則以爲黥劓而因殺之矣。仲尼之所謂無爲無名者,乃莊生之所謂有相者也。【眉批:此儒道所以稍差別。】

南華眞經合注吹影內篇卷之七

武林吹影居士胡文蔚豹生甫刪補

北固　王朝鼎蔗菴甫

五羊　欧主遇嘉可甫　評訂

容城　胡戴仁絹菴甫

應帝王第七

　　齧缺問於王倪，四問而四不知。齧缺因躍而大喜，行以告蒲衣子。蒲衣子曰："而乃今知之乎？有虞氏不及泰氏，有虞氏其猶藏仁以要平聲。人，亦得人矣，而未始出於非人。泰氏其卧徐徐，其覺音教。于于；一以己爲馬，一以己爲牛；其知情信，其德甚眞，而未始入於非人。"

　　補註曰：四問而答以不知，不知即道也。《關尹子》曰："非有道不可言，不可言即道；非有道不可思，不可思即道。"正是此意。禪家云"我說的，不是你的"，可與此同參。林膚齋以爲即《維摩經》"以不言爲不二法門"之意，良是。【眉批：已證無上菩提，並悟三身四智，二氏大旨原同。】齧缺有悟而喜，以告蒲衣就正之。而乃今知之者，訝其悟之晚也。而，作汝字解。有虞，思慮憂虞之義。泰氏，安泰坦夷之義。不必泥定是古帝王，即作帝王說，亦可。中心虞者，猶吉凶同患。兢兢然有仁天下之念，發政施令，便有許多討好處，非有所懷以要人乎。要，招徠之也。愛人者，人亦愛之，固能得人矣。此特人人所饒爲之事，不是非人之所能幾及者，故曰未嘗出于非人，言其道未嘗超出于人也。或作"計不出此"之"出"，言不能出于非人力可到之地位，亦佳。中心泰者，其卧徐徐，安和也。其覺于于，適志也。呼馬呼牛，忘較量分別也。宛然大同氣象，然亦不比洪荒之世，無君臣上下，猖狂無知而已也，其治天下，則有開物成務。通神明之德者,曰知;仰觀俯察,類萬物之情者,曰情;結繩垂拱,不言而默成者,曰信。三者,雖失道而德,其爲德也甚眞,【眉批:看他失道而德一句,十分斟酌。】淳龐笃挚,無假仁義之私,件件皆人道之所當然,非于人有雕琢也,故曰未始入于非人,言不落于怪僻渺茫也。此處前輩從未看破,誤認泰氏爲寂寞無爲之世,既而思"其知情信,其德甚眞"二句,不能貫徹,便輕易丟手;并"未始出于非人,未始入于非人"二句,亦含糊放過。竊思《應帝王》篇,既說治天下,只要他爲之以無爲,原不是一無所爲也。觀下文功蓋天下等語,及無爲名尸節,便知。余借《易》注《莊》,偶而有得,不無補于漆園。○或以爲四不知,即《齊物論》"子知物之所是乎"四問,按齧缺問乎王倪節,前止三問,况后一問,自嘗試言之下云云,又答之甚悉。安知二人他時不有所問,不必如此葛藤。

肩吾見狂接輿,狂接輿曰:"日中始何以語汝?"肩吾曰:"告我:句。君人者,以己出經式義度,句。人孰敢不聽而化諸?"狂接輿曰:"是欺德也。其於治天下也,猶涉海鑿河,而使蚉負山也。夫聖人之治也,治外乎?句。正而後行,確乎能其事者而已矣。且鳥高飛以避矰弋之害,鼷鼠深穴乎神丘之下,以避熏鑿之患,而曾二蟲之無知!"

【眉批】當以經式義度爲句,林註作度人者,非。

補註曰:肩吾先見日中始,【眉批:日中始,中古之喻也。】後見接輿,故問日中始何以語汝。告我,言日中始告之也。經,典常也。式,章程也。義,裁制之宜也。度,法度也。四者治天下之大法。儒者議道自己,四方向化,原無欺,祗緣必要出之自己,一有專美好名之心,必多籠絡駕馭之術。或爵此勸彼,懲一儆百,應變行權,较之上德即爲欺也。【眉批:摹寫欺德婉折入情。】稍存利己之私,便覺從違應憎,憧憧紛擾。以此治天下,猶涉海多危,鑿河難成,使蚉負山,而不能勝任也。至於聖人,詎若欺德者之僅治其外乎,正己之性命,而後使天下各正其性命,過化存神,民日遷善而不知爲之者。確乎能其事而已矣,確乎,言無欺也。彼假文章象魏,以欺天下,何異矰弋熏鑿乎吾民。鳥鼠且能遠避,民之有知,曾二蟲之不若。【眉批:與舊說迥別。】

天根遊於殷陽,至蓼音了。水之上,適遭無名人而問焉,曰:"請問爲天下。"無名人曰:"去! 汝鄙人也,何問之不豫也! 予方將與造物者爲人,厭則乘夫莽眇之鳥,以出六極之外,而遊無何有之鄉,以處壙埌音朗。之野,汝又何帠音詣。以治天下,感予之心爲?”又復問。無名人曰:“汝遊心於澹①,合氣於漠,順物自然而無容私焉,而天下治矣。”

【眉批】天根,天授之喻,不必有其人。蓼水,草昧淛蕩之喻,不必有其地。無名,寫不容稱說也。

補註曰:豫,同“凡事豫則立”之“豫”。汝豈無先于爲天下者,不問彼而問此,何其鄙也。與造化者爲人,言方將與天地爲友,不作人世間想也。厭,是饜足之厭,非欣厭之厭。莽眇之鳥,空中虛明之氣,與野馬田間遊氣不同。壙埌,即廣漠意。六極之外三句,總見遠離塵垢之意。出,方發也。遊,翱翔也。處,安止也。何帠,猶言何故,或作何爲,亦可。陸方壺曰:“遊心于淡,無繁雜也;合氣于漠,無聲臭也,即不顯笃恭意。”極是。順物之自然,即不識不知,順帝之則。而無容私焉,即帝力何有于我哉。如此言帝治,莊子何嘗與吾儒有異,惟言修身養性,則更進一層耳。今之治天下者,其受病只在“容私”二字,不以天下養天下,而以天下養一人,湯武反之,五霸假之,皆受此病。

陽子居見老聃②,曰:“有人於此,嚮疾疆③梁,物徹疏明,學道不勌,如是者,可比明王乎?”老聃曰:“是於聖人也,胥易技係,勞形怵心者也。且也虎豹之文來田、猿狙之便、執斄之狗來藉,如是者,可比明王乎?”陽子居蹵然,曰:“敢問明王之治?”老聃曰:“明王之治,功蓋天下而似不自己,化貸萬物而民弗恃,有莫舉名,使物自喜,立乎不測,而遊於無有者也。”

【眉批】陽子居,寓平居未聞道者,故所問惟治世之王。

補註曰:嚮疾,趨事勤敏也。疆梁,勇于擔當也。物徹,周知物情也。疏明,通達事理也。學道不倦,學治國平天下之道也。比,言可與明王比並乎。胥者,奔走供事之胥役也。易者,貿易之人,商賈也。技者,百工中之長于一技者。係者,桎梏加身,係累之罪人也。四項人,其形則勞,其心則怵也。【眉批:此節語義易明,只胥易技係,昔作二人,今分爲四人更合。】老聃以爲斯人憂勞恐懼,心

---

① 澹,通行本作“淡”。
② 聃,通行本作“冊”。
③ 疆,通行本作“强”。

形交憊,聖人視之,猶胥易技係耳。且如虎豹之皮,文彩可觀,輒來人之田。田,田獵而取之也。猿狙之便捷,獵狗之善執斄,以招人之藉。藉,猶云借,言巧力爲人所借用也。數物皆以才美累其身,斯人之以才自累,亦復如是。其可比明王乎,反言以決其不可也。舊說胥易作刑徒更換,技係作以技巧而係累,此二等人,胥易則勞形,技係則怵心,畢竟牽強,勿從。功蓋天下而不自己,即功高而不自居之意。化貸萬物而民弗恃,即朝野不知,帝力何加之意。民莫舉名,即蕩蕩乎,民無能名焉之意。使物自喜,民各欣然自得其樂,若有使之者然,實非我使之也。立于不測,溥博淵泉,無窮盡也。遊於無有,體盡無窮而遊無朕也。以視以己出經式義度,勞形怵心者,相去徑庭矣。前節言治天下,此節言明王之治,帝王之道不出于此。

林註曰:貸,施也,言施化于民也。使物自喜,言上雖無治可稱,而物自得其樂,如韓文所謂"人自得于江湖之外"。以上數段,是說其以"應帝王"名篇之旨。

鄭有神巫曰季咸,知人之死生存亡,禍福壽夭,期以歲月旬日,若神。鄭人見之,皆棄而走。列子見之而心醉,歸以告壺子曰:"始吾以夫子之道爲至矣,則又有至焉者矣。"壺子曰:"吾與汝既其文,未既其實,而汝也。固得道與?衆雌而無雄,而又奚卵焉!而汝也。以道與世亢,必信。夫故使人得而相汝,嘗試與來,以予示之。"明日,列子與之見壺子,出而謂列子曰:"嘻!子之先生死矣,弗活矣,不以旬數矣!吾見怪焉,見濕灰焉。"列子入,泣涕沾襟,以告壺子。壺子曰:"鄉吾示之以地文,萌乎不震不正,是殆見吾杜德機也。嘗又與來。"明日,又與之見壺子,出而謂列子曰:"幸矣!子之先生遇我也,有瘳矣,全然有生矣。吾見其杜權矣。"列子入,以告壺子。壺子曰:"鄉吾示之以天壤,名實不入,而機發於踵。是殆見吾善者機也。嘗又與來。"明日,又與之見壺子,出而謂列子曰:"子之先生不齊,吾無得而相焉。試齊,且復相之。"列子入,以告壺子。壺子曰:"吾鄉示之以太衝莫勝,是殆見吾衡氣機也。鯢桓之審爲淵,止水之審爲淵,流水之審爲淵。淵有九名,此處三焉。嘗又與來。"明日,又與之見壺子,立未定,自失而走。壺子曰:"追①。"列子追之不及。反以

報壺子曰："已滅矣,已失矣,吾弗及已。"壺子曰："鄉吾示之以未始出吾宗。吾與之虛而委蛇,不知其誰何？因以爲弟①音頹。靡,因以爲波流,故逃也。"然後列子自以爲未始學而歸,三年不出,爲其妻爨,食豕如食人,於事無與親,雕琢復樸,塊然獨以其形立。紛而封哉,一以是終。

【眉批】見濕灰焉句：字法奇。

【眉批】是殆見吾杜德機也句：道家凝神妙有。

【眉批】是殆見吾善者機也句：道家抽添消息。

【眉批】是殆見吾衡氣機也句：道家活潑光景。

【眉批】鄉吾示之以未始出吾宗句：道家命化守宗本領。

删補諸註曰：棄而走者,畏其言之驗也。心醉者,中心誠服之也。既其文三句,言吾與汝但既其文,知鄭人謂季咸之術若神耳,未既其實,實何如也？固,堅決意。而固以爲季咸得道與？何所見而云然也？至人務使心形俱化,無跡可尋,譬之雄雌配合而生卵,便有相矣。設衆雌而無雄,又奚卵焉,汝惟心跡未化,以道與世相抗爲高,必欲取信于人,故使人得而相之也。試與之來,以予示之,舊說俱指列子說,云汝但盡其外之節文,而未知道之原本,自以謂得道與,固有未得謂得之意,亦可從。濕灰者,言生氣將盡也。凡灰燥則火活,濕則火將滅,而灰先濕也。示之以地文者,地主靜。文者,山川草木也。但見草木萌芽,而大地安靜無爲,未嘗動搖。不震者,不動也。曰萌則似生不動,又似死,故曰不正,言不可指名也。是殆見吾杜德機者,德機,生意。杜,閉也。閉其機而不動,有生氣欲滅之貌。季咸不知壺子是得道之人,遂以爲弗活,故曰見濕灰焉。泣涕沾襟,尊信其言,眞謂壺子將死也。明日又來,曰幸矣,子之先生遇我也,瘳矣！曲肖行術人自誇自譽的意態。見杜權者,不動之動也,權與機同,機微而權稍著,于杜閉之中,而動機已露,故以爲全然有生也。天壤者,天之二十四分野,猶言天之壤地也,舊作十二辰者,非。天主動,謂之天,便有動意。示之以有無俱遣,不存名實之相。一段生意,自踵而發,從下達上,微之又微,是殆見吾善端發露之機也。猶有未盡者,明日又來,但見形色不一,捉

① 弟,通行本作"弟"。

摸不定,故以爲不齊,試齊乃復相之,蓋壺子示之以太衝莫勝也。太衝,舊作太虛,不如作太和好。【眉批:何以見"太虛"不如作"太和"好,須從身心性命上實實體會,自可默喻,若不深究吐納之要,何異與癡人說夢。】莫勝,無低昂也,但見太和之氣,充滿一身,絕無低昂欠缺,如衡之得平,是殆見吾衡氣機也。向時則有動有靜,今則動靜都融,不可名言,故以爲不齊也。鯢桓,鯢所盤桓也。審,如《列子》作"潘"。李衷一曰:"水成淵處,必有泡沫,浮于水面,如米汁也。"良是。淵有九,此處其三,言尚未盡也。止水以喻杜德機,全然不動也。鯢桓以喻善者機,淵水雖定,有鯢盤桓其下,靜中微動也。流水以喻太衝莫勝,流水蕩漾湧洑,不可測度也。未始出吾師者,全盤託出,放大光明,以爲有則萬象森羅,以爲無則一塵不染。又與之周流六虛,隨時順化,虛而委蛇,任他眼明手快,總出不得這范圍,直是莫可誰何。弟靡,委頓不振貌。波流,洸済無涯意。季咸見之,茫無把捉,欲以爲委頓不振不得,欲以爲洸済無涯不可,故自失而逃也,此壺子無爲自然之妙用。已滅矣,已失矣,寓言智謀術數畢竟用不着,終當銷滅也。於是列子始自悟所學之膚淺,三年不出以勤修。請問學些甚麼?即學箇無爲自然,忘物我而并忘忘也。【眉批:學些甚麼,須討箇分曉。】爲妻執爨,忘乎妻也。食豕如人,忘乎己也。一切世故無親,忘乎人事也。返雕還樸,塊然獨以形立,無情無爲之貌,身心如土偶也。封,即《齊物論》所謂"封畛"也。言方且不知有己,安有封畛廉隅之多哉!一以是終,終身以是爲常也。一者,常如此之意。此壺子立于不測,遊於無有,故季咸不得而相之也,治天下當以壺子爲法。

無爲名尸,無爲謀府,無爲事任,無爲知主。體盡無窮而遊無朕,盡其所受乎天而無見得,亦虛而已。至人之用心若鏡,不將不迎,應而不藏,故能勝物而不傷。

【眉批】二句是三教聖人心訣,不于此着實理會,真木偶矣。

陸註曰:上節既以立乎不測,遊于無有,撰出壺子一段說話,此又發揮正意,說無爲而爲之道。無爲名尸,不欲尚治天下之名也,即有天下而已不與之意。帝王集眾思,廣眾益,則群策群力,聚而謀之。大道自然而然,何思何慮,故不爲。任者,有心擔荷之謂。無爲知主,未嘗以一人之知,蓋天下也。主者,如眾射之的。體,察也。有爲則有窮,無爲則何窮之有;有心則有朕,無心而何朕之有。故體道則盡于無窮，而遊心則入于無朕。無朕，無物之始也。吾自未始有物以來，所受以生之理，本來無有，今既無有，却是盡其所受于天者，雖名有得，實無所得，故無見得，見猶"見在"之"見"，佛說"我于燃燈古佛所，實無所得"，意蓋如此。【眉批：鈎深索隱，默契真空。】若此者，亦虛而已。虛如鏡之鑒物，照形見形，照物見物，萬感萬應矣。然妍媸去來，過而不畱，一無將迎，故曰應而不藏。至人之用心如此，所以于物都無所忤，故曰勝物而不傷。勝，平讀，言能任萬感也。不傷，謂不損天眞。將，送也。

南海之帝爲儵音叔，北海之帝爲忽，中央之帝爲渾沌。儵與忽時相遇於渾沌之地，渾沌待之甚善。儵與忽謀報渾沌之德，曰："人皆有七竅以視聽食息，此獨無有，嘗試鑿之。"日鑿一竅，七日而渾沌死。

【眉批】知所以待之，見以爲甚善，謀有以報德，竅早鑿了。

李註曰：帝之尊，莫如五方五行之帝。南方屬火，帝無儵。儵者，倏往倏來之意。北方屬水，帝無忽。忽者，忽有忽無之意。中央屬上，帝無渾沌。渾沌者，無分無別之意。今爲報德者所娛，渾沌死矣，所鑿之竅開矣。從此聰明機械，相軋相傾；仁義是非，禮樂刑政，亂天下而毒後世。雖神人復出，莫可救止也。今之帝王，尚可揚其波而助其焰哉！信乎，應爲之以無爲也。無爲者，順物自然而無容私焉是矣。

呂註①曰：南陽，喻儵然而有。北陰，喻忽然而無。中央，不有不無，所以會合之也。儵忽雖異乎渾沌，而渾沌未嘗與之異，故云待之甚善。知其爲善而謀報之，則所以視聽食息者，日鑿而與物通矣，欲其神之不喪也，不可得也。

簡文曰：儵忽，取神速，譬有爲也。渾沌，合邪貌，譬無爲也。

焦註曰：儵，喻有象。忽，喻無形。渾沌，清濁未分，喻自然也。

補曰：善與德者，人我分別之始，故曰道失而德大。凡有得必有失，有善必有不善，後世萬千云爲，皆從此起。知見德而謀報，則見仇怨而思所以報之者，更當何如？渾沌能無鑿乎？苟精研其故，可以養恬釋躁，順命樂天，還我清虛，儘着受用，可笑俗儒聾瞶其心，不知自量，極口詆爲異端，誠無如之何矣。

---

① 原作"郭注"，誤，應爲呂惠卿語。據褚伯秀《南華真經義海纂微》改。

褚氏內七篇《總論》曰：南華一經，其言也湍激籟號，跌宕乎諸子之表，若不可以繩墨求。而內篇之奧，窮神極化，道貫天人，隱然法度森嚴，與《易》《老》相上下。始於《逍遥遊》，終以《應帝王》者，學道之要，在反求諸己，無適非樂；然後外觀萬物，理無不齊；物齊而己可忘，己忘而養生之主得矣；養生所以善己，應世所以善物，皆在德以充之；充則萬物符契，宗之爲師；大宗師之本立矣，措諸治道也何難？內則爲聖爲神，外則應帝王。斯道之所以斂之一身，不爲有餘；散之天下，不爲不足也。夫眞人之所造詣，即七篇而不泥。離七篇而脗合，所以外混光塵，內存慧照，善學者於內篇求之，思過半矣。

南華眞經合注吹影卷之八

外篇十五篇總論

約庵曰：南華之有外篇也，合外內之道也。入者不得不出，故外；出者不能不入，故內。【眉批：內外二字，精義入神。】出入內外，生死之說也。故了生死者，與道合眞，非世俗精粗本末之謂也。或以外篇，但取篇首二字爲題，是後人纂輯者，聊取名篇，故篇中頭緒別出，每段各爲一則，意旨不相聯屬，此眞蛙蠡之見，何足以讀南華？余謂外篇者，所以發明內篇未盡之意，七篇中作一篇讀，而十五篇亦可作一篇讀。其間援引曲喻，寓言道妙，靈奇藻雅，尤爲出色。其大宗大本，在"虛静恬澹、寂寞無爲"八字，大用在"無爲而無不爲"一句。《駢拇》以仁義爲旁枝也；《馬蹄》以制度爲傷性也；《胠篋》以聖知爲大盜資也；《在宥》以治天下莫若無爲也；《天地》以君道貴法天地也；《天道》以帝道無爲，在運而無所積也；《天運》以三皇五帝務如天之應物而無窮也；《刻意》以有意尊尚，則德不全而神虧也；《繕性》以治性常自然，而無以知爲也；《秋水》以水喻性，不得以一曲自足也；《至樂》以吾心有眞樂，不藉外物，以養形活身也；《達生》以達生者達命，養神守氣，神生性復，與天合德而物累消也；《山木》以處才未善，難免于累，惟虛遊者，偕逝而無傷也；《田子方》以抱道者正容悟物，斯葆眞而不失其常也；《知北遊》以無知無謂，始能行不言之教，默契大道也。【眉批：疏諸篇意旨，頗悉要妙。】惟外化而內不化，始能化化而不爲化所化，【眉批：合眞至言。】此莊子合外內而闡示道妙，注疏《老子》"無爲而無不爲"之旨也。要知莊實老之注疏，不讀老而讀莊，未能窮其蘊也。憨山謂"老子之有莊，如孔之有孟"，信然。

107

南華眞經合注吹影卷之八

外篇騈拇總論

約菴曰:至人修身治世,惟正己而已。正者,無偏倚淫僻,不失性命之常然,道德之至正也。【眉批:一發中鵠。】故合不爲騈,枝不爲岐,長不爲有餘,短不爲不足。自聞而不聞彼五音之呂律,自見而不見彼五色之青黄。自得其得,自適其適,而不爲無用之言,不及之法,竝不屑屈折呴俞,屬其性于仁義而多憂,故能與天下誘焉皆生,而不知其所以生;同焉皆得,而不知其所以得。此吾所謂臧也,非正則失道德,【眉批:臧字是正法眼。】而蒿蔓爲仁,蹩跂爲義,多方于聰明之用,囂囂于淫僻之行,何異騈拇枝指,附贅懸疣,連無用之肉乎! 又若離朱之文章黼黻、師曠之大吕黄鐘、楊墨之堅白同異、曾史之聲名簧鼓,方自以爲擅天下之絕技,抱天下之至美矣。以我觀之,皆多騈旁枝之道,適以惑性亂德,非天下之正也。彼仁義者,蒿目而憂世之患,又何異拇指之憂決齗乎! 自有虞氏以仁義招天下,使天下奔走於仁義,人始知有富貴禮樂,名利事業,而機詐漸生,饕殉竝起,是非以仁義易其性歟? 而常然者失矣。於是小人與君子、大夫與聖人,名聲異號,各有所殉。挾策讀書,與博塞以遊,事業不同,均有所亡。伯夷死名于首陽,盗跖死利于東陵,其於殘生傷性,失其常然,則一也。信乎,其無用矣! 噫,仁義之操,上至虞舜極矣;淫僻之行,下至楊墨盗跖極矣,余皆不敢爲也。【眉批:上下二字如此看,全篇意旨生動。】曰愧乎道德也!

李衷一曰:《騈拇》篇,以道德爲正宗,而以仁義爲騈附,正好與《老子》"失道而後德,失德而後仁,失仁而後義"參看。一部《莊子》宗旨,全在此篇。末用一句叫出,予愧於道德,是以上不敢爲仁義之操,而下不敢爲淫僻之行,上下俱不爲,則虛靜恬澹、寂寞無爲,而道德之正,性命之情,於是乎得之矣。

南華眞經合注吹影卷之八

武林吹影居士胡文蔚豹生甫删補

孝烏　金光公絢甫

東官　尹治進右民甫　評訂

外篇駢拇第一

駢拇音胼。母足大指連第二指。**枝指**，手有六指。**出乎性**與生俱生曰性。**哉，而侈多也**。**於德**人所同得曰德；**附贅**身之余肉。**懸疣**，癭瘤也。**出乎形**生于有形之后。**哉，而侈於性。多方乎仁義而用之者，列於五藏哉，而非道德之正也**。言非道之自然，老子所云“失道而後德，失德而後仁，失仁而後義”。今人但謂仁義不可勝用。自大道觀之，猶之乎駢枝耳。**是故駢於足者，連無用之肉也；枝於手者，樹無用之指也。**多方二字疑衍。**駢枝於五藏之情者，淫僻於仁義之行，而多方於聰明之用也。**

【眉批】談形性近而易曉，談仁義本於五藏之情，猶曰淫僻。微矣，至矣。

補曰：以拇指，興仁義；以駢枝興仁義，爲多方之用，均是無益之聰明。即就聰明二字，生下聲色、離曠許多議論。

呂曰：駢拇枝指，非不出乎性，而德則所無也；附贅懸疣，非不出乎形，而性則所無也。於所無而有之，此所以爲侈。其氣爲五行，其德爲五常，其發爲五事，其形爲五藏，則多方乎仁義而用之者，非不列於五藏也，而非道德之正，則亦所無而已。故駢於足、枝於手，皆爲無用。而所謂道德之正者，無爲以反一而已。

崔譔曰：駢枝贅疣，雖非性之正，亦出於形，不可去也；五藏之情，雖非道德之正，亦出於性，不可治也。今設仁義之教，以治五藏之情，猶削駢枝贅疣也。

既傷自然之理,更益其疾矣。

是故駢於明者,亂五色,淫文章,青黃黼黻之煌煌非乎,而離朱是已;離朱,黃帝時人,《孟子》作離婁,百步見秋毫之末。多於聰者,亂五聲,淫六律,金石絲竹、黃鐘大呂之聲非乎,而師曠晉樂師。是已;枝於仁者,擢德選取好名目。塞性蔽塞其性之自然者。以收名聲,使天下簧鼓以言語簧惑鼓動之也。以奉不及之法難行難及之法。非乎,而曾史曾參、史鰌。是已;駢于辯者,纍瓦結繩取瓦累之,取繩結之,事之無益者,好辯多言,牽連累疊,有何意味,無益也纇此。竄句,修改語句以示辯。遊心於堅白同異之間①,而敝跬敝,疲也。跬音頃,半步也。辯者之勞,如疲敝之人,半步而行也。譽無用之言非乎,而楊墨是已。故此皆多駢旁枝之道,非天下之至正也。彼正正者,不失其性命之情,故合者不爲駢,而枝者不爲跂音岐。;長者不爲有餘,短者不爲不足。是故鳧音符。脛雖短,續之則憂;鶴脛雖長,斷之則悲。故性長非所斷,性短非所續,無所去憂也。性命中原有自然恰好之宜,未嘗有駢枝長短之跡,亦未嘗有斷續補救之人爲,各適其適,而又何憂之務去也,此數句已伏下文"決泣齕啼,削性侵德"之意。意,即如意者之意,或省文,去者字耳。看下文重說一句,加一"故"字于上,便可知非噫也。仁義其非人情乎,彼仁義②何其多憂也! 多憂,則失其性命之情可知。

【眉批】是故駢於明者句:仍用駢枝字點綴。

【眉批】正正,依舊說作"至正"爲是。有作"正而又正"者非。

【眉批】性命之情與人情二"情"字,與《孟子》"乃若其情"同。

呂曰:明者,謂其自見。今以所見爲明,是以自見與所見,合而駢之也。聰者,謂其自聞,而音律絲竹,皆在外者,則是益而多之也。道之所自出,率性自通,天下皆足于己,不爲有餘也。擢德則助長,塞性則厭其所生,爲之太過,以收名聲。天下相與鼓和以奉之,此曾史所以枝于仁也。大道不言,則辯非道也。瓦貴鱗比而累之,繩貴條直而結之,句所以通其讀,而竄易之。心貴乎虛,而遊於堅白同異之間。何益,何用? 此楊墨所以駢于辯也。凡此皆非天下之至正。彼至正者,不失其性命之情,無爲自然而無所加損矣。

---

① 間,通行本作"閒"。
② 義,通行本作"人"。

補曰：此節引古人爲證，以見聰明言辯，總屬無用，皆多駢旁枝之道，非天下之至正。至正者，無有餘不足斷續之憂，非如仁義之多憂也。下節方言多憂之實。

且夫駢於拇者，決之分破之。則泣；枝於手者，齕之齩斷之。則啼。二者或有餘於數，或不足於數，其於憂一也。今世之仁人，蒿目心有憂勞，不欲瞠視，半閉目，其睇蒙茸如蒿然。而憂世之患；不仁之人，決性命之情而饕音叨。富貴。故意仁義其非人情乎？自三代以下者，天下何其囂囂也。且夫待鉤繩規矩而正者，是削其性①也。言琢削其自然也。待繩約膠漆而固者，是侵其德②也。戕賊其自得于天者。屈折禮樂，呴俞猶姁撫之意。仁義，以慰天下之心者，此失其常然也。天下有常然。常然者，曲者不以鉤③，圓者不以規，方者不以矩，附離不以膠漆，約束不以纆索。故天下誘誘同莠。然皆生，而不知其所以生；同焉皆得，而不知其所以得。故古今不二，不可虧也，則仁義又奚連連不已也。如膠漆纆索而遊乎道德之間爲哉！言其離性以爲仁義，固泥拘束，何以遊於道德之間，徒滋惑耳。使天下惑也。夫小惑易方，以東爲西。大惑易性。以無爲有。何以知其然耶？自虞氏招仁義以撓天下也，天下莫不奔命於仁義，是非以仁義易其性與？何以獨舉有虞？夫舜以匹夫居深山之中，一年成聚，二年成邑，三年成都，以致玄德升聞，不階尺土，而有天下。是以仁義招天下之尤者，故天下奔命而易性。

【眉批】"泣啼"四句，正釋上文"去憂"二字。

補曰：又申言仁義多憂，惑天下而亂人性，終不若至正者之無憂也。常然者，眞常之性，渾然天成，不假安排布置也。古今不二，無多方駢枝之雜也，不可虧，無欠缺，常充足意。

故常④試論之，自三代以下者，天下莫不以物易其性矣。小人則以身殉從也，亡其身以從之曰殉。利，士則以身殉名，大夫則以身殉家，聖人則以身殉天下。故此數子者，事業不同，名聲異號，其於傷性，以身爲殉，一也。臧男而壻婢曰臧。與穀女而婦奴曰穀。二人相與牧羊，而俱亡其羊。問臧奚事，則挾筴音策。

---

① 通行本"性"字後有一"者"字。
② 通行本"德"字後有一"者"字。
③ 通行本此句後有"直者不以繩"一句。
④ 常，通行本作"嘗"。

執卷也。**讀書**;**問穀奚事,則博塞**同賽。**以遊。**投瓊曰博,不投曰塞,瓊猶今之骰子。**二人者,事業不同,其於亡羊,均也。伯夷死名於首陽之下,盜跖死利於東陵之上,二人者,所死不同,其於殘生傷性均也。奚必伯夷之是,而盜跖之非乎?天下盡殉也。彼其**①**殉仁義也,則俗謂之君子;其所殉貨財也,則俗謂之小人。其殉一也,則有君子焉,有小人焉;若其殘生損性,則盜跖亦伯夷已,又惡取君子小人於其間哉!**

【眉批】以殉仁義爲傷性,極言仁義之不可爲也。

陳詳道曰:羊之爲物,群而不黨,恭而有禮。制字者,以羊從言爲譱,以羊從大爲美,誠有取爾也。故莊子以亡羊爲失道之喻。

補曰:伯夷死名,行仁義之人也,究與死利者同一殘生傷性,故老莊以爲淫僻而不取也。

且夫屬其性乎仁義者,雖通如曾史,非吾所謂臧也,非至美之謂也。**屬其性於五味,雖通如俞兒,**古之善識味者,《淮南子》作"申兒",《尸子》曰:"膳俞兒,和之以薑,而爲人主上食。"一云黃帝時人。一云易牙,齊人。**非吾所謂臧也;屬其性乎五聲,雖通如師曠,非吾所謂聰也;屬其性乎五色,雖通如離朱,非吾所謂明也。吾所謂臧,非仁義之謂也,臧於其德而已矣。吾所謂臧者,非所謂仁義之謂也,任其性命之情而已矣。吾所謂聰者,非謂其聞彼也,自聞而已矣。吾所謂明者,非謂其見彼也,自見而已矣。夫不自見而見彼,不自得而得彼者,是得人之得,而不自得其得者也;適人之適,而不自適其適者也。夫適人之適而不自適其適,雖盜跖與伯夷,是同爲淫僻也。余愧乎道德,是以上不敢爲仁義之操,而下不敢爲淫僻之行也。**

【眉批】總見仁義非性情之真、道德之正,雖高如伯夷,同爲淫僻,惟自聞自見者,乃知道吾所謂臧。臧者何,性命之情也。

删補林註曰:屬者,認定在這裏,言偏屬也。聞彼見彼的彼,不可忽略過去,即禪家所云狂犬逐塊,所云幻花又生幻果,便是這個彼字。識得彼爲妄緣,便知自家聞見矣。余愧乎道德,言余恐有愧乎道德,故兩不敢爲也。

南華眞經合注吹影卷之九

外篇馬蹄總論

　　約菴曰:《齊物論》曰"天地一馬也",《秋水》篇曰"馬四足,謂之天;絡馬首,謂之人",此篇又借伯樂治馬,喻治天下,正可參看。言馬有眞性,飲水齕草,相靡相踶,無他機詐也。治馬者,多爲燒剔、羈馽、鞭策之機事,而馬始知介睨、鷙曼、闉扼,眞性失而能爲盜者,伯樂先導之罪也。民有常性,無知無欲,渾然素樸也。自聖人多爲仁義禮樂之法度,民始踶跂好知,爭歸于利而不可止,則聖人亦不得辭其過。中間兼言治埴、治木、犧樽、珪璋者,比類以明其義,既託之伯樂,又託之陶冶工匠耳。【眉批:疑情盡釋。】

南華眞經合注吹影卷之九

武林吹影居士胡文蔚豹生甫删補

桐城　方文爾止甫

古蜀　彭襄退菴甫　評訂

外篇馬蹄第二

馬蹄可以踐霜雪，毛可以御風寒，齕_{音核}。草飲水，翹足而陸，_{凡馬立時，必}_{翹其足。}此馬之眞性也。雖有義臺路寢，無所用之。及至伯樂曰："我善治馬。"燒之，_{燒铁烁蹄，使之堅。}剔之，_{蹄經水久，間有腐敗處，剔去之。}刻之，_{亦削蹄也。}雒之，_{同络，籠頭也。}連之以羈_{勒也。}馽_{音縶}，絆其足，即前後鞦也。編之以皁_{音皂。}棧，_{列群馬於槽櫪木棚間也。}馬之死者十二三矣。饑之，渴之，馳之，驟之，整之，齊之，_{排布行队。}前有橛_{銜也。}飾_{镳婴。}之患，後有鞭筴之威，而馬之死者已過半矣。陶者曰："我善治埴。圓者中規，方者中矩。"匠人曰："我善治木。曲者中鉤，直者應繩。"夫埴木之性，豈欲中規矩鉤繩哉！然且世世稱之曰："伯樂善治馬，而陶匠善治埴木。"此亦治天下者之過也。

【眉批】忽入陶匠作比，又總說一句，文筆變化。

吕吉甫曰：馬之齕草飲水，而無羨義臺路寢，則民耕織自給，無羨於高明之譬也。伯樂以燒剔刻雒治馬，而死者十二三，則强爲仁義而天下始疑之譬也。饑渴馳驟，而馬之死者過半，則屈折禮樂，而天下始分之譬也。天下有常然，因其性而爲之。今陶匠之善爲方圓曲直，皆失其常然者也。爲天下而失其常然，乃不知在宥之道，而治之之過也。

《循本》曰：鄭司農云："古者書'儀'但爲'義'。儀臺，即《效特牲》所謂

'臺門'也。筑土爲臺,臺上架屋,當中爲門,因以爲宮室之儀。"猶今之儀門,天文亦有大儀之庭。路寢,正寢也。舉儀臺、路寢,總宮室之全言之。伯樂,姓孫,名陽。《石氏星經》云:"伯樂,天星名,主典天馬。孫陽善馭馬,故以爲名。"

吾意善治天下者不然。彼民有常性,織而衣,耕而食,是謂同德。人人所同也,同則易比。**一而不黨**,無彼此朋黨之岐。**命曰天放**。任天而自適也。**故至德之世,其行塡塡**音田。**其視顚顚**。塡塡,滿足貌。顚顚,直視貌。形容其人樸拙無心之意。**當是時也,山無蹊隧,澤無舟梁**,水陸之道未通。**萬物群生,連屬其鄉**。各居其鄉,自相連屬,言老幼咸若也。**禽獸成群,草木遂長,是故禽獸可係羈而遊,鳥鵲之巢可攀援而闚。夫至德之世,同與禽獸居,族與萬物並**①,**惡乎知君子小人哉!同乎無知,其德不離**。知識開而意見起,則德日離。**同乎無欲,是謂素樸**。有欲則奢侈生,而文飾繁,太樸漸散。**素樸而民性得矣**。無知無欲,民之常性得矣,安所庸吾治哉!**及至聖人,蹩躠**勉强而行之貌。**爲仁,踶跂**音弟岐,行立不安之貌。**爲義,而天下始疑矣**。澶漫流蕩之意。**爲樂,摘僻**屈折手足之義。**爲禮,而天下始分矣。故純樸不殘,孰爲犧樽;白玉不毀,孰爲珪璋;道德不廢,安取仁義;性情不離,安用禮樂;五色不亂,孰爲文采;五聲不亂,孰應六律。夫殘樸以爲器,工匠之罪也;毀道德以爲仁義,聖人之過也**。及至聖人以下,總見有心于治天下,使斯民失其眞性。

【眉批】"民有常性"與"馬之眞性"緊緊照應。

補曰:前半段,言至德之治,抱樸守素,同乎無欲,而民全其性。下半段,言聖人之治,殘素毀樸,以工匠之戕賊爲喻。一字不及馬,養其氣于下節言之,起伏段落,妙有波瀾。

夫馬,陸居則食草飲水,喜則交頸相靡,互爲摩擦。**怒則分背相踶,馬知已此矣。夫加之以衡扼**,車上之物所以駕馬者。**齊之以月題**,頭上額鏡其形如月。**而馬知介**獨也。**倪**、睥睨也,獨立而睥睨生心,以求脫之狀。**闉扼**、城曲曰闉,馬頭曰扼,曲其頸以拒人不受羈勒也。**鷙**悍鷙。**曼**、奔突。**詭銜**、詭計以入銜。**竊轡**,潛竊以加轡,因

_____

① 並,通行本作"並"。

其不受調服，故費計較如此。**故馬之知而能①至盜者，伯樂之罪也。夫赫胥氏之時，民居不知所爲，行不知所之，含哺而嘻②，鼓腹而遊，民能已③此矣。及至聖人，屈折禮樂以匡天下之形，縣跂**高揭而提起。**仁義以慰天下之心，而民④始蹎跂好知，爭歸於利，不可止也，此亦聖人之過也。**

【眉批】翹足而陸，交頸相靡，分背相踶，可作馬讚。

補曰：言馬之爲馬，原無機心，自伯樂治之以機事，而後有機心。以況治天下者，示以趨吉避凶，民始知有利而爭之，如水之歸江河，不可遏止，其誰之過歟？

---

① 能，通行本作“態”。
② 嘻，通行本作“熙”。
③ 已，通行本作“以”。
④ 通行本“民”字後有一“乃”字。

南華眞經合注吹影卷之十

外篇胠篋總論

　　約庵曰:此漆園氏極言好智之亂天下也。夫高明之家,爲小盜而設備,則恃緘縢扃鐍之攝固,此世俗之所謂知也。大盜至,并竊其篋與囊匱而用之,而智窮。侯王創業,法聖人之制度以守國,此世俗之所謂至聖也。篡夫一旦起而竊其國,并竊其治國之法,以守其身,而智又窮。由是觀之,彼不善人,出權謀機變之術,冒聖勇義知仁之名,以濟其奸者,莫非假託聖人之道以行,則是不善人之害天下也,實聖人倡率之也,即謂聖人生而大盜起,可也。大要國之利器,不可示人。一法立,一奸生,即斗斛權衡符璽之末,與夫仁義之操,無不一一爲竊者所資用,於此思所以救之,非盡反其道,力矯其失,何從措手? 意者掊斗折衡,焚符破璽,殫殘仁義,絕聖棄知,大盜乃止乎! 蓋感深而激言之也。上遡至德之世,容成、大庭諸氏時,斯民安居樂俗,未嘗知有仁義法度,聲色工巧也,亦未嘗知某爲賢者而趨之,某爲不賢者而避之也。自上好知而民遂生心,好惡從違,相馳相逐,去主棄親,結軌于諸侯之境,天下遂大亂矣。甚至畢弋多而鳥亂,綱罟多而魚亂,削格多而獸亂,喘奭肖翹,莫不失性。何獨種種之民,舍夫恬澹無爲者,悅夫役役噂噂也哉! 甚矣,好知之亂天下也!

　　《管見》曰:胠篋者,從篋之脅旁,開而取物,此竊盜之行也。爲治者不能弘道德,以公天下之情,然後姦雄得竊其權以爲私利,天下有被其害者矣。南華務在絕聖棄知,掊斗折衡,思復上古無爲之治,然其還淳反樸之要,在明乎眞知,以正其所趨,復乎眞善,以全其所受而已。使任治道君子,皆如漆園之用心,何患淳風之不復哉!

南華眞經合注吹影卷之十

武林吹影居士胡文蔚豹生甫删補

同里　嚴沆子餐甫

陸圻麗京甫　评訂

外篇胠篋第三

　　將爲胠_{音祛,同匧,旁開也。}篋、探囊、發匱之盜而爲守備,則必攝_{結也。}緘縢_{纏縛囊篋之物,堅繫而不易解。}固扃_{音君,匱上鐶鈕,所以挽锁者。}鐍_{音決,即锁鐍。},此世俗之所謂知_{音智。}也。然而巨盜至,則負匱、揭篋、擔囊而趨,唯恐緘縢、扃鐍之不固也。然則向①之所謂知者,今②乃爲大盜積者也? 故嘗試論之,世俗所謂知者,有不爲大盜積者乎? 所謂聖_{只作才能看。}者,有不爲大盜守者乎? 何以知其然邪? 昔者齊國,鄰邑相望,雞狗之音相聞,罔罟之所布,耒耨之所刺,方二千餘里。闔四境之内,所以立宗廟社稷,治邑屋州閭鄉曲者,曷嘗不法聖人哉? _{言昔太公開國之初,經制典常,曷嘗不法聖人,期垂久遠。}然而田成子_{齊大夫田恒。}一旦殺齊君_{簡公。}而盜其國,所盜者豈獨其國耶? 并與其聖知之法而盜之,故田成子有乎盜賊之名,而身處堯舜之安,小國不敢非,大國不敢誅,十二世有齊國,則是不乃竊齊國,并與其聖知之法,以守其盜賊之身乎?

　　【眉批】當試一轉,推廣言之,見聖智不足恃也。

　　補曰:爲小盜防者,徒爲大盜積,則攝固之私智,何足恃乎? 法聖人者,不

---

① 向,通行本作"鄉"。

② 今,通行本作"不"。

過師其已往之跡,以之應變則立窮,所以守國而爲盜之招耳。大盜者,竊其法所以能取其國,法能供賢人之用,而不能禁奸人之不用也,所以貴絕聖棄智也。

嘗試論之,世俗之所謂至知者,有不爲大盜積者乎?所謂至聖者,有不爲大盜守者乎?何以知其然耶?昔者龍逢斬,比干剖,萇弘胣音以,裂也。,子胥靡,故四子之賢而身不免乎戮。以上一段無甚意味,且重復不若刪去,以故字接下。故跖之徒,問於跖曰:"盜亦有道乎?"跖曰:"何適而無有道邪?夫妄意室中之藏,聖也;入先,勇也;出後,義也;知可否,知也;分均,仁也。五者不備而能成大盜者,天下未之有也。"由是觀之,善人不得聖人之道不立,跖不得聖人之道不行,天下之善人少而不善人多,則聖人之利天下也少,而害天下也多。故曰:脣①竭則齒寒,魯酒薄而邯鄲圍。魯趙事。楚宣王朝諸侯,魯恭公後至而酒薄,楚怒而伐之。梁惠王欲擊趙而畏楚援,故乘其不及援也,而圍趙。以喻聖人之於大盜,雖不相謀,然其道,未始不相因爲用,如脣齒魯趙之不期而寒且圍也。聖人生而大盜起,掊音剖。擊聖人,不用之意。縱舍盜賊,不治之意。而天下始治矣。夫川竭而谷虛,春夏水盈川則山谷間皆滿,秋冬水涸則山谷亦無水而虛。丘夷而淵實,丘崩頹,則其土自實于淵。聖人已死,則大盜不起,天下平而無故矣。聖人不死,大盜不止,雖重再生。聖人而治天下,則是重利盜跖也。爲之斗斛以量之,則并與斗斛而竊之;田氏篡齊,以私量貸,公量入,正竊斗量也。爲之權衡以稱之,則并與權衡而竊之;爲之符璽以信之,則并與符璽而竊之;爲之仁義以矯之,則并與仁義而竊之。何以知其然邪?彼竊鉤者誅,竊國者爲諸侯,諸侯之門而仁義存焉,則是非竊仁義聖知邪?一法立,一奸生,斗斛等類,聖人立以防僞者,皆爲大盜所竊。可笑竊之小者,有司得以按法而誅。若竊之大者,陰施陽受,人不得而覺之,反得國以爲諸侯。其立國也,居然假仁假義,以愛民利物爲事,以濟其私,不亦并聖人治世之具而竊之乎?憤世嫉俗之言也。故逐於大盜,揭諸侯,竊仁義,并斗斛權衡符璽之利者,雖有軒冕之賞弗能勸,斧鉞之威弗能禁。此重利盜跖,而使不可禁者,是乃聖人之過也。大盜之安享顯榮也若此,故天下之效慕而逐之。今之諸侯疇非竊國者,昭昭立于人上,若揭而示之,并收斗斛權衡符璽仁義之利,雖有軒冕之賞,不能以勸討之者;雖有斧鉞之威,不可以禁篡

---

① 脣,通行本作"唇"。

之者。徒使盜者身專其利,聖人不得辭其過矣。故曰:魚不可脫於淵,國之利器不可以示人。彼聖人者,天下之利器也,非所以明天下也。引老子語以證之。見聖人之法,不可以明示天下,即民可使由之,不可使知之之意。故絕聖棄知,大盜乃止;擿音擲,投棄之也。玉毀珠,小盜不起;焚符破璽,而民樸鄙;掊斗折衡,而民不爭;殫音丹,盡也。殘天下之聖法,而民始可與議論;擢亂六律,鑠絕禁遊而絕之。竽瑟,塞瞽曠之耳,而天下始人含其聰矣;滅文章,散五采,膠離朱之目,而天下始人含其明矣;毀絕鉤繩而棄規矩,攦音列。折其指。工倕堯時巧人。之指,而天下始人有其巧矣,故曰"大巧若拙"。又從巧字生意,引老子語,略一結。削曾史之行,鉗楊墨之口,攘棄仁義,而天下之德,始玄同矣。彼人含其明,則天下不鑠矣;人含其聰,則天下不累矣;人含其知,則天下不惑矣;人含其德,則天下不僻矣。彼曾史、楊墨、師曠、工倕、離朱者,皆外立其德,言重外物而不修道德。而以爐音藥。亂天下者也,法之所以無用也。

【眉批】再言至聖,加一至字,叮嚀之意。

【眉批】"彼人含其明"至"不僻矣"八句宜刪。

補曰:人以爲此漆園有激之言,不知太上無爲之世,原未嘗有珠玉、斗衡、聖法、仁義、聰明、工拙,意在還醇,非激也。

子獨不知至德之世乎? 昔者容成氏、大庭氏、伯皇氏、中央氏、栗陸氏、驪畜氏、軒轅氏、赫胥氏、尊盧氏、祝融氏、伏羲氏、神農氏,十二氏多未詳。當是時也,民結繩而用之,甘其食,美其服,樂其俗,安其居,鄰國相望,雞狗之聲相聞,民至老死①不相往來。若此之時,則至治已。今遂至使民延頸舉踵曰,"某所有賢者",嬴音盈,裹也,負也。糧而趣音趨。之,則內棄其親,而外去其主之事,足跡接乎諸侯之境,車軌結乎千里之外,則是上好知之過也。上誠好知而無道,則天下大亂矣。

删訂林註曰:十二氏,雖自軒轅、伏羲、神農之外,皆不可考。然自有天地以來,大矣,遠矣。史册所紀,不過三千余年,伏羲以前,歲月幾何? 夫豈無載籍所不傳者乎? 存而不論可也。知慕賢而趨之,則知謀相尚之徵也。嬴糧而

① 通行本"死"字後有一"而"字。

去千里之外,较不相往來者天淵矣。必上以所好倡之也,勢必至相軋相傾,而機詐百出,況無道以鎮之乎!

何以知其然耶?夫弓弩、畢有柄之綱。**弋**繳射也。、**機變之知多,則鳥亂於上矣。鉤餌**、罔罟、**罾笱**音苟,竹器承梁以取魚者。**之知多,則魚亂於水矣,削**音哨。**格**、即《漢書》所云儲胥,猶今之木柵捕兔鹿者。**羅落**、**罝**音嗟,兔綱。**罘**音浮。**之知多,則獸亂於澤矣。知詐漸毒**、頡音桀。**滑**汩亂。**堅白、解垢**詭曲之詞。**同異之變多,則俗惑於辯矣。故天下每每大亂,罪在於好知。**

補曰:機械之知多,若鳥若魚若獸,且亂而不安其所,況人乎!非惟仁義聖知,爲不善人所竊,其亂天下也多。復有一種好辯之人,以眞爲偽,以是爲非,亂德浇淳,人心受其蠱惑,方之弓弩罝罘,其毒尤慘。遊言誣善,利口喪邦,大亂往往基此,要皆好知之罪。在上者能絕聖棄知以治之,則人含其知,含其德,同歸于玄同,方且不累不僻,何亂之有?

故天下皆知求其所不知,而莫知求其所已知者;皆知非其所不善,而莫知非其所已善者,是以大亂。故上悖日月之明,下爍同鑠。**山川之精,中墮四時之施,喘**①**耎**音软。**之蟲,**附依微息而動,蜎蚑之類。**肖翹之物,**小而輕飛,蜂蝶之屬。**莫不失其性。甚矣,夫好知之亂天下也!自三代以下者是已。**低徊而甚嘆其亂天下。試看三代,以至於春秋戰國,何等變亂,安得不傷今而弔古?**舍夫種種**上聲,顧慤貌。**之民而悅夫役役之佞,釋夫恬澹無爲而悅夫喣喣**音惇,多言之意。**之意,喣喣已亂天下矣!**

補曰:好知之過何在?蓋天下之人,皆知務外求異,以求知其所不知,而莫知我之所已知者,皆亂天下之具也。皆知以人之不善爲非,而莫知我之所自以爲善者,皆知詐毒世之事也,所以愈好愈迷,日甚一日,削性侵德,害人傷物,大亂有不忍言者,上悖、下爍、中墮,與失其性,正言其亂之大。末結以役役之佞,喣喣之意,仍歸於辯上,以多言德之賊也。○《駢拇》《馬蹄》《胠篋》三篇同一意,言仁義聖知,皆所以亂天下者也。總是《老子》"絕聖棄知,絕仁棄義"注疏。

① 喘,通行本作"惴"。

南華眞經合注吹影卷之十一

外篇在宥總論

　　吹影曰:明道者,治心爲上,治國治天下,身外多方之緒也。君子不得已而臨莅天下,莫若無爲,無爲也而後安其性命之情。【眉批:此句是通篇大旨。】所謂尸居而龍見,淵默而雷聲,可以託天下,可以寄天下也。因堯桀治之,使天下不恬不愉,淫其性,遷其德,不安甚矣! 在之宥之,正以安其性命之情也。若三代而下,徒匈匈以賞罰示勸戒,天下始喬詰卓鷙,喜怒失位,居處無常,日趨于淫悖,以致善人少而不善人多,殊死于刑戮而不知恥。可見以賞罰爲事,不足以安性命矣。性命誠安,雖聲、色、仁、義、禮、樂、聖、知,八者不足以淫之遷之,故存亦可,亡亦可。性命不安便爲所亂,或過爲尊惜,齋戒以言之,踞坐以進之,愁五藏,擢聰明,性則必淫,德則必遷,又安望神動天隨,而萬物炊累也哉!【眉批:許多頭緒,打成一片。】雖然,非惟性命宜安也,而人心尤不可攖。【眉批:合筍無痕。】黃帝、堯、舜始攖人心者也,愁心勞身,以養天下而不勝,迺有放流之舉,則攖甚矣! 施及三王,相疑相欺,相非相譏,好知而求竭,迺有桁楊接槢之制,死者相望于道,復有離跂攘臂于桎梏之間者,則攖更甚矣。黃帝所以令行十九年之後,猶往見廣成而求聞至道也,黃帝欲取天地之精以佐五穀,官陰陽以遂群生,與雲將原合六氣之精以育群生,皆治人之事,非治心之道也。【眉批:二語道破。】廣成曰,奚足以語至道? 鴻蒙曰,吾弗知,吾弗知,訝其失問也。要之,治天下者,在治人心。治人心者,在養吾心。治人之心者,處無爲而物自化,安其性命不攖其心之謂也。養吾心者,抱神以靜,守一以處和也。解心釋神,莫然無魂,渾渾沌沌,終身不離之謂也。出廣成之道以治天下,則至誠如神,輔相天地,得一以貞,太和洋溢也。出鴻蒙之道以治天下,則萬物云云,各復其根,從容無爲而大治也。由此道以在宥天下,必能安其性命而不淫不遷也。是以古大人之有土也,物物而不物,獨往獨來,合乎大同;稱曰天地之友,斯爲在宥之極致。【眉批:點睛妙。】漆園又恐人認定無爲自化,將民物、事法、仁義、禮德、道天,一槩斷絕,淪于空幻,故又挽回一句曰,物者莫足爲也,而不可不爲。然爲之者,務明于天,法其自然,純於德,去其龐雜,通於道,四達而不礙,不亂天之經,不逆物之情,合天道、人道而爲一,乃可謂之在宥天下也。

《管見》曰:君子不得已而臨莅天下,莫若無爲。故以存民宥衆爲懷,未嘗有心乎治之也。是以天下之民,性不淫,德不遷。爲民上者,喜怒平,賞罰中,蓋因天下之自治,而無爲治之勞,故民易從而法不撓,後世君天下者,失輔世長民之要,專以賞罰爲事,上有儒墨曾史之是非,下有桁楊椄梏之拘制,爲者不勝其勞,而民無所措手足矣。猶且以仁義聖知,爲足以得天下之情,尊之借之,家傳國效,而弗悟其爲撓民之具,此所以原絕棄之也。信如所言,則天下之所寄託,淵雷之所发見者,有在於是,國政不至偪囊,人心不至蠹壞,從容無爲,又何暇治天下哉! 次設崔瞿之問,以發老聃之旨,明乎爲治者,罪在攖人心,此桁楊椄梏所自來,而桀跖所以爲利者也。故黃帝問道於空同,告以抱神正形,清静長生之要,身爲本,家國次之,未有身治而國亂者也。今之君天下者,能力行廣成之言,則三代之治不難復。取天地,官陰陽,皆在吾無爲中,此所以爲在宥之道。鴻蒙告雲將以墮體黜聰,守根不離,所以爲治身之道也。末歷叙君臣禮法,殆無遺論,及天道、人道之分,在有爲、無爲之別,相去雖若不侔,發于其心,見于其事業,一也。

南華眞經合注吹影卷之十一

平陰　朱鼎鬺說梅甫
钱塘　陸堦梯霞甫　评訂

外篇在宥第四

聞在宥天下，不聞治天下也。在者，优遊自在之意。宥者，寬舒自得之意。居上者，只宜在之宥之，更不可以法制整齊之也。在之也者，恐天下之淫其性也；宥之也者，恐天下之遷其德也。爲物誘所變易也。天下不淫其性，不遷其德，有治天下者哉？無事于人之治之也。昔堯之治天下也，使天下欣欣焉，人樂其性，是不恬也；桀之治天下也，使天下瘁瘁焉，人苦其性，是不愉。夫不恬不愉，非德也，非德也而可長久者，天下無之。人大音泰，下同。喜耶，毗於陽；大怒耶，毗偏屬過溢之意，所謂有餘之病。於陰。陰陽并毗，四時不至，寒暑之和不成，其反傷人之形乎！人身一小天地，陰陽之氣，與四時同其慘舒。故冬夏之間，元氣調和，疾病不生，今陰陽乖逆，均有偏溢，苦樂之情遞變，中心受傷，形未有不與之俱者。使人治天下者使之。喜怒失位，居處無常，思慮不①得，中道不成章。半塗而廢，不成條理。於是天下始喬矯已而過于高。詰責人而過于密。卓特立而過于亢。鷙鉏擊而過于猛。四者皆所以拂亂天常，滅裂和氣，失民之眞，亂人之性。而後有盜跖、曾史之行。故舉天下以賞其善者不足，舉天下以罰其惡者不給。故天下之大，不足以賞罰。慕賞乃善，畏罰斯改，則賞罰之所及者有限，而其所不及者無窮，不足以示勸戒也。自三代以下

---

① 通行本"不"字後有一"自"字。

者,匈匈焉終以賞罰爲事,彼何暇安其性命之情哉!_{慕賞避罰,竝懷欺僞,安能安其}
_{性命之常。}

【眉批】居處無常:處,上聲。

【眉批】喬詰卓鷙:四字新,特有味。

【眉批】而後有盜跖、曾史之行:行,去聲。

補曰:在者,常常在茲,無得失趨避之擾也。宥者,如囿之宥物,飮啄出入,
自如也。人與萬物,負陰抱陽,咸有衝和之氣,與天地合德,四時同序,使之無
故而樂,必喜而毗于陽;使之無故而苦,必怒而毗于陰,所以和不成而反傷形
也。或泣或歌,失位之喜怒也;或鼓或罷,無常之居處也。憧憧往來,不自得之
思慮也。

而且說明邪,是淫於色也;說聰邪,是淫於聲也;說仁邪,是亂於德也;說義
邪,是悖於理也;說禮邪,是相助也,_{言相與共爲之也。}於枝也;說樂邪,是相於淫
也;說聖邪,_{此聖字,只作技能,如草聖之聖。}是相於藝也;說知邪,是相於疵_{音慈。}
_{疵疠言疲病也。}也。天下將安其性命之情,之八者,存可也,亡可也;天下將不
安其性命之情,之八者,始臠卷_{局束貌。}傖①_{囊多事貌。}而亂天下也,而天下_{不以}
_{爲亂。}乃始尊之、惜之。甚矣,天下之惑也!豈直過也而去之邪?_{言不但如人過}
_{而却去,僅僅涉獵而已。}乃齋戒以言之,跪坐以進之,鼓歌以儛之,吾若是何哉?

【眉批】而且說明邪:說,音悅。

【眉批】是相助也:相,去聲。

【眉批】說知邪:知,音智。

【眉批】豈直過也而去之邪句:絕好句法,他書所無。

補曰:夫治具之足以亂性命之情者,不獨賞罰一事也。聰明仁義禮樂聖
知,八者皆所以憂人心而至亂。達天德者恬澹清静,此爲過眼之浮雲,存亡皆
可,無損益乎其眞,有何歆羨?世人不知,欣欣然從而悅之。私念一萌,理障随
積,種種流弊,應念而生,束縛搶攘而不可止息。及此警省,猶可改悔,反篤于
尊信,致敬盡禮,式歌且舞,以明欣慕。吾其若是人何哉?甚言其惑也。

---

① 傖,通行本作"獊"。

呂曰：臠，割而不全。卷，束而不舒。伦，積而不散。囊，結而不解。皆執一偏見也，故曰亂天下。

故君子不得已而臨莅天下，莫若無爲。無爲也而後安其性命之情。故貴以身於爲天下，以其身之可貴，猶貴于爲天下。則可以託天下；託天下于其身。愛以身於爲天下，以其身之可愛，猶愛于爲天下。則可以寄天下。故君子苟能無解其五藏，不散而淫乎仁義。無擢其聰明，不引而亂乎聲色。尸居而龍見，不動而有威儀。淵默而雷聲，不言而德動人。神動而天隨，不介而孚，不召自來。從容無爲，而萬物炊累焉。吾又何暇治天下哉！炊累，即萬物以息相吹累，則微塵積聚也。天下歸之，如塵自積耳。陸曰：炊者，薰而上蒸之義。

【眉批】"不得已"三字，便見有天下而不與之意。

郭註曰：當理無悅①，悅之則致淫悖之患矣。相，助也。存亡無所在，任其所受之分，則性命安矣。必存此八者，則不能縱任自然，故爲臠卷伦囊也。不能遺之，已爲誤矣，乃復尊之以爲貴，豈不甚惑哉！非直由寄而過去也，乃珍貴之如此。無爲者，非拱默之謂也，直各任其自爲，則性命安矣。不得已者，非迫于威刑也，直抱道懷樸，任乎必然之極，而天下自安②也。若夫輕身以赴刑，棄我而殉物，則身且不能安，其如天下何！無解無擢，解擢則傷也。出處語默③，常無其心而付之自然。神順物而動，天隨理而行，若遊塵之自動，任其自然而已矣。

崔瞿問於老聃曰："不治天下，安臧④善也。人心？"老聃曰："汝⑤慎無攖人心。人心排下而進上，上下囚殺，淖音綽。約柔乎剛強⑥，廉劌音貴。彫琢，其熱焦火，其寒凝冰。其疾俛仰之間而再撫四海之外，其居也淵而靜，其動也縣而天，僨驕而不可係者，其唯人心乎！"

【眉批】僨驕而不可係，如猛獸跑（咆）哮難於擒縛也。

---

① 悅，通行本作"說"，下同。
② 安，通行本作"賓"。
③ 語默，通行本作"默語"。
④ 臧，通行本作"藏"。
⑤ 汝，通行本作"女"。
⑥ 強，通行本作"彊"。

參訂陸註曰：又轉不治天下一問，以見治天下者，適所以亂人心，更見奇爽。排，抑之也。進，引進也。言人心或爲人所排抑，便沮喪失志，愈見頹墮而下矣。少得進步，便希望高遠，趨而日上。上下無常，因人起倒，千思萬慮，其拘繫也如囚，其恐怖也如殺，將此恬澹清静之心，化爲一段儇美之態，以側媚乎剛强勝已之人，平生廉隅方正之氣，雕琢殆盡，以求容悦，故曰淖約柔乎剛强。廉劌雕琢，此皆惡排希進之所致也。故語其燥急，則熱如焦火；語其戰慄，則寒如凝冰；語其迅疾，則一俯仰間，如再臨四海之外；方其不動，固淵然而静也；此念一起，則若懸係于天；忿戾驕亢而不可制者，其心之謂與，信乎其不可攖也！

昔者黄帝始以仁義攖人心，堯舜則之。**於是乎股無胈，**猶髀肉不生意。**脛無毛，以養天下之形。愁其五藏，以爲仁義；矜其血氣，以規法度。**言其形神皆勞。**然猶有不勝也，堯於是放驩**①**兜於崇山，投三苗於三峗，流共工於幽都，此不勝天下也。夫施**音異，**延也。及三王，而天下大駭矣。**指放伐之事。**下有桀跖，**不仁不義之人。**上有曾史，**行仁行義之士。**而儒墨畢起。於是乎喜怒相疑，愚知相欺，善否相非，誕信相譏，**總是分別人我之私。**而天下衰矣；**玄同之德已漓。**大德不同，而性命爛漫矣；**爛漫，猶狼籍靡爛。**天下好知，而百姓求竭矣。**求竭，謂殫盡思慮，應接不暇也。

【眉批】於是乎股無胈：胈，音跋。

【眉批】愁其五藏：藏，去聲。

補曰：此段極言攖人心之弊，非止神形俱勞，不勝天下，徒以淫人之性，遷人之德，而天下自此衰且竭也。

於是乎釿鋸音斤句。**肉刑也。制焉，繩墨殺焉，**繩，束縛。墨，黥涅也。或曰彈正而殺也。**椎鑿**肉刑，故用二物。**決焉。天下脊脊**音籍。**大亂，罪在攖人心。故賢者伏處乎**②**大山嵁巖之下，而萬乘之君憂慄乎廟堂之上。今世殊死**事有參差不等，而該同以死斷。**者相枕也，桁楊**長械以施人頸中，若衣之有桁者。**者相推**猶相接。**也，刑戮者相望也，而儒墨乃始離跂**翹企而足，底半離地。**攘臂**奮手高談。**乎桎梏之間。**賢人隱遁，孤君憂栗，天下之被罪者，接踵於道。如此危殆之世，儒墨猶且高自標

---

① 驩，通行本作「讙」。

② 通行本無「乎」字。

置,於舉世罪人之中,戲言至此令人絕倒。噫①,甚矣②!其無愧而不知耻③也甚矣!
吾未知聖知之不爲桁楊椄槢也,仁義之不爲桎梏鑿枘音銳。**也,**椄槢,桁楊之管。
所以合之而不解者。枘圓鑿方,所以制桎梏之具。意謂桁楊桎梏,所以威天下之不善人也,
總因聖知仁義之攖人心,而乃始有此。吾安知聖知不爲管束桁楊之椄槢乎,仁義不爲製桎
梏之枘鑿乎? **焉知曾史之不爲桀跖嚆矢也!**嚆矢,響箭也。行刼者之先聲。**故曰:
絕聖棄知而天下大治。**

【眉批】出口毒甚。

補曰:此段言攖人心者,嚴罰極刑,不足以治天下,反致儒墨攘臂離跂于桎
梏之間,總是聖知仁義導之使然。

黄帝立爲天子十九年,令行天下,聞廣成子在④**空同之上,故往見之曰:
"我聞吾子達於至道,敢問至道之精。吾欲取天地之精,以佐五穀,以養民人;**
精者,元始之祖炁,渾沌不分,爲造化之根柢,品匯之樞紐,得之則造化在手,可以生物養人。
吾又欲官陰陽,以遂群生。陰陽爲后天之分炁,調燮之,使不相庚逆,各當其職,則群生
各遂其生。**爲之奈何?"廣成子曰:"而所欲問者,物之質也。**未散之樸,先天之道。
而所欲官者,物之殘也。樸散之器,后天也。**自而**指黄帝也。**治天下,**言以仁義攖人
心,樸素之眞,已不期散而自散。**故**⑤**雲氣不待族**聚也。**而雨,**見雨不能遍及意。**草木
不待黄而落,日月之光益以荒矣,**指薄蝕之變。**而佞人之心翦翦**便捷之狀。**者,
又奚足以語至道!"黄帝退,捐天下,筑特室,席白茅,閒居三月,復往邀之。廣
成子南首而卧,黄帝順下風,膝行而進,再拜稽首而問曰:"聞吾子達於至道,
敢問治身奈何而可以長久?"廣成子蹶然而起,曰:"善哉,問乎!來,吾語汝至
道。至道之精,窈窈冥冥;至道之極,昏昏默默。**窈冥,則遠而難窮,無形可執,言所
不能論,意所不能致。若有所謂精者,可知可言,則非其極矣,所以昏昏默默。**無視無聽,
抱神以静,形將自正。必静必清,無勞汝形,無摇汝精,乃可以長生。目無所**

---

① 噫,通行本作"意"。
② 通行本"矣"字後有一"哉"字。
③ 耻,通行本作"恥"。
④ 通行本"在"字後有一"於"字。
⑤ 通行本無"故"字。

見,耳無所聞,心無所知,汝神將守形,形乃長生。愼女內,閉女外,多知爲敗。我爲女遂遂,從也,猶往也。於大明之上矣,至彼至陽之原也;爲女入於窈冥之門矣,至彼至陰之原也。天地有官,陰陽有藏,愼守女身,物將自壯。我守其一以處其和,故我修身千二百歲矣,而吾形未嘗衰。

【眉批】引此證治天下不足問,廣成之所吐棄也。

删補陸註曰:夫道旣窈冥昏默,迥出語言色相之表矣。然則若何以體之,要在忘其耳目,而無視無聽,存神於心而抱之,靜而無爲,惟抱神以靜,則天君泰然,百體從令,而形自正矣。六神好靜而欲牽之,神好清而心擾之,故必清必靜。勞汝形則不能靜,搖汝精則不能清,故曰無勞無搖,乃可長生。凡物之爲物,勞役則易弊,搖動則易折,可以知養生之理矣。大凡目多視,則精搖于目;耳多聽,則精搖于耳;心多知,則精搖于心。能無視無聞無知,則精不搖而神自寧。神,形之主也。神守其形,而長生久視之道,端在是矣。《大道歌》云:“神一出,便收來,神返身中,炁自回,如此朝朝幷暮暮,自然赤子結靈胎。”古今論道,不出此數語。愼女內,握固其精神也。閉女外,關鍵其耳目也。多知爲敗,泯絕其思慮,則不敗也,斯則體道之要旨也。向汝有曰,官陰陽矣,夫陰陽不可官,而亦不可不知也。吾爲汝遂於大明之上矣,則見至陽赫赫,而至彼至陽之原,則赫赫者发乎地。吾爲汝入于窈冥之門矣,則見至陰肅肅,而至彼至陰之原,則肅肅者发乎天。故太極剖而兩儀分,則陰主靜,陽主動,而天地各安其位。陰含陽,陽含陰,而陰陽互藏其宅,即此互藏之陰陽,永爲吾人還返歸復之樞要,故愼守之而吾身之物自壯。要知此是何物,即丹家所謂藥物也。由是而守其一,以處其和,使互藏之精,與吾身中之物,混合爲一,而后聖修之能事始畢。蓋守一處和四字,又肯綮中之肯綮。何謂守一? 老子云:“得其一,萬事畢。”一者,先天眞一之炁,即天地之精,互藏于陰陽之宅者也。何以守之? 亦曰愼內閉外而已。何謂處和? 和者,調陰陽氣序之和也。《參同契》云:“賞罰應春秋,昏明順寒暑”,又云“候視加謹密,審察調寒溫”,是處和也。和,即丹家所謂火候也。一,即丹家所謂藥物也。以之修身,則形神妙而道合眞矣。宜乎度千二百歲,而形不衰也。

黃帝再拜稽首,曰:“廣成子之謂天矣。”廣成子曰:“來,余語女。彼其物

此物字,即道也。在體道之身言之,則爲物,即物將自壯之謂,所云藥物也。**無窮,而人皆以爲終;彼其物無測,而人皆以爲極**。先天道樸,不受變滅,得道之人,自超千刼而長存,世人不能洞曉陰陽,抱神養性,却謂此生有涯,安得長生? 何見之陋也。故得云云。**得吾道者,上爲皇**上德行無爲之道。**而下爲王;**下德行有爲之事。**失吾道者,上見光而下爲土**。蚩蚩無知,生則舉頭但見三光,死則與土俱化而已,痛惜之意。**今夫百昌,皆生於土而反於土**。不獨人也,百昌皆然。失道者忽生忽反,何異而萬物乎? **故余將去汝①,入無窮之門,以遊無極之野。吾與日月參光**,與之相參,配而爲三也。見光則在照臨之下也。**吾與天地爲常**。同長久也。**當我緡**音泯。**乎! 遠我昏乎! 人其盡死而我獨存乎?** 緡昏,皆闇昧意。物之去來,皆不覺也。獨存者,以死生爲一體,則無往而非存也。

補註曰:當者,就我而來親;遠者,背我而不顧。至人于物之向背,絕不介意,人其盡死,勞形搖精,不能長生者也。我獨存者,抱神以靜,守一處和,物將自壯者也。

雲將東遊,過扶搖之枝,疑即扶桑之地,而參差其辭也。**而適遭鴻蒙,方將拊髀**音甫陛。**雀躍而遊②。雲將見之,儻③然止,贄然立,曰:"叟何人邪? 何爲此?"鴻蒙拊髀④雀躍不輟,對雲將曰:"遊。"雲將曰:"朕願有聞也。"鴻蒙仰而視雲將曰:"吁。"雲將曰:"天氣不和,地氣鬱結,六氣不調,四時不節。今我願合六氣之精,以育群生,爲之奈何?"鴻蒙拊髀雀躍,掉**音調。**頭曰:"吾弗知,吾弗知。"雲將不得問。又三年,東遊過有宋之野,而適遭鴻蒙。雲將大喜,行趨而進,曰:"天忘朕邪,天忘朕邪?"再拜稽首,願聞於鴻蒙。鴻蒙曰:"浮遊不知所求,猖狂不知所往**。猖狂,放佚之狀。不知所求,不知所往,言無心也。**遊者鞅掌,以觀無妄**。跡雖似乎冗迫,而于舉世紛汨之中,獨觀其天眞之所在。**朕又何知!** 言吾之遊于大塊者,皆眞機所自動,他何知焉。**雲將曰:"朕也自以爲猖狂,而民隨予所往。朕也不得已於民**,言聞夫子之教,知自以爲猖狂,無如爲民所隨,有辭之而不可得已者。

---

① 汝,通行本作"女"。
② 通行本句首有"鴻蒙"二字。
③ 儻,通行本作"倘"。
④ 髀,通行本作"脾",下同。

今則民之放也。民以我爲法，而是則是效也。**願聞一言。**"鴻蒙曰："**亂天之經，逆物之情，玄于穆之意。天弗成，解獸之群而鳥皆夜鳴。**上古與鳥獸同群，初無物我，自分別異類，而随有畢弋綱罟之機事，故鳥夜鳴而自警。**災及草木，禍及昆①蟲。噫②，治人之過也！**"總見有心治人，反足以爲滋禍益災，言不可爲民之所效。**雲將曰："然則吾奈何？"鴻蒙曰："噫，毒矣③。**言治人之流毒于天下也，自三代以下，皆然矣**僊僊乎，歸矣。**"如飛仙之蹁躚而遊，且歸休乎去也。**雲將曰："吾遇天難，願聞一言。"鴻蒙曰："噫，心養。汝徒但也。處無爲而物自化。**不曰養心，而曰心養，即前抱神以静，守一處和，随其心之自養，非着意以養之也。汝但處于無爲，恬澹清静，而物累自化。**堕爾形體，吐爾聰明，倫與物忘；大同乎涬**音幸。**溟，**且忘我形體，吐棄聰明，一味平等，與物偕忘，同遊于無形無影，未始有氣之先。**解心釋神，莫然無魂。**妄心則解之，而眞心自存。識神則釋之，而元神自抱。莫然即冲莫無朕之意。魂，即人之識神。無魂，猶前言塊然以其形立也。**萬物云云，**同芸芸，言其衆多也。**各復其根，各復其根而不知；**言若萬物之開謝出入，變化生死，任造物之自然而不知。**渾渾沌沌，終身不離；若彼知之，乃是離之。**渾沌之樸，未嘗或離，若彼才有知覺，便與道爲二。竅一鑿而渾沌死，乃是離之矣。**無問其名，無闚其情，物故④自生。**物本無分別之名，何須問；本無好惡之情，何須闚。順其自然，而物固自復，固自生耳。**雲將曰："天降**猶賜錫之也。**朕以德，示朕以默，躬身求之，乃今也得。"再拜稽首，起辭而行。**

【眉批】與前黄帝官陰陽、遂群生之問相似。

【眉批】倫與物忘：倫者，無物大同，豪無差別而偕忘也。

【眉批】天降：天字指鴻蒙，即吾遇天難的天字。

補曰：黄帝節，言問治天下，不若求治身之爲善。此節言治天下，總不離于養心而得之。廣成言得抱神守身之道，上爲皇而下爲王。鴻蒙言無問名，無闚情，而物故自生，只是個無爲之旨，正謂以其眞者治身，出其緒餘以理天下，發明《在宥》之微理也。大意謂治心者，貴去聰明，斷知識，治天下人之心，不可

---

① 昆，通行本作"止"。
② 噫，通行本作"意"，下同。
③ 矣，通行本作"哉"。
④ 故，通行本作"固"，註文中亦作"固"。

以仁義賞罰，攖其心而亂之。

世俗之人，皆喜人之同乎己，而惡人之異於己也。同於己而欲之，異於己而不欲者，以出乎衆爲心也。夫以出衆爲心者，曷常出乎衆哉！因衆以寧所聞，不如衆技衆矣。出衆者，欲絕群超倫，使世俗之人，同然而尊奉之也。老子曰："知我希則我貴。"孔子曰："人不知而不慍。"一有出衆之心，全從世俗起見，好名務外，自己毫無主宰，何能出乎衆哉！況因衆人之從違，以寧所聞，將同乎己則安，不同乎己則不安矣。不如衆技之紛綸，不啻千萬矣，又安能勝衆也哉！而欲爲人之國者，此攬乎三王之利，而不見其患者也。此以人之國僥倖也，幾何僥倖而不喪人之國乎！其存人之國也，無萬分之一；而喪人之國也，一不成而萬有餘喪矣。善謀國者，未興利，先違害。防微杜漸，庶幾治而不亂，惟賢人君子，足以語此。世俗之人，止知耽爵位，營身家，即用人行政，徒見一時之利，而不見百世之患。遠引三王，以爲有造于社稷，而禍患且不旋踵，此以人國僥倖，無一善而萬有餘喪也。悲夫，有土者之不知也！夫有土者，有大物也。有大物者，不可以物。不與衆物伍也。物而不物，故能物物。不物者道也，物物者治物也。明夫物物者之非物也，知其能主張綱維是物者，原非囿于物也。豈獨治天下①而已哉！出入六合，遊乎九州，獨往獨來，是謂獨有。獨有之人，是謂至貴。放浪逍遥于塵垢之處，提挈陰陽，主宰造化，與天爲一，疇得方駕，是獨往獨來也。主無而實至有，是謂獨有，是謂至貴。其視有大物者，可以同日而語哉！大人之教，若形之於影，聲之於響，有問而應之，盡其所懷，爲天下配。夫獨有者，特人之謂之耳。大人寧以是爲心哉。大人之教天下也，若影之隨物賦形，響之隨叩應聲，無情以受天下之感，獨有也而實獨無也。其應人之問，叩兩端而竭，盡所懷來，與人相合而各得其宜，若匹配然。此處又起一頭，言大人有而不有，超出宇宙之表，不但出乎衆人已也。處乎無響，行乎無方，挈汝適復之撓撓，以遊無端，出入無旁，與日無始，然不過寂以待感，所處無聲響也。隨時變化，所行無轍跡也。挈天下而適于道，故往來自如，撓撓無極也。復，來也。之，往也。獨往獨來，無所依旁也。既曰無端矣，則無終；既無終則無始，與日無始，言其悠久不測也。頌論形軀，合乎大同，大同而無己。無己，惡乎得有有？睹有者，昔之君子；睹無者，天地之友。

【眉批】文氣清剛。

___

① 通行本"天下"後有"百姓"兩字。

【眉批】獨有二字奇特。

補訂曰：大人與道合眞，與天爲一，則形神爲之俱妙矣。今試頌論其形軀，合乎造化之無私，大同矣。大同則萬物一體，擴然無我，無我則一切空諸所有，纖塵不染，惡得有有乎？睹，只作見字解。見以爲有，則有紀綱法度，便有因革損益，與時推移，日趨于有也。昔之君子，堯、舜、禹、湯、周、孔諸人也。天地之友，即與造物者爲人者也。睹無者，一無所見也。頌論，即擬議也。

補曰：此段言世俗之人，分別異問，適足以喪人之國，不能在宥天下也。在宥者，物而不物，故能物物也。豈獨治天下盡其所懷哉。且出入六合，獨往獨來，處乎無響，行乎無方，大同而無己，在宥之至人，蓋天地之友也。

賤而不可不任者，物也；**卑而不可不因者，民也**；貴道則物爲賤，尊道則民爲卑。然世無遺物離民之人，故任之因之也。**匿而不可不爲者，事也**；事變紛紜，每隱匿而難測，而分所應爲者，不可不爲。**麤而不可不陳者，法也**；法爲已陳之跡，雖粗，有可以顯吾道者，不可不陳。**遠而不可不居者，義也**；義者，利物之宜，推行極遠。既不能不與物爲應，則居之。**親而不可不廣者，仁也**。道即無親疏，豈至令人仇避，廣被天下，不煦煦示愛可也。**節而不可不積者，禮也**。禮者，自然之節文，與人接物，三千三百，隨取隨足，積也。**中而不可不高者，德也**。抱此中德，日進於高明，所以崇之也。**一而不可不易者，道也**。道體無常，雖純一而未常不變通。**神而不可不爲者，天也**。不可知之謂神。天固莫之爲而爲也。豈可一切委之自然，甘於暴棄。**故聖人觀於天而不助**，雖不可不爲，未嘗容心力以助之。**成於德而不累**，德之成，不祈高而自高，無心於積累。**出於道而不謀**，凡有變易，皆出於道，絕無忓逆之私謀。**會於仁而不恃**，仁會於己，不自以爲恩。**薄於義而不積**，義以方外，篤於義，則逐耽事物，而遠於道，故薄而不積。薄字，不必作近字解。**應於禮而不諱**，物來順應，而無拘忌。**接於事而不讓**，事所當爲，不過於推讓。**齊於法而不亂**，與民畫一，不事更張。**恃於民而不輕**，厚下安宅，不敢輕用。**因於物而不去**。物雖可因，不去本以就末。**物者，莫足爲也，而不可不爲**。總結。**不明於天者，不純於德；不通於道者，無自而可**，又恐人以不可不爲，從事於有爲之跡，故急轉一語曰，若貪人爲，不明於自然之天者，不純於德。天法道，道法自然。不通於道，則無往而不碍。道者，大同而無己也。**不明於道者，悲夫**！又嘆惜以警之。**何謂道？有天道，有人道。無爲而尊者，天道也；有爲而累者，人道也**。積累而成，故不可不

133

爲。**主者，天道也；臣者，人道也**。即如《齊物論》"其遞相爲君臣乎"之意，云以道心爲主，而人心自聽命也。**天道之與人道，相去遠矣**。**不可不察也**。言雖不可不爲，天人相去甚遠也。

【眉批】通節句解都有斟酌，多與原註不同，欲使讀者當下了悟，故逐句疏之，不分別姓氏與補訂也。

補曰：此承上睹有睹無之說，恐人截然分有無爲二條，淪于空幻。蓋有無道器，本不相離。佛語云，我法不說斷滅相。大人立言，語上而不遺乎下，語理而不遺乎物。因發明精粗不離，本末合一，天人交盡之旨。然合天則人道兼而有之，故結一句曰，天道之與人道也，相去遠矣，使人有個分曉。

南華眞經合注吹影卷之十二

外篇天地總論

　　吹影曰:此言玄古之君天下也。首節"君原于德,而成于天"一句是通篇大綱。通于天地者,德也;行于萬物者,道也。德兼于道,道兼于天,故以德王天下者,無欲而足,無爲而化,淵靜而定,所以覆載萬物者,其道有十。【眉批:緊緊挽定,眼明手快。】"無爲爲之之謂天"至"不以物挫志之謂完"是也。君子明此十者,不以王天下爲處顯,明萬物一府,死生同狀,而知通于神,聽于無聲,視于冥冥,深之又深,神之又神,至無而供其求,時聘而要其宿,此之謂通于一而萬事畢,無心得而鬼神服也。【眉批:打成一片。】黃帝遺玄珠,象罔得之而智察言辯索之不得,一证也。齧缺聰明睿智,以人受天,不可以爲衆父父,一证也。華封人無心順應,可免多懼、多事、多辱之患,一证也。禹之君天下,以賞罰爲事,伯成子高嘆其德衰刑立,亂自此始,辭諸侯而耕,一證也。必將保神反德,同乎泰初,乃爲玄德;必將忘乎物忘乎己,乃入于天。必若季徹,若性之自爲,而民不知其所由然,庶幾原於德而成於天乎! 若夫事求可,功求成,用力少而見功多者,有機心機事則純白不備而神不全,非體性抱神之道也。【眉批:融金注液。】彼神人者,乘光滅形,致命盡情,行而無迹,事而無傳,其蓄天下也,不尚賢,不使能,上如標枝,下如野鹿,絕義正仁,愛忠實信,當之形者也。【眉批:合筍妙。】今之輯民者,不知法神人之無爲,徒欲服恭儉,拔公忠,無私阿,以希均治,是大惑也。試告以天德無爲之言,必不止於衆人之心,復何益哉! 彼惡疾之屬人生子,惟恐其似己,尚有自知之明。【眉批:只一句,輕輕帶過。】今以天下惑,使民盡失其性,趣舍滑心,飛揚於聲色臭味之間,自以爲得而不知悟,何異罪人交臂历指,鳩鴞在籠,虎豹在囊檻,而自以爲得也。大可哀嘆矣!

南華眞經合注吹影卷之十二

武林吹影居士胡文蔚豹生甫删補

香山　伍瑞隆铁山甫

懷寧　黎民貴汝良甫　评訂

外篇天地第五

天地雖大,其化均也;萬物雖多,其治一也;人卒雖衆,其主君也。君原原,原本也。於德,而成於天。非德無以出治,非天無以成德。天者,自然無爲而已。故曰,玄古之君天下,無爲也,天德而已矣。天德,即天道也。道不能不散而爲器。凡天下之有名相者,莫非道樸之所散,故以道觀。以道觀言,而天下之君正;凡言之所稱,必君始。君名正,則無不正。以道觀分,而君臣之義明;言分,則莫嚴于君臣。上下位而事使明。以道觀能,而天下之官治;天下事,非一人可治,随能任事,大小各當其職也。以道汎觀,而萬物之應備。物各有偶,雌雄聲氣,皆出于自然。○四者本于天,出于道也。故通於天地者,德也;行於萬物者,道也。上治人者,事指禮樂刑政。也;能有所藝者,技人之所能,各執一藝。也。技兼於事,事兼於義,林註曰:今作藝,同聲,傳寫之訛。義兼於德,德兼於道,道兼於天。故曰,古之畜養也。天下者,無欲而天下足,無爲而萬物化,淵静而百姓定。記曰:"通於一而萬事畢,事殊而道一。無心得而鬼神服。《管見》曰:記,指老子之言。通于一,萬事畢,此老君西升告尹喜語,即孔子"一以貫之"意。無心得而鬼神服,即《易》"天且弗違,而况於人乎,况於鬼神乎"意。

夫子曰:"夫道,覆載萬物者也,洋洋乎大哉! 君子不可以不刳心焉。去知覺,而后可以入道。**無爲爲之之謂天,無爲言之之謂德,愛人利物之謂仁,不同同之之謂大**,不分別物我,廓然大同。**行不崖**①**異之謂寬,有萬不同之謂富。故執德之謂紀**,德之條理大小有序,執此可以紀綱萬物。**德成之謂立**,卓然能自立。**循於道之謂備**②,道中衆善具備,循道而行,則隨取皆足。**不以物挫志之謂完**。備道者,死生利害,都不擾逆其志,斯名完德之人。**君子明於此十者,則韜乎其事心之大也**,韜藏萬善而無遺,此心之大無外矣。**沛乎其爲萬物逝也**。德澤滂沛,萬物往而歸之也。**若然者,藏金于山,藏珠于淵;不利貨財,不近富貴**③**;不樂壽,不哀夭;不榮通,不醜窮;不拘一世之利以爲己私分,不以王天下爲己處顯**。總見其物累世情之盡空。**顯則明**,以言乎道中之顯,光輝映發。且上與日月合其明,何羨王天下之顯哉!**萬物一府,死生同狀。"**

【眉批】剻,音枯。

【眉批】琢句矯古,絕不同世人口角。

陸曰:以下連用"二夫子"曰,述其師之言,以狀道體也。

林曰:無爲言者,謂得於己,不言而喻,無所容言也。逝,"逝者如斯"之"逝"也。萬物往來不窮,吾與之爲不窮,故曰沛乎其爲萬物逝也。

《管見》曰:郭氏從"顯則明"爲句,諸解多因之,似與下文不貫。無隱范先生,連下文爲句,義長,今從之。王天下不以爲己顯也,乃若所顯則有之,在明乎萬物一府,死生同狀耳。萬物一府,則無彼我之分;死生同狀,則無去來之累。此爲剻心之極致歟!【眉批:此說以顯則明,萬物一府爲句,亦好。】

夫子曰:夫道,淵乎其居也,漻音留。**乎其清也。金石不得無以鳴**,原言止此,以下申說之也。**故金石有聲,不考不鳴,萬物孰定之!**言鳴者是道,考者是道,孰能定之。推之萬物,亦如是而已。**夫王德之人**,以德王天下者。**素逝而耻通於事**,素履而往,實以通達事宜爲耻。**立之本原,而知通於神**。蓋由本原之天,不受虧蔽,所立者全,先事而知,精明瑩徹,如鬼神然。**故其德廣**,所以廣遠而不可測。**其心之出,有物採之**。然其所謂通者,迫而後應,若有物採取之,始出而應之。**故形非道不生**,夫耳聞目

---

① 崖,通行本作"崖"。
② 備,通行本作"備"。
③ 富貴,通行本作"貴富"。

見,口言心思者,無非道也,則形非道不生。**生非德不明**。生之所以然,非得之于己,則不能明也。**存形窮生,立德明道,非王德者邪!** 存我之形,以窮究其始之理,立我之德,以明其自然之道,非聖人不能也。**蕩蕩乎,忽然出,勃然動,而萬物從之乎!** 無心於動出者,聖作而物睹。**此之①謂王德之人。視乎冥冥,聽乎無聲;冥冥之中,獨見曉焉;無聲之中,獨聞和焉。故淵②之又淵而能物焉**,物物皆能順應。**神之又神而能精焉**。精光處處发見。**故其與萬物接也,至無而供其求**,採之也。**時騁而要其宿**,時出矣而左右逢原也。**大小、長短、修③遠**。時措而咸宜。

【眉批】"夫子"二字指老子,上節同。

【眉批】以"大小"六字作住,句極新異。

陸曰:此又述師旨以狀道。淵乎其居,滲乎其清,語其寂也。金石不得無以鳴,語其感也,故金石有聲,不叩不鳴。金石本有能聲之理,而非聲聲者以感之,則亦無自而鳴。而聲聲者,吾人之天機,自然之覺性也,即是而觀,道俱兩在,鳴者是道,考者是道,孰能定之? 以爲定在金石,不考何以不鳴;定在考者,他聲當同金石;定在虛空,考之何以無聲? 直是未能定得。如此徵問,要人深思而自得之。素,樸素也。逝,往也。言率其素履以往,常自虛靜恬澹,寂寞無爲,未嘗沉着於有爲事相之中,故曰耻通於事。然雖耻通於事,而事至能揆,物來能應,本然之明,自不容昧,故先事而知若鬼神。然其本原之天,不受窾鑿,自爾精明瑩徹,《戴記》所謂"清明在躬,志氣如神"者,其本原立焉耳,故曰立之本原而知通于神。如是,則其德廣矣。何者? 通于事者,沉着而易障;通於神,則清通而無象矣,故曰其德廣。然其所謂通者,又皆感之而後應,迫之而後起,故曰心之出,有物採之。出,謂出以應人。採,謂求取于己。夫王德之人,無心於天下,而不能不應天下之感,顧其誠立明通,迴與世人强作解事者別。是知生我者道也,明我者德也。以德爲明,則明之至矣。然道與德,又豈有二乎哉! 原于天,則謂之曰道,即立之本原也。立於己則謂之曰德,即通神之知也。存其形而能窮其生,則本原立矣。立其德而能明其道,則王德廣矣,故復

---

① 通行本無"之"字。

② 淵,通行本作"深"。下同。

③ 修,通行本作"脩"。

贊之曰,蕩蕩乎,忽然出,勃然動,而萬物從之。蓋信沛乎其爲萬物逝也已,又自立之本原而知通于神,透下意來。蓋本原者,道也,道冥冥爾,不可神也;道無聲也,不可聽也。雖不可視,而冥冥之中,獨見曉焉;雖不可聽,而無聲之中,獨聞和焉。故此獨見獨聞者,超乎聞見之外,而行乎聞見之中,不因有聞見而後有,不以泯聞見而遂無。深之又深,莫可測矣,而物物皆能順應;神之又神,至無方矣,而處處发見精光。其接物也,若無所有,而採取皆能供其求;不時騁出,而左右皆能逢其原。語大也而實小,語長也而實短,語修遠也而實近。道之體,蓋如此。

呂①曰:素則無所與雜,逝則無乎不在。通于事則物徹疏明,知通于神則周萬物而不遺。

黃帝遊乎赤水之北,登乎崑崙之丘,而南望還歸,遺其玄珠喻道。。**使知**喻知覺。**索之而不得,使離朱**喻明察。**索之而不得,使喫詬**音陳垢,喻言辯。**索之而不得也,乃使象罔**喻心無。**象罔得之。黃帝曰:"異哉,象罔乃可以得之乎?"**

林曰:此段喻言求道,不在聰明,不在言語,即佛經所謂"以有思維心,求大圓覺,如以螢火燒須彌山"。

陸曰:無心得道,止矣。禪宗更有上上機關,莫謂無心云是道,無心猶隔一重關。

堯之師曰許由,許由之師曰齧缺,齧缺之師曰王倪,王倪之師曰被衣。堯問于許由曰:"齧缺可以配天乎?配天,言爲君即其配上帝之意。**吾藉王倪以要之。"許由曰:"殆哉,圾乎天下!齧缺之爲人也,聰明睿②知,给數**音朔。**以敏,**能應繁劇以敏捷。**其性過人,而又乃以人受天。**至性過于他人,又修人事以應天理。**彼審乎禁過,而不知過之所由生。**知過之所由,則不待禁而無過。**與之配天乎?彼且乘人而無天。方且本身而異形,**不玄同人我。**方且尊知而火馳,**尚知而急用之。**方且爲緒使,**役于瑣事。**方且爲物絯,**爲物所束縛。**方且四顧而物應,**紛馳而爲物用。**方且應衆宜,**事事求合其宜。**方且與物化而未始有恒。**相與汩沒,失其自然之

---

① 原作郭注,誤,據褚伯秀《南華真經義海纂微》改。
② 睿,通行本作"叡"。

常。**夫何足以配天乎！雖然，有族有祖，可以爲衆父，而不可以爲衆父父。治亂之率也，北面**臣**。之禍也，南面**君**。之賊也。**"不能無爲，皆足以賊禍天下。

陸曰：配天，言爲君也。《書》曰"其配上帝"，堯蓋欲讓天下，而問齧缺于許由。圾與岌同。圾乎殆哉，言危也。缺之爲人，蓋恃其聰明聖知之資，竅鑿混沌，是故謂之以人受天。何者？天賦而天全之，謂之天受。天賦而人鑿之，謂之人受。人受者，上帝不宜。且彼亦知閑邪，以求立于無過之地，而不知過之所由生也。夫有心爲善者，雖善必粗，與之以配天。彼且用其知慧，逞其辯才，以人而勝天，故曰乘人而無天。先己而後人，故曰本身而異形。尚知而急用，故曰尊知而火馳。從此天下日就多事，故曰爲緒使。民受束縛，不得自如，故曰爲物絯。夫道貴乎能靜而能應，四顧而物應，非靜而應者也。道貴乎無心而應物，應衆宜，則有心而應者也。如是，則與物俱化，而失其眞常之性矣，故曰物化而未始有恒。此皆有知有爲之道，又何足以配天乎？雖然又下一轉，先抑而後揚，揚之而復抑，看他文字變化之妙。有族有祖，言族聚者，必尊於祖。若而人者，可以爲衆父矣，而不可以爲衆父父。衆父父則祖也。老子云："無名天地之始，有名萬物之母。"始，即祖也；母，即衆父也。言缺之所爲，不與道應，若置之有爲名相之中，其才亦能首出，故可以爲衆父，然而去道遠矣，故不可以爲衆父父。又且足以裁定禍亂，故曰治亂之率也。率，謂連率。若北面之適以禍之，南面之適以害之耳！蓋君道無爲，臣承君之令而致之民，果於自用，信乎其不可也。

堯觀乎華，華封人曰："嘻，聖人！請祝聖人，使聖人壽。"堯曰："辭。""使聖人富。"堯曰："辭。""使聖人多男子。"堯曰："辭。"封人曰："壽、富、多男子，人之所欲也。汝①獨不欲，何邪？"堯曰："多男子則多懼，富則多事，壽則多辱。是三者，非所以養德也，故辭。"封人曰："始也我以汝爲聖人邪，今然君子也。天生萬民，必授之職。多男子而授之職，則何懼之有？富而使人分之，則何事之有？夫聖人，鶉居而鷇食，鳥行而無彰。鶉無長居，鷇仰母哺，鳥行空虛，過而無跡，皆無心自然之喻。**天下有道，則與物皆昌；天下無道，則修德就閒。千歲厭**

---

① 汝，通行本作"女"，下文同。

世,去而上僊,乘彼白雲,至于帝鄉。三患_{或云少、壯、老,方壺作水、火、風,不知是}否。莫至,身無常殃,則何辱之有?"封人去之,堯隨之曰:"請問。"封人曰:"退已!"

補曰:引此,見無心應物,則隨所寓而無患。

堯治天下,伯成子高立爲諸侯。堯授舜,舜授禹,伯成子高辭爲諸侯而耕。禹往見之,則耕在野。禹趨就下風,立而問焉,曰:"昔堯治天下,吾子立爲諸侯。堯授舜,舜授予,而吾子辭爲諸侯而耕。敢問其故何也?"子高曰:"昔堯治天下,不賞而民勸,不罰①而民畏。今子賞罰而民且不仁,德自此衰,刑自此立,後世之亂自此始矣!夫子闔行邪?無落_{謊廢也。}吾事!"俋俋乎_{低首而耕之}_{狀。}耕而不顧。

補曰:引此見有心于君天下者,賢人去之。

泰初有無,無有無名。一之所起,有一而未形;物得以生,謂之德;未形者有分,且然無間,謂之命;留②動而生物,物成生理,謂之形;形體保神,各有儀則,謂之性。性修反德,德至同於初。同乃虛,虛乃大。合喙鳴,喙鳴合,與天地爲合。其合緡緡,若愚若昏,是謂玄德,同乎大順。

【眉批】范無隱曰:設問太初,有乎無乎,曰無有也,並無此名也,而無之中一所由起。

【眉批】林註曰:合喙,不言也。鳴者,言也。是不言之言,卻又如此下字,復翻一轉。又曰喙鳴合,此"合"字與上"合"字不同,言此喙之鳴,既以不言,則與自然合,便天合。

刪訂陸註曰:泰初,溟涬之先。所有者,祇是無而已,未有所謂有也。有且無之,安從有名,迨自無生有,即此對無之有已,卻成箇一了,故曰一之所起。然雖有箇一,尚未嘗見形跡,但物不得此,不可以爲物。德之爲言得也,故曰有一而未形,物得以生,謂之德。至未形者,分而爲兩儀,陰陽闔闢,往來不窮。且然無間,是天之所爲命也,即《詩》"維天之命,於穆不已"意。不已,即無間

---

① 原本作"怒",字,據通行本改。
② 留,通行本作"畱"。

也。顯仁藏用，連旋不已，生而爲物。其動者，暫留於此而成質，故曰留動而生物。物即生矣，造化之生理亦隨物而寓。動植飛潛，有萬不齊。所生之理，要皆一成而不可易，此之謂形。有形者，有形形者，則神之謂也。保，如保合太和之保，保合此神。視聽言動，各有自然之儀，則是所謂性也。性修則復於德，反其自然之極至也。德極乎自然，則寂寞無爲，同乎未形之初。同乃神返于虛，虛則無所不容納而大矣，大則無是非彼我。凡天下之以喙爭鳴者，皆合而爲一矣。喙鳴合，則同乎天地矣。緡緡，如綸之合也。其合緡緡，若愚若昏，形容合之之意。玄德者，深妙之德。大順者，順其自然，而不以己私與之也。修性返德，其道如此。

補註曰：且，徂同，逝也。一陰一陽，往來不窮，如水之逝，歲之徂，無有間斷，言其速也。

夫子問於老聃曰："有人治道若相放，即前聖后聖，若合符節之義。**可不可，然不然。**以我之可，明彼之不可；以我之然，明彼之不然。**辯者有言曰：'離**分晰。**堅白，若縣寓。'**寓，同宇。辯者之言，雖不一，能分晰之，而昭昭乎若揭日月而縣之天宇。**若是，可謂聖人乎？"老聃曰："是胥**左右胥役。**易**商賈貿易。**技**工百藝擠。**係**有罪係累，**勞形怵心者也。**四項人以形則勞，以心則怵也。**執狸①之狗成思，猨狙之便自山林來。**獵犬被係而愁思，猿狙自山林而入檻，皆以能自累也。**丘，予告若，而所不能聞，與而所不能言。凡有首有趾、無心無耳者衆，有形者與無形無狀而皆存者盡無。**有形者，首趾心耳也。無形無狀者，無爲自然之大道也。有形者與形形者竝存。所謂形體保神也，如是之人舉世所罕有。**其動止也，其死生也，其廢起也，此又非其所以也。**若有形之動止死生廢起。此形之爲也，又非所以形形者之爲也。**有治在人，忘乎物，忘乎天，其名爲忘己。忘己之人，是之謂入於天。"**一犯人之形，安能有事而不治。非惟忘有形之物，且忘自然之天，天人兩忘，斯名忘己。惟忘天而後可以入于天，猶善沒者忘淵，而后可以入于淵也。

林曰：有形者與無形無狀者而皆存，即形而下者見形而上也，此等人不可易得，故曰無盡。忘己，無我也。入於天，入于自然也。既曰忘乎天，又曰入于

———————————

① 狸，一本作"貍"。

天，入則與天爲一矣，惟其忘而後能爲一也。

蔣①聞葂音免。見季徹曰：“魯君謂葂也曰：‘請受教。’辭不獲命。既已告矣，未知中否，請嘗薦之。吾謂魯君曰：‘必服恭儉，拔出公忠之屬而無阿私，民孰敢不輯！’”季徹局局然笑曰：“若夫子之言，於帝王之德，猶螳螂②之怒臂以當車轍，則必不勝任矣！且若是，則其自爲處危，危然高峙意。其觀臺多物，遊觀之臺，多陳耳目玩好之物也。將往投迹者衆。”投足往觀者雖衆，不知秉彝而來，未幾興盡而返，不足深恃也！蔣聞葂覰覰音虩。然驚曰：“葂也，汒若於夫子之所言矣！雖然，願先生之言其風也。”葂疑投跡者衆，則民盡歸之，何以不勝任。風，略也。季徹曰：“大聖之治天下也，搖蕩民心，使之成教易俗，舉滅其賊心，而皆進其獨志，若性之自爲，而民不知其所由然。若然者，豈兄堯舜之教民，溟涬然弟之哉？欲同乎德而心居矣！”

陸曰：何謂搖蕩民心？民心本自蕩蕩廣平，搖搖活潑，若草木之于春風者。自聖人過爲之防，攖以仁儀禮樂，紀綱法度。于是民始蹩躠跂蹯，失其本性。大聖順民心之自然，搖之蕩之，使之自得其性，則教由此成，俗由此易，滅其相戕相賊之心，而進其優遊自得之獨志，若出于性之自然，而不知爲上之化之所由然。若然者，無爲之治，正如鴻蒙之世，溟涬然矣。豈肯兄堯舜之化，自處其下而弟之哉！亦欲使民同乎自然之德，而各得其所安也，居之爲言安也。”

子貢南遊於楚，反於晉，過漢陰，見一丈人。方將爲圃畦，鑿隧而入井，隧，水溝。井，即方里而井之井。抱甕而出灌，搰搰音谷。奔趨劬勞之貌。然用力甚多而見功寡。子貢曰：“有械於此，一日浸百畦，用力甚寡而見功多，夫子不欲乎？”爲圃者仰③而視之俯而抱甕，見問者故仰而視之。曰：“奈何？”曰：“鑿木爲機，后重前輕，挈水若抽，數如泆湯，其名爲槔。”抽，拔也。泆，音溢。解同。水若沸湯，溢泛而起。爲圃者忿然作色而笑曰：“吾聞之吾師，有機械者必有機事，有機事者必有機心。機心存於胸中則純白不備，純白不備則神生不定，神生不定者，道之所不載也。吾非不知，羞而不爲也。”器之巧者爲機械。用是器也，則爲機事。作

① 蔣，通行本作“將”。
② 螂，通行本作“蜋”。
③ 仰，通行本作“卬”。

是器也，必有機心。機心存，則方寸慢雜而不純白，白如虛室生白之白。不純，故不白。本體純粹者，自然光明透徹，表裏如一，而其神也定，否則日見其繆膠，而神便搖動。故曰純白不備，則神生不定。生字，祇作發露看。衆人之神，貴充腴；至人之神，貴寧息。神不定者，非載道之器也。**子貢瞞然慙，俯而不對。有間①，爲圃者曰："子奚爲者邪？"曰："孔丘之徒也。"爲圃者曰："子非夫博學以擬聖，於于以蓋衆，獨弦哀歌以賣名聲於天下者乎？汝方將忘汝神氣，墮汝形骸，而庶幾乎！而身之不能治，而何暇治天下乎！子往矣，無乏吾事。"**瞞然，懷愧不安之貌。於于，誇誕之貌。蓋衆，撫視當世之意。獨弦，自唱自適也。哀歌，哀世俗之無知，而咏歌寄興也。忘神氣，墮形骸，去機心而不用也。而庶幾、而身，二"而"字，做"汝"字看。庶幾，謂幾於道。乏，廢也。與前節伯成子高無落吾事同。**子貢卑陬**慙恧貌。**失色，頊頊然**自失貌。**不自得，行三十里而後愈。其弟子曰："向之人，何爲者邪？夫子見之何故②變容失色，終日不自反邪？"曰："始吾以爲天下一人耳，**指孔子。**不知復有夫人也。**指丈人。**吾聞之夫子'事求可，功求成，用力少，見功多者，聖人之道。'今徒不然。執道者德全，德全者形全，形全者神全。神全者，聖人之道也。**神全，即備純白而寧息常定也。**託生與民竝，**句。**行而不知其所之，汒乎淳備哉！**作"託生與民竝行"者，非。前人皆以訛習訛。言託其生於世，雖與民竝也，行而浮遊不知所求，猖狂而不知所之，則與人異。總見不識不知，無機心也，汒乎無形跡貌。淳備者，渾全純一之意。**功利機巧必忘，**句。**夫人之心。**古本無四字，今按語意必悞寫之故。**若夫人者，非其志不之，非其心不爲，雖以天下譽之，得其所謂，謷然不顧；以天下非之，失其所謂，儻然不受。天下之非譽，無益損焉，是謂全德之人哉！我之謂風波之民。"**得其所謂，有當於其心志也，尚謷然不屑顧，則非之而無當。適如浮雲過眼，儻來之物，如水觸石而不受也。蓋神定德全，不以天下之非譽爲損益也。風波，不定之意。**反於魯，以告孔子。孔子曰："彼假修渾沌氏之術者也。識其一，不識其二；治其內，而不治其外。夫明白入素，無爲復樸，體性抱神，以遊世俗之間者，汝將固驚邪！且渾沌氏之術，予與汝，何足以識之哉！"**假修，假字，郭注做眞假之假，則當以'夫明白入素'者爲眞，與文氣不合，從林膚齊，作大修解。識其一，守其純一而不分離也。治其內句，得其己心

---

① 間，通行本作"閒"。
② 見之何故，通行本作"何故見之"。

144

而忘乎外物也。體性,全其性也。抱神,定也。固,宜也。賜之學,宜不及此,固將驚之矣。且夫混沌氏之術,予與子皆不足以識之也,其驚之也,固宜。

【眉批】沽名釣譽者,聞之大媿。

【眉批】陬,走侯反。

【眉批】頊,音旭。

【眉批】譽,平聲。

【眉批】瞀,音鶩。

【眉批】不平講,有識。

【眉批】何足以識之,固非貶詞。

諄芒將東之大壑,適遇苑風於東海之濱。苑風曰:"子將奚之?"曰:"將之大壑。"曰:"奚爲焉?"曰:"夫大壑之爲物也,注焉而不滿,酌焉而不竭。吾將遊焉!"苑風曰:"夫子無意於橫目人之目皆橫生。之民乎?願聞聖治。"諄芒曰:"聖治乎?官施而不失其宜,官無曠職。拔擧而不失其能,用人皆當。畢見其情事,而行其所爲行,人各紓其情實,無詐偽之行。言自爲而天下化。手撓顧指,四方之民莫不俱至,指揮顧盼而四方風動。此之謂聖治。""願聞德人。"曰:"德人者,居無思,行無慮,不藏是非美惡。四海之內,其①利之之謂悅,其《副墨》二其字皆作共。給之之謂安。與天下共利共給,以爲悅安而無私。怊乎恨然貌。若嬰兒之失其母也,儻乎若行而失其道也。總是無意於世。財用有餘而不知其所自來,飲食取足而不知其所自從,忘恩德而不居。此謂德人之容。"郭注:德者,神人之跡,故曰容。"願聞神人。"曰:"上神乘光,與形滅亡,是謂照曠。其神騰躍而上,出乎天地外,日月之光反在其下,若乘之然。方且入金石不礙,步日月無影,何形軀之不化,所以遊乎不測,曠蕩而虛明。致命盡情,天地樂而萬事銷亡,萬物復情,此之謂混冥。"命者,天之所賦情者。性之所發,致之盡之,則天地之至樂在我,何物累之不空。非惟致中和而萬物育。且芸芸歸根,各復其情。恬澹清淨,入于寥天一,與物相忘,大同乎溟涬,是謂混冥。言其混沌而窈冥也。

【眉批】怊,音超。

門無鬼與赤張滿稽觀武王之師,赤張滿稽曰:"不及有虞氏乎!故離此患

---

① 其,通行本作"共",下同。

也。"離，如《易》"日月離乎天"一樣解。**門無鬼曰："天下均治而有虞氏治之邪？其亂而後治之與？"赤張滿稽曰："天下均治之爲願，而何計以有虞氏爲！有虞氏之藥瘍**音羊。**也，禿而施髢**音剃，今之假髮也。**病而求醫。孝子操藥以修慈父，其色燋然，聖人羞之。至德之世，不尚賢，不使能，上如標枝，民如野鹿；端正而不知以爲義，相愛而不知以爲仁，實而不知以爲忠，當而不知以爲信，蠢動而相使不以爲賜，是故行而無跡，事而無傳。**

【眉批】離，平聲，諸本作去聲，非。

參訂陸註曰：夫自有虞而觀周武之師，則征伐之不及揖遜也，尚矣。雖然有遺論也，故設此一段議論。離之爲言罹也，言武德不及虞舜，故使天下橫罹此兵革之禍，不知舜武皆亂而後治者，去至德亦遠。蓋天下均治，則無庸於治。凡治之云者，對亂而言也。有虞之世，雖無亂形，而人心已有亂萌。故藏仁要人，因以得人，是亦亂而治之之謂也。滿稽因無鬼之詰而有悟。言天下均治，則人人各足其所願，何爲計有虞之德，以元后尊之哉！分明是亂而求治于有虞也，然亦僅其外焉耳已，故曰有虞氏之藥瘍也。瘍，癰疽之醫，治病於外者也。夫髮禿而施髢，病篤而求醫，皆亂而求治者也，孰若無庸于治之爲愈哉！猶之孝子操藥以修其慈父，其色燋然，用心非不善也，孰若親之無事之爲愈哉！脩，進也，與羞同。聖人羞之，恥其心之將日勞，而事之將日煩也。堯舜推賢讓能，至德之世，不尚賢，不使能，何者？上古淳質無事，民不求治于君，雖有賢能，終亦無以自見。以故不尚不使，上如標枝，處高而無凌下之心。民如野鹿，放適而無相忌之嫌，端正無邪，不自知其爲義；藹然親愛，不自知其爲仁；願樸誠實，不自知其爲忠；云爲當可，不自知其爲信。行無畔岸，故無跡也；事無歆羨，故無傳也。斯世也，斯民也，何有于亂，而抑何求于人君之治之也。

陳碧虛曰：丹朱不肖，有重華以代之；殷受殘惡，有神武以戡之，皆非恬然均治也。黔首有病重華以仁義之藥治之。病而求醫，亂而求治，豈良醫孝子所願聞耶？不尚賢，故無爭；不使能，故無敗。上如標枝之無心，下如野鹿之自得，此亦感召之理。有褒則義見焉，有憎則仁出焉，有詐則忠顯焉，有誕則信彰焉。無上四條，則下四事亦亡矣。蠢動之相役使，物情自然，不以爲賜也。無跡無傳，不以爲特異也。

孝子不諛其親，忠臣不諂其君，臣子之盛也。親之所言而然，所行而善，則世俗謂之不肖子；君之所言而然，所行而善，則世俗謂之不肖臣。而未知此其必然邪？世俗之所謂然而然之，所謂善而善之，則不謂之道諛之人也！然則俗故嚴於親而尊於君邪？謂己道人，則勃然作色；謂己諛人，則怫然作色。而終身道人也，終身諛人也。合譬飾辭聚衆也，是終始本末不相坐。言不相當，猶不相照應也。垂衣裳，設采色，動容貌，以媚一世，而不自謂道諛，與夫人之爲徒，通是非，而不自謂衆人，愚之至也。知其愚者，非大愚也；知其惑者，非大惑也。大惑者，終身不解；大愚者，終身不靈。三人行而一人惑，所適者猶可致也，惑者少也；二人惑則勞而不至，惑者勝也。而今也以天下惑，予雖有祈嚮，不可得也。不亦悲乎！大聲古樂大雅之音。不入①里耳，《折楊》《黃②荂》閭巷之曲。則嗑然而笑。是故高言不止於衆人之心；格格不相入，不以爲意也。至言不出，俗言勝也。以二缶鐘惑，宜做"垂踵"。重提前二人惑，云惑者坐垂其踵而不行也，是傳寫之訛。而所適不得矣。而今也以天下惑，予雖有祈嚮，其庸可得邪！知其不可得也而强之，又一惑也！故莫若釋之而不推。不推，誰其比憂！

【眉批】黃荂，或作"黃華"。華，音花。嗑，音呷。《循本》曰，缶鐘，瓦鍾。如秦王擊缶之缶。設有二人擊瓦鍾以爲音，人必喜其新聲而爲所惑，古樂自不能行矣，蓋又以樂喻也。

補曰：從人情世法中，發明其沉，迷積習之私，以驚醒世人，極委折，極奇爽。夫人之重忠孝者，重其能諫諍匡救，不諛諂其君親也。設唯唯諾諾，所言而然，所行而善，則謂之不肖。此人情之必然者。今以世俗之人觀之，恐未知此其必然者耶。何也？天下莫嚴于親，而尊于君。君父既不可苟同，況世俗乎！夫何于世俗之所謂，而然之善之，不聞訕之爲道諛，豈俗故尊嚴于君父哉？其必然乎？其未必然乎？設有人于此，謂之爲道人諛人，必作色而怒。其于世俗也如此，則終身爲道人諛人，而不自覺矣。合譬、援引、比類、罕喻以曉人，飾辭、潤色，好説話以聳聽聞，因以聚徒講學也。無本之言，即出自一人之口，而

---

① 通行本"入"字後有一"於"字。
② 黃，通行本作"皇"。

終始本末，往往不相照應，且一味用心于外，修邊幅，飾容止，以取悅乎一世，妄自誇詡，口斥道諛之人，不知身實爲之，不過與衆人通其是非，因衆以寧所聞，曷常出乎衆哉！而自以爲非衆人，愚莫大焉。不知其愚，所以爲大愚，終身不靈也。“三人行”與“大聲不入里耳”二喻，婉轉可諷，舉世皆惑。予雖獨有祈嚮，誰與從之，不亦悲乎！葢深有所激而憤悱之詞，既知其惑而强人以必行，則我反爲不智，是又自增其惑也，莫若舍而不推。推，求也。然不推，則天下之惑，何時而解，誰其與我同憂哉！比，同也。明知天下無人，又不敢絕望于斯人，此老婆心處。

屬之人，夜半生其子，遽取火而視之，汲汲然唯恐其似己也。

補曰：惡疾者生子，恐其似己，是自知之明也。大愚大惑之人，終身不解不靈，豈獨無自知之明乎？故設此喻，令人深思而自省。

百年之木，破爲犧樽，青黄而文之，其斷在溝中。比犧樽於溝中之斷，則美惡有間矣，其於失性一也。蹠與曾、史，行義有間矣，然其失性均也。且夫失性有五：一曰五色亂目，使目不明；二曰五聲亂耳，使耳不聰；三曰五臭熏鼻，困惾音嗽衝。逆人也。**中顙**；自鼻而上連顙。**四曰五味濁口，使口厲爽**；味多則舌本乖失。**五曰趣舍滑心，使性飛揚。此五者，皆生之害也。而楊、墨乃始離跂自以爲得，非吾所謂得也。夫得者困**，彼以此說自困，而乃曰自得。以此爲自得，則禽鳥在籠中，亦可以爲自得矣。**可以爲得乎？**則鳩鴞之在於籠也，亦可以爲得矣。**且夫趣舍聲色，以柴其内，**皮弁、鷸音聿。冠取鷸毛飾冠。**、揖**執也。**笏、紳**大帶。**修**長也。**以約其外，内支盈于柴柵，外重繳**音墨。**繳**音灼。**睆睆然**目視而不動貌。**在繳繳之中，而自以爲得，則是罪人交臂歷指而虎豹在於檻囊[①]，亦可以爲得矣！**柴義有三，一者蘊崇，二者錯亂，三者梗碍。趣舍聲色，隨好惡爲取舍也。支，枝柱也。盈，充盈也。交臂，反縛也。歷指，械其手也。

補曰：世人以聲色趣舍滑心，如罪人受桎梏，禽獸在檻囊，而猶然自以爲得。毫無自知之明，直屬之人且不如矣，所以深覺而痛惜之也。

---

① 檻囊，通行本作“囊檻”。

南華眞經合注吹影卷之十三

外篇天道總論

約菴曰:夫虛靜恬澹,寂寞無爲者,天地之平,道德之至也。帝王之治,以天地爲宗,道德爲主,無爲爲常。無爲也,則用天下而有餘,故聖人休焉。休者,即與天和。所謂天樂,即與人和,所謂人樂是也。【眉批:的有摶砂成魂之技。】休則虛,虛則靜,萬物無足以撓心。虛則實,萬物皆備於吾心。靜則動,通於萬物。一心定而王天下,無爲也而尊。樸素而天下莫能與之爭美。此秉天地,馳萬物,用人群之道也。夫天地至神,尚有尊卑先後之序,則王天下尤務辯本末之所在。本在於上,如堯之爲君,執其要,無爲而治,合群臣之爲,而皆其所爲。末在於下,如舜之爲臣,詳於政事,因其自然,爲之以無爲,則無所不可爲。夫亦明於大宗大本而已。【眉批:以天地翻起,伏下德配天地案。】當試論之,末學者,古人有之,非所以先也。彼由天而道德仁義,守分形名,五變而後形名可舉。由刑名而因任原省,是非賞罰,九變而後賞罰可言。不倒不忤,知謀不用,必歸於天者,治之至也,王天下者奚爲哉!黃帝堯舜所共美者,天地也。故曰,帝王之德配天地。此其道,【眉批:“此其道”三字合筍卻好。】于大不終,於小不遺,廣廣乎無不容,淵乎其不可測。意之所存,非經書所可傳也,非仁義兼愛、中心物愷者,克盡其要也。故老子于孔子之繙十二經,欲其放德而行,遁道而趨,以爲偈偈乎仁義,求無私焉,乃私也。于士成綺之未知道,而妄加擬議,鄙之爲繫馬而止,邊境之竊也。誠慮人,將從事于刑名聲色之末,而忘夫不可傳之秘。徒踐跡而滑眞,復撰輪扁糟粕之喻,要知一切兵刑、禮法、度數、政教、刑名、比詳,皆糟粕也。道所不貴也,無爲者所共去也。

南華眞經合注吹影卷之十三

武林吹影居士胡文蔚豹生甫刪補

同里　吳百朋錦雯甫

孫治宇台甫　評訂

外篇天道第六

天道運而無所積,故萬物成;帝道運而無所積,故天下歸;聖道運而無所積,故海內服。明於天,通於聖,六通四辟於帝王之德者,其自爲也,昧然無不靜者矣!聖人之靜也,非曰靜也善,故靜也;萬物無足以鐃同撓。心者,故靜也。水靜則明燭鬚眉,平中准,大匠取法焉。水靜猶明,而況精神!聖人之心靜乎!天地之鑒也,萬物之鏡也。

【眉批】帝有位而王天下。聖、素王而無位者。

【眉批】言宜如水之爲人取法也。

補曰:凝滯不流之謂積,無積則轉運不窮矣。六通四辟,辟同闢,言六合四方,無阻塞也。昧然,混冥之義,老子云"明道若昧"是也。以水爲喻,隱然見靜中有動,又提出"精神"二字,便知靜者不是枯槁。

夫虛靜恬澹^①寂漠無爲者,天地之平而道德之至,故帝王聖人休焉。休則虛,虛則實,實者倫矣。虛則靜,靜則動,動則得矣。靜則無爲,無爲也,則任事者責矣。無爲則俞俞,安樂貌。俞俞者憂患不能處,年壽長矣。

補曰:夫靜者,不獨靜而已,蓋虛而恬澹、寂寞無爲者也,如天地之平而爲

---

① 澹,通行本作"淡",下同。

道德之極至也。休者,思慮都捐,正寂寞無爲之妙處。所以空洞如太虛,太虛之中,何所不有。萬事萬物,實實具備,件件條理,燦然而倫叙矣。且由虛得靜,靜原非絕滅偏枯,太虛中,闔闢往來,動靜互根,何時不運旋,何運旋不得其宜。靜者,無心于動,動合天符,亦若是也。【眉批:總見明于天之妙,直探莊仙不言真訣。】天地之平,靜而無爲也,四時之官,各任其事,而自盡其責,故能無爲。則常常快愉,憂患不能處于其心,身享大年,必然之理也。

林曰:處者,入據乎中也。憂患不能入,便是仁者,不憂;年壽長久,便是靜者壽。

夫虛靜恬澹寂漠無爲者,萬物之本也。明此以南鄉音向**,堯之爲君也;明此以北面,舜之爲臣也。以此處上,帝王天子之德也;以此處下,玄聖素王之道也。以此退居而閒遊,江海山林之士服**事也**;以此進爲而撫世,則功大名顯而天下一也。**

補曰:本,初也。言此理出於未有萬物之初。明此以南鄉以下,皆言任事者責也。服者,尊敬悅服,如七十子之服孔子。即下節所云萬物服也。【眉批:針鋒相對。】

靜而聖,動而王,言內聖之德、外王之業,觀此可知帝道、聖道之分。**無爲也而尊,樸素而天下莫能與之爭美。**無文而天下之至文萃焉,故美。**夫明白於天地之德者,此之謂大本大宗,與天和者也。所以均調天下,與人和者也。與人和者,謂之人樂;與天和者,謂之天樂。莊子曰:"吾師乎,吾師乎!虀**音齊。**萬物而不爲戾;澤及萬世而不爲仁;長於上古而不爲壽;覆載天地、刻雕衆形而不爲巧。"此之謂天樂。**

【眉批】大本、大宗,天和、人和,是篇中大要領。

【眉批】"莊子曰"八句重出。

補曰:"無爲也而尊"二句,言內聖外王之道,在無爲樸素也,即配天地者也。與天和者,天地以無爲爲德,既明其宗本,則與天地無逆也。與人和者,順天所以應人,故天和至而人和盡也,和則樂矣。又自引平日之語爲證,言忘戾仁壽巧,一切皆忘,忘樂而樂常足,此之謂天樂。

故曰:知天樂者,其生也天行,其死也物化。靜而與陰同德,動而與陽同

波。故知天樂者，無天怨，無人非，無物累，無鬼責。故曰：其動也天，其靜也地，一心定而王天下；其鬼不祟，其魂不疲，一心定而萬物服。言以虛靜推於天地，通於萬物，此之謂天樂。天樂者，聖人之心，以畜天下也。

補曰：知天樂者，默與之契，非但見聞之知而已也，所以生死動靜莫不隨造化以卷舒。而此和樂之中，瀟灑逍遙，一塵不掛，怨非責累，淘洗都盡，以言乎王天下。動則如天之時行物生，靜則如地之持載萬物，心常定也，以言乎聖道之服物，其神則藏而不露。若鬼之不祟，精魂則清明而不疲。存神而保和，心常定也。夫鬼非所動而動，于人降災，故爲祟。天樂者，無此也。誠以虛靜之心，推之通之，而無往不自樂也。聖人畜養天下莫不由此也。

夫帝王之德，以天地爲宗，以道德爲主，以無爲爲常。無爲也，則用天下而有餘；有爲也，則爲天下用而不足。故古之人貴乎無爲也。上無爲也，下亦無爲也，是下與上同德，下與上同德則不臣；臣分當勞，與上同一無爲，則非臣之所宜。下有爲也，上亦有爲也，是上與下同道，上與下同道則不主。君分當佚，與下同一有爲，則非主之所宜。上必無爲而用天下，下必有爲爲天下用，此不易之道也。故古之王天下者，知雖落同絡，言包絡也。天地，不自慮也；辯雖雕萬物，不自說也；能雖窮海內，不自爲也。言不用而任人也。天不產而萬物化，地不長而萬物育，帝王無爲而天下功。故曰：莫神於天，莫富於地，莫大於帝王。故曰：帝王之德配天地。此乘天地，馳馳者，役使群動也。萬物，而用人群之道也。

參訂陸註曰：此又自無爲中，補出箇有爲者，爲臣道之當然。意謂君可無爲，臣不可不代君以有爲。古之王天下一段，言上宜與天地同德，不必汲汲求爲物用也。前言明此以北面，舜之爲臣也，則臣亦當無爲矣。林獻齊以爲看莊子，不當如是拘泥，非是。蓋前以心言之，此以分言之也。若臣道雖有所爲，設無虛靜恬澹、寂寞無爲者以主之，將日見其櫌雜，而庶事其隳矣。

本在於上，末在於下；要在於主，詳在於臣。三軍五兵弓矛戈戟。之運，威武文德之輔。德之末也；賞罰利害，五刑之辟，明刑以弼教。教之末也；禮法度數，刑同形。名比類例。詳纖悉。治之末也；鐘鼓之音，羽毛①之容，樂之末也；

---

① 毛，通行本作"旄"。

哭泣衰絰,降①殺之服,哀之末也。此五末者,須精神之運,心術之動,然后從之者也。末學者,古人有之,而非所以先也。君先而臣從,父先而子從,兄先而弟從,長先而少從,男先而女從,夫先而婦從。夫尊卑先後,天地之行也,故聖人取象焉。天尊地卑,神明之位也;春夏先,秋冬後,四時之序也;萬物化作,作,生也。《詩》言"薇亦作止"。萌芽也。區別也。言物生而狀不同也。有狀,盛衰之殺,變化之流也。夫天地至神,而有尊卑先後之序,而況人道乎!宗廟尚親,朝廷尚尊,鄉黨尚齒,行事尚賢,大道之序也。語道而非其序者,非道也。語道而非其道者,安取道!

郭曰:精神心術者,五事之本②。任其自然運動,則五事之末,不振而自舉。所以先者,本也。君臣父子之先後③,雖是人事,皆在至理中來,非聖人之所作也。明夫尊卑先後之序④,言非但人倫所尚也,所以取道,爲其有序也。

陸方壺曰:此又自有爲無爲上翻出"本末"二字,蓋虛靜恬澹、寂寞無爲者,道之本也。自樸散爲器,則有爲之法,緣是以生。故詳舉五者,皆世法之末務,其精神心術之運,則主者執之,故無爲之道,要在於主。有爲之法,詳在於臣。末學者,古人有之,非帝王之所以先也。所以先,則虛靜恬澹、寂寞無爲而已矣。以下又自先字、從字,透下意來,説許多譬喻。言凡物有先有後,乃造化之定理。聖人取象于天,觀變于四時,體撰于萬物,則見尊卑先後。區壯盛衰,皆有一定自然之序。用是而主張網維,以立人道之極,故以宗廟則尚親,而昭穆有序;以朝廷則尚尊,而官職有序;以鄉黨則尚齒,而少長有序;以行事則尚賢,而秉承有序。是皆大道之自然,故語道者,尊其序。道而非序,安取於道哉!

是故古之明大道者,先明天而道德次之,道德已明而仁義次之,仁義已明而分守職守也。次之,分守已明而形名名稱也。次之,形名已明而因任因職任人。次之,因任已明而原省原其動怠,省其功過。次之,原省已明而是非次之,是非已

---

① 降,通行本作"隆"。
② 通行本"事"作"末","本"字後有一"也"字。
③ 此句通行本作"言此先後"。
④ 通行本此句後有"固有物之所不能無也"一句。

明而賞罰次之，賞罰已明而愚知處宜，言各當任其。貴賤履位，猶當位。仁賢不肖襲情。襲，安也。君子小人，各有所處，安其情實也。必分其能，必由其名。以此事上，以此畜下，以此治物，以此修身，知謀不用，必歸其天。此之謂大平，治之至也。故書曰："有形有名。"形名者，古人有之，而非所以先古書之中，雖有形名之說，而未嘗捨本以求末，故非所以先。也。古之語大道者，五變而形名可舉，上文明天以至形名，凡有五變。九變而賞罰可言也。驟而語形名，不知其本也；驟而語賞罰，不知其始也。倒倒置也。道而言，连乖背也。道而說者，人之所治也，安能治人！驟而語形名賞罰，此有知治之具，非知治之道。可用於天下，不足以用天下，此之謂辯士，一曲之人也。禮法數度，形名比詳，比，即因任。詳，即原省。古人有之。此下之所以事上，非上之所以畜下也。

【眉批】段段都不離一"天"字。

補曰：此正闡本在上，末在下，先後之所以分。用發上文未盡之意，必由其名者，循名責實也。知謀不用，必歸其天者。黜智謀，任自然，以無爲爲常也，天也。

王雱《新傳》曰：萬物待是而後存者，天也。由是而之焉者，道也。道之在我者，德也。以德愛者，仁也。愛而宜者，義也。仁有先後，義有上下謂之分。先不擅后，下不侵上，謂之守。形者，物此者也。名者，命此者也。所謂物此者，何也？貴賤親疏，所以表飾之，其物不同者是也。所謂命此者，何也？貴賤親疏所以稱號之，其命不同者是也。物此者，貴賤各有容者矣。命此者，親疏各有號矣。因親疏貴賤而任之以其所宜爲，此之謂因任，因任之以其所宜爲矣。放而不察，可乎？必原其情，必省其事，此之謂原省。原省明，而後可以辯是非；是非明，而後可以施賞罰。

焦曰：因任，即《在宥》篇"賤而不可不任者，物也。卑而不可不因者，民也"。愚不肖襲情，襲，用也。賢愚咸用本情，終不舍已效人，矜誇炫物也。

昔者舜問於堯曰："天王之用心何如？"堯曰："吾不敖音傲，意同。無告，不廢窮民苦死者，嘉孺子而哀婦人，即撫孤矜寡意。此吾所以用心已。"舜曰："美則美矣，而未大也。"堯曰："然則何如？"舜曰："天德而出寧，本天德以出治，而萬物自咸寧也。日月照而四時行，若晝夜之有經，雲行而雨施矣！"皆無爲自然之道。

堯曰："然則膠膠擾擾乎！ _{堯言我卻多事而膠擾矣。}子，天之合也；我，人之合也。" _{堯言止此。}夫天地者，古之所大也，而黃帝、堯、舜之所共美也。故古之王天下者，奚爲哉？天地而已矣！

郭曰：無告者，所謂窮①民。不廢者，恒加恩也。與天地合德，則雖出而靜，故曰出寧。日月雲雨，四時晝夜，皆不爲而自然也。膠膠擾擾，則自嫌多事。

補曰："夫天地者，古之所大"數句，是莊子贊嘆之詞。《口義》作堯自嘆之詞，與黃帝、堯、舜之所共美句，不合。

孔子西藏書於周室，_{欲藏所著之書於周室，以爲一代之信史。}子路謀曰："由聞周之徵藏_{藏名。}史有老聃者，免而歸居，夫子欲藏書，則試往因焉。" _{因老聃以謀藏之。}孔子曰："善。"往見老聃，而老聃不許，於是繙_反復言經旨。十二經以說。老聃中其說，_{言方及其說之半。}曰："大謾，_{老子以爲大煩也。}願聞其要。"孔子曰："要在仁義。"老聃曰："請問仁義，人之性邪？"孔子曰："然。君子不仁則不成，不義則不生。仁義，眞人之性也，又將奚爲矣？"老聃曰："請問，何謂仁義？"孔子曰："中心物愷，兼愛無私，此仁義之情也。"老聃曰："意_{同噫。}，幾乎後言！_{淺近之言，或云失言。}夫兼愛，不亦迂夫！_{夫萬有不齊，物物而兼愛之，不惟勢有不及，而有心於愛，去道益遠。}無私焉，乃私也。_{必欲出於無私，即此一念，已有箇私字，存在胸中，便自私了，安得無。}夫子若欲使天下無失其牧_{養畜之意。}乎？則天地固有常矣，日月固有明矣，星辰固有列矣，禽獸固有群矣，樹木固有立矣。_{即森陰植立意。}夫子亦放德而行，循道而趨，已至矣！又何偈偈_{勞力貌。}乎揭仁義，若擊鼓而求亡子焉！意_{平聲。}，夫子亂人之性也。"

【眉批】徵藏，司馬云：藏名。十二經，《易》上下經並十翼，爲十二。又云，《春秋》十二經也。

老聃之教，以道德爲宗，以仁義爲亂之人性，又託孔子以明之。與《天運》篇"孔子見老聃而語仁義"一段相同，然亦各有佳處。

方思善曰：幾乎後言，云似落後的說話，猶未也。

士成綺見老子而問曰："吾聞夫子，聖人也，吾固不辭遠道而來願見，百舍

---

① 窮，郭註原爲"頑"。

百日止宿旅舍。**重趼**音繭。足跟皮厚也。**而不敢息。今吾觀子，非聖人也。鼠壤有餘蔬而棄妹①，不仁也！生熟不盡於前，而積斂無崖。**呂吉甫曰：鼠壤有餘蔬，則可以賑季女之餼。而棄妹則不仁，生熟不盡于前，則可以無取，而積斂則不義。**老子漠然不應。士成绮明日復見，曰："昔者吾有刺於子，今吾心正郤**退悔也。**矣，何②也？"老子曰："夫巧知神聖之人，吾自以爲脱焉。**夫當機敏給，應答如流，此巧知神聖之人也。吾自以爲弗及焉。脫，言失也，即不及意。昔者子呼我牛也，而謂之牛；呼我馬也，而謂之馬。苟有其實，人與之名而弗受，再受其殃。吾服也恒服，吾非以服有服。"士成绮雁③行避影，履行遂進而問："修身若何？"老子曰："而容崖然，而目衝然，而顙頯然，而口闞然，而狀義然。似繫馬而止也，動而持發也，機察而審，知巧而覩於泰，凡以爲不信。邊竟有人焉，其名爲竊。"**

【眉批】棄妹，林註作"暗昧"之"昧"，棄餘蔬於鼠壤暗昧之地。生熟不盡於前，在前之物，用之不盡。

【眉批】雁行避影：四字新類。

【眉批】顙，去軌反。

【眉批】闞，討覽反。

補曰：引此見老子不因毀譽介意，天樂勝而靜且定也。觀其以機察智巧爲竊，則無爲合天者，可知。

焦曰：棄妹，舊解甚穿鑿，意者妹氏棄蔬于鼠壤，老氏主于儉嗇，故責其暴殄而蔬棄之。生熟不盡于前，而積斂無崖，即儉嗇之驗也。夫知巧神聖，尚存于胸中，則必有不合者。今解而脱之，則呼以仁也可，呼以不仁也可；即呼以牛馬，亦無不可。何者？知仁不仁，皆非其實也，苟見其實而不受，則始已有不仁之殃。今再與之爭，徒增罪戾耳。服，服從也。吾之服從人，乃是平日常常如此，非有心以服之也。故曰，吾服也恒服，非以服有服。雁行避影，側身而行也。履行遂進，踵步而前也。崖，崖異也。衝，注目而視也。顙，音傀，中央廣而兩頭銳也。闞，口哆之貌。義然，嚴毅之貌。以嗜修自標異者，其狀如此。

---

① 通行本"妹"字後有"之者"二字。

② 通行本"何"字後有一"故"字。

③ 雁，通行本作"鴈"。

動而持發也，言馬雖繫而意常奔馳，如彼之動而將發，而強持之也。機察而審，言其機之發，能伺察而詳審也。知巧而覗于泰，自恃其知巧，而驕泰可覗也。夫機儆之人，竅鑿日深而混沌已死，故曰不信，言非性命之情也。如邊境之間，各有封守，好詐者多伺隙乘便以要功，故敵國以盜竊目之。不信之人，厚自矜飾，欲以揚已揜物，是亦盜竊而已。

林曰：苟有其實，人與之名而弗受，再受其殃，此數句最純粹，云我實有此事，人以讖我，而我復拒之，是兩重罪過也，即恥過飾非意。

夫子曰："夫道，於大不終，於小不遺，故萬物備。廣廣乎其無不容也，淵乎其不可測也。形德仁義，神之末也，非至人孰能定之！夫至人有世，不亦大乎！而不足以爲之累。天下奮棅而不與之偕，言不爲天下所用。**審乎無假**究觀萬物眞實之理。**而不與利遷，極物之眞，能守其本。故外天地，遺萬物，而神未嘗有所困也。通乎道，合乎德，退仁義，賓禮樂，至人之心有所定矣！"**

呂曰：於大不終，則天地未離乎內；於小不遺，則秋毫待之成體。天下之物，其有不備者乎？廣無不容，淵不可測，此道之所以爲神也。流而爲形，失而爲德。畜畜然而仁義乃神之末也，非至人孰能定之。有世不足爲之累，能棄世也。操天下威福之柄，不與之偕，忘天下者也。忘天下，故不與利遷。能棄世，故守其本。神之所以不困者，知此而已。○郭曰：退仁義者，進道德也。賓禮樂者，以性情爲主也。至人之心定，定于無爲者也。

方曰：夫子，老子也。有物混成，先天地生，不得已而名之曰道。以其無在而無不在也。曰神，以其無假也。曰眞，所言形與德，仁與義，無非道也，特神之末耳。惟先天地，故能外天地；惟備萬物，故能遺萬物，而神未嘗有所困也。困，即本文所謂累，所謂遷，所謂與之偕也。【眉批：就燈取火，一目了然。】

世之所貴道者，書也。以爲書可載道，貴道因貴書也。**書不過語，語有貴也。語之所貴者，意也，意有所隨**屬也。**意之所隨者，不可以言傳也，**而世因貴言傳書。**世雖貴之哉**①，**猶不足貴也**②，**爲其貴非其貴也。故視而可見者，形與**

---

① 通行本无"哉"字。
② 通行本句前有一"我"字。

色也；聽而可聞者，名與聲也。悲夫！世人以形色名聲爲足以得彼道也。之
情。夫形色名聲，果不足以得彼之情，則知者不言，夫書之言，譬則人之形色名聲
也。知道者，不求之言與書。言者不知，而世豈識之哉！桓公讀書於堂上。輪扁
斲輪人，名扁。斲輪於堂下，釋椎槌。鑿而上，問桓公曰：“敢問公之所讀者，何言
邪？”公曰：“聖人之言也。”曰：“聖人在乎？”公曰：“已死矣。”曰：“然則君之所
讀者，古人之糟粕音魄。酒滓也。糟爛爲魄。已夫！”桓公曰：“寡人讀書，輪人安
得議乎！有說則可，無說則死！”輪扁曰：“臣也以臣之事觀之。斲輪，徐則甘
而不固，疾則苦而不入，二句言輪筍也。徐，寬也，寬則甘滑易入而不堅。疾，緊也，緊則
苦澀而難入。不徐不疾，得之於手而應於心，口不能言，有數存焉有分寸在。於
其間。其中妙有劑量。臣不能以喻臣之子，臣之子亦不能受之於臣，正見意非言
之所能傳。是以行年七十而老斲輪。古之人與其不可傳者[1]死矣，所云不可言傳
之妙，已與古聖人同死矣。然則君之所讀者，古人之糟粕已夫！”

　　呂曰：莊子言此，欲學者遺書忘言，不求之於形色名聲間也。夫斲輪，事之
粗者。然疾徐甘苦得于心而應于手者，雖父子猶不能喻而受之。則夫道之爲
物，其傳之難于斲輪甚矣！誠不能求之于心，而唯書之讀，則糟粕之喻非虛
言也。

　　補曰：道不可以與子，正如輪扁所謂臣不能以喻臣之子也。一切德教文
章，皆糟粕也。治天下者所不爲也。無爲而合天，合天而與道合眞，聖人之心
靜乎！

---

　　① 者，通行本作“也”字。

南華眞經合注吹影卷之十四

外篇天運總論

吹影曰：出治者，貴法天。三王五帝之禮義法度，諫教生殺，猶天之有日月云雨也。能法天之無爲，則應物而不窮。【眉批：拈示篇中要旨，許多頭緒迎刃而解。】天下戴之，如日月之照臨，雲雨之隆施，風之噓吸而已。老聃曰："天得一以清，地得一以寧，萬物得一以生，侯王得一以爲天下貞。"一者，何無方之傅也，道也。所以主張庶務，紀綱六極五常，八正九洛者也。其大莫先于仁孝，【眉批：度入孝仁，妙。】要使我忘仁孝、忘天下，并使天下忘我之仁孝，然後能化天下，利澤萬世而不知也。殆治成德備而作樂，【眉批：緊接作樂，合筍細密。】亦必順天理，應自然，調協四時，太和萬物，動于無方，居於窈冥，變化齊一，無言而悅。然后可以充滿天地，包裹六合，故曰，帝王順天則吉，逆天則凶也。【眉批：以下反言以明大意，借師金、孔子、老聃、子貢問答，輕輕點染，總見仁義，憒心者不能法天，便不可化人。】末世置天而言政事，不知政事者，先王之芻狗，已陳之迹，何堪再設？欲取而行于當世，是推舟于陸，畢世難行，醜婦效矉，里人爭笑，必窮之術也。彼習服仁義者，爲富不能讓祿，爲顯不能讓名，爲權不能分柄。或慄或悲，一無所鑒，以闚其所不休者，特天之戮民而已。己之未化，安能化人？古之循大變無所湮者，能令天門開，而靈府虛明，不爲陳迹所嗜睐，放風以動，總德而立，知三皇五帝之治天下，名曰治之，而實亂之。上悖日月，下睽山川，中墜四時者，咸以仁義憒其心也。若夫六經者，亦大道之陳迹。有所以迹者，道也。苟得于道，無自而不可，不存化人之迹，廼可以化人也，借孔子以明之。莊子始終以孔子爲重也。

南華眞經合注吹影卷之十四

武林吹影居士胡文蔚豹生甫刪補

天臺　陳函暉木叔甫

烏傷　傅巖野倩甫　評訂

外篇天運第七

　　“天其運乎？地其處乎？日月其爭於所乎？孰主張是？孰維綱是？孰居無事推而行是？意者其有機緘而不得已耶？意者其運轉而不能自止耶？雲者爲雨乎？雨者爲雲乎？孰隆施是？孰居無事淫樂而勸是？風起北方，一西一東，有上彷徨。孰噓吸是？孰居無事而披拂是？敢問何故？”巫咸袑音超。曰：“來，吾語女。天有六極五常，帝王順之則治，逆之則凶。九洛之事，治成德備，監照下土，天下戴之，此謂上皇。”

　　【眉批】居無事三字極妙，主張綱維推行，猶涉有爲，居無事，則漠然而無所爲矣。

　　刪補諸註曰：日月同黃道，故云爭所。有機緘者，如有以繫屬之，不由得他。不能自止者，如有以推移之，不能少停也。太空騰雲，釀而爲雨，注於川澤；川澤之氣，復蒸爲雲，升降上下，如轉轆轤。隆，蘊隆。施，布散也。雲雨，陰陽和氣所成，浸淫潤物，故曰淫樂。【眉批：淫字如此解爲確。】北方地高，陽亢而戰，故多風。風起北方，從而東西。又上而彷徨，言起于北，則自北而南，不必言南。言上則自上而下，不必言下。六極五常，即六氣五行。所以佐元宰而成歲功者，造化得此。則高下自奠，日月自運，風雨露雷，自滋自潤。而居無事者，得以成不言之化。帝王法此自然之妙，以治天下，而成無爲之化。九洛，即

160

《洛書》《九疇》。五行,五事八政之類。

商太①宰蕩問仁於莊子。莊子曰:"虎狼,仁也。"曰:"何謂也?"莊子曰:"父子相親,何謂②不仁!"曰:"請問至仁。"莊子曰:"至仁無親。"太宰曰:"蕩聞之,無親則不愛,不愛則不孝。謂至仁不孝,可乎?"莊子曰:"不然。夫至仁尚矣,孝固不足以言之。此非過孝之言也,不及孝之言也。夫南行者至於郢,北面而不見冥山,是何也?則去之遠也。故曰:以敬孝易,以愛孝難;以愛孝易,而忘親難;忘親易,使親忘我難;使親忘我易,兼忘天下難;兼忘天下易,使天下兼忘我難。夫德遺堯、舜而不爲也,利澤施于萬世而③天下莫知也,豈直大息而言仁孝乎哉!夫孝悌仁義,忠信貞廉,此皆自勉以役其德者也,不足多也。故曰:至貴,國爵并焉;至富,國財并焉;至願,名譽并焉。是以道不渝。"

【眉批】莊仙爲下跟說法。

【眉批】冥山,北方之山。

【眉批】自勉則不能忘,故不足多。

補曰:太宰蕩有意求仁孝,便不能忘仁孝,便不能使天下兼忘我之仁孝,便不能遺堯舜而不爲,便不能利澤萬世,而令天下莫知。正所謂自勉以役其德者,去無爲虛靜之道,遠矣,何足多也!若此者,終爲世變所渝,故進之曰,是以道不渝。

林曰:至人無親,仁之至者,無所不愛,不分親疏也。孝不足言之者,言既稱至仁,則孝不待言矣。至仁則在孝之上,過於孝矣。若太宰所問,乃是不及孝之言也。言汝未能盡仁,則于孝爲不及;能盡仁,則過之矣。猶之冥山在北,南行至郢,則北望而不之見。此去之遠也,非不及也。遺,蔑視之意。夫至仁方蔑視堯舜,仁萬事而無能名,又豈沾沾以仁孝自誇哉!並者,兼而有之也。以喻至仁,在我則孝悌。諸凡皆非所論也。渝,變也,惟道則眞常不變。

北門成問于黃帝曰:"帝張咸池之樂,于洞庭之野,吾始聞之懼,復聞之怠,卒聞之而惑;蕩蕩神不定也。默默口不能言也。,乃不自得。心不自安也。"帝

① 太,通行本作"大"。
② 謂,通行本作"為"。
③ 通行本無"而"字。

曰："汝殆其然哉！吾奏之以人，徵之以天，行之以禮義，建之以大清。夫至樂者，先應之以人事，順之以天理，行之以五德，應之以自然。然後調理四時，太和萬物。四時迭起，萬物循生；一盛一衰，文武倫經；一清一濁，陰陽調和，流光其聲；蟄蟲始作，吾驚之以雷霆；其卒無尾，其始無首；一死一生，一僨一起；所常無窮，而一不可待。女①故懼也。

【眉批】撰出懼、怠、惑三字，言作樂始終條理，守神建應之妙，窮深極渺，令人默契玄微，試與《樂記》參觀，則內外天人之道，悉備。

合定曰：古樂之妙，蓋有三變。俗耳聽之，殆如此，始懼、中怠、卒惑也，故曰女殆其然哉！下分言三變之所以然。樂由人作，非人不備，故奏以人。五音六律，與天地之氣侯相符應，故徵以天。禮以節之則有序，義以正之則不亂。樂之條理，非此不行。大清者，聲氣之元，以之爲主，則清濁高下得其宜，故建之。故論至樂者，應人順天，建中和之德，成于自然，能調四時而和萬物，乃爲始作之本。五德，貌、言、思、聽、視。所謂心和則氣和，氣和則形和，形和則天地之和應也。自四時迭起以下，又言作用之不測。夫四時生殺，萬物循序而生成。既盛復衰，而樂之文武次第如之。文武，即陰陽。若琴之文武，絃是也。至于一清一濁，陰陽高下之聲，無不調和流暢，光彩發舒，振動不能自已，如蟄蟲始振，而雷霆驚之者然。且始終條理，循環相生，不見首尾。一死一生，一僨一起，不過是作止之義，同《易》"一陰一陽之謂道"，言兩在不測也。常，常主也。所主無窮，故不可待。言求其歸一之所而不得，故入耳悚心也。

"吾又奏之以陰陽之和，燭之以日月之明；其聲能短能長，能柔能剛，變化齊一，不主故常；在谷滿谷，在阬音坑。滿阬；塗郤②音隙。守神，以物爲量。其聲揮綽，其名高明。是故鬼神守其幽，日月星辰行其紀。吾止之於有窮，流之於無止。子③欲慮之而不能知也，望之而不能見也，逐之而不能及也。儻然無心貌。立於四虛之道，倚於槁梧而吟。自④知窮乎所欲見，力屈乎所欲逐，吾既

---

① 女，通行本作"汝"。下同。
② 郤，通行本作"卻"。
③ 子，通行本作"予"。
④ 自，通行本作"目"。

不及已矣①！形充空虛，乃至委蛇。女委蛇，故怠。

【眉批】此段指示天樂。合天者，守之以神也。神故不主，故常變化齊一。

參訂林陸曰：和、明、短、長、柔、剛，極其變化也。變化則不測矣，卻又齊一，樂之神妙也。不主故常，即上所常無窮，愈出愈新之義。滿谷滿阬，言塞乎天地之間也。塗卻，塞其聰明也。卻，隙同，言七窮也。黜聰明而守之以爲神，隨萬物而爲之劑量，言作樂不用智巧而循自然也。其聲揮動寬綽，自然有高明之名，能使鬼神安位，三辰順軌，作樂之極功。有如此，樂當縱之之際，若有止而實未嘗止，故曰止於有窮，流而無止。子于時聽之茫然自廢，慮之不能知，望之不能見，逐之不能及。似乎有物，又似無物，儻然若身處四虛，無所適從，呻吟自失，窮屈至此。則于吾作樂之功用，自不及窺一端矣。形則馳放于空虛，心則委蛇而無主，故怠也。大凡見人作爲，自覺非思慮所及者，則悵然憮然，其狀多類此。

吾又奏之以無怠之聲，調之以自然之命。故若混逐叢生，林樂而無形，布揮而不曳，幽昏而無聲。動於無方，居於窈冥；或謂之死，或謂之生；或謂之實，或謂之榮；行流散徙，不主常聲。世疑之，稽於聖人。聖也者，達於情而遂於命也。天機不張而五官皆備，此之謂天樂，無言而心說。故有焱音標**氏爲之頌曰：'聽之不聞其聲，視之不見其形，充滿天地，包裹②六極。' 女③欲聽之而無接焉，故惑也。樂也者，始於懼，懼故祟**音歲**；吾又次之以怠，怠故遁；卒之於惑，惑故愚；愚故道，道可載而與之俱也。"**

【眉批】樂在順之以天理，調之以自然。

【眉批】聽樂者，貴聽以自然，無容以智慮測量，故曰愚故道。道可載而與之俱也。

此段詞雖少變，意皆復前，惟撰出一頌，如水盡山窮，復轉一逕。末說愚可入道，尤妙。

陸註曰：奏之以無怠之聲，振刷其精，使之純繹清高。聽之者欲怠，而樂則

---

① 矣，通行本作"夫"。
② 包裹，通行本作"苞裹"。
③ 女，通行本作"汝"。

綿密無怠也。調之以自然之命,言樂之節奏,如天命流行,處于自然也。其自然之妙,若禽獸之混逐,草木之業生,竝生竝育而不相害,言樂之無相倫奪也。故林林同樂,而形跡全消;布散揮動,而牽曳自泯;幽幽昏昏,而若無聲。其天籟自鳴者,又動於無方,居于窈冥。或謂之死而生已續焉,或謂之實而榮已萌焉。行流散徙,變化不定也。不主常聲,不可測度也。即前不主故常。所常無窮而一不可待也。節奏之妙,匪夷所思。人皆疑之,參考之於聖人,以爲聖人達樂之情,而順于自然之命也。遂,順也。不知此樂之奏,正如人之天機不動,而五官之司各效其職,順其自然之命而已,此之謂天樂。不可以言語形容,而心自説悟者。聖人之樂,亦復如是。

林註曰:言人之求道,經歷如此境界,方有進步。崇,森爽之意。怠而遁,遁則思奮;惑而愚,愚則黜聰明。意識俱亡,大悟欲生矣。

孔子西遊於衛,顏囘①問師金曰:"以夫子之行爲奚如?"師金曰:"惜乎!而汝也。夫子其窮哉!"顏淵曰:"何也?"師金曰:"夫芻狗結草爲狗,祭天解厭之物。之未陳也,盛以篋衍筍也。巾以文繡,尸祝齋②戒以將之。及其已陳也,行者踐其首脊,蘇者芻莬之人。取而爨之而已。將復取而盛以篋衍,巾以文繡,游居寢臥其下,彼不得夢,必且數音蒴。眯音米。焉。今而夫子亦取先王已陳芻狗,取③弟子游居寢臥其下。故伐樹于宋,削迹於衛,窮于商周,是非其夢邪?圍於陳蔡之間,七日不火食,死生相與鄰,是非其眯邪?喻夫子所行,爲已陳之跡,非世之所急,卒以取困。如夢者,魂識縈擾。眯者,塵入其目也。夫水行莫如用舟,而陸行莫如用車。以舟之可行於水也,而求推之於陸,則沒世不行。尋常古今,非水陸與?周魯非舟車與?今蘄行周於魯,是猶推舟於陸也!勞而無功,身必有殃。彼未知夫無方之傳,應物而不窮者也。且子獨不見夫桔橰者乎?引之則俯,舍之則仰。彼人之所引,非引人也,故俯仰而不得罪於人。故夫三皇五帝之禮義法度,不矜於同而矜於治。其猶柤音查。梨④橘柚音袖。邪!其味相

---

① 囘,通行本作"淵"。
② 齋,通行本作"齊"。
③ 取,通行本作"聚"。
④ 梨,通行本作"棃"。

反,而皆可於口。故禮義法度者,應時而變者也。今取猨狙而衣以周公之服,彼必齕^{音紇}嚙^{音臬}挽裂,盡去而後慊。觀古今之異,猶猨狙之異乎周公也。故西施病心而矉^{音顰}其里,其里之醜人見之而美之,歸亦捧心而矉其里。其里之富人見之,堅閉門而不出;貧人見之,挈妻子而去之①走。彼知美矉②而不知矉之所以美。惜乎,而夫子其窮哉!"

【眉批】芻狗、野馬、鴻矢,諸喻遂爲千古談芬。

【眉批】夢,音蒙。

【眉批】有以没世不行寻常作句者,未是。

補曰:此段大旨謂無方之傳,隨時物之所宜,無心而順應所以不窮。夫子反是,故往往多阻。推舟于陸,喻所行之非宜也。枯槔俯仰無罪,喻無心也。柤梨橘柚,喻先皇之禮義法度隨時變通,迹雖相反而皆合于世也。猨狙,喻夫子之道,非今人之所便也。西施病心,喻夫子之窮,何異病心而矉,及門效之以固窮爲高,其駭俗更有甚焉者。【眉批:此意新而切。】篇中凡六喻,一氣呵成,渾如無縫天衣,讀之心骨都爽。

孔子行年五十有一,而不聞道,乃南之沛見老聃。老聃曰:"子來乎?吾聞子,北方之賢者也!子亦得道乎?"孔子曰:"未得也。"老子曰:"子惡乎求之哉?"曰:"吾求之於度數,^{制度名數,道之形下者。}五年而未得。"老子曰:"子又惡乎求之哉?"曰:"吾求之於陰陽,^{天地造化,道之形上者。}十有二年而未得也。"老子曰:"然。使道而可獻,則人莫不獻之於其君;使道而可進,則人莫不進之於其親;使道而可以告人,則人莫不告其兄弟;使道而可以與人,則人莫不與其子孫。然而不可者,無他③也,中無主而不止,外無正而不行。由中出者,不受於外,聖人不出;由外入者,無主於中,聖人不隱。

補曰:"使道而可獻"八句,發明道不可以言傳。中無主而不止,言學道者雖有所聞,中無主宰,隨得隨失,即欲留之不住也。外無正而不行,言我既有所得,若不就正於見道之人,終未了當,難於行也。林註曰:由中出者,不受於外,

---

① 通行本無"之"字。
② 美矉,通行本作"矉美"。
③ 他,通行本作"佗"。

此謂教人者。我之言，雖自中出，而汝不能受。若吾與回言，終日不違，能受者也。如不能受，則聖人不復出言，以告之矣。無主于中，此言受教者。言自外而入汝之聽，中無所主，雖聞至言，茫然無知，心疑聖人爲隱，不知聖人原不隱也。二三子以我爲隱乎？吾無隱乎爾，便是此意。道之不可傳，無他故也，其病在此而已。

名，公器也，不可多取。仁義，先王之蘧廬也，止可①一宿而不可久處。覯而多責。凡人之廬舍，等閒窺覰之，必受其人之垢責，喻以仁義自見于天下，則天下之求全責備于我者多。古之至人，假道於仁，託宿於義，以遊逍遥之墟，食於苟簡之田，立于不貸之圃。逍遥，無爲也；苟簡，易養也；不貸，無出也。古者謂是采眞之遊。采眞，采取眞實之理也。以富爲是者，不能讓祿；以顯爲是者，不能讓名。親權者，不能與人柄。操之則慄，患失而恐懼。舍之則悲，係戀而自傷。而一無所鑒，全不知以往跡爲鑒戒。以闚其所不休者，惟利是視，貪而不知止。是天之戮民也。言天奪其魄，罰之以自苦也。怨、恩、取、與、諫、教、生、殺八者，正之器也，正人所用之器，非邪人所宜。唯循大變，死生大故，順造化之所自然。無所湮音因。言心不爲所汩。者爲能用之。故曰：正者，正也。其心以爲不然者，天門弗開矣。”天門者，靈臺也。天門開，則廣大逍遥，時措咸宜。

補曰：唯正人，利害不動于心，而死生無變于己，乃能正己而正物。苟非其人，未免馳逐于外，其心以爲不然，則湮其自然之天理，則其胸中之天已昏塞，故曰天門不開。

孔子見老聃而語仁義。老聃曰：“夫播糠眯目，則天地四方易位；蚊虻音盲。噆音匝。膚，則通昔同夕。不寐矣。夫仁義憯然，乃憤吾心，亂莫大焉。吾子使天下無失其朴，吾子亦放風而動，總德而立矣！又奚傑然用力貌。若負建鼓而求亡子者邪！夫鵠不日浴而白，烏不日黔染黑也。而黑。黑白之朴，不足以爲辯；名譽之觀，不足以爲廣。泉涸，魚相與處於陸，相呴以濕，相濡以沫未音。，不若相忘於江湖。”孔子見老聃歸，三日不談。弟子問曰：“夫子見老聃，亦將何規規，正之也。哉？”孔子曰：“吾乃今于是乎見龍。龍，合而成體，散而成

———————————

① 通行本“可”後有一“以”字。

章,乘乎云氣而養乎陰陽。予口張而不能嗋_{同恊}。,予又何規老聃哉?"

【眉批】名譽之觀以仁義取名譽也,外觀之飾,無所加廣于人之性。

補曰:虛靜之體,稍有侵觸則不安。觀目與膚,則其大者可知。夫畜畜然爲仁義者,澆醇散樸,適足以亂吾心。苟使還其混沌,而無失其初。方且風行草偃,抱德而立,不言而治矣,奚用招呼天下之人而教之,猶擊鼓而求亡也。傑然,自高之貌。王建路鼓於寢門。建鼓,言所建之鼓也。鵠鳥之白黑,出於自然,正其樸也,原不足辯。以名譽觀世,又何足見其廣大。仁義,若魚之濡沫也,忘仁義而相忘于道德,乃魚之江湖也。嗋,合也。司馬彪曰:放,依也。依無爲之風而動也。

子貢曰:"然則人固有尸居而龍見,雷聲而淵默,發動如天地者乎? 賜亦可得而觀乎?"遂以孔子聲見老聃。尸居龍見,潛伏而孔昭也。雷聲淵默,常應常靜也。以聲見,稱夫子之門人,而進謁之謂。老聃方將倨堂而應微,其息深深也。曰:"予年運而往矣,子將何以戒我乎?"謙言老人年馳事去,何以教我。子貢曰:"夫三皇五帝之治天下不同,其係聲名一也。而先生獨以爲非聖人,如何哉?"老聃曰:"小子少進! 子何以謂不同?"對曰:"堯授舜,舜授禹。禹用力而湯用兵,文王順紂而不敢逆,武王逆紂而不肯順,故曰不同。"老聃曰:"小子少進,余語汝三皇五帝之治天下:黃帝之治天下,使民心一。民有其親死不哭,而民不非也。堯之治天下,使民心親。民有爲其親殺_{色界反}。其殺,而民不非也。舜之治天下,使民心競。民孕婦十月生子,子生五月而能言,不至乎孩而始誰,則人始有夭矣。禹之治天下,使民心變,人有心而兵有順,殺盜非殺,人自爲種而天下耳。是以天下大駭,儒墨皆起。其作始有倫,而今乎婦女,何言哉! 予語汝三皇五帝之治天下,名曰治之,而亂莫甚焉。三皇之知,上悖日月之明,下睽山川之精,中墮四時之施。其知憯於蠣_{音例}。蠆之尾,鮮規之獸,莫得安其性命之情者,而猶自以爲聖人,不可耻乎? 其無耻也!"子貢蹴蹴然立不安。

【眉批】倨堂,自倨于堂,上下降階而迎,以先輩自居。應微,其聲低也。

陸曰:子貢平日只知祖三皇而宗五帝,熟聞老子卑賤帝王,心切疑之。首舉爲問,于是老子差等帝王而論,以見世道愈降愈澆。黃帝之治,使民一。一謂純一,於時太樸未散。民有親死不哭,而民不非者,有駭形而無損心也。堯之治則教民親矣。《書》曰："親睦九族，平章百姓。"是其徵也。民有爲親殺其殺，而民不非殺其殺者。情理獨隆于其親，而其餘皆降殺，民不非以爲薄也。舜之治，使民心競。競，爭競也。蓋虞帝尚賢，故使民爭，爭則和氣漸乖。咎徵之感，生子而早言，未至而於孩而辯誰何，開竅太早。故有夭閼而不長者。禹之治，使民心變。變，謂變其大道爲公之心。蓋堯舜官天下，而禹獨家之。且干羽之師，有扈之攻，皆在禹時。上行下效，于是人有心，而兵有順。有心，有機械變詐之心。兵有順，誅不順以歸于順也。殺人者死，而殺盜者無罪，故曰殺盜非殺。人皆自分種類，各親其親，各子其子，而天下皆然。故曰人自爲種而天下耳。是以天下之人，自相駭異。儒墨之徒，此是彼非，橫議交作。機警之心，起于家室，施于男女，早婚少娶，不循人道之常。夫婦，人道之始。古人作始，自有倫序，三十而娶，二十而嫁，今也且以幼稚之女爲婦。偷薄之俗，不言可知矣，又何言哉！太古無爲，于于雎雎，未嘗有所謂智也。自三皇以智自用，而行察察之政。夫日月有明，不能以照覆盤，用智者且悖日月之明以爲明。山川之精，居芳奠位，用智者無故而鑿山濬川，下睽其精矣。四時舒慘，氣候無愆。用智者先事而備，未然而防，則寒暑生殺不能擅權，中隳其施矣。老子云："以知治國，國之賊"，其毒最憯。鮮規之獸，無考，注云小獸，蓋亦多知而害物者。夫以不安其性命知情者，自以爲聖人之治，不亦可恥乎？所謂性命之情，無爲自然而已。絕聖棄知，意本老子也。

孔子謂老聃曰："丘治《詩》《書》《禮》《樂》《易》《春秋》六經，自以爲久矣，孰同熟。**知其故**典故也。**矣；以奸**干也。**者七十二君，論先王之道而明周、召之迹，一君無所鈎用。甚矣夫！人之難說也，道之難明邪？"老子曰："幸矣，子之不遇治世之君！夫六經，先王之陳迹也，豈其所以迹哉！今子之所言，猶迹也。夫迹，履之所出，而迹豈履哉！**

補曰：鈎，弋取之義。夫子意謂不幸而遇季世之君，道所以難明。老子就說幸而不遇治世之君，免于見笑，機鋒甚妙！猶迹，言猶然是陳迹也。

夫白鶂音鷁。**之相視，眸子不運而風化；蟲，雄鳴于上風，雌應于下風而化。類，自爲雌雄，故風化。性不可易，命不可變，時不可止，道不可壅。苟得於道，無自而不可；失焉者，無自而可。"孔子不出三月，復見曰："丘得之矣。**

烏鵲孺，魚傅沫，細要平声。者化，有弟而兄啼。久矣夫，丘不與化爲人！不與化爲人，安能化人！"老子曰："可，丘得之矣！"

鶂之相視，以神感也；蟲之風化，以氣感也。化，生子也。類，鳥獸名。亶爰之山，有獸如狸而有髮，名曰師類。帶山有鳥，其狀如鳳，名曰奇類。皆自爲雌雄而生。孺，交尾也。傅沫，相濡以沫而生子。細要，即蜾蠃，螟蛉之呪化也。不與化爲人，即不能與造化爲一也。

《列子》曰：亶爰之獸，自孕而生，曰類。

南華眞經合注吹影卷之十五

外篇刻意總論

吹影曰：此篇"刻意尚行"四字，總言爲亢、爲修、爲治、閒曠、壽考五等之人，刻礪所好，尊尚所行，非純素之道也。郭子玄偶取"刻意"二字名篇，而通篇語氣，亦自聯屬。大意謂這五樣人，皆因有我之私未化，所以獨行其是，成其偏見，域於有方，不若養神者之恬澹無爲也。養神者，純粹而不雜，靜一而不變，守而勿失，與天合德，常休休焉而平易。平易則去知與故，循天之理，憂患不能入，邪氣不能襲，天災物累，人非鬼責，自然消除，又何物足以變之、忤之、交之、逆之哉！故曰不刻意而高，無仁義而修，無功名而治，無江河而閒，不道引而壽，無不忘，無不有。恬澹無爲，而衆美從之。無所於雜，德全而神不虧，謂之眞人。

《管見》曰：此篇以刻意命題，謂刻礪其意，違世矯俗，苦節獨任。爲天下所不能爲，而覬人之從己。無異乎穿牛絡馬，失其自然，知長德消，民始難治矣。故南華歷敘古人立志各異，若夷齊之爲亢，孔孟之爲修，伊傅之爲治，巢許之爲閒，老彭之爲壽。以迹觀之，似亦不能無偏。然而不失爲聖爲賢者，以其有無而不累於有，無爲而不溺於無，因時之可否，爲身之利用而已。是以貴夫虛無無爲，平易恬澹，天行物化，同德同波；知故不留，動合天理，則災累非責，何從而至？死生謀慮，何由而滑哉！夫如是，故靜虛恬粹，與物無忤，卒歸於養神之功。而申以神藏干越之喻，劍之於身，輕重爲何如，而世人昏迷若此。故其立論，始於非刻意尚行之習，而終於能體純素，謂之眞人。則知刻尚者之爲假也，明矣。蓋養生以純素爲本，純素以守神爲先，至於與神焉爲一，則道之大本既立，又何必區區於其末，而以刻意尚行爲哉！

南華眞經合注吹影卷之十五

西湖吹影居士胡文蔚豹生甫刪補

永新　劉作檪木生甫

東官　李鴻弋何甫　評訂

外篇刻意第八

刻意尚行，離_{去聲}。世異俗，高論怨誹，_{憤世嫉邪也}。爲亢而已矣；此山谷之士，非世_{以世爲非而遠避也}。之人，枯槁赴淵者之所好也。語仁義忠信，恭儉推讓，爲修而已矣；此平世之士，教誨之人，遊居學者之所好也。語大功，立大名，禮君臣，正上下，爲治而已矣；此朝廷之士，尊主强國之人，致力①并兼者之所好也。就藪澤，處閒曠，釣魚閒處，無爲而已矣；此江海之士，避世之人，閒暇者之所好也。吹呴_{同吁}。呼吸，吐故納新，熊經鳥申，_{即華佗五禽之戲}。爲壽而已矣；此道_{同導}。引之士，養形之人，彭祖壽考者之所好也。若夫不刻意而高，無仁義而修，無功名而治，無江海而閒，不道引而壽，無不忘也，無不有也，澹然無極_{無窮盡意}。而衆美從之_{備萬善也}。此天地之道，聖人之德也。故曰：夫恬澹②寂寞③、虛無無爲，此天地之平，而道德之質也。

【眉批】補曰：游居或作出處看，或游於大人，或隱居設教。

補曰："刻意尚行"四字是冒頭，總言五樣人。皆着意爲之，自爲尊尚也，所以私心自好，各行其志，囿于方偶。唯聖人無爲而無不爲，澹然莫窺其底蘊，

---

① 力，通行本作"功"。

② 澹，通行本作"恢"。

③ 寞，通行本作"漠"。

莫測其崖際,而至道自集,此準天地之平,而爲道德之質也。

呂註曰:夫山谷平世之士,強國避世養形之人,皆爲有我而已。夫有我則有心,有心則未免有所惑,是以各蔽于一曲也。故樂山藪者,往而不能返。仕朝廷者,入而不能出。恬於教誨者,屈而不能伸。就于養形者,存而不能亡。是非眞性之自然也,是矯削其意,而使之然哉!豈與聖人同也,聖人則無我而已矣。夫無我則無心,無心則無所惑,是以忘形而通達于萬事也。故登假于至道,而乃入於寥天一,豈爲刻意而高歟?整物澤世,而非由於外鑠,豈爲行仁義而修歟?巍巍蕩蕩,而在宥天下,豈爲立功名而治歟?淵靜晦然,而逍遙於自得之場,豈爲處江湖而閒歟?氣柔眞全而形未嘗衰,豈爲務導引而壽歟?存而不存,無而不無,莫知其終,而至道自集,皆無爲之至妙,而唯聖人得之也。

故曰:聖人休休休之又休,不役心于取舍也。焉則平易矣,平易則恬惔同澹,下皆同。矣。平而不陂,易而不難,自能恬然自適,惔然自如。平易恬惔,則憂患不能入,邪氣不能襲,故其德全而神不虧。故曰:聖人之生也天行,如天之無心而運行。其死也物化。如物之自蜕而無累。靜而與陰同德,動而與陽同波;如波之無爲自動也。不爲福先,不爲禍始;感而後應,迫而後動,不得已而後起。去知憶逆之私。與故,人爲之跡。循天之理。故無天災,無物累,無人非,無鬼責。其生若浮,其死若休。不思慮,不豫謀。光矣而不耀,信矣而不期。其寢不夢,其覺無憂。其神純粹,其魂不罷同疲。虛無恬惔,乃合天德。故曰:悲樂者,德之邪也;喜怒者,道之過也;好惡者,德之失也。故心不憂樂,德之至也;一而不變,靜之至也;無所於忤,虛之至也;不與物交,忘世遺物,心無係累。澹①之至也;無所於逆,粹之至也。

【眉批】"靜而與陰同德"至"乃合天德"是涉世要訣。

刪訂舊註曰:悲樂喜怒,皆起於好惡。好惡一生,萬慮憧憧,安能虛無恬澹也。故曰邪,曰過,曰失。"忤逆"二字,何以分別,即於虛粹上體會便明。唯虛者,順應而無所乖拂,虛舟觸物而不怒是也。中心粹然無累,純一不雜,自能包含萬物,庸有逆乎!

---

① 澹,通行本作"惔"。

呂註曰：聖人休休焉，不役心于取舍間。平則不陂，易則不艱。恬然無知，惔不交物。所謂寂寞無爲者，亦若是而已矣。夫憂患邪氣所以得入而襲之者，以物交而隙生其間故也。生也天行，則未嘗生，故出不忻，死也物化，則未嘗死，故入不拒。靜與陰同德，不知其爲靜也；動與陽同波，不知其爲動也。不爲福先，則福亦不至；不爲禍始，則禍亦不來。蓋爲福先禍始，非感而應，迫而動，不得已而起，則是用知與故。人之所爲也，循天理之自然，天不能災，物不能累，則無人非鬼責也，宜矣。故生浮死休，無感而寂，物至而應，發乎天光而非曒，其中有信而非約。不夢無憂，寤寐同也。純粹者，不雜不疲。無所爲天德者，聖人所以君天下也。悲樂之情難去，故爲德之邪。喜怒倏起滅，故爲道之過。四者皆起于好惡，好惡則悲樂喜怒之未形于外者也。夫人之心終日萬慮而未嘗止，則烏能頃刻而靜哉！聖人不憂不樂，至於一而不變，是爲靜之至也。無所于忤，若虛船之觸物而不怒，是爲虛之至。不與物交則無味，是爲惔之至。若然則雖入水蹈火，無往而非我，庸有逆乎？是爲粹之至也。

故曰：形勞而不休則弊，精用而不已則勞，勞則竭。水之性，不雜則清，莫動則平；鬱閉而不流，亦不能清；天德之象也。故曰：純粹而不雜，靜一而不變，澹①**而無爲，動而以天行，此養神之道也。夫有干越之劍者，柙而藏之，不敢用也，寶之至也。精神四達竝**②**流，無所不極，上際於天，下蟠於地，化育萬物，不可爲象，**無形跡可見。**其名爲同帝。**功用與天帝同。**純素之道，唯神是守；守而勿失，與神爲一；一之精通，合于天倫。野語有之曰："衆人重利，廉士重名，賢士尚志，聖人貴精。"故素也者，謂其無所與雜也；純也者，謂其不虧其神也。能體純素，謂之眞人。**

【眉批】天行一旦一周，無爲而實有爲，故曰德之象。

【眉批】天倫即天理也。

合訂諸註曰：神爲主宰，精則散處于五官之府而聽命焉。神存則精自固，故養之以靜。然非枯槁寂滅也，有能靜能應，常應常靜之道焉。以水喻靜中有

---

① 澹，通行本作"惔"。

② 竝，通行本作"並"。

動,正見澹而無爲,動以天行之妙。苟能養而勿失,勿失則一,一則通,通則天行矣。聖人貴精者,神與精相爲依附,精亡則神與之俱亡。無勞爾形,無搖爾精。寶精所以養神,不雜不虧,純素之道,是其法也。

補曰:勞則竭,益徵休休者,德全而神不虧也。夫水性清平,不雜莫動。然不流亦不清,靜中有動也。天體輕清,未嘗勞也,未嘗動也,其行一日一周天,非無爲之爲乎。養神者,上法天行而已。精神四達竝流,蟠際化育,似乎用而不已,勞而不休矣,究竟無形跡可見,功用同天帝。其道惟守神不失,通合于天,惟素惟純,無雜不虧,以養之也。

南華眞經合注吹影卷之十六

外篇繕性總論

　　吹影曰：此言治性之要也。性者，存身之本，道德所從出，仁義禮樂，其緒餘耳。古之繕性者，不以小識傷德，不以小行傷道，正己而已矣，能于根深寧極中以恬養知。【眉批：恬養應在根深寧極時。】恬者，寬裕從容，勿忘勿助以養之，既而虛靈活潑，清明日生知矣，然而勿敢自恃其知也。葆光寓庸仍寬裕從容，勿忘勿助以養之，故曰生而無以知爲也。以知養恬，即所謂蒙已德也。莫之爲而常自然也，不以知窮天下，不以知窮德也。【眉批：射穿七札。】恬則愈知，知則愈恬。將見大和沖穆，條理各適，道德仁義禮樂六者兼之，此聖人反性情復初之道也。【眉批：關鎖有法。】當時命而大行乎天下，俾天下各正其性命，共遊混芒之中，而澹漠焉。方且陰陽和靜，鬼神不慢，四時得節，又何傷夭之有？斯時治道被冒乎天下，絕無被冒之迹，未常以知爲也，常自然而已。天下皆反其性情而復其初，恬熙渾噩，雖有知，無所用之，不獨以恬養知，并爲天下恬其知也，反一無迹而已。不當時命而大窮乎天下，則存身以待，樂全于身，不以軒冕爲得志，雖不在山林之間，而世不見知，未嘗深隱，而其德自隱也。若末俗德衰則偏行矣，【眉批：入偏行妙甚。】離道以善，險德以行，多方乎仁義禮樂之用，文滅質，博溺心，無以反其性情，而并使物失其性，無以復其初，并使民順而不一，安而不順，咸失其初，醇澆樸散，世與道所以交相喪也。古今之爲天下者，皆冠冕在身者也。來不可圉，去不可止。雖樂亦荒也，正己者所樂不存焉。俗學，學燧人、唐虞之道者也；俗思，去性從心，識以知定天下者也。【眉批：還他俗學、俗思面目。】於俗學求復初，必逐物而喪己；於俗思求致明，必飾知而失性。悲其昧于

從違曰蔽蒙,嘆其不知重輕曰倒置。【眉批:洞若觀火。】

　　褚註曰:是篇主意,謂人無超逸絕塵之見,而苟狗世緣,漸失其本,皆繕性滑欲於俗者也。雖未爲顯惡,而妨道爲甚。夫益之以外學,亂之以妄思,而欲復初致明,是猶適郢而北其轅也。眞人又慮學者憚其空無渺莽,無所致力,設爲恬知交養之論,使人易入焉。夫人處世間,酬機應變,不能忘知。知用則害恬,要在審酌其宜,處之以道。事來則知見,事去則恬存。久久調熟,二者俱化,精神魂魄,融爲至和,符至命於希夷,歸道德之根本,由是而克之。與一世之人,處混芒而得澹漠,雖有知而無所用,則其爲化也博矣。奈何政失淳和,俗趨浮薄,離道險德,滅質溺心,至於世道交喪而不可復也。然後有山林之聖人,深根寧極,以期旦暮之遇,存身所以存道也,寄之去來,無容休戚于其間,尚何以知辯爲,而其樂全志得,有超乎軒冕之榮者。人患不知求耳,此聖賢處晦,以自全之道也。

南華眞經合注吹影卷之十六

西湖吹影居士胡文蔚豹生甫刪補

同里　關鍵六鈴甫

丁彭飛濤甫　評訂

外篇繕性第九

繕性於俗學①，以求復其初；滑音骨。欲於俗思②，以求致其明：謂之蔽蒙之民。俗學障性，俗思亂明。爲此者，是愚昧之人。古之治道者，以恬養知。生而無以知爲也，謂之以知養恬。知與恬交相養，而和理出其性。夫德，和也；道，理也。承上釋和理出于性，言和理非別，即道德也。德無不容，仁也；道無不理，物各得其宜也。義也；義明而物親，忠也；中純實而反乎情，中純實而非偽，發於外者，反求之，而出于至情也。樂也；信行容體而順乎文，禮也。信則誠中形外，容體之間，有自然之節文，是性中之禮也。禮樂偏③行，而④天下亂矣。

補曰：恬者，思慮都捐，勿忘勿助，即《天道》篇“虛靜恬澹，寂寞無爲”之旨。不是定，亦不涉動。蓋忻忻閒適，無他營擾也。生者，言知自生也。從容涵養，虛靈日來也。以知養恬，言知既生，仍要虛靜無爲以養之，不爲識神播弄也。德無不和，和乃容；道無不理，理乃宜，物得所宜則親，仁義忠，在其中矣。中純實而反乎情，即《孟子》“反身而誠，樂莫大焉”。信行容體而順乎文，即動

---

① 通行本有兩“俗”字，“俗学”屬下句。
② 通行本“思”字屬下句。
③ 偏，通行本作“徧”。
④ 而，通行本作“則”。

容周旋中禮,皆性自然之發用。偏行者捨内而逐于物也。

陸曰:以恬養知,乃繕性求明之要訣。知者,即本初之元性,儒者謂之良知,佛氏謂之覺性,道家謂之元神。恬者,無爲自然之義。以恬養之,定則生慧,本體瑩然,莫非真性之發越。纔認得性,便屬識神,已不是性,故生而無以知爲也。無以知爲者,韜其光而弗耀。又謂之以知養恬,何者?用治則不能恬。無以知爲,則恬者常自恬矣。恬之時,知在恬。知之時,恬在知。故曰,知與恬交相養,而和理出其性。○禮樂者出于性也,若外求之而不反其本,則偏行矣。猶言只見得一邊也,則忠信之薄,而亂所從生也。

彼正而蒙已德,德則不冒,冒則物必失其性也。蒙,晦其明也。冒,有心以德函覆之意。**古之人,在混芒之中,與一世而得澹漠焉。當是時也,陰陽和静,鬼神不擾,四時得節,萬物不傷,群生不夭,人雖有知,無所用之,此之謂至一。當是時也,莫之爲而常自然。**

陸曰:正,如各正性命之正,言德乃人人所同具。以恬養之,則各正各足。蒙已德,正以恬養之也,如是則我無加人之意,專美之情。天下誰不正者,誰爲我正者,與天下相忘于無爲自然之天,此物所以不失其性也。古人與一世澹漠,而位育恬熙。其時至一,無爲而自然,得此道也。

補曰:以恬養知者,不獨正己而已也,能使彼各得其正。彼者,泛指物也。夫物正則見己德而慕之,當時蒙然無知也,故曰彼正而蒙已德。不但無被冒之心,竝無被冒之跡,故曰德則不冒。夫冒者,必有所不及冒,而恩怨營求繼焉,故曰冒則物必失其性。古大人澹漠之世,混混芒芒,與陰陽鬼神四時合德,物得其所,民無夭殤,無以知爲也。至一者,離形去知,同於大通也。莫之爲而常自然,合上下言,此正大行乎天下,而返一無跡也。

逮德下衰,及燧人、伏戲①始爲天下,是故順而不一。徐徐于于,同在混芒之中,一也。知有帝則而順之,便不一矣。**德又下衰,及神農、黄帝始爲天下,是故安而不順。**各安其所安,則有不安者矣。阪泉、涿鹿之師,是不順之微。**德又下衰,及唐、**

---

① 戲,通行本作"羲"。

虞始爲天下,興治化之流,澆醇①散朴,離道以善,險德以行。然後去性而從②心,心與心識,句。知而不足以定天下,然後附之以文,益之以博。文滅質,博溺心,然後民始惑亂,無以反其性情而復其初。"無以返其性情"與"和理出於其性"相應。"復其初"與首句"以求復其初"相應。

【眉批】三"爲"字與"莫之爲而常自然"反照。

【眉批】心內有心,乃生理障。

【眉批】博溺心,是讀書棒喝。

補曰:大道無私也,有善即有不善。分別去就,澆醇散樸,與道相離矣。仁義禮樂興,則機智紛紜,詭詐百出,賞罰刑誅,傷生戕性,德漸險矣! 人各一心,心與心相搆,攻取爭鬪,彼此求勝。不一不順,惑亂滋甚,道安得不喪!

郭曰:去性而從心,言以心自役,則性去也。心與心識,言彼我之心,競爲先識,則無復任性也。知而不足以定天下,言忘知任性,斯乃定也。文博者,心質之飾。初,謂性命之本。

由是觀之,世喪道矣,道喪世矣,世與道交相喪也。道之人何由興乎世,世亦何由興乎道哉! 道無以興乎世,世無以興乎道,雖聖人不在山林之中,其德隱矣。隱,故不自隱。古之所謂隱士者,非伏其身而弗見也,非閉其言而不出也,非藏其知而不發也,時命大謬也。當時命而大行乎天下,則反一無迹;不當時命而大窮乎天下,則深根寧極而待;此存身之道也。

【眉批】句法尖利。

【眉批】此末世明哲保身之道。

刪訂陸註曰:道與世交相喪,言兩不相入也。既不相入,則道與世自兩不相興,舉世皆不知道。雖聖人在目前之近,而其德自隱。所以隱者,非遠在山林也,人不知之,不求隱而自隱也。故曰隱故不自隱。反一無跡者,言其大行于天下也。上希太古無爲之治,同在混芒之中,反求其所謂至一者,而不循仁義禮樂之跡。深根,退藏于密也。寧極,安汝止也,存我以待時而已。

---

① 醇,通行本作"淳"。
② 通行本"從"字下有一"於"字。

補曰:夫伏身弗見,閉言不出,藏知不發,身在山林之中者,古之所謂隱士也。今喪道之世,雖有知恬交養之聖人,出而救之,日處人間世,顯與酬酢,而世人不識之,則其德似隱矣,而非聖人自隱也,是時命之大窮也。故知恬交養,深根寧極,存身以待之。

古之存①**身者,不以辯飾知**,真而不華也。**不以知窮天下**,有餘不敢盡。**不以知窮德**,用知而不失其自然之性。**危然**高立貌。**處其所而反其性**,和理出于性也。**已又何爲哉!道固不小行,德固不小識。小識傷德,小行傷道。故曰,正己而已矣。樂全之謂得志。古之所謂得志者,非軒冕之謂也,謂其無以益其樂而已矣。今之所謂得志者,軒冕之謂也。軒冕在身,非性命也,物之儻來,寄**②**也。寄之,其來不可圉**禦也**,其去不可止。故不爲軒冕肆志,不爲窮約趨俗**,屈己以從俗也。其樂彼與此同,故無憂而已矣。今寄去則不樂,由是觀之,雖樂,未嘗不荒也。故曰:喪己於物,失性於俗者,謂之倒置**不知本末輕重也。**之民。**

【眉批】三"不以",正見未嘗從事于文、博,又點破曰何爲哉,脈絡通靈。

郭註曰:不以辯飾知,任其真知而已。不以知窮天下,此澹泊之情也。不以知窮德,守其自得而已。危然,獨正貌。道不小行,遊於坦塗。德不小識,塊然大通。自得其志,獨夷其心而無哀樂之情,斯樂之全者也。無以益其樂,全其內者而足也。來不可圉,去不可止,在外物耳,得失不由③我也。澹然自得④,不覺寄之在身。恬然自若,不知窮之在己,故無憂⑤。言無欣戚之念也⑥。彼此,謂軒冕與窮約也。寄去則不樂者,寄來則荒矣,斯以外易內也。盈外而虧內⑦,其倒置矣。

補曰:存身之道,不飾不窮,無以知爲也。危然處其所而反其性,正己而已。反性命者,樂全而得志,不爲小行小識。非性命者,儻來如寄。要知聖人

① 存,通行本作"行"。
② 通行本"寄"字後有一"者"字。
③ 不由,郭本作"之非"。
④ 得,郭本作"若"。
⑤ 此句郭本作"曠然自得,不覺窮之在身",無"故無憂"句。
⑥ 戚,郭本作"歡",此句在"軒冕窮約"句後。
⑦ 盈,郭本作"營",無"而"字。

之樂性命,卻與世人樂軒冕同。故常存而不去,永樂而無荒。俗學俗思,喪已失性,安能正天下之人。從事于此者,非唯蔽蒙,直謂之倒置也。"故曰"三句,照應篇首三句,文章起結之最細密者。

南華眞經合注吹影卷之十七

外篇秋水總論

吹影曰：開口以水喻道，隨借河伯、海若口中，反覆詰辯，發明道妙。大旨謂束于教者，見道之一曲，以爲天下之美盡在己，及觀于無方無畛之大，始規規然自失，猶河伯望洋向而嘆也。夫海固大，其在天地間，不異小石小木之在大山。可見大之外，更有至大者在，安得以秋水自多乎？秋水忽然而至，喻淺夫之偶有小得也。河伯遂欲大天地而小毫末，不知物量無窮，時無止，分無常，終始無故。一切多寡今故，得失生死，憂喜從違，原無定在。【眉批：一句喝破。】又何知毫末之果至細，而天地之果至大耶？若以至精無形爲小，不可圍者爲大，終是有常之見，囿于方畛。【眉批：常字是篇中肯綮。】道則奐然四解，淪于不測，始于玄冥，反于大通。言之所不能論，意之所不能察致，不期精粗焉。故知道之大人無己而反其眞。反眞，即反于大通。無己，即始於玄冥也。反眞則知細大不可倪，不勸爵祿，不辱戮恥。所以然者，約分之至也。約分者，韜光斂德，不求大而自大也。河伯又從大小上分出貴賤來。嗟乎！以物則有貴賤，或自貴而相賤，尊己以臨人；或貴賤不在己，狥人而枉己；以道觀之，則無貴賤也。彼堯舜與之噲，均一讓也。湯武與白公，均一爭也，而貴賤迥異。洵乎有時主之，未可以爲常。【眉批：又出常字。】則知天地之爲稊米，大可作小觀；毫末之爲丘山，小可作大觀。又何可執以爲常哉！【眉批：又印證常字。】試稽萬物，殊器者異用，殊技者異能，殊性者異見，紛綸不一。設欲語此，以明天地萬物之情理，則自愚而誣道也。何也？貴賤一門，大小一家也，復何分爲與不爲，辭受趣舍云哉！【眉批：緊接無己反眞。】無己之大人，無拘而志，無一而行，不恃其成，不位乎形,盈虛消息,順其自然之化,所以能齊大小,忘貴賤,一多寡,獨反其眞也。
自然之化,所謂眞也。說到萬物一齊,順造物之自化,則何物不在造化之中,又
何貴于學道? 此問亦不可少。詎知道者,所以主張造化,運旋萬物者也。無己
之大人,知道者也。【眉批:捷甚。】知天人之行者也,達不義之理,明不測之權,
範圍萬物而物不能害,察安危,寧禍福,謹去就,本吾心之天,素位而行,如落馬
穿牛以善其用,【眉批:輕點妙。】更不敢輕用聰明,妄騁才力,以與天命相抗衡。
謹守其真,不敢狥名而喪實,何以謂之知天人之行? 曰,本乎天,而蹢躅屈伸,
反要語極,動吾天機而不知其所以然也。【眉批:此篇中自然脈絡。】又說許多譬
喻,總明大小、多寡、有無隨其自化,動任乎天,無不宜也。況心以神行,其大勝
於物也,非風可及乎! 此其道,緊于有物者不知也,唯反眞無己之聖人能之。
【眉批:一眼覷定。】孔子匡圍,寧於禍福,物莫能害之徵也。公孫龍以言論道,以
意察致,是非坳蛙乎? 束于教而妄生擬議,必將失其故步。却楚使爵祿,不足
以爲勸也。神龜曳尾,欲反其眞也。腐鼠之嚇,可恥可辱,失眞之喻也。反眞
者,全性天之眞樂。【眉批:通篇到底只是"反真"二字。】通於物性,兼知魚之樂。
濠者,水也。何必河,何必海,何必百川,即濠上而目擊道存矣! 以水起,仍以
水結,毫無痕跡,妙甚!

南華眞經合注吹影卷之十七

武林吹影居士胡文蔚豹生甫刪補

同里　吳山濤岱觀甫

洪吉臣載之甫　評訂

外篇秋水第十

秋水時至,百川灌河。泾流之大,兩涘音俟。渚涯①之間,不辯牛馬。於是焉,河伯欣然自喜,以天下之美爲盡在己。順流而東,行至於北海,東面而視,不見水端,於是焉河伯始旋其面目,望洋向若而嘆曰:"野語有之曰:'聞道百,以爲莫己若者。'我之謂也。且夫我嘗聞少仲尼之聞,而輕伯夷之義者,始吾弗信。今我睹子之難窮也,吾非至於子之門則殆矣,吾長見笑于大方之家。"

【眉批】褰淺小夫,自負若此。

吹影曰:此猶小巫見大巫,而氣索也。泾,濁也。兩涘,河兩湄。渚,河中之洲渚也。兩涯洲渚之間,水天飄渺,崖有牛馬,不能辯識也。若,海神也,以天下之美爲盡在己,自足之喻。不見水端,不知其所始也。旋其面目,言回頭轉眼,知向所景仰者,非也。

北海若曰:"井䲡不可以語於海者,拘於虛同墟。也;夏蟲不可以語於冰者,篤於時也;曲士不可以語於道者,束於教也。今爾出於崖涘,觀於大海,乃知爾醜,爾將可與語大理矣。天下之水,莫大於海,萬川歸之,不知何時止而不盈;尾閭泄之,不知何時已而不虛;春秋不變,水旱不知。此其過江河之流,不

①　涯,通行本作"崖"。

184

可爲量數。而吾未嘗以此自多者，自以比形於天地，而受氣於陰陽，吾在天地之間，猶小石小木之在大山也。方存乎見少，又奚以自多！計四海之在天地之間也，不似礨^{音壘}，孔。空之在大澤乎？計中國之在海内，不似稊稊，^{徒兮反}。米之在太倉乎？號物之數謂之萬，人處一焉；人卒九州，穀食之所生，舟車之所通，人處一焉，此其比萬物也，不似豪末之在於馬體乎？五帝之所連，三王之所爭，仁人之所憂，任士之所勞，盡此矣。伯夷辭之以爲名，仲尼語之以爲博，此其自多也，不似爾向之自多於水乎？”

尾閭，林註：“沃焦也，出《山海經》，言海水至此，隨沃隨乾。”礨空，澤中石隙小穴也。人卒，衆也。兩人處一焉，前對萬物言，後對九州之衆言。連，連屬也。

呂註曰：秋水時至，百川灌河。則學自外至，而未達大道之譬。涇流兩涘，不辯牛馬。則爲道而不出乎兩旁中央，未至乎無所不見也。順流至於北海，言循理而求，則必得其所歸。旋面望洋向若，回趨大道，從無窮之遊也。拘於墟，則小大之所限。篤於時，則從近之所專。束於教，則方術之所制，所以不得逍遙。出涯涘而觀大海，則脫拘限，而與於無方之觀，故可以語大理也。萬川歸之不盈，則益之不加益；尾閭泄之不虛，則損之不加損。非從近所專，非大小所限，此水之幾於道。計四海在天地間，中國在海内，人卒在萬物，若亡若存，如此其微；而五帝、三王、仁人、任士之所憂勞，不過於此；而或辭之以爲名，語之以爲博。自大道無方觀之，輕其意而少其聞，豈虛語哉！

河伯曰：“然則吾大天地而小毫①末，可乎？”北海若曰：“否。夫物量無窮，時無止，分無常，終始無故。是故大知^{音智}。觀于遠近，故小而不寡；大而不多，知量無窮；證曏今故，故遙而不悶，掇而不跂，知時無止；察乎盈虛，故得而不喜，失而不憂，知分之無常也。明於②坦涂，故生而不說，死而不禍，知終始之不可故也。計人之所知，不若其所不知；其生之時，不若未生之時；以其至小，求窮其至大之域，是故迷亂而不能自得也。由此觀之，又何以知毫末之足

---

① 毫，通行本作“豪”，下同。

② 於，通行本作“乎”。

以定至細之倪，又何以知天地之足以窮至大之域！"

【眉批】設問以申說，是莊子鐸世深心。

補曰：上極言其大，此又轉言道原無可定其大小。體道者，大智圓通，原未嘗分別於其間也。物量之大小，至變而無窮也。大知者，觀於遠近而知之，如身在越，則吳爲遠而越爲近；身在吳，則吳爲近而越爲遠，則知在小則小，不可執以爲寡，在大則大，不可據以爲多，其量無窮。時之推遷，流行而不止也。大知者，證曩今故而知之，如現在爲今，既往爲故，不知故即已去之今，今即將來之故，是以遙絕而莫待者不悶，一舉而可掇者不跂。跂，欲翔步就之也。分之得失，偶值無常也。大知者，察乎盈虛而知之，如造化既盈，而虧兆潛伏；如造化已虧，而盈機漸萌，安得以得爲盈而喜，以失爲虧而憂乎！死生之終始，無一定之陳跡也。大知者，明於坦塗而知之。坦塗，人所遵行往來者也。生寄死歸，如晝夜循環，出入於大道中，何足悅，何足禍哉！"不可故"三字，方壼作一定之陳跡，可從。雖然，如此測度較量，大道所不貴也。計人之所知，不若其未知之澹漠。生時之知識憧憧，不若其未生時之靜虛寂寞。試參其所不知時，渾然無思慮。未生之時，冥然無形跡。何其至大而不測，今欲以至小之知求之，宜其迷惑而無所得也。由此觀之，我雖毫末，不可謂之小；天地雖大，不足謂之大。洵乎，難窮難定矣！

郭註曰：曩，明也。今故，猶今古也。

呂註曰：道無大小，豈有定體。今夫天地，吾以爲至大，極吾知之所知，而莫得其盡。則吾所謂大者，豈眞大；所謂小者，豈眞小耶？吾安能鬱鬱待百年之王，是遙而悶也。彭祖以久特聞，衆人匹之，則掇而跂也。

河伯曰："世之議者皆曰：' 至精無形，至大不可圍。' 是信情乎？"北海若曰："夫自細視大者不盡，自大視細者不明。夫精，小之微也；郭①音孚，與郭同。，大之殷也；故異便。此勢之有也。夫精粗者，期于有形者也；無形者，數之所不能分也；不可圍者，數之所不能窮也。可以言論者，物之粗也；可以意致者，物之精也；言之所不能論，意之所不能察致者，不期精粗焉。是故大人之行，不出

---

① 郭，通行本作"垺"。

乎害人,不多仁恩;動不爲利,不賤門隸;貨財弗爭,不多辭讓;事焉不借人,不多食乎力,不賤貪污;行殊乎俗,不多辟_{仝僻}。異;爲在從衆,不賤佞諂;世之爵祿不足以爲勸,戮恥不足以爲辱;知是非之不可爲分,細大之不可爲倪。聞曰:'道人不聞,至德不得,大人無己。'約分之至也。"

【眉批】此問又精切。

補曰:此轉以"精粗"二字替"大小",言任他至精至粗,皆可以言論意致。道在言意之先,不能分,不能窮,不期精粗焉。故體道之大人,忘是非大小也。○是信情乎,言此語,信爲物情乎?否也!自細視大者不盡,管中窺天之類。自大視細者不明,大鵬下視野馬塵埃之類。殷,盛也。異便,異宜也。察致者,察其極致也。大人知道,不期精粗,所以名實皆不欲居。但見其從無害人之事,不以仁恩自多,謝濟世之名也;不爲利動,不賤謀利之門隸,不欲示潔也;勿好貨財,勿以辭讓爲高,不欲嗛嗛爲廉也;不借力於人,不以力自多,不欲以才力見也;不賤貪污,不欲觸人所諱也;行殊,不辟異,不欲亢世明高也。從衆,不賤佞諂。衆態不能浼我也!此正不聞不得無己處。約分者,安分自斂,韜光斂德,不求大而自大也。

河伯曰:"若物之外,若_{二若字,猶言合也。}物之內,惡至而倪_{緒之有兩端,分別之義也。}貴賤?惡至而倪大小^①?"北海若曰:"以道觀之,物無貴賤;以物觀之,自貴而相賤;_{以貴臨賤,自生分別也。}以俗觀之,貴賤不在己;以差觀之,因其所大而大之,則萬物莫不大;因其所小而小之,則萬物莫不小。知天地之爲稊米也,知毫末之爲丘山也,則差數覩矣。以功觀之,因其所有而有之,則萬物莫不有;因其所無而無之,則萬物莫不無。知東西之相反而不可以相無,則功分定矣。以趣觀之,因其所然而然之,則萬物莫不然;因其所非而非之,則萬物莫不非。知堯、桀之自然而相非,則趣操覩矣。昔者堯、舜讓而帝,之、噲讓而絕;湯、武爭而王,白公爭而滅。由此觀之,爭讓之禮,堯、桀之行,貴賤有時,未可以爲常也。

【眉批】噲,音快。

———

① 大小,通行本作"小大"。

補曰：自内達外曰倪。合物之内外而言，何從而分貴賤大小，此間自親切。差，等差也。功分，功勞分限也。各任一職以報功，故曰功分。"以道觀之"六句，答言無貴賤也。不在已，云有主之者，求在外者也。以差觀之，答言大小不可分，即莫大于秋毫而泰山爲小意。"以功觀之"二段，借有無然非設喻也。昔者堯舜，又設貴賤無定之喻。

梁麗可以衝城，而不可以窒穴，言殊器也；騏驥驊騮，一日而馳千里，捕鼠不如狸狌，言殊技也；鴟鵂音答梟。夜撮蚤，察毫末，晝出瞋目而不見丘山，言殊性也。故曰：蓋師是而無非，師治而無亂乎？是未明天地之理，萬物之情者也。是猶師天而無地，師陰而無陽，其不可行明矣！然且語而不舍，非愚則誣也！帝王殊禪，三代殊繼。差其時，逆其俗者，謂之篡夫；當其時，順其俗者，謂之義之徒。默默乎河伯，女惡知貴賤之門，小大之家！"

【眉批】撮，七括反。

梁，屋梁。麗，音禮，屋棟也。瞋，音嗔，迎視貌。〇焦註曰：殊器之異用，殊技之異能，殊性之異便，不可槩論也。若師治而無亂，師陰而無陽，非明乎天地萬物之理者也。禪繼順逆，各因其時而已，不必多言也，縱使言之，僅論其跡耳。又惡之貴賤小大之所從出哉？欲知其所從出者，當於未始有物之先求之。

補曰：曰門曰家，喻所從出，答他倪字。義言一門一家，不可分也。

河伯曰："然則我何爲乎？何不爲乎？吾辭受趣舍，吾終奈何？"北海若曰："以道觀之，何貴何賤，是謂反衍；無拘而志，與道大蹇。何少何多，是謂謝施；無一而行，與道參差。嚴乎若國之有君，其無私德；繇繇乎若祭之有社，其無私福；汎汎乎其若四方之無窮，其無所畛域。兼懷萬物，其孰承翼？是謂無方。萬物一齊，孰短孰長？道無終始，物有死生，不恃其成；一虛一滿，不位乎其形。年不可舉，時不可止；消息盈虛，終則有始。是所以語大義之方，論萬物之理也。物之生也，若驟若馳。無動而不變，無時而不移。何爲乎，何不爲乎？夫固將自化。"

補定曰：夫人平日係於有物，一聞道無貴賤大小，便茫然無所適從。中人莫不皆然。此問亦是學者證道，吃緊一着。大道原無貴賤，反求于心，而寬裕自得，是名反衍。若拘拘然以貴賤介意，妄生分別，則道本通而人自蹇之也，大道原無多少,絕去差等而平施,是名謝施。若斤斤然執多少成見,較量施予,則道本同而人自參差之也。無者,戒之之詞也。道無私無封,故設君、社、四方三喻。道無方,範圍萬物而不見維持之跡,故曰兼懷萬物,其孰承翼。承者,扶掖之。翼者,左右之也。道無終始,萬物有合一之理。執分短長,雖生死不齊,成跡不可恃也。虛滿不一,妄行不可定也。位者,以此爲職分所宜,而安守之義。今古僉同,無年可舉也。周流六虛,時不可止也。消息盈虛,循環無端,語大義之方,萬物之理如是也。試觀物之生也,若馳驟然,與動俱變,隨時俱移,聽造化之自然而已,何爲不爲之可定哉! 即言無方,何以又言大義之方,唯義則方。《易》曰:“君子義以方外也。”有萬物之理,斯有大義之方。舊作大道解者,非。

陸曰:夫固將自化者,言人居大化之中,不可以爲不爲自執也,夫亦順其自然之化而已矣。

河伯曰:“然則何貴於道邪?”北海若曰:“知道者必達于理,達於理者必明於權,明於權者不以物害已。至德者,火弗能熱,水弗能溺,寒暑弗能害,禽獸弗能賊。非謂其薄之也,言察乎安危,寧於禍福,謹於去就,莫之能害也。故曰:‘天在內,人在外,德在乎天。’知天人之行,本乎天,位乎德①,蹢躅而屈伸,反要而語極。”曰:“何謂天? 何謂人?”北海若曰:“牛馬四足,是謂天;落同絡。馬首,穿牛鼻,是謂人。故曰:‘無以人滅天,無以故滅命,無以得狥②名。謹守而勿失,是謂反其眞。’”

【眉批】莊子天人之行,實有要極,大家着眼。

補曰:此一轉亦不可少,言既順造物之自化,何物不在造化之中,則人又何貴于學道也。莊子說到達理明權,察安危,寧禍福,謹去就,此老見道甚正,何嘗肯孟浪鶻突,即吾儒天人相須有成之旨。薄,迫近之。言不以身與之相薄也。天在內,言吾心中有天主張之也。人在外,言外而應世,惟人斡旋之也。德在乎天,言達理明權,與人接物之德,貴出于自然也。知天人之行者,本吾心之天。素位而行,同然皆得,未嘗率意鹵莽也。知進知退,蹢躅而廻翔,利用安

---

① 德,通行本作“得”。

② 狥,通行本作“殉”。

身，屈伸而自試，内反而審其道要，語物而極其至理而已。【眉批：細翫本文氣脈，確宜如此解。】詳說天人合一之宜。又恐學者以人可勝天，漸生極智，急下轉語曰，無以人滅天。下二句，就人事言之。故者，造作安排之跡，猶諺云世故也。一種弄聰明，騁才力之流，往往與命抗衡，故曰無以故滅命。德蕩于爲名，故曰無以得狥名。得，同德。反眞，即反要也。

夔憐蚿音賢。蚿憐蛇，蛇憐風，風憐目，目憐心。夔謂蚿曰：“吾以一足趻踔音卓。而行，予無如矣。今子之使萬足，獨奈何？”蚿曰：“不然。子不見夫唾者乎？噴則大者如珠，小者如霧，雜而下者，不可勝數也。今予動吾天機，而不知其所以然。”蚿謂蛇曰：“吾以衆足行，而不及子之無足，何也？”蛇曰：“夫天機之所動，何可易邪？吾安用足哉！”蛇謂風曰：“予動吾脊脅而行，則有似也。今子蓬蓬然起於北海，蓬蓬然入於南海，而似無有，何也？”風曰：“然。予蓬蓬然起於北海而入於南海也，然而指我則勝我，鰌音秋。或作踏，足踐也。我亦勝我。雖然，夫折大木、蜚大屋者，唯我能也。”故以衆小不勝爲大勝也。爲大勝者，唯聖人能之。

補曰：此言多寡有無，隨物所自用。動出于天則不可易也，況心之以神行乎！不言曰與心，令人得之言外也。以衆小不勝爲大勝，以譬目與心之用，重于風也。何如？可不求吾無見無知者，爲見見知知之本，爲無所不見、無所不知之大勝乎？唯聖人能之。設喻奇確，今古爲最。故林陸二公，極嘆賞之。

孔子遊於匡，宋人圍之數匝，而絃歌不輟①。子路入見，曰：“何夫子之娛也？”孔子曰：“來，吾語女。我諱窮久矣而不免，命也；求通久矣而不得，時也。當堯、舜而天下無窮人，非知得也；當桀、紂而天下無通人，非知失也；時勢適然。夫水行不避蛟龍者，漁父之勇也；陸行不避兕虎者，獵夫之勇也；白刃交于前，視死若生者，烈士之勇也；知窮之有命，知通之有時，臨大難而不懼者，聖人之勇也。由，處矣！吾命有所制矣！”無幾何，將甲者進，辭曰：“以爲陽虎也，故圍之；今非也，請辭而退。”

---

① 輟，通行本作“惙”。

郭曰:時事適然,言無爲勞心于窮通之際也。漁父、獵夫、烈士之勇,情各有所安,聖人則無所不安。知①命非己制,故無所用其心也。夫安于命者,無往而非逍遙;雖居匡在羑里②,無異紫極閒堂也。○方註曰:孔子遊匡,宋人圍之,所謂指踏皆勝我也;及其知非,請辭而退,所謂大勝者也。

公孫龍問于魏牟,曰:"龍少學先王之道,長而明仁義之行;合同異,離堅白;然不然,可不可;困百家之知,窮衆口之辯;吾自以爲至達已。今吾聞莊子之言,汒焉異之。不知論之不及與,知之弗若與?今吾無所開吾喙,敢問其方。"公子牟隱几大息,仰天而笑曰:"子獨不聞夫埳音坎。井之鼃乎?謂東海之鱉曰:'吾樂與!出跳梁乎井幹之上,入休乎缺甃之崖;赴水則接腋音亦。赴水則以兩腋拍水,如接物者然。持頤緊閉其口也,;蹶泥陷泥中也。則没足滅跗音附。蛙之小足也,;還音旋。虷音寒。井中赤蟲也。蟹與科斗,莫吾能若也。且夫擅一壑之水,而跨跱埳井之樂,此亦至矣。夫子奚不時來入觀乎?'東海之鱉左足未入,而右膝已縶矣。於是逡巡而却③,告之海曰:'夫千里之遠,不足以舉其大;千仞之高,不足以極其深。禹之時十年九潦,而水弗爲加益;湯之時,八年七旱,而崖不爲加損。夫不爲頃久推移,不以多少進退者,此亦東海之大樂也。'於是埳井之鼃聞之,適適然驚,規規然自失也。且夫知同智。不知是非之竟,而猶欲觀于莊子之言,是猶使蚉④負山,商蚷小蟲也。馳河也,必不勝音升。任矣。且夫知同智。不知論極妙之言,而自適一時之利者,是非埳井之鼃與?且彼方跐音此。黄泉而登大皇,無南無北,奭然四解,淪於不測;無東無西,始於玄冥,反于大通。子乃規規然而求之以察,索之以辯,是直用管窺⑤天,用錐指地也,不亦小乎?子往矣!且子獨不聞夫壽陵餘子之學行於邯鄲音寒丹。與?未得國能,又失其故行矣,直匍匐而歸耳!今子不去,將忘子之故,失子之業。"公孫龍口呿音怯。而不合,舌舉而不下,乃逸而走。

① 郭注無"知"字。
② 此句郭注作"故雖匡、陳、羑里"。
③ 却,通行本作"卻"。
④ 蚉,通行本作"蚊"。
⑤ 窺,通行本作"闚"。

【眉批】引公孫龍,又一河伯也。

【眉批】且夫知不知是非之竟:竟,作究竟之竟。

【眉批】"始于玄冥,反于大通"及"奭然四解",是莊經要旨。

汇,同茫。埳井,壞井。幹,井欄也。缺甃,井甃缺而成崖者。還,周旋。云蚷蠏科斗,皆周旋于坎井中也。跐,蹈也。黃泉,六極之下。太皇,太極之上也。"且彼"至"大通"七句,總形容莊子之大不可限量測度也。

郭註曰:蛙自稱至樂,猶小鳥之自足于蓬蒿也。左足未入,右膝已縶,明大之不遊於小也。以小羨大,故自失。物各有分,不可強相希效也。始於玄冥,反于大通,言其無所不至也。夫遊無窮者,非辯察所得。非其任者,去之可也。以此效彼,兩失之矣。未丁之夫曰餘子①。

莊子釣於濮水。楚王使大夫二人往先焉,曰:"願以竟②內累矣!"莊子持竿不顧,曰:"吾聞楚有神龜,死已三千歲矣,王巾笥而藏之廟堂之上。此龜者,寧其死爲留骨而貴乎?寧其生而曳尾於③于塗中乎?"二大夫曰:"寧生而曳尾塗中。"莊子曰:"往矣!吾將曳尾于塗中。"

濮,陳地之水也。先焉,先傳楚王之意。竟與境同,言欲託之以國也。神龜之喻,言性各有所安也。褚註④曰:莊子辭召,以神龜爲喻。昔陶隱居,畫二犗牛以答詔,一拘窘於鞭繩,一優遊于水草,亦效此意。

惠子相梁,莊子往見之。或謂惠子曰:"莊子來,欲代子相。"於是惠子恐,搜於國中三日三夜。莊子往見之,曰:"南方有鳥,其名爲鵷鶵,子知之乎?夫鵷鶵發於南海而飛於北海,非梧桐不止,非練實不食,非醴泉不飲。於是鴟得腐鼠,鵷鶵過之,仰而視之曰:'嚇!'今子欲以子之梁國而嚇我乎⑤?"

鵷鶵,鳳雛。練食,竹食。嚇,恐奪己食而作怒聲也。描寫小人,貪位患失,妬才忌賢之聲貌,令人絕倒。

---

① "未丁"句實爲陸西星註。
② 竟,通行本作"境"。
③ 於,通行本無。
④ 原作郭注,誤,據褚伯秀《南華真經義海纂微》改。
⑤ 乎,通行本作"邪"。

莊子與惠子遊於濠梁之上。莊子曰:"儵音條。魚出遊從容,是魚之樂也。"惠子曰:"子非魚,安知魚之樂?"莊子曰:"子非我,安知我不知魚之樂?"惠子曰:"我非子,固不知子矣;子固非魚也,子之不知魚之樂,全矣!"莊子曰:"請循其本。子曰'女①安知魚樂'云者,既已知吾知之而問我。我知之濠上也。"

全矣者,言人與人同類,尚有爾汝形骸之隔而不相知,況魚爲非類,子之於與魚,全無相知之理矣!○李衷一曰:物我之相契,蓋有不期知而知者,妙理默會,神者受之。夫魚出而遊泳,無網罟之患,濡沫之勞,從容乎一水之間。又奚待莊子而后知其樂? 莊子所知,在樂不在魚。魚忘於水,人忘於魚,故其樂全,其知一。莊子於此蓋將無言,惠子亦將無問。然復有試論者,非問則至言無所託,非言則道妙無以見,直將消天下後世離物我爲兩者之見耳。

---

① 女,通行本作"汝"。

南華眞經合注吹影卷之十八

外篇至樂總論

　　吹影曰:至樂者,心性中自然之眞樂,即《易》"樂天知命,故不憂",本文所謂"條達而福持"也。條達者,順天命之自然;福持者,至樂存存,持而無所持也。至人愧怍全消,逍遙閒適,舉天地間,無一物足以易此恬愉,并無一物足以生其歆羨,無意求樂而至樂存焉,故曰惟無爲幾存。今天下誙誙然,尊以爲至樂者,非富貴善乎,相與規圖疾作,恃以活身養形者,無大於此。然有所爲而爲之,得則喜,不得苦,即得患失,則大憂以懼,避處去就。日夜思慮,逐逐耽耽,其樂固不能常存矣。矧所樂,不過安逸、美服、厚味、聲色而已。究竟藉物以活身,物去則樂失;勞形以外神,形盡則樂忘。【眉批:愷切動情,誰不首肯。】果樂乎,果不樂乎?吾試正告之曰,無爲爲至樂,俗必太苦而不信,孰知俗樂活身,至樂活神;俗樂適形,【眉批:"回之齊"節云"形有所適"。】至樂適性。至樂無樂乎?虛靜恬澹,悠然自得,通乎命,順乎天。未嘗求樂,而天宇沖融;未嘗去憂,而太和條暢,無所樂也,而無不樂;一無所樂也,而無所不樂。試觀天地清寧,以無爲而成;萬物職職,從無爲而殖,則可知無爲者之無不可爲矣,全乎樂矣!妻死,鼓盆以歌,通乎命而悟無生無形之本,至樂在身,故無哭泣之悲。支離叔順天之化,至樂在身,故見不祥之物而不惡。彼富貴壽善,皆生人之累也,死則無爲矣。髑髏以死樂于南面王,則生而無爲之爲至樂,益信矣。顏回東說齊侯,有所爲者也,齊侯小短之見,不可語以大道,是以九韶太牢養鳥也,說之不得,則惑則死,非所好而求同,非聖人條達福持之道。無爲者所深戒,故孔子憂之。【眉批:萬派一源,勺水不漏。】嗟夫!俗之尊富貴壽善,與安逸服食聲色,將以樂生也。樂生則惡死,此等人,道眼視之,直一髑髏耳。【眉批:合笋妙。】遊魂爲變而死,精氣爲物以生,生生不已,種類孔多。或有情相生,或無情相生,或有情而化爲無情,或無情而化爲有情,皆出入于氣機,所以不免爲生趣物欲所勞苦。苟能通命合天,全無爲之至樂,必有以善其出入,不爲俗樂所染,物物而不物於物矣!

林虞齋曰:此篇教人抉擇至樂活身之術,皆以無爲而存。將箇無字推到本始,論及人物之生死變化,察其本無,而同出入於一機。其有生老病死等,如四時晝夜,達命者不哀,觀化者無惡,一味順其自然,然後在我者長樂而長存也。

南華眞經合注吹影卷之十八

武林吹影居士胡文蔚豹生甫刪補

同里　汪渢魏美甫

沈堯章佩彝甫　評訂

外篇至樂第十一

天下有至樂無有哉？有可以活身者無有哉？<small>二"無有哉"反詰之，以言其實有也。</small>今奚爲奚據？奚避奚處？奚就奚去？奚樂奚惡？夫天下之所尊者，富貴壽善也；所樂者，身安厚味美服好色音聲也；所下者，貧賤夭惡也；所苦者，身不得安逸，口不得厚味，形不得美服，目不得好色，耳不得音聲。若不得者，則大憂以懼，其爲形也亦愚哉！夫富者，苦身疾作，<small>勤于經營。</small>多積財而不得盡用，<small>吾生有涯，爲樂幾何？</small>其爲形也亦外矣！夫貴者，夜以繼日，思慮善否，其爲形也亦疏矣！人之生也，與憂俱生。壽者惛惛，久憂不死，何之苦也！其爲形也亦遠矣！<small>歷言爲形之愚、外、疏、遠，則其心神之受傷可知。</small>烈士爲天下見善矣，未足以活身。吾未知善之誠善邪？誠不善邪？若以爲善矣，不足活身；以爲不善矣，足以活人。故曰，"忠諫不聽，蹲循勿爭。"<small>蹲循，義同逡巡，言當引退勿與之爭。</small>故夫子胥爭之，以殘其形，不爭名亦不成。誠有善無有哉？

【眉批】樂，音洛。以下同音。

【眉批】其爲形也亦外矣："爲形"的"爲"字去聲，下皆仝。

【眉批】"夫貴者"句：警世名箴。

【眉批】烈士爲天下見善矣：爲，去聲。

補曰：先言世俗之所樂，以形至樂。世所樂，無過富貴壽善也，因發明富者、貴者、壽者之爲形未善,多勞、多慮、多憂,其心之不樂可知已。末以烈士一段,剖晰善字,變換語勢,文法便不拘板。

今俗之所爲,與其所樂,吾又未知樂之果樂邪?果不樂邪?吾觀夫俗之所樂,舉群趨①者,誙誙然必取之意。如將不得已,而皆曰樂者,吾未之樂也,亦未之不樂也。果有樂無有哉?吾以無爲誠樂矣,又俗之所大苦也。故曰,"至樂無樂,至譽無譽"。

【眉批】誙,音鏗。

補曰:四者俗之所爲,群然趨之,志在必得,皆以爲至樂也,與吾之所樂相反。夫無爲誠樂矣,而俗輒苦之。吾如世人何哉,孰知至樂無樂。世之所樂者,非眞樂也。至譽無譽,烈士之所爭,非眞名也。

天下是非果未可定也。雖然,無爲可以定是非。至樂活身,唯無爲幾存。請嘗試言之,天無爲以之清,地無爲以之寧,故兩無爲相合,萬物皆化。芒乎芴乎,芒,即混芒之意。芴,即淴穆之意。而無從出乎!芴乎芒乎,而無有象乎!無從出,則自無形象。萬物職職蕃庶也,皆從無爲殖生也。故曰,天地無爲也而無不爲也。人也孰能得無爲哉!

【眉批】至樂活身,唯無爲幾存:二语是篇中要害。

補曰:俗之所樂,果是耶,果非耶?吾指之爲非,而俗方自以爲是。其未可定也?雖然,惟無爲可以定之。何也?天下原有至樂,足以活身。唯無爲則恬澹虛無,不生歆羨,而悠然自得,庶幾至樂常存焉!嘗試言天地之化育,皆出於無爲。知無爲而無不爲,則知無爲者無所于樂,而無不樂矣!

莊子妻死,惠子弔之,莊子則方箕踞鼓盆瓦缶,鼓之以節音。而歌。惠子曰:"與人居,長育也。子,老,身死不哭,亦足矣,又鼓盆而歌,不亦甚乎!"莊子曰:"不然。是其始死也,我獨何能無槩然!言當初死時,亦槩然與世人同其哀悼。察其始,而本無生;非徒無生也,而本無形;非徒無形也,而本無氣。雜乎芒芴之間,變而有氣,氣變而有形,形變而有生,今又變而之死。是相與爲春秋冬夏四時行也。人且偃然寢於巨室,而我噭噭悲呼貌。然隨而哭之,自以爲不通乎命,

---

① 趨,通行本作"趣"。

故止也。"

【眉批】噭,音叫,古吊反。

補曰:此至人利害不干於心,生死無變于己之道也。郭註曰:未明而槃,既①達而止。所以誨有情者②,將令推至理,以遣累者③也。

支離叔與滑介叔觀於冥伯死者之稱,猶言冥漠君也。**之丘墓也。崑崙之虛,**同墟,墓在此地。**黃帝之所休。**昔帝所會休息處。**俄而柳生其左肘,其意蹶蹶然惡之。**柳,註曰"瘍",或以柳多擁腫,故以爲瘍癘之喻。羅註④曰:柳者,障柩之柳。二人觀于墟墓之間,倏有障柩之柳出于左肘,殆不祥之徵,故驚動,而蹶蹶然心惡之。**支離叔曰:"子惡之乎?"滑介叔曰:"亡,予何惡!生者,假借也;假之而生生者,塵垢也。**身本假合而生,既借宜還。假之者,生生無量,至多至微,何異塵垢之飛揚于天地間。**死生爲晝夜。且吾與子觀化而化及我,我又何惡焉!"**吾與子觀萬物之化久矣,今化將及我,亦時命之必然,順之而已矣。

補曰:此段與前段同一意,悟生寄死歸之理,知其本原,則道心自有把持。

莊子之楚,見空髑髏音獨婁。**,髐然**音磽,空虛堅固之貌。**有形。撽以馬捶,**撽,音竅,旁擊之也。捶,音箠,馬杖也。**因而問之,曰:"夫子貪生失理而爲此乎?將子有亡國之事、斧鉞之誅而爲此乎?將子有不善之行,愧遺父母妻子之醜而爲此乎?將子有凍餒之患而爲此乎?將子之春秋故及此乎?"于是語卒,援髑髏,枕而臥。夜半,髑髏見夢曰:"子之談者似辯士,諸子所言,**猶云諸如子言之意。**皆生人之累也,死則無此矣。子欲聞死之說乎?"莊子曰:"然。"髑髏曰:"死,無君于上,無臣于下,亦無四時之事,從然**從容自得之貌。**以天地爲春秋,雖南面王樂,不能過也。"莊子不信,曰:"吾使司命,復生子形,爲子骨肉肌膚,反子父母、妻子、閭里、知識,子欲之乎?"髑髏深矉蹙頞曰:"吾安能棄南面王樂,而復爲人間⑤之勞乎!"**

林曰:此寓言生勞死樂,撰出髑髏一段問答,以戲劇悅生之人。

---

① 既,郭本作"已"。
② 郭本句前有一"斯"字。
③ 郭本無"者"字。
④ 原作郭註,誤,據羅勉道《南華真經循本》改。
⑤ 間,通行本作"閒"。

顏囘①東之齊,孔子有憂色。子貢下席而問曰:"小子敢問,囘東之齊,夫子有憂色,何邪?"孔子曰:"善哉汝問! 昔者管子有言,丘甚善之,曰:'褚^{布囊}也。小者不可以懷大,綆短者不可以汲深。'綆,汲井之繩,短則不可汲水。夫若是者,以爲命有所成,而形有所適也,夫不可損益。吾恐囘與齊侯言堯、舜、黃帝之道,而重以燧人、神農之言。彼將内求于己而不得,不得則惑,人惑則死。

補曰:量之大小,賦之于天,已成之質,難于變易。物之長短,各有所用,形之所適,難于勉强,故不可以損益。齊侯未嘗知三皇五帝之道,驟聞而駭,必以爲將不利于人國而罪之,即如《人間世》曰"是以人惡有其美也,名之曰菑人。菑人者,人必反菑之也"。惑則死,如子胥之爭而殘其形也。

且汝②獨不聞邪? 昔者海鳥^{即爰居也。}止於魯郊,魯侯御^{音迓}而觴之於廟,奏九韶以爲樂,具太牢以爲膳。鳥乃眩視憂悲,不敢食一臠,不敢飲一杯,三日而死。此以己養養③鳥也,非以鳥養養鳥也。夫以鳥養養鳥者,宜栖之深林,遊之壇陸,^{壇,音但,與"澶"同,水中沙澶之地。}浮之江湖,食之鰌鰍^{音秋條。},隨行^{音杭}列而止,委蛇而處。彼唯人言之惡聞,奚以夫譊譊爲乎!

補曰:喻齊侯所樂者,兼并富强之術。説以三皇五帝之道,是以鼓鐘太牢養鳥也。彼必惡其譊譊矣。

咸池九韶之樂,張之洞庭之野,鳥聞之而飛,獸聞之而走,魚聞之而下入,人卒聞之,相與還而觀之。魚處水而生,人處水而死。彼必相與異其好惡,故異也。故先聖不一其能,不同其事。名止於實,^{因名以核實,則無不量之求。}義設于適,^{因適以陳義,則無過施之惑。}是之謂條達^{次第就理,不勞力。}而福持。"^{持,保也。言福常在而無患害。}

【眉批】此是至樂種子。

補曰:夫物性不同,人亦若是。齊侯不可說以大道,其好惡異也。能師先聖之所爲,則無人惑則死之患。

陳碧虛曰:受命自然,不可勸成,其猶小囊詎能容大;稟質定分,不可遷適,

---

① 囘,通行本作"淵"。
② 汝,通行本作"女"。
③ 養,原本無,今據通行本補。下兩句同。

其猶短綆詎能引深。海鳥之驚九韶,如齊侯之驚皇道也。人有賢愚,故莫能一;事有古今,故莫能同。名實不越,則有條而不塞,義理適用,則禍去而不危矣。

列子行食於道,從見百歲髑髏,攓蓬音褰。而指之曰:"唯予與女①知而未嘗死、未嘗生也。若果養乎?予果歡乎?種有幾,得水則爲䘓音繼。水面塵垢相牽,如絲縷。苔初生,而未成者。得水土之際水邊附岸處也。則爲䨧蠙音賓。之衣,青苔可以藏蛙,故曰衣。生于陵屯,田野中高處。則爲陵舄②音昔,車前草。得鬱棲糞壤。則爲烏足,車前生于糞壤,變爲烏足。烏足方註曰:生于水邊,俗呼爲墨草,烏鬚方用之。之根爲蠐螬,《爾雅》云:蝎蟲生糞中者。其葉爲胡蝶。胡蝶胥也化而爲蟲,生③竈下,其狀若脱無皮無穀,,其名爲鴝音渠。掇④音奪。。千日爲鳥,其名爲乾餘骨。乾餘骨之沫爲斯彌,斯彌爲食醯。蠛蠓也,喜酸而聚醯。蟲雖小,自氣血中來,亦能以形相感。多見此蟲,相尾而飛于空中,故能生乎頤輅。頤輅生乎食醯,黄軦音呪。生乎九猷,瞀務。芮蚋。生乎腐蠸,音歡。以上皆蟲名,未詳。羊奚即羊蹄根也。比乎不箰,即"筍"字。久竹生青寧蟲名。,青寧生程,或云:青寧形似刺蝟,敗竹圍中多刺蝟也。程或云程爲貜。《筆談》言延州人至今呼"豹"爲"程"。生馬,馬生人,《搜神記》:秦孝公時,有馬生人,史言長沙武陵蠻,生于畜狗元始祖,胎于狼鹿。人又反入於機。萬物皆出於機,皆入於機。"反入于機,言化而爲有,復歸于無也。機者,造化之機緘也。始而生者爲出機,終而死者爲入機。

補曰:攓,謂撥開蓬棘,指髑髏而語之也。知而未嘗生死,知死生爲一之理也。生而飲食曰養,死而寂滅曰歡,故曰若果以予爲生而養乎,予果以若爲死而歡乎,反言以見意也。予與若同在大造之中,試舉化生之種,凡有幾,先從濕化之微小者言之。

陸註曰:水爲五行之初,先芒芴之間。變而有氣,此氣一動,變而有形,未免有所假借而后生。生者,塵垢也。大地塵埃,爲息所吹,浮沉水上,塵塵相

---

① 女,通行本作"汝"。
② 通行本有兩"陵舄",後"陵舄"屬下句。
③ 通行本"坐下有一"於"字。
④ 通行本有兩"鴝掇",後"鴝掇"屬下句。

牽,如絲如縷,其名爲鼊。水苔未成之先,河中多有此朕。○造化到生人住了,
不消假借而生,徑自以形相禪。相生相死,反入大造機中,所謂火傳也,不知其
盡也。又曰萬物皆出于機,皆入于機,正見人與萬物,本同一氣生長,歸復皆出
自然。因指髑髏,等閒說出,要人認取天機,養乎樂乎,何容心哉,順其自化
可也。

南華眞經合注吹影卷之十九

外篇達生總論

　　吹影曰:達生者達命,達命者不養形而養神。不備物而守氣,氣純則精復,精復則神全,神全則眞性存,而物累消,其惟至人乎! 人與天爲一,氣合則全己之形,氣散則成物之始,造乎無形,止乎無所化,藏乎無端之紀,行乎萬物之上而不慄,遊乎萬物之終始而不虧。聞天之天,不聞人之天,可以贊化育而相天。大哉,神之不可不養也! 醉者驚懼不入其胸中,墜車不死,全神于酒也。佝僂丈人,用志不分,承蜩若掇,全神于定也。沒人見舟非舟,見淵非淵,而操舟若神。神全,故常暇也,況得全于天者乎! 彼養形先物者,正如金注者之重外而智怢,又奚足爲哉!【眉批:金注意輕輕帶過,妙。】夫養外而病其內者,其說在張毅;養內而戕其外者,其說在單豹。達生者不專于靜,無入而藏,不專于動,無出而陽,柴立其中央。不偏不倚,如槁木之無心。立于動靜之中,所以內外省戒。謹于畏塗,尤謹于袵席飲食之時,惟是虛靜恬澹,寂寞無爲,養其神而已。奈何今之謀物則哲,而自謀則繆哉!【眉批:說彘一段又略點,妙。】必也去妄見而存眞見。以桓公之誒詒爲鑒,去虛憍而守純氣。以紀渻之木雞爲法,如蹈水者之從道而不爲私,不知其所以然而然。削木者之忘形體,消外滑,以天合天,迺可謂不務生之所無以爲,不務知之所無奈何也。達生之所大戒者,勞形以取累。【眉批:關鎖緊密。】東野稷竭馬力而致敗者,勞也。所貴者,忘生而不桎,工垂旋蓋,指與物化者,忘也。忘則始乎養而未嘗知其爲養,猶之始乎適而未嘗不適,忘適之適也。至人忘其肝膽,遺其耳目,知養形不足以存生也,彷徨乎塵

202

垢之外,逍遙乎無爲之業,棄世不勞,遺生不虧也,爲而不恃,長而不宰,與天合
德也。然未可遽與欤,啓寡聞之民言也,故以扁子一段結之。【眉批:萬紫千紅,
夭冶爭艷,而次第一絲不亂。】

南華眞經合注吹影卷之十九

武林吹影居士胡文蔚豹生甫刪補

同里　陳晉明康侯甫

胡介言遠甫　評訂

外篇達生第十二

達生之情者，不務生之所無以爲；達命之情者，不務知之所無奈何。生之所無，身外之物，知之所無奈何，人力所不及者。養形必先之物，物有余而形不養者有之矣。厚所俸而反傷形。有生必先無離形，形不離而生亡者有之矣。形骸所故，生氣已盡，所謂近死之心也。生之來不能却，其去不能止。悲夫！世之人以爲養形足以存生，而養形果不足以存生，則世奚足爲哉！雖不足爲而不可不爲者，言一日不養，則形槁而身死。其爲不免矣！即不可不爲，則不免要爲。所以養形之事，如塞衣飢食等類。夫欲免爲形者，莫如棄世。非避世也，清靜簡澹，不以世情爲念也。棄世則無累，恬澹寂寞，自無情緣之累。無累則正平，無高下偏畸，猶佛氏曰是法平等也。正平則與彼更生，與造化俱無，窮新又新也。更生則幾矣！建達生之道矣。事奚足棄而生奚足遺？言人在世有生則有事，安能棄之遺之。問辭也。棄事則形不勞，遺生則精不虧。夫形全精復，與天爲一。天地者，萬物之父母也。合則成體，散則成始。形精不虧，是謂能移。與俱化也。精而又精，反以相天。

【眉批】清空婉轉，曲折無盡。信乎，溪流即是廣長古矣。

【眉批】幾，盡也，謂盡性命之情。

陸註曰：情，實也。無以爲，猶言無用爲此。夫人莫不知生之當養，而一有狥物之心，非養也。故惟達生之情者，則虛靜恬澹，寂寞無爲，竟不務其無以爲者以爲養。夫人莫不知命之當安,而一有僥幸之心,非安也。故惟達命之情者,則順其自然,而不務其知之無可奈何者以倖免。何者?養生必先於養形,養形必先於備物。或富貴而夭折,則物有餘而形不養者,有之矣。有形則有生,生與形不相離也。而吾生也有涯,則形不離而生亡者,有之矣。生也者,形之所以爲形者也。生之來不能卻,生之去不可挽。悲夫,此形若傳舍耳!世人但謂養形足以存生,而養形之果不足以存生也,則尚奚以備物致養爲哉?雖然不足爲也,而有不可不爲者在焉。不可不爲,則其爲不免矣。如朝夕則思饔飧,寒暑則思裘葛,亦人世之所不廢者。欲免爲形之累,則莫如棄世。棄世者,斷緣簡事,損之又損,而不以世情爲念也!夫棄世者,必虛靜恬澹,寂寞無爲,而后與道相應。如是則無累,如是則正平,如是則與彼更生,如是則幾矣!何者?世人生生之厚,故不正不平。生而動之死地,今也無累而正平,則虛靜恬,澹寂寞無爲,造化便死他不得,更得箇活身的道理。所以曰,更生則幾,事奚足以棄,而生奚足遺。此一句是問詞,復自答云,棄事則形不勞,恐勞其形,故棄其事也。遺生則精不虧,恐搖其精,故遺其生也。遺生,即老子所謂"不厚其生,不益其生"之謂。精不虧,則精復矣。形不勞,則形全矣。天地之所以長久,不過形全而精不虧耳!常清常寧,是形之全也。常順常健,是精之固也。今也精復而形全,寧不與天爲一乎!何者?天地與我本同一氣,如父母然。氣合則聚而成形,成其無爲之體;散則返于無始,萬物化生。成人物之始,惟形精不虧之人,乃能入無出有,而與天地同其變化,故曰是謂能移,能移則與天爲一矣。精之又精,則不爲合天,而反以相天。相天,猶儒言贊化,道言"宇宙在手,萬化生身"也。人而反以相天,則聖修之能事畢矣。

　　子列子問關尹,曰:"至人潛行不窒,蹈火不熱,行乎萬物之上而不慄。請問何以至於此?"關尹曰:"是純氣之守也,非知巧果敢之列。居,予語女。凡有貌象聲色者,皆物也,物與物何以相遠!夫奚足以至乎先!是色即上貌相聲色,舉一而該四,省文也。**而已。則物**此物字指道,所謂不物于物而能物物者。**之造乎不形,**無聲臭之先。**而止乎無所化。**未始有物之謂。**夫得是而窮之者,物焉得而止焉!**得是,言得是不形無所化者,而窮究其至理,自然不爲物拘,外物安得止而禦之。是以能至乎先,至人之所守者,守此耳。**彼將處乎不淫之度,**淫佚,樂也。至人恬澹無爲,常安止也。**而藏乎無端之紀**,動靜之倪,神人莫測。**遊乎萬物之所終始**。無始無終也。**一**①**其性**,抱一不離也。**養其氣**,致虛守靜。**合其德**,合化育。**以通乎物之所造**。窺造物之機緘。**夫若是者**,守之即純矣。**其天守全**,以言其天則渾然俱備。**其神無郤**,音隙,言完足無間隙。**物奚自入焉**!物奚能窒之、熱之、慄之。**夫醉者之墜車,雖疾不死**。骨節與人同而犯害與人異,其神全也。乘亦不知也,墜亦不知也,死生驚懼,不入乎其胸中,是故遻物而不慴。彼得全於酒而猶若是,而況得全於天乎?**聖人藏於天,故莫之能傷也**。"

【眉批】此段仝《列子》。

【眉批】"物焉得"句,列子作"焉得爲正焉"。

【眉批】"彼將處乎"至"奚自入焉"十一句,正解所以不窒、不熱、不慄之故,由純氣之守也。

補曰:守氣者,守之于未始有物之先,斯純一而不虧,故能遊乎萬物之所終始,而與造化合德。所以能不窒、不熱、不慄也。守氣之要,在于全神藏于天也。醉者一喻,最親切。全乎酒者,猶墜車而不死,況聖人得全乎天乎!藏于天,則靜虛恬澹,寂寞無爲,知止其所不知,過于醉者之乘墜不知者遠矣。夫復何傷?

復讐者,不折鏌干;雖有忮心者,不怨飄瓦,是以天下平均。故無攻戰之亂,無殺戮之刑者,由此道也。不開人之天,而開天之天。開天者德生,開人者賊生。不厭其天,不忽於人,民幾乎以其真。

補訂陸註曰:鏌干、飄瓦,無心與傷人,故人不怒。可見無心者之不取忤于世也。使人人皆如鏌干、飄尾,則天下平矣。何有戰功殺戮之慘乎!修道者知此,是以不開人之天,而開天之天。開天者,虛靜恬澹,明天德自然之理,故德生。開人者,加以人爲聲色象貌害之,故賊生。天以此理善吾生,而吾賊之,則自絕于天。且吾得此理以爲生,而不能全之,則自輕于人。不厭不忽,將不幾返于真乎!反真,則神全也。此亦自上文"藏神于天"透下意來,別作一段爲是。

———————

① 一,通行本作"壹"。

仲尼適楚，出於林中，見痀僂音傴瘻。者承蜩，持竿而粘蟬也。猶掇手取。之也。仲尼曰："子巧乎，有道邪？"曰："我有道也。五六月累丸二而不墜，則失者錙銖；累三而不墜，則失者十一；累五而不墜，猶掇之也。累丸于竿，首自二至五而不墜，則其凝定入神矣。吾處身也，若橛①株拘；橛，即今木椿也。拘，定也。株，木名。吾執臂也，若槁木之枝。不動也。雖天地之大，萬物之多，而唯蜩翼之知。心一於蜩也。吾不反不側，不以萬物易蜩之翼，正用志不分。何爲而不得！"孔子顧謂弟子曰："用志不分，乃凝於神。其痀僂丈人之謂乎！"

【眉批】備狀其用志不力凝一之態。

呂曰：引此以明藏神守氣之用，學承蜩於累丸者。丸之爲物，圓而轉動，能累五而不墜。其處身之定，執臂之審，用志之不分，可知矣。以是而承蜩，所以猶掇之也。夫蟬翼輕迅，而取之猶掇，則進乎道矣，豈智巧之列。故曰，我有道也。方其處身若橛株拘，執臂若槁木之枝。内忘我矣，不以萬物易蜩之翼；外忘物矣，奚止可以承蜩乎！故孔子謂其用志不分，乃凝於神也。志分則神耗，志一則神全。所謂神氣之守，如是而已。

顏淵問仲尼曰："吾嘗濟乎觴深淵名。之淵，津人操舟若神。吾問焉：'操舟可學邪？'曰：'可。善遊拍浮水上。者數能。若乃夫没人，能泅而入水伏身其中者。則未嘗見舟而便操之也。'吾問焉而不吾告，敢問何謂也？"仲尼曰："善遊②者數能，忘水也；若乃夫没人之未嘗見舟而便操之也，彼視淵若陵，視舟之覆猶其車却③也。覆却萬方，陳乎前而不得入其舍，惡往而不暇！以瓦注射而賭物曰注。者巧，以鉤帶鉤也。注者憚，顧惜而戒心。以黄金注者殙同惛。得失心重，則易惛。其巧一也，而有所矜，憐惜。則重外也。凡外重者内拙。"重在外而内惑，則内雖巧，而有時反拙。

補曰：不見爲水，則氣定神閒，無往不暇。技巧者，純氣之守也。矜而重外則内拙，志分而氣耗之喻也。

田開之見周威公，威公曰："吾聞祝腎音腄。學生，吾子與祝腎遊，亦何聞

---

① 橛，通行本作"厥"。
② 遊，通行本作"游"，下同。
③ 却，通行本作"卻"。

焉?"田開之曰:"開之操拔簑,以侍門庭,拔運茹之草以爲簑,謙言不過師門供漉掃者。亦何聞於夫子!"威公曰:"田子無讓,寡人願聞之。"開之曰:"聞之夫子曰:'善養生者,若牧羊然,視其後者而鞭之。'"威公曰:"何謂也?"田開之曰:"魯有單_{音善}。豹者,巖居而水飲,不與民共利,行年七十而猶有嬰兒之色,不幸遇餓虎,餓虎殺而食之。有張毅者,高門縣薄_{廉也},懸帷薄於門首。閭閈之小戶。無不走也,行年四十而有內熱之病以死。豹養其內而虎食其外,毅養其外而病攻其內。此二子者,皆不鞭其後者也。"仲尼曰:"**無入而藏**,不專於靜,則無單豹之患。**無出而陽**,不專於動,則無張毅之患。**柴立其中央**。不倚一偏,如槁木之無心,而立乎動靜之中。**三者若得,其名必極**。可名爲至人。**夫畏塗者,十殺一人,則父子兄弟相戒也,必盛卒徒而後敢出焉,不亦知乎!人之所取畏者,衽席之上,飲食之間,而不知爲之戒者,過也!**"示人窒欲之戒也。男女飲食,人之大欲存焉。宴安鴆毒,不可懷也。

【眉批】牧羊之喻,見循天理以行者,亦要盡人事也。

郭註曰:學生者務中,適守一方之事。至於過理者,皆不及於會通之適也。鞭後者,去其不及也。藏既內矣,而又入之,過於入也。陽即外矣,而又出之,過於出也。若槁木之無心而中立是也①。三者若得,其名必極,名必極而實相當也②。塗中十殺一人,便大畏之;至於色欲之害,動③之死地而莫不冒之,斯過之甚也!○呂曰:單豹,蓋形不離而生亡者也。張毅,蓋物有餘而形不養者也。豹則入而藏,毅則出而陽,皆有心而爲之。柴立則無心,中央則非其後者也。

祝宗人玄端祭祀之官,具禮服。**以臨牢筴**_{音策,豕室木冊},**說彘曰:"汝奚惡死!吾將三月犗**_{音患}**汝,十日戒,三日齊,藉白茅,加汝肩尻**_{音翹,豕尾}。**乎雕俎之上,則汝爲之乎?"**爲彘謀,曰不如食以糠糟,而錯之牢筴之中。自爲謀,**則苟生有軒冕之尊,死得於腞楯**_{音篆盾,案幾之文彩者也}。**之上、聚僂**曲而可以聚物

---

① 該句郭注作"若槁木之無心而中適,是立也"。
② 該句郭注作"名極而實當也"。
③ 通行本後有一"皆"字。

者,畚筥之屬。**之中則爲之。爲彙謀則去之,自爲謀則取之**①**,所異彙者何也?**
詰之,令人自爲省悟。

方思善曰:豚楯,陸氏《音義》云:"字當作篆輴,畫輴車所以載柩。聚當作
菆,才宮反。槾當作槾,力九反。謂殯於菆塗翣槾之中也。"續考《禮記·檀弓
篇》"天子之殯,菆塗龍輴以椁",又云"設槾翣"。槾,同柳。菆,聚也。聚木蓋
棺,而塗之龍輴,則篆畫龍文也。經意謂取富貴者之死,以易彙之生,彙猶不爲
之,豈有人而不如彙者乎!

桓公田於澤,管仲御,見鬼焉。公撫管仲之手曰:"仲父音甫。**何見?"對**
曰:"臣無所見。"公反,誒詒音熙怡。氣逆之病。**爲病,數日不出。齊士有皇子告**
敖者,曰:"公則自傷,鬼惡能傷公! 夫忿滀音旭。**之氣**,忿滀,氣鬱結也。**散而不**
反,則爲不足;上而不下,則使人善怒;下而不上,則使人善忘;不上不下,中身
當心,則爲病。"病在身之中而當其心,即如今之中管之疾。**桓公曰:"然則有鬼乎?"**
曰:"有。沈溝泥之中。**有履,竈有髻。戶內之煩壤,**糞掃之餘積。**雷霆處之;東**
北方之下者,倍音裴。**阿、鮭**音蛙。**蠪**音龍。**躍之;西北方之下者,則泆**音逸。**陽**
處之。水有罔象,丘有峷②音臻。**山有夔,野有彷徨,澤有委蛇。"公曰:"請問**
委蛇之伏狀何如③**?"皇子:"委蛇,其大如轂,其長如轅,紫衣而朱冠。其爲物**
也,惡聞雷車之聲,則捧其首而立。見之者殆乎霸。"桓公辴④音軫。**然而笑曰:**
"此寡人之所見者也。"於是正衣冠,與之坐,不終日而不知病之去也。

【眉批】世之遂妄喪真,皆見鬼成疾者也。

陸方壺曰:考郭注,諸鬼皆有形狀,髻如美女而衣赤衣;倍阿,狀如小兒,長
尺四,黑衣、赤幘、大冠,帶劍持戟。泆陽,豹頭豹尾。罔象,如小兒,黑色,赤
爪,大耳,長臂。峷,如狗而有角,文身五彩。夔,如鼓而一足。彷徨,如蛇,兩
頭而文五彩。委蛇,則皇子所言者也。

補曰:皇子蚤知桓公所見者爲委蛇,恐其不信。先歷舉諸鬼,末說澤中之

---

① "爲彙謀"句原本缺,據通行本補。
② 峷,通行本作"莘"。
③ 何如,據通行本補。
④ 辴,通行本作"辴"。

鬼,迨桓公問而述之,聳動桓公,使之快心興起者。只'見之者殆於霸'一句正中時君之所好,疑慮之疾,不攻而自去矣。

郭曰:此節言憂來而累生者,不明也;患去而性得者,達理也。

呂曰:憂疑,則鬼雖無能傷而自傷。疑釋,則病在己而自去。然則全於天而物無自入者,宜其莫之傷也。

紀渻音省。**子爲王養鬭雞。十日而問:"雞已乎?"**問已可用乎否也。**曰:"未也,方虛驕**①**而恃氣。"**傲視索鬭之狀。**十日又問,曰:"未也,猶應嚮景**同影。閗嚮而動,見影而躍,其心時時在敵也。**"十日又問,曰:"未也,猶疾視而盛氣。"**視疾,尚未能暇豫。氣盛,尚未能凝定。**十日又問,曰:"幾矣,雞雖有鳴者,已無變矣,**他雞雖鳴而索鬭,不以敵迫而變態,不動如木雞,則神凝氣全,其德全矣。**望之似木雞矣,其德全矣。異雞無敢應者,反走矣。"**

此亦藏神守氣之喻。○張湛曰,此以養雞喻養生。虛驕恃氣,無實而自矜,猶應嚮景,接悟之速也,疾視而盛氣,求敵而必己之勝也。雞雖鳴而已無變,則彼命敵而我不應,忘勝負矣。至於望之似木雞,異雞無敢應。則知德全者,非但已無心,乃能使物不生心。此養之至者也。

孔子觀於呂梁石絕水曰梁。**縣水**從高而下奔。**三十仞,流沫**激濺而水成沫。**四十里,黿鼉魚鼈之所不能遊也。見一丈夫遊之,**以爲有苦而欲死也。**使弟子竝**②音旁,即沿流意。**流而拯之。數百步而出,被发行歌而遊於塘下。孔子從而問焉,曰:"吾以子爲鬼,察子則人也。請問蹈水有道乎?"曰:"亡,吾無道。吾始乎故,長乎性,成乎命。與齊俱入,與汨偕出,從水之道而不爲私焉。此吾所以蹈之也。"孔子曰:"何謂始乎故,長乎性,成乎命?"曰:"吾生於陵而安於陵,故也;長於水而安於水,性也;不知吾所以然而然,命也。"**

補曰:齊者,水之旋廻處也。汨,湧汨而起也。水自由起伏出入常行之道,從之而出沒,而不以已私與之,可以得志也。安水之故,順水之性,隨其所自然,如莫之致而致者,故曰命。陸曰:以喻素位而無入,而不自得之意。妙在於

---

① 驕,通行本作"憍"。
② 竝,通行本作"並"。

行險中,發出一種居易之道。

梓慶削木爲鐻,鐻成,見者驚猶鬼神。魯侯見而問焉,曰:"子①何術以爲焉?"對曰:"臣,工人,何術之有! 雖然,有一焉。臣將爲鐻,未嘗敢以耗氣也,必齋②以静心。齊三日,而不敢懷慶賞爵禄;齊五日,不敢懷非譽巧拙;齊七日,輒然忘吾有四肢③形體也。當是時也,無公朝,其巧專而外滑④消,然後入山林,觀天性,形軀至矣,然後成見_{音現}。鐻,然后加手焉,不然則已。則以天合天,器之所以疑神者,其是歟!"

《口義》曰:鐻,筍簴之類,所以縣鐘鼓者。其形爲鳥爲獸,刻木爲之。精巧如鬼斧神工,見者無不驚羡。○疑獨曰:梓人,名慶。止樂之器曰鐻,一名敬。象伏虎形,背有二十七齟齬。未嘗耗氣,其神專也。不懷慶賞爵禄,忘利也。不懷非譽巧拙,忘名也。忘形體,則神全而與天爲一,故能視公朝若無,而外事之滑心者消。然后入山林,觀木形,與鐻合者,然後加手,而不强求之。推己之天,以合物之天。此器之所以凝于神也。

東野稷以御見莊公,進退中繩,左右旋中規。莊公以爲文弗過也。《詩》曰:"六轡如組。"言御之巧,如組織之文,條理井然也。使之鉤百回旋如鉤,以百爲度。而反。顔闔遇之,入見曰:"稷之馬將敗。"公密而不應。少焉,果⑤敗而反。公曰:"子何以知之?"曰:"其馬力竭矣,而猶求焉,故曰敗。"

呂曰:稷之御,至善矣。不能無敗於馬力既竭之后,則爲道而務乎"生之所無以爲,知之所無奈何者",亦無自而成矣。○褚⑥曰:圓驅而不止,故知其必敗;力竭而猶求,則非唯馬敗,人亦勞只矣。

工倕旋而蓋規矩,指與物化而不以心稽,_{留也,言不須留心顧視也。}故其靈臺一而不桎。_{不拘礙也。}

---

① 子,據通行本補。
② 齋,通行本作"齊"。
③ 肢,通行本作"枝"。
④ 滑,通行本作"骨"。
⑤ 果,據通行本補。
⑥ 原作郭註,誤。据褚伯秀《南华真经义海纂微》改,其文原作"钩百曰圆,驱而不止,故知其必改"。

陸曰：看他下一化字，便是聖學，所謂從心不踰者。工倕制器，祇以手旋物上，自至圓如蓋而中規。彼時指與物化，全不留心。雖不以心稽，而心亦未嘗不在，但一而不受其桎耳。大抵學問最怕分心，又怕有心，分心則雜而不精，有心則物而不化，惟一而不桎者，乃能入妙。

林註曰：蓋之圓，以象天，取以爲喻，如吳道子畫佛圓光，只一筆便成，遂入神妙，即此類也。或問圓則中規，何以曰矩？殊不知圓之中，自有矩，圓而不中矩，非圓也。今匠者削木爲圓，必先取方，便是規矩不相離之意，所以曰規圓生矩。

忘足，履之適也；忘要，帶之適也；履適，則忘履之在足也。帶同。**知忘是非，心之適也；不內變，**內純一而不爲外感所移。**不外從，**外應物而不以心爲役。**事會之適也；始乎適而未嘗不適者，忘適之適也。**

陸曰：上說一個化字，此又說個"忘"字，忘則入於化矣。故物物非難，而忘物爲難。然非與物相絕，而后謂之忘也。不離於物，而與之相適則自忘矣。故履適則忘足，帶適則忘要，心適則忘是非，境適則忘內外。適之時，義大矣哉！然而有所適，有所不適，非適也。故始於適而未嘗不適者，斯則忘適之適，而入於化矣。此是學問而進到極處，正君子無入耳不自得之意。又須知適與忘自有先後，如人適我意，與之相處，久自忘形。然猶有揀擇去取，無物不可，無物不忘，方爲妙耳。

有孫休者，踵門而詫謂以異常之事相告。**子扁慶子曰："休，居鄉不見謂不修①，臨難不見謂不勇；然而田原不遇歲，事君不遇世，賓**音擯，棄也。**於鄉里，逐於州部，則胡罪乎天哉？休惡遇此命也？"扁子曰："子獨不聞夫至人之自行邪？忘其肝膽，遺其耳目，芒然彷徨乎塵垢之外，逍遙乎無事之業，是謂爲而不恃，長而不宰。今汝飾知以驚愚，修身以明污②，昭昭乎若揭日月而行也。汝得全而形軀，具而九竅，無中道夭於聾盲跛蹇而比於人數，亦幸矣，又何暇乎天**

① 修：通行本作"脩"。下"修身以明污"句同。
② 污，通行本作"汙"。

之怨哉！子往矣！"孫子出，扁子入，坐有間①，仰天而嘆②。弟子問曰："夫子③
何爲嘆乎？"扁子曰："向者休來，吾告之④以至人之德，吾恐其驚而遂至於惑
也。"弟子曰："不然。孫子之所言是邪，先生之所言非邪，非固不能惑是；孫子
所言非邪，先生所言是邪，彼固惑而來矣，言彼固懷而來，非先生惑之也。又奚罪
焉！"扁子曰："不然。昔者有鳥止於魯郊，魯君說之，爲具太牢以饗之，奏九韶
以樂之。鳥乃始憂悲眩視，不敢飲食。此之謂以己養養鳥也。若夫以鳥養養
鳥者，宜棲之深林，浮之江湖，食之以委蛇，言使之從容自得而食也。則平陸而已
矣。今休，欵⑤啟寡聞之民也，欵啓，小孔竅。言所見之小。吾告以至人之德，譬之
若載鼷以車馬，樂鴳音宴。以鐘鼓也。彼又惡能無驚乎哉！"

【眉批】惡，音烏，下同。

呂註曰：此篇之旨，在乎存生，以至神全精復，與天爲一。若孫休之所爲，
則反之者也。其聞斯言也，不能無憂驚眩視，而不敢飲食。故終以海鳥之說。

褚註曰：樂天知命故不憂，窮理盡性夫何疑。若孫休之所云，大有逕庭矣。
故告以至人之行，忘肝膽則內虛，遺耳目則外靜，芒然彷徨乎塵垢之外，凡人世
有爲事跡，皆塵垢也。能離乎此，則行住坐臥，莫非無事之業，何爲可恃，何長
可宰耶！今女飾知修身，昭若日月，以攬世間之禍患，得全形無夭，亦幸矣！何
暇怨天，所以深警其迷也。

① 間，通行本作"閒"。
② 嘆，通行本一律作"歎"，後不校記。
③ 夫子，通行本作"先生"。
④ 之，據通行本補。
⑤ 欵，通行本作"款"。

南華眞經合注吹影卷之二十

外篇山木總論

　　吹影曰：夫人身在人間世，所以迪吉遠害，養眞全生之道，不可不務詳也。彼無材之人，多爲世所棄；而恃材之人，又爲世所忌。或以其無用而見殺，或以其有美而見災，所不免也。有鑒於此者，將處夫材與不材之間，有材而深自韜晦，功成不伐，名成不居，一似不材者然，庶幾可乎！雖然，其胸中尚有功與名之念，物而未化，終是自賢之行。【眉批：先透出賢字伏案。】何異豐狐文豹，栖林伏穴而靜，夜出晝居而戒，胥遠江河而定，以皮爲災，不免網罟之患。故曰似之而非也。其惟乘道德而浮遊乎，浮遊者，虛己也。【眉批：出虛字，即以虛字承接是法。】虛則剗形去皮，灑心去欲，變動不居，與物俱化，上下無常，勿肯專爲，侗乎無識，儻乎無疑怠，內守純一，以和爲量，物物而不物於物；外而應世，則削迹捐勢，不爲功名，去國捐俗，蹈乎大方，無形倨留居，望之而不見其崖，獨與道，遊乎大莫之野。若此者，蓋無心而任其自然也。一似虛船觸舟，雖有惼心之人不怒。北宮奢爲鐘，朝夕賦斂，而毫毛不挫也。若此者，不飾知明污，能以天屬，迫窮禍患害，相收而不相離。受天損故易，受人益亦不難。方且與人相依而愛益加進，與鳥獸爲伍而不亂群行，身處亂相昏上之世，樂貧而不懲；身當患難危殆之時，正而待之，偕逝而無傷也，此之謂乘道德而浮遊也。否則逐物多欲，以人滅天，將見合則離，成則毀，尊則卑下議之，賢則宵壬謀之，振動悼慄，往輒窮阻。爲蟬之美蔭而忘身，爲螳螂之見得而忘形，異鵲之見利而忘眞，莊子之遊樊而受誶，皆處材未善而不免於累者也。【眉批：至人之忘，外物而忘我也；蟬鵲之忘，逐利而忘患也。】惟行賢而去自賢之行，虛己以遊於世，則無往而不爲人愛矣。

214

南華眞經合注吹影卷之二十

武林吹影居士胡文蔚豹生甫刪補

同里　嚴津子問甫

柴紹炳虎臣甫　評訂

外篇山木第十三

　　莊子行於山中，見大木，枝葉盛茂，伐木者止其傍而不取也。問其故，曰："無所可用。"莊子曰："此木以不材得終其天年。"夫一本作莊。子出於山，舍於故人之家。故人喜，命豎音恕。子殺雁而烹之。豎子請曰："其一能鳴，其一不能鳴，請奚殺？"主人曰："殺不能鳴者。"明日，弟子問於莊子曰："昨日山中之木，以不材得終其天年；今主人之雁，以不材死。先生將何處？"莊子笑曰："周將處乎材與不材之間。材與不材之間，似之而非也，故未免乎累。言有材而不自見，人既不得以無材棄我，又不得以有材忌我，以此應世而求自免。似亦得矣，然未免有心，非道德自然之妙，故未免於累。若夫乘道德而浮游①則不然，無譽無訾音紫，一龍一蛇，與物②俱化，而無肯專爲。忘譽訾之念，用舍之跡，消息盈虛，心與化俱，隨時物之變遷，絕無意必專主之私。龍蛇，言用則爲龍，不用則爲蛇，即東方叔所云虎鼠之義。一上一下，以和爲量，無低昂差別，包容荒穢，與物和同而無所忤。量者，即如容人之量。浮游乎萬物之祖，物物而不物於物，則胡可得而累邪！此神農、黃帝之法則也。祖者，即無名之之始，故不物於物而無累。若夫萬物之情，人倫之傳則不然。此言世俗之私情，與人類傳習者。情，一本作貴，猶言尊重之也。合則離，成則毀，廉則挫，主

---

① 游，通行本作"遊"，下同。

② 物，通行本作"時"。

角太露者,多受人折挫。**尊則議**,位高權重者,物議所由致。**有爲則虧**,功名之際,忌者阻之。**賢則謀**,才智之士,必有沉思遠慮。**不肖則欺**,小人立心不端,行事必懷欺詐。**胡可得而必乎哉！**言不免於累。**悲夫！弟子志之,其唯道德之鄉**音向。**乎！**"

【眉批】似之而非也:解似之而非極細貼。

補曰:此即《易》"消息盈虛",與時偕行之道也,亦涉世之要術。無譽無訾,即《易》"無咎無譽"意。一龍一蛇,即《關尹》"爲龍爲蛇,一日五變"意。與物俱化而無肯專爲,變化萬物,而不留物物之迹也。若夫萬物之情,世俗之私情也。傳者,人類所傳習也。

市南宜僚見魯侯,魯侯有憂色。市南子曰:"君有憂色,何也?"魯侯曰:"吾學先王之道,修先君之業;吾敬鬼尊賢,親而行之,無須臾離居;然不免於患,吾是以憂。"市南子曰:"君之除患之術淺矣！夫豐狐文豹,栖①**於山林,伏於巖穴,静也;夜行晝居,戒也;雖饑**②**渴隱約,僻處也。猶且胥**相也。**疏遠也。**於江湖之上而求食焉,定也。然且不免於網**③**羅機辟之患,是何罪之有哉？其皮爲之災也。今魯國獨非君之皮邪？吾願君刳**音枯。**形去皮,灑**④**音洗。心去欲,而遊於無人之野**。以魯國爲念,所以憂患迭生,不免於累。願去祿位尊容,形骸之累,以淨其外;屏聲色貨利,私欲之累,以淨其內,則離人入天,解脫無過於此。何憂患之不免。**南越有邑焉**,時南越未通,故寓言及此,以其去魯之遠也。**名爲建德之國。其民愚而朴,少私而寡欲;知作**耕作也。**而不知藏**,無私畜。**與而不求其報**;忘人我恩怨。**不知義之所適,不知禮之所將**;義禮未興,忘適莫將迎。**猖狂妄行,乃蹈乎大方**。無知無識,任性而行,不煩擬議,闇合道妙。**其生可樂,其死可葬**。生死可以忘也。**吾願君去國捐俗,與道相輔而行**。"言不須斤斤以臣民社稷爲念,當法無爲之道,以自輔。

【眉批】余以隐者伏也,约者少也,時時遠匿,故少得飲食而饑渴也。作僻處,非。

---

① 栖,通行本作"棲"。
② 饑,通行本作"飢"。
③ 網,通行本作"罔"。
④ 灑,通行本作"洒"。

陸註曰:"捐俗"二字最妙。俗者,世俗一切有爲之事。捐之即盡,則無爲矣。去國捐俗,則自與道相依。

君曰:"彼其道遠而險,又有江山,我無舟車,奈①何?"市南子曰:"君無形倨,無倨傲,矜人君之度。**無留②居**,無留戀,貪宮室之美。**以爲君車。"**言能虛懷慕道,去一切留戀私嗜,便可以適道。**君曰:"彼其道幽遠而無人,吾誰與爲鄰?吾無糧,我無食,安得而至焉?"**苦乏舟車糧食,總見畏難之心,生於情欲未除。**市南子曰:"少君之費,寡君之欲,雖無糧而乃足。君其涉於江而浮於海,望之而不見其崖,愈往而不知其所窮。送君者皆自崖而反。君自此遠矣!**江海,喻道之廣大,茫無涯岸,若愈造愈深,不可窮盡。則平日左右輔相之人,全用他不着,俱廢然而返,則遠人而入天矣。**故有人者累**,指魯侯有國,不免於患也。**見有於人者憂**。見以爲人係我有,惚惚然求所以治之,是以有憂。**故堯非有人,非見有於人也。**以有天下而不與之。聖人作證,何等切當。**吾願去君之累,除君之憂,而獨與道遊於大莫之野。**

【眉批】彼其道遠而險:巧譬接引,欲人共喻也。寫畏難心口甚肖。

補曰:此警策畏難之人,發其猛心也。三"吾願",具見懇摯。前言與道相輔而行,此言獨與道遊,以見懸崖撒手,別人着力不得。故送者皆自崖而反。大莫,即前無人之野。

方舟而濟於河,有虛船來觸舟,雖有偏急也。**心之人不怒。有一人在其上,則呼張歙之。**張,撐開意。歙,音翕,退避意。云呼其人,使張歙之也。**一呼而不聞,再呼而不聞,於是三呼邪,則必以惡聲隨之。向也不怒而今也怒,向也虛而今也實。人能虛己以遊世,其孰能害之!"**

補曰:人君之不能明道者,病在以宗社人民聲色爲重。實實認眞,安能解脫。見得君國着緊,便有許多威福,長其倨傲,故以虛之一字規之。借舟設喻,刳形去皮,漉心去欲,捐俗去國,總是箇虛其心。

北宮奢爲衛靈公賦斂以爲鐘,爲壇乎郭門之外。三月而成上下之縣。斂民財以鑄鐘,先祭而后鑄,故爲壇。縣鐘有架,架有兩重,故曰上下縣。三月成鐘,並成鐘縣。疑其速也,作遲者,非。**王子慶忌見而問焉,曰:"子何術之設?"**因所成之速,詢

---

① 奈,通行本作"柰"。
② 留,通行本作"畱"。

其必設奇術,乃不致勞民傷財。奢曰:"一之間無敢設也。言惟一心一意,以誠相孚,不敢設他機巧之術。奢聞之:'既雕既琢,復歸於朴。'去華務實,正所謂一也。侗乎其無識,不知誰何。儻乎其無怠疑。未嘗期必。萃乎芒乎,其送往而迎來。來者勿禁,往者勿止。萃乎芒乎,如物之業生而無心,故勿禁勿止。從其強梁,隨其曲傅,強梁不順之人,委曲依傅之人,一任其自然。因其自窮,因其力之所自盡,不強其所不堪。故朝夕賦斂而毫毛不挫,於民間無一絲之傷挫,故成之速也。而況有大塗者乎!"賦斂之事且然,況以大道治天下者乎。

【眉批】他本"儻乎其無疑怠",無"無"字者,訛也。

補曰:此言純一之學,至誠動物之喻。

孔子圍於陳蔡之間,七日不火食。大音泰。公任往弔之,曰:"子幾死乎?"曰:"然。""子惡死乎?"曰:"然。"任曰:"予嘗言不死之道。東海有鳥焉,其名曰意怠燕子也。其為鳥也,翂翂音紛。翐翐音秩,而似無能;引援而飛,群飛也。迫脅而栖;近人居為巢。進不敢為前,退不敢為後;往來無爭。食不敢先嘗,必取其緒。取蟲而食世所棄餘。是故其行列不斥,不多。而外人卒不得害,是以免於患。直木先伐,甘井先竭①。子其意者飾知以驚愚,修身以明汙,昭昭乎如揭日月而行,故不免也。昔吾聞之大成之人得道者。曰:'自伐者無功,功成者隳②,名成者虧。'孰能去功與名,而還與眾人!成功不居,推而與眾,故曰還。道流而不明古今晝夜,逝者如斯,默以運之,未嘗自明其為道。居,得行而不名處;上句言道體,此句言體道者所居之時,得行其志,而不以聲名自高,不處不有之也。純純純一其心。常常,平常其行。乃比於狂;不修身以驚愚意。削迹捐勢,不為功名。總見韜晦意。是故無責於人,人亦無責焉。至人不聞,子何喜哉!"孔子曰:"善哉!"辭其交遊,去其弟子,逃於大澤,衣裘葛,食杼音序。栗,入獸不亂群③,入鳥不亂行。鳥獸不惡,而況人乎!借夫子之名,以申其說,此重言也。非定有是言。

【眉批】一說流者,云道周流六虛也。不明居者,不肯以道自居。正與昭昭如揭日月者異。得行者,行其道。不名虛者,不以聲名自負也。

---

① 竭,原本作"飲",據通行本改。
② 隳,通行本作"墮"。
③ 群,通行本作"羣"。

郭註曰：聖人忘好惡，既弘大舒緩，又心無常係。不敢爲前爲后，常從容處中也。食必取餘，期於隨物而已。行列不斥，與群俱也。患害生於役知以奔競。木伐井竭，才之害也。察焉小異，則與衆爲忤；混然大同，則無異于世。故夫昭昭，乃冥冥之跡也。恃功名爲已成者，多不自全①。功自衆成，故還之。辭交遊一段，推至誠之信，任乎物而無受害之地也。

孔子問子桑虖②曰："吾再逐於魯，伐樹於宋，削迹於衞，窮於商周，圍於陳蔡之間。吾犯此數患，親交益疏，徒友益散，何與？"子桑虖曰："子獨不聞假人之亡與？林回棄千金之璧，負赤子而趨。或曰：'爲其布泉布，言可市而取利也。與？赤子之布寡矣；爲其累與？赤子之累多矣。棄千金之璧，負赤子而趨，何也？'林回曰：'彼以利合，此以天屬也。'夫以利合者，迫窮禍患害相棄也；以天屬者，迫窮禍患害相收也。夫相收之與相棄，亦遠矣。且君子之交澹③若水，小人之交甘若醴。君子澹以親，小人甘以絕。彼無故以合者，則無故以離。"補曰：以喻弟子之所以相依，出於一時之偶聚。雖非利合，亦非天屬也，故於危急之地，則亦無故而離耳。孔子曰："敬聞命矣！"徐行翔佯而歸，絕學捐書，弟子無挹音揖。於前，不爲揖讓之禮。其愛益加進。虛文去而眞意流也。異日，桑虖又曰："舜之將死，眞泠眞泠，應作其命，詔書也。禹曰：'汝戒之哉！形莫若緣，情莫若率。'緣，因依。率，眞率也。緣則不離，率則不勞。不離不勞，則不求文以待形。不求文以待形，固不待物。"補曰：物來順應，形與之就，則純樸不離。從中達外，率我天眞，則神閒性逸，自然進退周旋，從容中節。何必求儀文以自飾，又何假於外物哉！物，即所謂名以命之，器以別之者。

【眉批】假，國名。林回，殷之逸民。

莊子衣大布粗布。而補之，正緳音絜，帶也。正緳，結帶也。係履而過音戈。魏王。魏王曰："何先生之憊耶？"莊子曰："貧也，非憊也。士有道德不能行，憊也；衣弊履穿，貧也，非憊也；此所謂非遭時也。王獨不見乎④騰猿乎？其得

① 郭本作"未之嘗全"。
② 虖，通行本作"雽"，下同。
③ 澹，通行本作"淡"，下同。
④ 乎，通行本作"夫"。

楠①音南。梓豫章也，攬蔓其枝而王長其間，雖羿、逢蒙不能眄睨音面詣，邪視貌。也。及其得柘音蔗。棘枳枸音矩。之間也，四木皆有刺者。危行側視，振動悼慄，此筋骨非有加急而不柔也，處勢不便，未足以逞其能也。今處昏上亂相之間而欲無憊，奚可得邪？此比干之見剖心徵也夫！"

【眉批】攬蔓其枝而王長其間：王，音旺。長，音掌。胸中有主，而意氣飛揚也。補曰：騰猿設喻，言君子得時秉勢，則可以有爲，物莫能傷，不幸處危疑之際，全身慮患之不暇，何能展其才智。當昏上亂相之世，而欲行其道，比干足鑒也。

陸曰：攬蔓者，攬其枝而隱伏之，如蔓之附木者然。係履，履穿而以繩擊之也。

孔子窮於陳蔡之間，七日不火食。左據槁木，几也。右擊槁枝，策也。而歌焱音標。氏之風，有其具指木與枝。而無其數無節奏。，有其聲而無宮角。不合五音。木聲與人聲，犁然有當於人之心。顏囘端拱還音旋。目而窺之。端拱，則頭容直，不能瞠視，故轉睛而環視之。仲尼恐其廣推廣。己而造大也，恐其過求之高遠也。愛己而造哀也，曰："囘，無受天損易，無受人益難。無始而非卒也，人與天一也。夫今之歌者其誰乎！"

【眉批】愛己而造哀也：尊己太甚，或過求之于廣大造至也。愛己之甚，或悲其處厄哀。

刪訂陸註曰：知天人損益始終一貫之理，則知今之歌者，誰寔爲之。請試參去，誰爲受者，誰不受者？到底無有受者，無不受者，而在我之天定矣！

囘曰："敢問無受天損易。"仲尼曰："饑渴寒暑，窮桎不行，不通也。天地之行也，運物之泄發也。也，言與之偕逝之謂也。消息盈虛，吾惟化與俱，順之偕往。爲人臣者，不敢去之。執臣之道猶若是，而況乎所以待天乎？"如臣之受命于君，直易易耳。"何謂無受人益難？"仲尼曰："始用謂初仕進步之時。四達，無往不順意快志也。爵祿竝至而不窮。物之所利，乃非己也，吾命有在外者也。君子不爲盜，賢人不爲竊，吾若取之何哉？在外儻來之物，非其有而取之，何異盜竊，故不爲。

---

① 楠，通行本作"枏"。

若苟且而取之,是誠何心也哉! **故曰,鳥莫知於鷾鴯**音意而,即燕,,**目之所不宜處,不給視,雖落其實,棄之而走。**雖遺落其口中之寔,亦不顧而去。**其畏人也,而襲諸人間,社稷存焉爾!**神德好生,託諸神明,以祈人之不害。**"何謂無始而非卒?"仲尼曰:"化其萬物而不知其禪之者,焉知其所終? 焉知其所始? 正而待之而已耳。"**夫子彈琴詠歌,正是正待處。**"何謂人與天一邪?"仲尼曰:"有人,天也;有天,亦天也。人之不能有天,性也。聖人晏然體逝而終矣!"**

刪訂林註曰:尋常之論,則以處富貴而不淫爲易,貧而樂爲難。莊子却如此反說,極有意味。言天損之時,事不由己,雖欲不受,如何推得去。不容不安貧也,故易。人益者,如富之日至,名位日高,顧盼生輝,指揮如意,不期驕奢而驕奢自至,故曰無受難。即使非分之來,視同竊盜,毅然不取。然亦有辭之不得者,如公孫賀拜相而哭,非乎!

刪訂陸註曰:人之所以有人,天生之也。天之所以爲天,又有居無事者,以爲之主宰。故曰有天亦天也。然人之不能有天,而與之合一者,以性有虧損,或以人滅天,或以故滅命,天理自然之道。以人力預之,便不能一。聖人順受其正,體其流行不息之化,安然恬然而無逆焉,則能事畢矣。

莊周遊乎①**雕陵**地名。**之樊,**園中之藩籬。**覩一異鵲自南方來者,翼廣七尺,目大運寸,感周之顙,**飛從額前過。**而集於栗林。莊周曰:"此何鳥哉! 翼殷**豊也。**不逝,目大不覩。"蹇裳躩**疾趨。**步,執弹而留之。**將以取之也。**覩一蝉方得美蔭而忘其身;螳蜋執翳**音意,蝉斧。**而搏之,見得而忘形。**志在得蝉,忘形爲鵲見。**異鵲從而利之,見利而忘其眞。**志在利螳蜋,故逐物自迷,有不逝不覩之狀。**莊周**②**曰:"噫! 物固相累,二類相召也。"捐弹而反走,虞人**守園之人。**逐而誶之。莊周反入,三日不庭。**不出其所居之庭。**蘭且**音疽。**從而問之,"夫子何爲頃間,甚不庭乎?"莊周曰:"吾守形而忘身,觀於濁水而迷於清淵。**見異鵲之利,逐耳目之好,是守形。不知有虞人之誶,足以爲辱,是忘身也。動與物交,即濁水。静而玄覽,即清淵。夫至人之於清淵,未嘗頃刻迷也。**且吾聞諸夫子**老子。**曰:'入其俗,從其**

---

① 乎,通行本作"於"。

② 通行本"莊周"後有"怵然"二字。

俗①。'今吾遊於雕陵而忘吾身,異鵲感吾顙,遊於栗林而忘眞。栗林虞人以吾爲戮辱也,。吾所以不庭也。"

補曰:此見物忘身,違俗祀禁之戒。誶,厲聲呵責也。

陽子之宋,宿於逆旅。逆旅人有妾二人,其一人美,其一人惡。惡者貴而美者賤。陽子問其故,逆旅小子對曰:"其美者自美,吾不知其美也;其惡者自惡,吾不知其惡也。"陽子曰:"弟子記之! 行賢而去自賢之行,安往而不愛哉!"

【眉批】陽子,司馬云即楊朱。

【眉批】行賢而去自賢之行句:立身陟世之要。

江註曰:或美或惡,生於妄見。貴之賤之,亦非眞理。所惡於逆旅之妾,非謂其美也,以恃其美,故賤之。所貴與逆旅之人者,不以能賤其美也。以不知其美,故取之。人之處已,誠如逆旅之妾,能不恃其美,而去自賢之行,則無往而不愛矣。老子曰:"天下皆知美之爲美,斯惡矣。"非惡美也,惡知其美爾。

王註②曰:夫欲全性命,終天年者,莫若外忘其形,忘形無適而不自得③。此陽子所以取逆旅小子之言也。

---

① 俗,通行本作"令"。
② 原作郭注,誤。據王雱《南華真經新傳》改。
③ 此句王註原為"形忘則所以自得,而所適安有不得歟"。

南華眞經合注吹影卷之二十一

外篇田子方總論

　　吹影曰：大道在未始有物之初，爲萬物之紀，非知者所得說也。古之眞人，正容以悟物，目擊而道存，遊心於物之初，【眉批：打成一片。】離人而立於獨，視四支百體爲塵垢，死生終始爲晝夜，揮斥六極，神氣不變，復何貴賤存亡哀樂安危，足以滑其胸次。一切聖智禮義，國政儒術，才藝之末，棄猶泥塗也。及一旦與世爲緣，身歷其事，仍千變萬化，莫可窮極者。何也？有所以爲之宗也，道是也。知是道者，無爲自然，物來順應，得至美而遊乎至樂，忘乎故吾者也。上而虞舜，死生不入其心；下而百里奚，爵祿不入其心，皆得忘之道者也。是以爲儒而冠履佩玦，則事至能斷，國政不足以窮之。爲畫史而解衣盤礴，不役志於畫，則宋元君善之。臧丈人之釣，其釣莫釣，而非持其釣。伯昏無人之射，登高山、臨深淵而不慄。孫叔敖之在我忘彼，在彼忘我，不以令尹之得失爲貴賤，亦皆遺形外物，能忘故吾者也。要之古之眞人，雖忘乎故吾矣，然吾有不忘者存。所謂存者，何葆眞也，不失其大常也。若凡君所云，凡亡不足以喪吾存，楚存不足以存存。順子之正容而使人意消，溫伯雪子之不可以容聲，則知存存者矣。

【眉批：援引諸條，正見千變萬化，不可窮極之妙。】

南華眞經合注吹影卷之二十一

武林吹影居士胡文蔚豹生甫刪補

青城　焦象賢繩武甫

懷寧　任塾西銘甫　評訂

外篇田子方第十四

田子方侍坐於魏文侯，數稱谿工。文侯曰："谿工，子之師耶?"子方曰："非也，無擇子方名。之里人也。稱道數當，所言多合理。故無擇稱之。"文侯曰："然則子無師耶?"子方曰："有。"曰："子之師誰邪?"子方曰："東郭順子。"文侯曰："然則夫子何故未嘗稱之?"子方曰："其爲人也眞。人貌而天，虛緣而葆眞，清而容物。物無道，正容以悟之，使人之意也消。潛移其不肖之心。無擇何從①以稱之!"子方出，文侯儻然，自失貌。終日不言。召前立臣而語之曰："遠矣，全德之君子! 始吾以聖知之言、仁義之行爲至矣。吾聞子方之師，吾形解而不欲動，口鉗而不欲言。吾所學者，眞②土梗耳! 夫魏眞爲我累耳!"

【眉批】人貌而天句：極摹有道氣象。

補曰：貌猶乎人也，而獨全其天德，豈常人哉! 虛中順應，心與化俱，一眞自如，斯謂之葆也。清者過于明察，能容則同乎天之太清矣。正容悟物，默化潛消，感乎在語言之外，眞之妙用，何可名言。故使聞之者形釋口鉗也。土梗假物，去眞遠矣。知有眞貴存焉。魏國適爲累耳。形解，恍然自失，喪其固

---

① 從，通行本作"足"。
② 眞，通行本作"直"。

有也。

溫伯雪子適齊，舍於魯。魯人有請見之者，溫伯雪子曰：“不可。吾聞中國之君子，明乎禮義而陋於知人心。吾不欲見也。”至於齊，反舍於魯，是人也，又請見。溫伯雪子曰：“往也蘄音祈。見我，今也又蘄見我，是必有以振^{振作}鼓動，云必有益助于我。我也。”出而見客，入而嘆。明日見客，又入而嘆。其僕曰：“每見之客也，必入而嘆，何耶？”曰：“吾固告子矣，中國之民，明乎禮義，而陋乎知人心。昔之見我者，進退一成規、一成矩，從容一若龍、一若虎。其諫我也似子，其道同^導。我也似父，是以嘆也。”仲尼見之而不言。子路曰：“吾子欲見溫伯雪子久矣。見之而不言，何邪？”仲尼曰：“若夫人者，目擊而道存矣，亦不可以容聲矣！”

【眉批】明乎禮義而陋於知人心：救世名言。

【眉批】若夫人者句：安得斯人以見。

補曰：禮義興而詐偽生，文盛實衰，人心危矣。明乎禮義而陋于知人心，眞千古至言。魯人頻頻請見，志云專矣。徒周旋於威儀間，縱進退中規矩，從容若龍虎，情欵似父子，復何益哉，是以再見而再嘆也。夫目擊道存，惟孔子知之，相視莫逆，又何言哉！

顏淵問於仲尼曰：“夫子步亦步，夫子趨亦趨，夫子馳亦馳，夫子奔逸^{飛馳}。絕塵，^{去速而不見其塵揚。}而回瞠^{音撐。}若^{直視貌。}乎後矣！”夫子曰：“回，何謂邪？”曰：“夫子步，亦步也；夫子言，亦言也；夫子趨，亦趨也；夫子辯，亦辯也；夫子馳，亦馳也；夫子言道，回亦言道也；及奔逸絕塵，而回瞠若乎後者，夫子不言而信，不比而周，^{未嘗親比之，而無不周美。}無器而民蹈①^{乎前，無名與位，而人自歸之。}而不知所以然而已矣。”^{此夫子之神化，回不知其所以然，唯直目而視，嘆不能及。}仲尼曰：“惡！可不察與！夫哀莫大於心死，而人死亦次之。日出東方而入於西極，^{自朝至暮也。}萬物莫不比方，^{類聚群分，各有所比，物各有方。}有目有趾者，待是^{指日也。下是出是入同。}而後成功。是出則存，^{即日出而作也。}是入則亡。^{即日入而息也。亡言無所事事。}萬物^{之于造化。}亦然，有待也而死，有待也而生。

---

①　蹈，通行本作“滔”。

吾一受其成形，而不化以待盡。效物而動，日夜無隙，而不知其所終。薰然其成形，其心已死，徒然有此軀殼。知命不能規乎前丘①，以是日徂。吾終身與汝②，交一臂而失之，可不哀與？女殆著乎吾所以著也。彼已盡矣，而汝求之以爲有，是求馬於唐肆也。上"步、趨、馳、奔逸絶塵"解以馬喻，至此復繳一句，妙甚。吾服汝也甚忘，汝服吾也亦甚忘。雖然，汝奚患焉！雖忘乎故吾，吾有不忞③者存。"

【眉批】萬物莫不比方：比方二字，應如此解。

【眉批】效物而動：效物，如見色悅色，聞音悅音，心因以動也。

【眉批】以是日徂：日徂，猶"歲云徂矣"之"徂"。

【眉批】雖忘乎故吾句：請急急參去。

刪訂陸註曰：察，謂密察此心之存否。蓋人之有心，如天之有日，曉出於東，暮落於西，凡有目有趾之人，莫不待是以成其功。即萬物於造化亦然，莫不有待也而死生。待者，謂待個所以然者，乃自然之覺性，吾人之慧日也。世人多不知察，一受其成形，便爲軀殼所累，不能任化以待盡，損邦塵擾，以返於虛。每每感物而動，牿之反覆，日夜無少間，而竟不知其所終。斯人也，如醉如癡，形骸雖存，天眞已死，徒有其成形而已，非不知一切事物皆有命，而又不肯規乎其前丘。丘，土之高者。規，取則之義。云"高山仰止，景行行止"也。前修高躅，皆能不亡所待以生之物，今迷失眞宗，憧憧馳騖，以是日徂，以濱於死，哀莫大焉！是有待以生之道，與人終身相守不失，猶吾與汝終身周旋，今汝未精察，是交臂而失之也，可不哀歟！【眉批：解"吾終身与汝交一臂而失之"二句不同於陆注。】汝所謂言亦言，趨亦趨者，殆著乎吾知所以著，而未見吾之所以不著者也。彼所待以生者，雖顯著於日用之間，而實居無聲無臭之先，固已形相俱盡，而女求之以爲有，是求馬於唐肆也。肆者，市馬之地。唐者，無壁之屋。求馬於肆，見肆而不見馬，求道於有見，有而不見道。宜乎瞠若而不可追也。且吾嘗語女墮肢體、黜聰明，汝亦嘗拳拳服膺矣。是吾服汝也甚忘，而汝服吾也亦甚忘，甚

---

① 通行本"乎"後有一"其"字。丘，通行本屬下句。

② 汝，通行本作"女"。下幾處同。

③ 忞，通行本作"忘"。

忘之與求有也,相去遠矣。世人之學,狗生執有,說着忘字,便茫無着腳,反起虛無之嘆。雖然,忘亦何患。雖忘乎故吾,而吾自有不忘者存。蓋故吾即求有之吾,而不忘者即吾所待以生之物也。【眉批:明白說破。】

孔子見老聃,老聃新沐,方將被髮而乾,晞髮也。**熱**音聶。**然**凝立不動貌。**似非人。孔子便而待之。少焉見曰:"丘也眩與? 其信然與? 向者先生形體掘若槁木,似遺物離人而立於獨也。"老聃曰:"吾遊心於物之初。"孔子曰:"何謂邪?"曰:"心困焉而不能知**,棄知也。**口辟①**合也。**而不能言。**忘言也。**嘗爲汝議乎其將:**且然未然之義,謙詞也。**至陰肅肅,**氣嚴冷而慘。**至陽赫赫。**光煥發以舒。**肅肅出乎天,**陰根於陽。**赫赫發乎地。**陽根於陰。**兩者交通成和而物生焉,**獨陰不生,獨陽不成,必兩者媾和,而萬物化生。**或爲之紀而莫見其形。**紀,主張綱維之者,而無形可見。**消息滿**即盈。**虛,一晦一明,日改月化,**即推遷。換字求爲新異也。**日有所爲,而莫見其功。生有所乎萌,死有所乎歸,始終相反乎無端,而莫知乎其所窮。非是也,且孰爲之宗!**雖是無形可見,而其消息盈虛之運,則一明一晦,爲日月之改化,迭死迭生,爲萬化之終始。究竟無功可見,無端而不窮,非是也,且孰爲之宗乎。是即指爲之紀者,分明是說造物,却又不指其名。**孔子曰:"請問遊是。"**問遊心物之初者,何若。**老聃曰:"夫得是,至美至樂也。得至美而遊乎至樂,謂之至人。"孔子曰:"願聞其方。"曰:"草食之獸,不疾**惡也,下同。**易藪;水生之蟲,不疾易水。行小變而不失其大常也,**藪無異草,澤無異水。地則少變,而大常者自在也。**喜怒哀樂不入於胸次。**夫人莫不有大常,知大常者,其天常定。故四者不入其胸。**夫天下也者,萬物之所一也。**群類不同其理,則一即所謂大常是也。**得其所一而同焉,則四支百體將爲塵垢,而死生終始將爲晝夜,而莫之能滑,而況得喪禍福之所介芥**蒂也。**乎!**知大常,則同於大通。死生之變,且不足以滑心,而況肯介介於得喪之小者。**棄隸者若棄泥塗,知身貴於隸也,**貴在於我而不失於變。**且萬化而未始有極也,夫孰足以患心已!**僕隸去來,棄如泥塗,知我貴而彼賤也。若知道之可貴,實在於我。則外物之變,豈能失我之至美至樂者。天地之間,變化相循,自古至今,未始有極,得喪禍福,無非自然,又何足以爲吾心之患。故曰且萬化而未始有極也,夫孰足以患心已。**爲**

---

① 通行本"辟"字後有一"焉"字。

道者解乎此。"明非世俗之所能知。孔子曰:"夫子德配天地,而猶假至言指以上許多言語。以修心。古之君子,孰能說①同脫。云必不能離言語以求道。焉!"老聃曰:"不然。夫水之於汋同酌,取也。也,無為而才質也。自然矣故酌之不竭;至人之於德也,不修而物不能離焉。沖莫無為,而物自相親依。若天之自高,地之自厚,日月之自明,夫何修②焉!"孔子出,以告顏回曰:"丘之於道也,其猶醯雞與!微夫子之發吾覆也,吾不知天地之大全也。"醯雞,醋中蠛蠓也。包覆於甕中,不發之。安知甕外之有天地。言所見之小耳。

【眉批】吾遊心於物之初:由於此處,方得逍遙。

【眉批】或為之紀而莫見其形:此句是篇中要領。

【眉批】非是也句:特地點醒。

撰此一段蓋借孔子以尊老聃,則知漆園之推重吾夫子也。

陸曰:慹者,不動之貌,似非人,嗒然似喪其耦也。老子言吾遊心於未始有物之先,是以如此。嘗為汝議乎其將。將者,且然未必之義。然未始有物之初,渾芒一氣耳。氣有陰陽,而陰陽之生也,則互為其根。故至陰肅肅,而肅肅者至乎天;至陽赫赫,而赫赫者發乎地。陽升陰降,兩者交通成和,而萬物生焉。其或有為之紀者乎,而吾不見其形。紀,即所謂無極之真。超乎色相形聲之表者,雖則不可見,而其消息盈虛之運,則一明一晦,為日月之推遷。一死一生,為萬物之終始。非是也,而且孰為之宗乎。是,即指為之紀者,疾之言惡也。所以不惡變易者,蓋以藪無異草,澤無異水,地則少變而大常者自在也。夫人莫不有大常,知大常者,喜怒哀樂不入乎其胸次,是大常也。天下萬物一焉者也,得其一,則真常者在我矣。故四支百骸,塵垢也。死生終始,晝夜也,是皆變代不常之物。知其有大常者在,則皆不足以累心,而況得失禍福之介然者乎。是故棄隸若棄泥塗。隸,謂天下之以勢分相屬者。蓋常在我,不常在隸。常在我,則我貴;不常在隸,則萬化而未始有極也。又孰足以動吾心乎。為道者,解此而已。解此則得至美而遊至樂,天下孰加焉。以下又發一段言天地之德,無為自然而已。天自高,地自厚,日月自照臨,川澤汋之而自

① 說,通行本作"脫"。
② 修,通行本作"脩"。

潤,是何假習而能之哉。故至人之於德也,不修而物不能離。物不能離,言物物也。或問不修之義,曰不修,乃所以爲眞修也。學如元覬方成癖,文似相如始類俳。獨立孔門無一事,只輸顏氏得心齊。墮而支體,黜而聰明,又何修之有哉!

莊子見魯哀公,哀公曰:"魯多儒士,少爲先生方者。"莊子曰:"魯少儒。"哀公曰:"舉魯國而儒服,何謂少乎?"莊子曰:"周聞之,儒者冠去聲。圜音圓。冠者知天時,履句音矩。履者知地形,緩佩玦者事至而斷。君子有其道者,未必爲其服也;爲其服者,未必知其道也。公固以爲不然,何不號下令。於國中曰:'無此道而爲此服者,其罪死!'"於是哀公號之五日,而魯國無敢儒服者。獨有一丈夫,暗指孔子。儒服而立乎公門。公即召而問以國事,千轉萬變而不窮。莊子曰:"以魯國而儒者一人耳,可謂多乎?"

【眉批】緩佩玦,徐行舒緩而佩玦玉也。

補曰:按莊子與梁惠王同時,去魯哀公百二十年。今寓言相見論儒者,此莊子自方之意。隱然欲與孔子雁行。顏曾四科,所不屑也。故曰以魯國而儒者一人耳。

郭註曰:此言德充於内者,不修飾於外。

百里奚爵禄不入於心,故飯牛而牛肥,忘名利者,自適其天,故物亦各適其性。所以飯牛而肶壯,蓋無心所致也。使秦穆公忘其賤,與之政也。有虞氏死生不入於心,或指父頑母嚚,常欲殺舜。故足以動人。指成邑成都,亦無心之感。

補曰:此言無心要世者,方可以有功名於世。

宋元君將畫圖,衆史皆至,受揖而立,舐食紙反。筆和墨,在外者半。有一史後至者,儃儃音但,猶澶漫舒遲自得意。然不趨,受揖不立,不移則神閒,不立則志專。因之舍。公使人視之,則解衣般音盤。礴音薄。贏同裸。。君曰:"可矣,是眞畫者也。"般盤裸,言其無心求知,故箕踞而解衣露體。

補曰:此言養足者,氣度自然閒適,不拘拘修飾邊幅。

文王觀於臧,見一丈夫釣,而其釣莫釣。未嘗釣也。非持其釣,有釣者也,非若持竿者,志在得魚,有事於釣也。常釣也。常常見其以釣自適也。文王欲舉而授之政,而恐大臣父兄之弗安也;欲終而釋之,而不忍百姓之無天也。於是旦而屬告也。之大夫曰："昔者寡人夢託夢以取信。見良人,黑色而頯①同彗,,乘駁馬而偏朱蹄,一蹄偏赤。號命也。曰:'寓而政於臧丈人,庶幾乎民有瘳治也。乎!'"諸大夫蹴然曰:"先君王也。"文王曰:"然則卜之。"諸大夫曰:"先君之命,王其無它,言當遵先王之命,不宜更生疑慮。又何卜焉!"遂迎臧丈人而授之政。典法無更,六典八法受之先王,故無更。偏令無出。大道爲公,故無偏令。三年,文王觀於國,則列士壞植散群,不樹黨,無私人。長官者不成德,總理百官者,不居成功,自伐其德。斔即庚。斛不敢入於四境②。列士壞植散群,則尚同也;同心力也。長官者不成德,則同務集衆思,廣衆益。也,斔斛不敢入於四境,則諸侯無二心也。天下相信,故同律度權衡也。文王於是焉以爲太③師,北面而問曰:"政可以及天下乎?"臧丈人昧然而不應,泛然而辭,朝令而夜遁,終身無聞。功成而身退,事遂而名去,至人之道如是。顏淵問於仲尼曰:"文王其猶未耶? 又何以夢爲乎?"以至德如文王,何不足取信於大臣,而託之夢。仲尼曰:"默,女④無言! 夫文王盡之也,而又何論刺焉! 彼直以循斯須也。"言恐一時臣民疑駭,彼特循人情於斯須間也。循情以安人心,以舉賢才,達權之妙道,可輕議耶!

劉槩曰:三代直道而行,知臧丈人之有道,則受之以政可也。奚必託夢以信諸大夫哉! 蓋知道者,必達於理,明於權。道,天也,自信可也。權,人也。豈可廢哉! 仲尼與文王盡之,而顏子有所未及也。然則高宗之夢,有類是矣。高宗則所謂直道而行者也。精神四達與天地同流,至誠之驗。天人之際,猶影響也。其夢賚良弼者,不足疑矣。莊子之寓言以爲文王欲明權,必考古以驗今,故假夢以信於人。學者或因臧丈人之論,以推傳説,則失之。

列禦寇爲伯昏無人射,引之盈貫,貫,鏑也。開弓而及鏑,引滿之至也。措杯水其肘上,前手直則肘平,可置杯水不傾,言定也。發之,適去也。矢復沓,重也,言前矢適去,而后矢復搭。方矢復寓。方去之矢未至的,已復寓杯水於肘上。當是時,猶象人也。此時敏捷如神,其身不動,有如木偶然。伯昏無人曰:"是射之射,以巧用。非不

---

① 頯,通行本作"頩"。
② 境,通行本作"竟"。下同。
③ 太,通行本作"大"。
④ 女,通行本作"汝"。

射之射以神用。也。常①與②登高山，履危石，臨百仞之淵，若能射乎？"於是無人遂登高山，履危石，臨百仞之淵，背逡巡，足二分垂在外，背貼高山，面伏深淵，足逡巡不前，一分躡實，二分在外。揖禦寇而進之。是即純氣之守也，故神定不慄。禦寇伏地，汗流至踵。平日不知養神守氣，故怯弱驚怖，不敢仰視，便是死生有變於己處。伯昏無人曰："夫至人者，上闚③青天，下潛黃泉，揮斥八極，神氣不變。今汝怵然有恂目之志，志怯而目動也。爾於中也殆矣夫！"言女今流汗至踵，神氣若喪，五內無主，故目眩而志駭。爾於中心也，甚危而不安矣。或作中的，言爾射之於中也，亦殆而難言也。

【眉批】此段同《列子》。

【眉批】常與登高山：常字《列子》作嘗。

【眉批】爾於中也殆矣夫：不若作中心危殆于純氣之守，有關切。

江曰：射之射，所要者在彼；不射之射，所守者在我。射之射，方可方不可；不射之射，無可無不可。方其猶象人，以其無所懼也。及其伏地而汗流者，以心有矜也。夫山之高，石之危，淵之深，無心於害人也。登履之者，未必皆蹈其患也，唯其貪生外殉，矜吝無所不至，卒之物不能爲害，而吾心自爲之害，以至於喪生而終不悟也。若夫至人之不離於眞，其於登履，與人無異也。特純氣內守，不知有高深之可畏，無往而不猶象人耳。揮斥八極，神氣不變，以此而已。

肩吾問於孫叔敖曰："子三爲令尹而不榮華，三去之而無憂色。吾始也疑子，今視子之鼻間栩栩息常在內，似乎得道者。然。子之用心獨奈何？"孫叔敖曰："吾何以過人哉！吾以其來不可却也，其去不可止也，吾以爲得失之非我也，而無憂色而已矣。我何以過人哉！且不知其在彼乎？其在我乎？彼指令尹。云不知令尹何足貴乎，我足貴乎也。其在彼邪亡乎我，若貴在令尹，則與我亡預。在我邪亡乎彼。若可貴在我，則與令尹亡預。方將躊躇，方將四顧，何暇至乎人貴人賤哉！"方將深念內省之不暇，又何知其貴賤得失哉！仲尼聞之曰："古之眞人，知

---

① 常，通行本作"嘗"。
② 通行本"與"字後有一"汝"字。
③ 闚，通行本作"闚"。

者不得說，忘言也。美人不得濫，忘色也。盜人不得刦①，格暴也。伏羲②、黃帝不得友。去名也。死生亦大矣，而無變乎已，況爵祿乎！若然者，其神經乎大音泰。山而無介，金石無間也。入乎淵泉而不濡，大浸不溺也。處卑細而不憊，安貧賤也。充滿天地，既以與人，已愈有。"道既塞乎天地，推以化人，用之無盡，安足損已之有？"既以與人，已愈有"二句，老子之言。

郭曰：曠然無係，玄同彼我，則在彼非獨亡，在我非獨存也。躊躇四顧，謂無可無不可。伏羲、皇帝者，功號耳，非所以功者也。故況功號於所以功，相去遠矣，故其名不足以友於人也。夫割肌膚以爲天下者，彼我俱失也。使人人自得而已，使人人自得③者，與人而不損於已也。其神明充滿天地，故所在皆可。所在皆可，故不損已爲物，而放於自得之地也。

楚王與凡君坐，少焉，楚王左右曰凡亡者三。言有三亡徵也。凡君曰："凡之亡也，不足以喪吾存。道之在已，不問有國與無國。夫凡之亡不足以喪吾存，則楚之存不足以存存。由是觀之，則凡未始亡而楚未始存也。"

林曰：凡不爲亡，楚不爲存，則世之得喪禍福，皆外物矣。其意尤在"楚不足以存存"一句。失者即不足以自歎，則得者亦不足以自矜。自歎愧，亦自矜誇。最可玩味，皆學者切身受用之語。

呂曰：天下有常存，不死不生者是也。得其常存而存之，則存其存矣。凡楚曷足以當存亡哉！

---

① 刦，通行本作"劫"。
② 羲，通行本作"戲"。
③ 郭本無"使人人自得"五字。

南華眞經合注吹影卷之二十二

外篇知北遊總論

吹影曰:老聃曰:"聖人行不言之教。"又曰:"知者不言,言者不知。"莊子恐人疑其論說皆窮,淪於絕滅,故於此篇闡發道妙,援引曲喻,多方開示,極爲透徹。首節撰一人曰知,云求知者也;撰一人曰無爲謂,云不言者也;撰一人曰狂屈,云忘言者也;又借黃帝口中說明,曰予與若終不近也,以其知也,便是知者不言,言者不知的樣子。何思何慮三問,體貼下根人心口,寂親切。黃帝皆欲其無,便是不言之教的樣子,吃緊在"無從無道始得道"二句。中間又以死生物化,發揮無爲而無不爲之旨,原不容以言語求也。觀於天地不言,四時不議,萬物不説,則至人無爲,大聖不作,又何容置辯哉!齧缺被衣,知道之人也,寓言兩人默契道妙之狀,即行不言之教也。引舜問丞,悟吾身性命,都非我有,始與道合眞,比正形一視,攝知一度,更進一層,即所云無從無道始得道也。引孔子問老聃,見道窅然難言,姑言其涯略,將遡始於冥冥,然謂之冥冥者,所以論道而非道也。【眉批:"今日晏閒"節"昭昭生于冥冥"與"妸荷"節"于人之論,謂之冥冥",針孔相對。】若夫淵淵乎若海,魏魏乎終則復始,運量往資而不匱,不形之形,形之不形,此衆人之所同論也,非至者也。【眉批:天眼畢炤。】彼至則不論,論則不至,辯不若默,聞不若塞,惟以不見見道,不聞聞道,迺爲大德,故曰無從無道始得道也。盈天地間皆道,無一物非道,而不可執一物以言道。東郭子問道惡乎在,則大繆矣。嘗相與遊乎無何有之宮,同合而論,而不知其所至,不知其所止,不知其所終,不知其所窮。物物者,與物無際。縱善言者,不能言其所在也。老龍吉藏其狂言而死,正知者不言也。引泰清弗知乃知,知乃不知,孰知

233

不知之知，均是此意。老子曰："有物混成，先天地生，不知其名，字之曰道，强爲之名曰大。"由是觀之，則道不當名。問道而應之者，不知道。雖問道者，亦未聞道。道無問，問無應，復何言之有？彼光曜不得問，而始悟窅然空然，嘆以爲至，自媿能有無矣，而未能無無。夫既無無矣，又何言哉！此窅然二字，却與老聃"夫道窅然難言"相炤應。【眉批：天眼畢炤。】道固不可言，姑借捶鈎言之。大馬假不用者以爲用，而長得其用，況道之無用而無不用者乎！冉求不言而神受，則昭然；着思慮以求之，則昧然，正言者不知之證也。今人多以生死言道，不知道先天地以生，物物而不物於物。知道者，無生死者也。古人知道，故外化而内不化，外而順應，不爲物累，内而虚靜，恬澹自如。今人不知道，故内化而外不化，内而與接爲搆，交引竝馳；外而憧憧役役，日見攖擾，物我交傷，身爲逆旅，竭所思慮，擇所處服，審所從由，就正聖賢，參稽師說，日從事筌蹄之末，終不免爲將迎哀樂之所束縛，不亦悲哉！孰知聖人行不言之教，處無爲之事，初未嘗齊知之所知也。故曰，至言去言，至爲去爲。

南華眞經合注吹影卷之二十二

武林吹影居士胡文蔚豹生甫刪補

江右　艾南音千子甫

古閩　徐勃與公甫　評訂

外篇知北遊第十五

知有思慮者之寓名。北遊於玄水之上，登隱弅音紛。之丘，而適遭無爲謂焉。知謂無爲謂曰："予欲有問乎若：'何思何慮則知道？何處何服則安道？何從何道則得道？'"三問而無爲謂不答也。非不答，不知答也。知不得問，反於白水之南，登狐闋音缺。之上，而睹狂屈焉。知以之言也問乎狂屈。狂屈曰："唉！音苔。予知之，將語若。"中欲言而忘其所欲言。知不得問，反於帝宮，見黃帝而問焉。黃帝曰："無思無慮，始知道；無處無服，始安道；無從無道，始得道。"知問黃帝曰："我與若知之，彼與彼不知也，其孰是邪？"黃帝曰："彼無爲謂，眞是也，狂屈似之，我與汝終不近也。夫知者不言，言者不知，故聖人行不言之教。"

補曰：此段因老子"知者不言，言者不知"三句撰出，知與無爲謂、狂屈三人問答，以黃帝實之，爲老子疏義。此種不言的學問，要人直下領悟，着一些擬議便差，縱使說玄說妙，自耳根入者，自家終無受用。故曰不知答者爲眞是，忘所欲言者似之。我與汝，言其所以然者，終不近也。

道不可致，德不可至。仁可爲也，義可虧也，禮相僞也。故曰：'失道而後德，失德而後仁，失仁而後義，失義而后禮。禮者，道之華而亂之首也。'故曰：'爲道者日損，損之又損之，以至於無爲。無爲而無不爲也。'兩故曰，述老子之言也。**今已爲物也，欲復歸根，不亦難乎！其易也，其唯大人乎！**

訂補曰："故曰失道而后德"至"無爲而無不爲也"，皆引老子之言。先以道不可致五句釋之，言道則無爲自然，非可以招致之也。德則在我具足，非勤行可至也。上仁則無親，無事於仁而仁焉者也。是爲之而無以爲也，可爲也。義則擇所施之宜者也，有宜即有所不宜，能無虧乎。禮者，往來施報之義，爲之而莫之應，則攘臂而仍之。欺詐之所由生，勢必刑罰興而兵甲起，實亂之所由始。故老子歷遡其所失，而以禮爲道之華，而亂之首也。又曰爲道者，日損其浮華有道之迹，復損之又損，并去此損之之心，以至于無爲。惟無爲也，而後能無所不爲，而應用不窮。以今人觀之，業已爲物也，樸散爲器，物而不化矣。欲復歸本復命，返於無物之初，不亦難乎！然在無爲之大人，則易易耳。今人可不深省乎？

生也死之徒，萬物出入於機，方其生也，歸復之機已寓。**死也生之始**，碩果不食，剝者復之萌。**孰知其紀！人之生，氣之聚也。聚則爲生，散則爲死。若死生爲徒**，若知生死爲一氣，則安時處順，任天之陶鑄。**吾又何患！故萬物一也**。不但是人。**是其所美者爲神奇，其所惡者爲臭腐**。不知道，以生爲神奇而美之，以死爲臭腐而惡之也。**臭腐復化爲神奇，神奇復化爲臭腐**。如花卉之方盛，神奇矣。落而墮地，臭腐也。棄落歸根，生者又自此而始，臭腐復化爲神奇也。既生而落，則神奇復化爲臭腐也。**故曰：'通天下一氣耳。'聖人故貴一**。"無美無惡，生死爲徒也。

知謂黃帝曰："吾問無爲謂，無爲謂不應我，非不我應，不知應我也。吾問狂屈，狂屈中欲告我而不我告，非不我告，中欲告而忘之也。今予問乎若，若知之，奚故不近？"黃帝曰："彼其眞是也，以其不知也；此其似之也，以其忘之也；予與若終不近也，以其知之也。"狂屈聞之，以黃帝爲知言。

補曰：此不過再申前意，用知言一句結之。首節至此，原是一章，總注疏老子"知者不言，言者不知"之旨。黃帝心契不言之教，所以即與知明言之，亦不失爲知言也。今分作四節，以便箋解耳。

天地有大美而不言，即乾以美利利天下，不言所利之意。**四時有明法而不議**，節序氣候，明若法制，不煩擬議。**萬物有成理而不說**。鳧短鶴長，麥垂黍仰，皆有自然成理，莫能說其所以然之故。**聖人者，原天地之美而達萬物之理。是故至人無爲**，任其自為。**大聖不作**，因任所宜。**觀於天地之謂也**。郭注：觀其形容，象其物宜，效法之也①。**今彼**指天。**神明至精**，**與彼**指物。**百化**。**物已死生方圓**，**莫知其根也**。百化之死生方圓，皆神明至精者爲之，究竟孰能窺測其根極之地。**扁然而萬物**，**自古以固存**。**六合爲巨**，**未離其內**；**秋豪爲小**，**待之成體**；**天下莫不沈浮**，**終身不故**；**陰陽四時**，**運行各得其序**，**惛然若亡而存**，**油然不形而神**，**萬物畜而不知**。**此之謂本根**，**可以觀於天矣**。

補曰：此段明聖人不言之教，觀於天地也。○大美則充乎其中，明法則顯而可效，成理則無所往而不備，統歸於道。聖人仰觀俯察，故無爲不作，順其自然，彼神明至精，寔为百化之根，而人莫之知，但見扁然萬物皆彼爲之也。自古以故存，彼未嘗須臾去也。大而六合，小而秋毫，無之非彼也。天下得彼，則上下浮沉，日新而不故；四時得彼，則運行得序，以爲存也而若亡，以爲神也而不形。萬物以是相養，而不知其然，此之謂本根也，道也。觀天者，所以知而不言也。扁然，作翩然，芸芸職職也。

齧缺問道乎被衣，**被衣曰**："**若正汝形**，無勞爾形。**一汝視**，不見可欲。**天和將至**；如是則形全精復，與天和合一。**攝汝知**，無思無爲。**一汝度**，不損不益。**神將來舍**。如是則反樸全純，其神不虧。**德將爲汝美**，遊於自得之場。**道將爲汝居**。集於至虛之室。**汝瞳焉如新生之犢而無求其故**。"瞳者，無知直視貌。言新生之犢，雖視而不求所視之故。**言未卒**，**齧缺睡寐**。**被衣大說**，聞言有悟，凝神內守，不覺相對而寢。真是相悅以解，莫逆于心，故大悅之。**行歌而去之**，**曰**："**形若槁骸**，**心若死灰**，**眞其實知**，言眞知此理之實也。**不以故自持**。故，事也。不以事物之迹自執持。**媒媒晦晦**，混冥之義。**無心而不可與謀**。**彼何人哉**！"彼既無心，我復何言，故不可與謀。彼何人哉，非深契於道，安能若此也哉。嘆美之詞。

【眉批】總是形容有道者無心之狀。

又寓言兩個知道之人，心印默會之妙，以證不言之教。

舜問乎丞官名。**曰**："**道可得而有乎**？"**曰**："**汝身非汝有也**，**汝何得有夫道**！"**舜曰**："**吾身非吾有也**，**孰有之哉**？"**曰**："**是天地之委形也**；委，積聚也。地火

① 此句郭本原作"與天地不異"。

237

風水,四大假合而有此形。**生非汝有,是天地之委和也**;陰陽交通成和而有生氣。**性命非汝有,是天地之委順也**;動靜之理,順而成人。**孫子非汝有,是天地之委蛻也**。人世相代,如蟬蛻然。蛻,音脫。**故行不知所往,處不知所持,食不知所味。天地之疆①陽氣也,又胡可得而有邪!**”

補曰:大道無我,以身爲吾有,則去道遠矣。若身爲我有,應由我作主,何以氣聚而生,不能不生,氣散而死,不得不死。其爲委結而成者無疑。況性命者,生之所秉。子孫者,生之所禪乎!試問此身之行處飲食,是誰爲之運動,蓋疆陽之氣也。即吾身之得以自主者,尚非我有,且得認此身爲載道之器,而妄執夫道,以爲有得哉!然則道不可得乎,曰能如不知所往,不知所持,不知所味,然後可以行,可以處,可以食也。故曰,無從無道,始得道也。

孔子問於老聃曰:“今日晏間②音閒。**敢問至道。”老聃曰:“汝齊戒,疏瀹**音藥。**而心,澡**音早。**雪而精神,掊擊而知。夫道,窅然**深奧之意。**難言哉!將爲汝言其崖略。**謂邊際粗略也。**夫昭昭生於冥冥,有倫生於無形,精神生於道**,無極之眞,二五之精,妙合而凝,而人生焉。所謂神,即無極之眞。所謂精,即二五之精。知精神生於道,則知性之所自出。**形本生於精**,指男女媾精之精,有氣而有質者,知形本身於精,則知命之所由立矣。**而萬物以形相生。故九竅者胎生,八竅者卵生。其來無迹,其往無崖,無門無房,四達之皇皇也**。一切生死往來,無跡可尋。人之室居,則有門有房。太虛之間,但見大哉皇皇,安知其所從出入乎。**邀於此者**,邀而得此道者。**四枝**③同體。**疆**④,思慮恂達,耳目聰明。其用心不勞,其應物無方。天不得不高,地不得不廣,日月不得不行,萬物不得不昌,此其道與!**天地日月萬物四句,只形容徹上徹下,無非此道而已。

【眉批】“九竅”至“四達之皇皇”,言道之所以物物也。

【眉批】思慮恂達:恂,通也。

【眉批】四“不得”,云不得道也。

---

① 疆,通行本作“强”。
② 間,通行本作“閒”。
③ 枝,通行本作“肢”。
④ 疆,通行本作“彊”。

且夫博之不必知,辯之不必慧,聖人以斷之矣!若夫益之而不加益,損之而不加損者,聖人之所保也。淵淵乎其若海,魏魏平聲。乎其終則復始也,運量萬物而不匱。則君子之道,彼其外與!萬物皆往資焉而不匱,此其道與!

補曰:求道者,不能默契於冥冥之初,輒博以廣之,未必知;辯以晰之,未必慧,聖人早斷之矣。夫道,無爲而自然,非損益之所可加,聖人惟葆此勿失,所以如海之深廣莫測,終始無端,而不可窮盡。有君子焉,爲之運量其間,裁成輔相,糸天地之化育,斯矣不匱矣。然範圍曲成,特其外焉者也,此謂君子之道。若夫資之以始,資之以生,亙古今而不見其終匱,則天地自然之道與。【眉批:正僞辯疑,能令宿黳盡撤。】

中國有人焉,非陰非陽,處於天地之間,直且爲人,將反於宗。自本觀之,生者,暗音蔭。醷音意。物也。雖有壽夭,相去幾何?須臾之說也,奚足以爲堯、桀之是非!

刪訂陸註曰:非陰非陽,言其出乎二五陶鑄之外,直寓形爲人耳。將與造物者遊,反於最初也。宗者,無物之初也。言於冥冥者合也。自無物之初觀之,氣聚而有生,如人之氣不流暢,逆鬱而暗醷也。縱或夭或壽,同歸於散。百年等須臾耳,奚取是非于俄頃間。

果蓏有理,爲物雖微,生有時,種有別,其類不雜,有自然之條理。人倫雖難,所以相齒。人倫之大,固難與果蓏同語,其所以相齒之序,原未有異。聖人遭之而不違,時有順逆,盡其人事之常。過之而不守。道合經權,不爲膠柱之行。調而應之,德也;偶而應之,道也。因其自然而無容心。帝之所興,王之所起也。

補曰:果蓏微物,有理而無言,況帝王乎!聖人明於人倫,不違不守,因其自然而無容心,夫何言哉!

人生天地之間,若白駒之過郤,同隙。忽然而已。白駒,隙中之影。注然勃然,湧出貌。莫不出焉;喻人之生。油然漻流。然,速逝貌。莫不入焉。喻死也。已化而生,又化而死,生物哀之,人類悲之。解其天弢,墮其天袠①,音袟。紛乎宛

---

① 袠,通行本作"袠"。

乎，或紛紜乎，或宛轉乎，問詞也。**魂魄將往，乃身從之，乃大歸乎！**

訂補曰：弓囊曰弢。衣囊曰袠。人之有形骸也，猶天之弢袠之也。隙駒之生，忽然而死。生者哀之悲之，死者不知也。彼方解墮其弢袠，逍遙自如，譬旅人之歸家，故曰大歸，言反其眞也。

不形之形，形之不形，是人之所同知也，非將至之所務也，此衆人之所同論也。彼至則不論，論則不至；明見無值，見而有所遇曰值，此有迹之見也。道不可以形迹見，故曰明見無值。**辯不若默；道不可聞，聞不若塞，**亦不言之旨也。**此之謂大得。"**

【眉批】彼至則不論，正見知者不言。

補曰：不形之形，法身不滅也。形之不形，色身幻相也。此衆人所共知，未能離形以求之也。將極乎其至，則所從事者，不僅如是也。以衆人之所論，皆如是止也。殊不知至則不論，論則不至，纏着擬議，便爲夢語。道終不可見，設有所值而後謂之見，則所見原非實相。明見者，無此也。所謂道者，非聞彼也，自聞而已矣，又何可辯？默之塞之，去口耳之浮慧，此之謂無從無道始得道。

東郭子問於莊子曰："所謂道，惡乎在？"莊子曰："無所不在。"東郭子曰："期而後可。"欲令指名所在。莊子曰："在螻蟻。"曰："何其下邪？"曰："在稊稗音敗。"。曰："何其愈下邪？"曰："在瓦甓甓。"曰："何其愈甚邪？"曰："在屎矢。溺。"東郭子不應。莊子曰："夫子之問也，固不及質。正獲之問於監市，履狶音喜，大豕。也，句。每下愈況。《儀禮·飲射之禮》有司正、司獲、監市、履狶者，四者人雖異職，同營飲射之事，故問之也。履狶者，以足蹴豕之下體，便知其肥瘦輕重。夫正獲之職卑矣，問及履狶之屠夫，何其下耶，非此人不知狶之好醜。所聞每下，而比況陳說，愈得明確，以喻今問道之所在，每況之於下賤，愈見道無不在，無逃於物也。汝唯莫必，無乎逃物。至道若是，大言亦然。周徧咸三者，異名同實，其指一也。嘗相與遊乎無何有之宮，同合而論，無所終窮乎！嘗相與無爲乎！澹而靜乎！漠而清乎！調而閒同閒。乎！寥已，句。吾志無往焉，而不知其所至，去而來不知其所止。吾往來焉而不知其所終，彷徨乎馮音憑。閡，大知入焉而不知其所窮。物物者與物無際，而物有際者，所謂物際者也。不際之際，際之不際者也。謂盈虛衰殺，彼爲盈虛非盈虛，彼爲衰殺非衰殺，彼爲本末非本末，彼爲

積散非積散也。

【眉批】每下愈況：況，比也。

【眉批】彷徨乎馮閎：馮閎，虛曠也。

補曰：道者，命物之化，物物而不物於物。遡其本質，無始之先，一物不存，若必期其所在，盈天地間，何物非道？螻蟻有知而至微，稊稗無知而有生，瓦甓無生而有形，屎溺有形而污穢。試問其所以爲此四物者，誰與？道也，故曰在也。東郭子疑其愈下而不確，莊子以爲子舍質而問所寄，故每況而於下賤者，以明道之無不在。正如正獲之問履豨者，每下愈況。雖然，汝何庸期必其所在乎。萬物皆由道生，無乎可逃，至道蓋若是也。大言亦然，言者曰周曰徧曰咸，三者其名雖異，其義實同。故螻蟻四者不同，其爲道之所在一也。請與子遊乎無何有之宮，無物之始，齊所謂精粗美惡之異同，合而論夫無終無窮之道，可乎？自古及今，惟無爲者，無所終無所窮，子試相與無爲乎？果能澹而靜，漠而清，調而閒，一無所爲乎？噫，寥矣！如太虛之無何有矣，吾嘗有志於此，一出於無心，寂寞自如，無所往矣。初不知其有所至而期之，即或有去來，亦適去適來；初不知其有所止而安之，吾業已有往來矣，而獨往獨來，非惟不知所至所止，而且不知其所終，惟彷徨乎于虛廓之天而已。此澹靜漠清調閒之內，思慮期必之私，一些用不着，即使大知者入焉，亦不能窮其所極至。【眉批：大知入焉句，與舊解有別。】所云無何有之宮，同合而論，無所終窮者，蓋如此。夫道固無所不在，無乎逃物矣，然不容執物而求之也。彼物物者，道也，與物變變化化，無有窮盡，非與物無際乎。今就物而觀之，植者有榮有枯，動者有生有死，是物有際也，此特物之際，所謂物際者也。或疑道既與物無際，今有所謂物際者，是際不際之際。要知物物者，不與物同。枯者榮之始，死者生之始，見以爲際，寔際之以不際也。所謂際者，謂盈虛與衰殺也。不知盈虛者，物也。彼所以爲盈虛者，道也。可見盈而虛，虛而復盈，正際之不際也。衰殺、本末、積散皆同。彼字，皆指道。【眉批：此注字字明顯，句句精微，晰千古未晰之疑。】

"妸阿音。荷平聲。甘與神農學於老龍吉。神農隱几闔戶晝瞑音眠。妸荷甘日中奓音扯。戶而入，曰："老龍死矣！"神農隱几擁杖而起，曝剝。然放杖而笑，笑者喜其反眞。曰："天尊老龍之稱。知予僻陋慢訑移。故棄予而死已矣，夫子無所發予之狂言,而死矣夫!"言無復以大言開悟之也。弆音奄。堈吊①聞之,曰:"夫體道者,天下之君子所繫焉。今於道秋豪之端,萬分未得處一焉,指神農。而猶知藏其狂言而死,又況夫體道者乎!視之無形,聽之無聲,於人之論者,謂之冥冥。所以論道而非道也。"

【眉批】㑒,猶云開也。天者,推尊老龍之稱。

補曰:藏其言而死,即知者不言之意。道本無聲形,不可視聽。若論道者,以冥冥名其道,終非道也,即下段道不當名之謂。

於是泰清問乎無窮,曰:"子知道乎?"無窮曰:"吾不知。"又問乎無為,無為曰:"吾知道。"曰:"子之知道,亦有數乎?"曰:"有。"曰:"其數若何?"無為曰:"吾知道之可以貴,可以賤,可以約,可以散,此吾所以知道之數也。"泰清以之言也問乎無始,曰:"若是,則無窮之弗知,與無為之知,孰是而孰非乎?"無始曰:"不知深矣,知之淺矣;弗知內矣,知之外矣。"於是泰清中當作仰。而嘆曰:"弗知乃知乎,知乃不知乎!孰知不知之知?"無始曰:"道不可聞,聞而非也;道不可見,見而非也;道不可言,言而非也。知形形之不形乎!道不當名。"無始曰:"有問道而應之者,不知道也;雖問道者,亦未聞道。道無問,問無應。無問問之,是問窮也;無應應之,是無內中無所得。也。以無內待問窮,即問者應者,如此弄筆頭。若是者,外不觀乎宇宙,內不知乎大初。是以不過乎崑②崙,不遊乎太虛。"宇宙可見,故曰外。太初不可見,故曰內。昆侖在宇宙之外,太虛又在昆侖之外,未過昆侖,安得至大虛乎。

【眉批】此段大意與首節同,總見反復重申救世心熱。

補曰:凡可舉可數,皆外也,非內也。外而非內,淺之乎言道矣,不但欲聞之見之名之形之者非,即問之應之者亦非。故無始重重掃淨,直到不知地位,而後乃為究竟。

光曜問乎無有曰:"夫子有乎?其無有乎?"光曜不得問,而孰同孰。視其狀貌,窅然空然,終日視之而不見,聽之而不聞,搏音博。之而不得也。光曜曰:"至矣,其孰能至此乎!予能有無矣,而未能無無也;及為無有矣,何從至此哉!"

---

① 吊,通行本作"弔"。
② 崑,通行本作"崐"。

【眉批】并無亦無,則知亦淺矣,最上一着亦未可恃。

林註曰:熟視其狀數句,只形容道之不可見。能有無,未能無無,則我猶知有所謂無,是反爲無所有矣。何從至於宿然空然,并無無亦無乎。《圓覺》曰:“說無覺者,亦復如是。”覺而至於無覺,可謂妙矣,猶以無覺爲未盡,即此未能無無,爲無所有之意。

大馬之捶音箠。**鉤者**,捶,鍛也。鉤,帶也。言大司馬之屬,有善捶鉤者。**年八十矣,而不失豪芒。**斷鉤之輕重無差。**大馬曰:“子巧與!有道與?”曰:“臣有守也。**言學鍛之時,志有專屬。**臣之年二十而好捶鉤,於物無視也,非鉤無察也。”是用之者假不用者也以長得其用**,言捶之之時,假不用之神,以用之於枝,故長得其用,而毫無芒之失。**而況乎無不用者乎!物孰不資焉!**神則無所不用,寧止小技,萬事萬物,莫不資焉。

林曰:用者,巧也。不用者,道之自然者也。無不用者,道之無爲而無不爲者也。言我以不用自然之妙,用之於巧,且長得其用而至於老,況道之無爲無不爲者,天下之物,孰不資賴之乎!

呂曰:無用無不用,唯道爲然。

冉求問於仲尼曰:“未有天地可知邪?”仲尼曰:“可。古猶今也。”冉求失問而退。明日復見,曰:“昔者吾問‘未有天地可知乎?’夫子曰:‘可。古猶今也。’昔日吾昭然,今日吾昧然。敢問何謂也?”仲尼曰:“昔之昭然也,神者先受之;今之昧然也,且又爲不神者求邪!無古無今,無始無終。未有子孫而有孫子,可乎?”冉求未對。仲尼曰:“已矣,未應矣!”

【眉批】此即無問無應之徵。

補曰:大極圈中,陰陽分對,相待而生,靜極而動,動極復靜,便是古今終始。最上一圈,寂空無有,便是無古無今,無始無終,未有天地之先的空相。冉求此問,蓋有難於答者。夫子直以爲可知者,意謂無者有之反,自有天地以來,陰陽消長,人物運行,從古到今,都是一樣。則天地未分之先,可反觀而見,此時冉求耳聞之下,想略有些領悟,久之深念推索,轉展疑晦,故復質之夫子。夫子却點破病根,言吾心本來虛靈之神,炯炯不昧,一觸便露,稍落言筌,思慮即生理障,便不神了,所以愈求愈昧也。夫謂之未有,則盡無矣,何古今始終之有？設人未有子孫而可謂之有乎？天地亦若是，求猶未悟，再加思索，則去之更遠。因語之曰，已矣，未應矣，猶云不必再對也，要斷他思慮，不起見解，養其所不知，他日自有明透處。【眉批：此種昭然昧然光景，在參道者卒然問答時，往往多如是。莊子說到這樣田地，直是提醒性靈真訣，從此努力，必然了悟。】○道家所謂此神不是思慮神，此个不神，最能遮障本體，正是神先受之數句注腳。

不以生生死，不以死死生。死生有待邪？皆有所一體。有先天地生者，物指道說。**邪？物物者非物，物出不得先物也，猶其有物也，猶其有物也無已。聖人之愛人也終無已者，亦乃取於是者也。**

補曰：又承上意，說先天之物與后天之物，就人之生死說起。見道者，無生死者也，悟方生方死，方死方生，無變於已者也。夫有生則有死，當其生也，不知悅生，不求生其死，受而喜之耳。有死則有生，當其死也，不知惡死，未嘗死其生，忘而復之耳。適來，時也。適去，順也。聖人於死生，惟安時處順以待之。要知生者，死之徒。死者，生之始。若有二而實一，猶之一體而已。然此死生變化，皆後天之形質，不有先天地而生之物邪。此物物之道，非可以物名也。物出而有生死，即不得先乎物，猶夫萬有之物也。有物則從一至萬，生生無已，日趨於後矣。即聖人之愛人，裁成輔相，以終天地無已之功者，亦取法于後天生物者也。疑此亦有為之聖，非大道之所取。

顏淵問乎仲尼曰："回嘗聞諸夫子曰：'無有所將，無有所迎。'回敢問其遊。"何以得遊此無心之天。**仲尼曰："古之人，外化**應物而不爲物累。**而內不化**；物來順應，不動其心。**今之人，內化**與接爲搆，日以心鬭。**而外不化**。與物相劘相刃，而見役於外。**與物化者，一不化者也**。然必有一不化者存，而後能化物。與物化者，所謂命物之化者也。**安化安不化，安與之相靡，必與之莫多。"**若是則安有化與不化哉。安肯與物相磨，必也與物，不求多以相勝也。

狶韋氏之囿，黃帝之圃，有虞氏之宮，湯武之室。君子之人，若儒墨者師，故以是非相韲音齏。**也，而況今之人乎！聖人處物，不傷物。不傷物者，物亦不能傷也。惟無所傷**①，**為能與人相將迎。**

---

① 惟，通行本作"唯"。通行本句末有一"者"字。

補曰：囿圃宮室云者，言其自成一家，不能脫窠臼也。是非相鏨，則內化而外不化也。不傷物，與物化也，物亦不能傷。內不化也，無爲而后可以無所不爲。惟無將迎，而後可以相將迎也。

山林與，皋壤與，使我欣欣然而樂與！樂未畢也，哀又繼之。哀樂之來，吾不能禦，其去弗能止。悲夫，世人直爲物逆旅耳！夫知遇而不知所不遇，知能能而不能所不能。無知無能者，固人之所不免也。夫務免乎人之所不免者，豈不亦悲哉！至言去言，至爲去爲。齊知之所知，則淺矣。"

【眉批】至言至爲二句，又結老子"聖人處無爲之事，行不言之教"。

補曰：悲夫！悲哀樂無定情者，以其心爲外物之逆旅耳。夫知耳目之所遇，而不知夫耳目之所不可遇，知人力之可能，而不知夫人力之所不可能，則謂之無知無能者。此其患，固人所不免也。彼不可遇不可能者，豈思慮見解之可及乎。今人知人而不知天，嘗欲有爲以求免所不免者，爲心日勞，爲計日拙，又可悲矣。陸註曰：至言不落於筌蹄，至爲不牽於世故，順其自化，聽其自然，必欲齊其知之所知，而不能養其所不知，則其知亦淺矣。

南華眞經吹影卷之二十三

雜篇十一篇總論

約菴曰：雜篇大意，所謂萬物並育而不相害，道並行而不相悖也。天下事物縱麗雜多端，而不離乎道也。【眉批：道無乎不在，正如此。】寓言、重言、巵言，皆所以明道也。《庚桑楚》云聖人貴忘人忘己，不示仁義之跡。《徐無鬼》云治天下者休智中之誠，以應天地之情而勿攖。《則陽》云抱道者見性復命，以天爲師，不言而飲人以和，必不屑妄己干謁。《外物》云聖人抱神，心有天遊，知外物不可必。《寓言》云假他端以寓意，隨言而隨化。《讓王》云化爭之道，莫過於讓。王而可讓，何有于事物。《盜跖》云道不同，不相爲謀，即孔子不能化其強暴。《說劍》云道之所用，無往不利，能止世主之僻而安其國。《漁父》云精誠之至，與道合眞，可以永銷疵患。《列御寇》云列子外謀成光，精神浮露，故不能使人無保汝，惟眞人其神全，其功內，絕去人爲，而純乎其天也。《天下》云道之散於天下也，方術多端，皆一察一曲之偏，自明己之道術，本於博大眞人，而變化不測，非囿於方也。【眉批：大端備俱，十一篇肯綮已了了。】愚以爲雜篇十一篇，除《天下》篇是總述著經之大旨，其十篇亦可作一篇讀。【眉批：悟自知之。】

南華眞經合注吹影卷之二十三

雜篇庚桑楚總論

吹影曰：此章言師法老聃者，貴絕仁棄義，不示人以親愛之迹。【眉批：出口便該全旨。】畏壘細民，欲俎豆於賢人之間，畢竟見得庚桑楚的好處，故將配食祈報之。在楚雖未嘗以仁義要人，却似乎自賈自鬻，以身爲杓，故深媿其不合於師之道。弟子進曰，夫子亦聽矣，猶云毀譽何損益於我，不必計較，但說到尊賢授能，先善與利，全是從仁義起見，故示以藏身深渺，堯舜不足稱揚之故。弟子中有南榮趎者，聞此言而不能幾及，故問託業。庚桑語以全形抱生，勿使思慮營營。南榮自知相求而不能自得，便是載道之器，然未知眞種子。【眉批：是極。】所以換手接引，使見老聃，被他入門一勘，問答皆失，喪所懷來，正可開悟處。【眉批：至人授受秘旨，等閒說破，妙妙。】老子早已看破，故意愚弄惶惑之，憐之以亡人，振之以危言也。曰內外韄，令之內外俱失也。趎自知受病，退而求衛生之經，又虛而受益處，及所告者，實是至道。【眉批：是極。】一則曰非也，再則曰未也，分明使之思慮都窮，人法兩忘，逼出他悟頭。此眞人傳授大關竅，內外篇所未有者。【眉批：良是門外人，未之識也。】前說能兒子乎，後又曰吾固告女曰能兒子乎，重提此句，闡發一番，分明教他當如赤子之無知無識，由侗然倏然，至於勿失而後能抱大道，確有箇次第。庚桑楚所言全形抱生，無使思慮營營，確是此意。能兒子，則何思何慮，心宇安和，寧息泰定矣。定則生慧，故發天光。天光者，神明在躬，光而不耀，平平常常，猶恒人耳，未嘗有漻然異之者，并無可親可依之迹。人皆舍之，未嘗有相與尸祝之者。【眉批：兩邊炤映。】是以離人而入天，與造化爲友，天助之如子，薄堯舜而不爲。趎問惡乎託業，將從事於

247

學行辯,勉其所不能乎!大道不可以知知,惟虛靜恬澹,安止以竢之。天光所以發,藏不虞以生心,敬中以達彼,恬養靈臺,則萬惡不足以滑成,此之謂獨行。【眉批:暗渡。】獨行者,券內而無名,發乎天光,故曰庸有光。庸者,天性自然之光也,不屑以身爲杓,而自不與齟齬,未嘗有意容人,而於人自無所不容。視期費者,自慴自賊,何啻人鬼之分哉!大約備物以將形者,萬物皆備於我,無心於求備也。敬中以達外者,達則通,通則通其分,通其成毀,能於有形之中,視之似無形,而見理常定。此定字,即宇泰定之定也,是謂天門。【眉批:十分貫串。】天門,天光所從發,出入而無見其形,虛無而已。聖人藏於是,藏於天門也,即藏身不厭深渺之謂。古之放道而行者有三:以爲未始有物者,至矣;其次則分矣;其次則知其分,而又知其一。三者次第雖不同,而皆未離於宗。若楚之公族,雖有昭景甲,三氏之分,而實一也。奈何披然移是者之多也。各是其是,各非其非,妄生分別,非所當言也。此亦一是非,彼一是非,孰是孰非,不可知者也。譬臘祭之有腄胲,隨散而原爲一牲,觀室之有寢廟偃,雖異而原爲一室。移是者,固執名實,甚於用舍窮通之際。有智愚名辱之分,是誠同蜩與鶯鳩,同自足於枋榆之下者也,亦大可悲矣。“踆市人之足,興起至禮”五句,畏壘之民,曰庶幾聖人乎,有人矣;三年大壤,有物矣;月計歲計,有謀矣;尸祝社稷之,有親矣;竊竊焉欲俎豆報德,有報施之信矣。【眉批:又兩兩顧盼,妙甚。】必徹之解之,去之達之,六勃六繆,六累六塞,四者不盪胸中,靈臺正靜虛明,無爲而無不爲,庶幾絕聖棄知,絕仁棄義乎。道者,德之欽;性者,生之質;生者,德之光。今畏壘之民,非欽德之光,性動之爲,直人爲之私,接搆謨謀之僞耳。桑庚楚所以不釋然也。【眉批:無微不燭。】聖人工乎天而拙乎人,故不人不親,人舍之,天助之。彼欲俎豆而不舍者,不過如羿之拙於使人不譽已也。羿所工,特中微之藝耳。一雀過羿,羿必得之,懾於威也。設工乎天,而以天下爲籠,則雀無所逃,何取於射。伊尹、百里奚,且以所好,爲王霸所籠,楚復何好乎?介者外毀榮譽,故蔑視華飾;胥靡遺死生,故登高不懼;楚亦惟外之遺之而已。聖人忘乎人,故敬之而不喜,侮之而不怒,同乎天和。楚但平氣順心,動以不得已,則爲出於無爲,始不媿於老聃之言也,詎肯以身爲杓耶!【眉批:恰好!】

南華眞經合注吹影卷之二十三

武林吹影居士胡文蔚豹生甫刪補
弟　戴仁絹菴甫
壻　陸垚左城甫　評訂

雜篇庚桑楚第一

老聃之役有庚桑楚者,偏得老聃之道,以北居畏壘之山。其臣之畫然知者去之,其妾之挈然仁者遠之。擁_{於湧反}。腫之與居,鞅_{央,上聲。}掌之爲使。居三年,畏壘大壤。畏壘之民相與言曰:"庚桑子之始來,吾灑然異之。今吾日計之而不足,歲計之而有餘。庶幾其聖人乎! 子胡不相與尸而祝之,社而稷之乎?"庚桑子聞之,南面而不釋然。弟子異之。庚桑子曰:"弟子何異於予? 夫春氣發而百草生,正得秋而萬寶成。夫春與秋,豈無得而然哉? 大_{一本作天。}道已行矣。吾聞至人,尸居環堵之室,而百姓猖狂不知所往。今以畏壘之細民,而竊竊焉欲俎豆予于賢人之間,我其杓_{音標。}之人邪? 吾是以不釋於老聃之言。"

補曰:役,謂直役於門牆也。偏得,訓獨得,猶諺語偏他先曉得意。臣妾,泛指左右之人。畫然,察察爲明。挈然,矜仁示愛也。老聃絕仁棄知,故學其道者,皆遠而去之。臃腫、鞅掌,不過借以形容樸茂愚魯之貌也。大壤,歲登,即《逍遙》篇其神凝,物無疵癘,年穀豐熟之謂也。灑然異之,云胷次瀟灑,不同于人也。南面者,必指其所居向南。按上北居,則此云南面,正相照應。具見莊子落筆,未嘗苟且。尸祝,奉事敬禮之意。社稷,因歲計而大壤,欲配食而春祈秋報之也。夫春秋,天之所爲,萬物因以生成,萬物不知也。至人尸居,而百姓安其出入，百姓不知也。今細民知我而尊敬之，所謂不能使人無保也。我其以身爲標的乎？恐有違老聃之教而不樂也。春秋二義，從社稷春祈秋報生來。俎豆從尸祝生來，曰俎豆於賢人之間，正與《周禮》"社稷，土穀之神，有德者配食焉"同義。漆叟文雖奇，一句一字，極有針線。

老子云："事遂功成，百姓皆謂我自爾。"畏壘反此，故不釋然。

呂註曰：擁腫，遲鈍。鞅掌，拘執見，與任知仁者異。庚桑，姓。楚，名。

羅註曰：畏壘，《禹貢》之羽山，見《洞靈經》。杓，與標同，揭木爲標，則人皆見之。

弟子曰："不然。夫尋常之溝，巨魚無所還音旋。**其體，而鯢鰍爲之制；步仞之丘陵，巨獸無所隱其軀，而孽狐爲之祥。且夫尊賢授能，先善與利，自古堯舜以然，而況畏壘之民乎！夫子亦聽矣！"庚桑子曰："小子來！夫函**音含。**車之獸，介而離**去聲。**山，則不免於罔罟之患；吞舟之魚，碭**音蕩。**而失水，則蟻能苦之。故鳥獸不厭高，魚鼈不厭深①。夫全其形生之人，藏其身也，不厭深眇而已矣！且夫二子者，又何足以稱揚哉！是其於辯也，將妄鑿垣墻而殖蓬蒿也，簡髮而櫛，數米而炊，竊竊乎又何足以濟世哉！舉賢則民相軋**音乙。**，任知則民相盜之②。數物者，不足以厚民。民之於利甚勤，子有殺父，臣有殺君，正晝爲盜，日中穴阫**音裴。**，吾語女大亂之本，必生於堯舜之間，其末存乎千世之後。千世之後，其必有人與人相食者也。"**

補曰：制，猶言稱制，足以主令之也。祥者，孽狐憑此，與妖作祟，自以爲祥，如小人憑權竊勢，人訝爲禍胎，而自視爲福地也。先善與利，有善即行，有利必舉，以此爲先務，堯舜聖人，猶知尊敬賢能，況于細民！今畏壘不過望治之心，何足以累先生。盍亦聽之，意謂不必縈懷也。介，獨行而出山也。碭，去水而陸也。全其形生，長生久視者也。二子，指堯舜。是其於辯，指弟子之言。鑿牆垣，殖蓬蒿，既非宜而且無用，又毀所防也。簡髮二句，總見屑屑打算，不廣大意。堯舜之世，尚賢任知，利害既明，民之于利，趨之如鶩，不留餘力。盜

---

① 深，通行本作"深"。下同。
② 之，通行本屬下句。

賊弑逆之事,勢所必然,率獸食人,易子而食,豈所忍言。不但千世之後,春秋之時,已有之矣。小眼孔翻以莊子之言過激,吾以爲只見得破,說得出耳。阰,牆也。軋,爭也。數物者,指舉賢任知。

陸曰:八尺曰尋,倍尋曰常,六尺曰布,七尺曰仞。还,盘旋也,喻如褊小之地。大贤不居,则小人得以恣縱而爲非也。

南榮趎音疇。**蹴然正坐曰:"若趎之年者已長**去聲。**矣,將惡乎託業**,猶云受學也。**以及此言耶?"庚桑子曰:"全女**①**形,抱女生,無使女思慮營營。若此三年,則可以及此言矣!"南榮趎曰:"目之與形,吾不知其異也,而盲者不能自見;耳之與形,吾不知其異也,而聾者不能自聞;心之與形,吾不知其異也,而狂者不能自得。形之與形亦辟**林曰:劈,開也。我之形與人之形皆開明而無所蔽,我獨爲物欲所間耳。**矣,而物或間**去聲。**之邪?欲相求而不能相得。今謂趎曰:'全汝形,抱汝生,無使汝思慮營營。'趎勉聞道達耳矣!"庚桑子曰:"辭盡矣,曰奔蜂不能化藿蠋**音屬。**越雞不能伏鵠**古鶴字,音同。**卵,魯雞固能矣!雞之與雞,其德非不同也,有能與不能者,其才固有巨小也。今吾才小,不足以化子。子胡不南見老子!"**

【眉批】曰奔蜂不能化藿蠋:曰字疑衍。

補曰:南榮趎,亦在弟子異之之列。聞去知遠仁,藏身淰眇,堯舜不足稱揚之言,蹴然不安,肅然正襟,確有從事斯語之念。蓋自媿開悟已晚,不知何以受學,而能到此也。人之具形,耳目心皆同,故曰不知其異。辟,言相類也。言我形之與人形亦相類矣,苦爲物欲所間,以心求心,愈不自得,與狂者無異,勉聞道達耳矣。言今方竭力思慮以求悟。夫子語以勿使女思慮營營,趎敏勉以求聞大道,耳根已豁然矣。僅達於耳者,中心尚未融洽,故庚桑子曰不足以化子。奔蜂,小蜂。藿蠋,豆中大青蟲。越雞小。鵠,大鳥。以喻才力尚小,不能點化女也,故使往見其師。○陳碧虛曰:膚受者達耳,神悟則徹心。

南榮趎贏音盈,擔也。齊楚陳宋之間謂之贏,即裹糧意。**粮,七日七夜至老子之所。老子曰:"子自楚之所來乎?"南榮趎曰:"唯。"老子曰:"子何與人偕來之**

---

① 女,通行本作"汝",下同。

衆也?"南榮趎瞿①然顧其後。老子曰:"子不知吾所謂乎?"南榮趎俯而慙,仰而歎曰:"今者吾忘吾荅②,因失吾問。"老子曰:"何謂也?"南榮趎曰:"不知乎人謂我朱愚,朱,專也。朱愚,猶顓愚也。知乎反愁我軀;不仁則害人,仁則反愁我身;不義則傷彼,義則反愁我已。安逃此而可③? 此三言者,趎之所患也。願因楚而問之。"老子曰:"向吾見若眉睫之間,吾因以得女矣。今女又言而信之。若汝也。規規然寒淺貌。若喪父母,揭竿而求諸海也。汝④亡人哉,惘惘乎! 汝欲反汝情性而無由入,可憐哉!"

【眉批】子何與人偕來之衆也:當頭一棒。

【眉批】今者吾忘吾荅句:所謂疑情發得起。

補曰:老子慧眼,一見眉睫,已知趎之胸中,喧如鬧市,故曰何與人偕來之衆,此言却有妙理。瞿然顧其後,驚疑之狀如畫。不知吾所謂,即指偕來之語。今者吾忘吾荅,因失吾問,忽奪其成念,正老子點化作用,偕來者散失矣【眉批:此中消息,非悟後人不能領會。】趎以知與仁義爲愁,去絕仁棄智之旨不遠,但胷中猶覺知與仁義,終不可少,兩岐之見爲患也。老子曰喪,曰亡,曰反而無由,曰可憐,即顯斥之,又淡憫之,實善誘之也。

郭註曰:與人偕來之衆,挾三言而來之⑤。

南榮趎請入就舍,召其所好,去其所惡,十日自愁,復見老子。老子曰:"女自灑⑥濯孰哉? 鬱鬱乎! 不恬適也。然而其中津津乎懷望意。猶有惡也。夫外韄音獲。者不可繁而捉,將內揵音蹇;內韄者不可繆而捉,將外揵;外內韄者,道德不能持,而況放道而行者乎!"南榮趎曰:"里人有病,里人問之,病者能言其病,然其病病者,猶未病也。若趎之聞大道,譬猶飲藥以加病也。趎願聞衛生之經而已⑦。"老子曰:"衛生之經,能抱一乎? 能勿失乎? 能無卜筮而

---

① 瞿,通行本作"懼"。
② 荅,通行本作"答"。
③ 通行本"已"字後有一"我"字,屬下句。
④ 汝,通行本作"女"。
⑤ 之,通行本作"故"。
⑥ 灑,通行本作"洒"。
⑦ 通行本"已"字後有一"矣"字。

知吉凶乎？能止乎？能已乎？能舍諸人而求諸己乎？能翛音蕭。然乎？能侗然乎？能兒子乎？兒子終日嗥而嗌音益，喉也。不嗄沙，去聲。聲破也。，和之至也；終日握而手不掜音藝。，共其德也；終日視而目不瞚音舜，偏不在外也。行不知所之，居不知所爲，與物委音威。蛇音移。而同其波。是衛生之經已。”

補曰：趎以三言愁其身，老子又直指其失，所以假館卒業，召好去惡，欲反己之情性而不自得，其愁更甚。十日復見，急於求進也。灑濯，洗心滌慮意。孰哉，問詞。云汝灑濯之功夫，若何耶？【眉批：薛劍公曰：孰，何也。猶云女灑濯些甚麼，猶禪家言將甚麼空也。良是。】何以鬱鬱未通暢乎？中且津津有乎，似有所惡而未能去也。吾知女召好去惡之時，蓋互求之外內，而茫無所得矣。外而應物，恐爲趣舍所奪，則思約束之，但見取舍紛紜，繁擾而不可執持。外即難轕，將復求之於內，以防閑之，故曰將內揵。內而自省，恐爲思慮所勞，亦欲約束之，但見思慮綢繆，膠纏而不可執持。內既難轕，復思治之於外而遏絶之，故曰將外揵。轕者，以皮束物也。揵者，閉門之牡也。轕喻收斂意，揵喻閉塞防閑意。掜，執持也。外內轕者，憧憧往來，中無定見，向日所有之道德，亦將牿亡，況欲循自然之道而行乎。只此數語，點破他胸中病根，當下爽然自失，以爲飲藥加病，深愧根器淺薄，僅求衛生之經，不知衛生正是大道。【眉批：比舊注迥別。】老子都不說明，就隨他轉頭處，引他上路，即莟曰衛生之經。抱一者，道也。勿失者，存之又存也。無卜筮而知吉凶，造化生心也。能止者，吉祥止止也。能已者，寂寞無爲也。舍人求己，尊一而不他也。翛然，疾飛貌，逍遙遊也。侗然，還醇返樸也。兒子者，專氣致柔，如嬰孩也。嗌，咽也，啼久而咽，聲不破也。掜，撫也，握久而手不酸楚欲撫也。一而不分曰共，目動曰瞚，瞚同瞬，精有所移曰偏。行不知二句，言無心也。與物委蛇而同其波，順應而無忤也。九能中，至人之道，不外於此。單把兒子再說一段，分明教他衛生之經，當如赤子之無知無識。由侗然翛然以至於能勿失，而後能抱大道。【眉批：源流自是曉然。】確有次第，但不肯說破耳。

南榮趎曰：“然則是至人之德已乎？”曰：“非也。是①所謂冰解凍釋者。

---

① 通行本“是”字后有一“乃”字。

夫至人者,相與交食乎地而交樂乎天,不以人物利害相攖,不相與爲怪,不相與爲謀,不相與爲事,翛然而往,侗然而來。是謂衞生之經也①。"曰:"然則是至乎?"曰:"未也。吾固告汝曰:'能兒子乎!'兒子動不知所爲,行不知所之,身若槁木之枝而心若死灰。若是者,禍亦不至,福亦不來。禍福無有,惡有人灾②也!"

補曰:至人一問,未爲不是,緣趎躁進而畏難。老子恐其不能當下承受,又曰非也。冰解凍釋者,已隱然示以一解盡解之旨,却從至人身上說,至所說同食樂,忘利害,不爲怪,不爲謀,不爲事,總是如兒子之無心。結以翛然侗然,又說是衞生之經。豈不是教以兒子爲入聖之基。隱然使趎自家理會,趎復曰是至乎,猶是畏難之見。老子更提前頭兒子乎,闡發一番,則由淺入深之次第和盤託出,而楚始有會于心矣。【眉批:趎此時已豁然貫通矣。】無禍福則無人灾,而生自可衞也。

宇泰定者,發乎天光。發乎天光者,人見其人。人有脩者,乃今有恒。有恒者,人舍之,天助之。人之所舍,謂之天民;天之所助,謂之天子。

補曰:此另是一段。宇,心宇也。泰定,安和寧息也。定則生慧,故發天光。天光者,光而不耀,神明在躬,非人之所能知,故人見爲羣然人耳。凡人有眞修者,不爲怪異,和光同塵,乃如今有恒者然也。泰定者,原不欲使人親,人或見平平常常則舍之。泰定者,與造化爲友,故天助之。人舍之,則離人而入天矣,爲天民。天助之,則愛之如子矣,爲天子。舍,舊訓止,作人所歸舍,于莊子大旨不合。

學者,學其所不能學也;行者,行其所不能行也;辯者,辯其所不能辯也。知止乎其所不能知,至矣;若有不即是者,天鈞敗之。

補曰:學、行、辯,皆爲事理之跡,可以勉其所不能,大道不可以知知。惟以恬養知,靜虛恬澹,寂寞無爲,安止以竢之,天光所以發也,不即是則逆天矣,故作誤爲,僥倖于其所難必,天寧助之,自敗即天敗之也。○薛劍公曰:鈞,均同。

---

① 也,通行本作"已"。
② 灾,通行本作"災"。

若不即是者,天未有不敗之。

備物以將形,藏不虞以生心,敬中以達彼。若是而萬惡至者,皆天也,而非人也,不足以滑成,不可内於靈臺。靈臺者有持,而不知其所持而不可持者也。不見其誠己而發,每發而不當;業入而不舍,每更爲失。爲不善乎顯明之中者,人得而誅之;爲不善乎幽間①音閑。之中者,鬼得而誅之。明乎人、明乎鬼者,然后能獨行。

【眉批】不足以滑成,不可内於靈臺:滑,音骨。内,音納。

補曰:備物,萬物皆備於我也。有諸内,必形諸外。至人無所容心,因其自備,聽其或形。將形者,未形而欲形之時也。人心溺於物欲憂虞,則牿亡而近死。何思何慮,退藏於密,心自活潑虛靈。敬中,敬以直内也。以達彼,與世流通也。所存於身者若是,宜所欲皆亨,猶有拂逆之事,不一而至,則是天之所爲,非人之自取,何足以滑我成德。靈臺,心也。不可内,言外物不入其心也。有持而不知其所持而不可持也,似乎難解。蓋言不滑不内者,此心默有主宰,却是不知其然而然,原不可着意以持之者也。君子修詞立誠,然後發言有中,今未能成己而妄言,往往發而不當,倘知悔改,庶不終窮。今也業入不誠不信之中,不能舍而易轍,復恥過飾非,屢更屢失,畢世不悟,浹可悲悼。如此之人,所爲既不善矣,人誅鬼責,皆不可逃。人能知幽明之可畏,然後能修行於人所不見之地,此即吾儒愼獨之旨。

券内者,行乎無名;券外者,志乎期費。焦若侯曰:期費,是博取廣求之意,猶云貪多務得,小大不捐也。故以賈人斥之,言如貨殖也。行乎無名者,唯庸有光;志乎期費者,唯賈人也。人見其跂,猶之魁然。與物窮者,物入焉;與物且者,其身之不能容,焉能容人!不能容人者無親,無親者盡人。言盡人皆棄去,更無一人親之也。兵莫憯於志,鏌鋣爲下;寇莫大於陰陽,無所逃於天地之間。非陰陽賊之,心則使之也。

補曰:券,符驗也。期,祈望取效也。費,恢張夸大,虛費心思也。唯庸有光,自然之光也。且,音龃,與物忤也。獨行者,以内爲符驗,不沽名譽而名譽

---

① 間,通行本作"閒"。

歸之,闇然日章,天光煥發。衆人以外爲符驗,志在覬覦榮名,豪奢矜詡,如賈人之權貴賤,較銖銖,機詐自用也。跂,昂然獨立貌。魁,猶云巨擘魁首也。期費者,妝模做樣,人見其落落不偶,魁然自異,不知其心與物,相刃相靡,勢必相與同盡,故物得入而滑沒之,方且與之齟齬,一身不能容,遑問人與親。究必盡人而絕之,要知期費之患,皆志爲之,自害之憯,過於鏌鋣。夫陰陽之氣,有時傷人,猶寇也。此人非陰陽賊之,心爲物欲所伐,使之然也。與物且者,作苟且解,非。

　　道通其分也,其成也毀也。所惡乎分者,其分也以備。所以惡乎備者,其有以備。故出而不反,見其鬼。出而得是,謂是死。滅而有實,鬼之一也。以有形者,象無形者而定矣。出無本,入無竅,有實而無乎處去聲**,有長而無乎本剽,有所出而無竅者有實。有實而無乎處者,宇也;有長而無本剽**末也**。者,宙也。有乎生,有乎死;有乎出,有乎入。入出而無見其形,是謂天門。天門者,無有也。萬物出乎無有。有不能以有爲有,必出乎無有,而無有一無有。聖人藏乎是。**

補曰:備物以將形,無心以求備也,故達彼。達則通,通則萬惡至而不滑成,是知所惡乎分者。以其有心以備之也,私心用事,便出而券外。與物窮者,無親盡人,鬼爲憐矣。出而券外,跂然自得,每更爲失,不死奚益。【眉批:即以"備物"節"達彼不足以滑成"印證"道通其分"。又以"出而券外,無親盡人"證"見其鬼"。以"每更爲失,其跂魁然"印"出而得是,謂是死",十分透徹。】天地間,原有實理,如禪家所謂眞空實有也,無心則虛,虛則實,若以私心滅之,出而不知反者,與出而得是者,其淪漠於鬼趣一也。人能於有形之中,而視之似無形,則見理定矣。定則無求備之心,成毀一聽其自然,通而不分矣。出,萬物之所由始也,未嘗無本而不可知,故曰無本。入,萬物之所由終也,雖見其終,而不見其所入之處,故曰無竅。未嘗無本,未嘗無竅,特無方所之可求,故曰有實而無乎處。此理從古及今,千萬年長如此,未嘗有本末可見,故曰有長而無乎本剽。然何以知其有實,雖曰出無本,却已確有所出,雖曰入無竅,却已確有所入。于此處見其有寔,故曰有所出而無竅者有實。此句注者從來恍惚,予以本文意理測之,應是解有實二字。何以謂之有實而無乎處? 道無定所,四方上下,皆是也,宇也。

何以謂之有長而無乎本剽？道之流行，古往今來無異也，宙也。寔有生死出入，而無形迹可見，是謂天門。天門，在未始有無之先，聖人藏神于是，虛無自然，與天爲一。此藏字，與首節藏其身也，不厭深渺，相炤應。

陸曰：道者，先天之樸，樸散則分，分則有成有毀，而道未始與之相離，故通其分也，通其成，通其毀也。既莫非道矣，則當隨其本分，而各安于分之所當得，斯無惡矣。所以惡于分者，凡以求備之心累之也；所以惡於備者，其有以備之謂也。有以備，則直見于備，而無見于分。故分之則憂，有見于成而無見于毀，故毀之則悲，是皆不知道之無所不通，故不能無入而不自得。○林曰：應于外者，能反于內，則爲德。爲德，則能神能天。逐乎外而不知反，則淪于鬼趣矣。故曰出而不反，見其鬼，猶釋氏所云鬼窘裡過活也。出而得是，謂是死者，言出與物搆，執自是之見，矜詡誇大，以爲有得，則此心牿亡殆盡，所謂近死之心，不可復陽也。總不如補注體會靈通，句句有分曉。

古之人，其知有所至矣。惡乎至？有以爲未始有物者，至矣，盡矣，弗可以加矣。其次以爲有物矣，將以生爲喪也，以死爲反也，是以分已。其次曰始無有，既而有生，生俄而死。以無有爲首，以生爲體，以死爲尻。孰知有無死生之一守者，吾與之爲友。是三者雖異，公族也，昭景也，著戴也，甲氏也，著封也，非一也。

【眉批】戴仕而有職守也。

補曰：其次雖知生爲弱喪，死爲反眞，分生分死，而渾淪之體已判。又次知有無死生爲一，既知其分，又知其合也。三說雖異，猶未遠于道。譬則楚之公族也，文法與謂之朝三同。昭氏、景氏，以有職任而著也。甲氏，以有封邑而著也。雖非一氏，皆楚之公族，何嘗不一哉。

有生，黬音闇，於減反。釜底所結烟煤，通謂之黬。**也，披然曰移是。嘗言移是，非所言也。雖然，不可知者也。**臘合也，歲終祭衆神之名。**者之有膍**音皮。牛之百葉也。**胲**音該，足止也。**，可散而不可散也；觀室者周於寢廟，又適其偃焉。爲是舉移是。請嘗言移是。是以生爲本，以知爲師，因以乘是非。果有名實，因以己爲質，使人以爲己節，因以死償節。若然者，以用爲知，以不用爲愚；以徹爲名，以窮爲辱。移是，今之人也，是蜩與學鳩同於同也。**

糸訂林陸二註曰:人寄形而有生,如釜底烟氣,聚而成靨,即云聚氣。則凡同類者,舉相似也。安得披然,妄生分別,即有分別,則各私其私,各是其是。而所謂是者,移矣。移,變更不常之意,然移是之說,非人所當言也。此亦一是非,彼亦一是非,孰是孰非,不可知者也。譬臘祭者,薦牲之時,四體五臟,皆散置列俎之間,謂之散。本是一牲,謂之不可散,脢胲已分散矣。觀室者,有寢有廟,又有屏側之偃,謂之同,則三者異名;謂之不同,原是一室。由臘與室而觀,則知人之所爲是者,舉皆移易不可定之是也,故曰爲是舉移是。又提移是字再說,果有名實。移是者,自以爲有也。質,如"君子義以爲質"之"質"。節,以爲準則也。死償,以身殉之也。唯其如此,故于用舍窮通之際,有知愚名辱之分。今之人,大抵皆然也。蜩鳩同一小見,今人又與之同,故曰同于同。文法特異。

薛劍公曰:使人以爲已節,是名節之節,節行也。舊訓節制者,未妥。

蹍市人之足,則辭以放驁,兄則以嫗,大親則已矣。故曰,至禮有不人,至義不物,至知不謀,至仁無①親,至信辟金。徹志之勃,解心之謬,去德之累,達道之塞。貴富顯尊榮也。嚴威力。**名利六者,勃志也;**容容止,指進退周旋言。**動**行爲也。**色**顔貌。**理**辭理。**氣意六者,謬心也;**惡欲喜怒哀樂六者,累德也;**去就取予**②**知能六者,塞道也。此四六者,不盪胸**③**中則正,正則靜,靜則明,明則虛,虛則無爲而無不爲也。**

删訂林註曰:此又別一樣話,與市人行而踏其足,則辭謝以放驁;兄踏弟足,則嫗拊之;若父母踏子之足,併嫗拊而忘之,情親自相孚也。禮之至者,無人己之分,忘其遜讓。義之至者,不待物物而度其宜。不謀者,自能先覺。無親者,無所不愛。辟,除也。辟金,不待金玉爲質。碾足之喻,爲下禮義五者設喻也。勃志,能勃亂其志也。謬,同繆,牽係其心也。情勝足以損德,多才足以障道。徹,屏去之也。

道者,德之欽也;生者,德之光也;性者,生之質也。性之動,謂之爲;爲之

---

① 無,通行本作"无"字。
② 予,通行本作"與"。
③ 胸,通行本作"智"。

僞,謂之失。知者,接也;知者,謨也。知者之所不知,猶睨也。動以不得已之謂德,動無非我之謂治,名相反而實相順也。

補曰:道爲修德者之所尊。欽者,欽敬奉持之也。道生天地,生人物,咸亨而化光也。性爲生生之本,率性而動,百爲出焉,雜以私欲則僞。爲失而僞,則與物爲搆,而生謨謀。謨謀生於意識,若性中之知。行所無事,不知其所以然,猶赤子之睨視而無心也,在我不得已而后動,全其天德,以言乎人皆如我之無心,與世偕治。誠能如是,天下雖有彼我是非,名或相反,而實未嘗不相順,以道在,則能忘我而無非我也。

羿工乎中微而拙乎使人無己譽,聖人工乎天而拙乎人。夫工乎天而俍音良,善也。乎人者,惟全人能之。唯蟲能蟲,唯蟲能天。全人惡音烏。天,惡人之天,而況吾天乎人乎! 一雀適羿,羿必得之,威也。以天下爲之籠,則雀無所逃。是故湯以庖①人籠伊尹,秦穆公以五羊之皮籠百里奚。是故非以其所好籠之而可得者,無有也。介者拸音侈。畫,外非譽也。胥靡登高而不懼,遺死生也。夫復謵不餽而忘人,忘人,因以爲天人矣。故敬之而不喜,侮之而不怒者,唯同②天和者爲然。出怒不怒,則怒出於不怒矣;出爲無爲,則爲出於無爲矣! 欲靜則平氣,欲神則順心。有爲也欲當,則緣於不得已。不得已之類,聖人之道。

補曰:蟲,鳥獸之總名。能飛、能走、能囓、能鳴、能躍,皆能遂其天性,故曰能蟲能天。惡,平聲。全人惡乎知何者爲天,并惡乎知何者爲人之天,況乎從吾心而自分別天人乎! 天且貴忘,矧人爲之私,以威得雀,雀必逃之,人巧之害也。臣有所好,主必籠之,人欲之累也。威,雀知羿之必中,而畏懼也。拸,撻去之。畫,華飾之服。復,反復道也。謵,習熟也。餽,遺贈也,以所學授人猶餽也。介者忘其形,故外非譽。胥靡忘生趣,故不懼。學道忘人,則天全,同天和,則忘敬侮。爲出於無爲以上,緊論天人之别,惟靜者能天。欲靜先平其氣,神全者能天;欲神先順其心,爲無不當者能天。在緣于不得已,無心而應,不得已之類,聖人工乎天而拙乎人之道也。類,所指甚廣。

---

① 庖,通行本作"胞"。
② 通行本"同"字後有一"乎"字。

南華眞經合注吹影卷之二十四

雜篇徐無鬼總論

吹影曰：聖人治天下，修胸中之誠，以應天地之情而勿攖，故實不聚，名不立，物累不足以侵損，世變不足以搖奪，此之謂大人之誠。【眉批：提出篇中大宗旨，便針針透穴。】如天地之大備，無求而忘期必，無失而鮮遺漏，無棄而冥廢置，命物之化而不爲物所變易。未嘗欲愛民，而民被其澤；未嘗爲義偃兵，而民不罹鋒鏑，永無亡國戮民之患。治世者所宜揚榷而諮問者也。【眉批：閒處生情。】徐無鬼見魏侯，將告以大人之誠也。先勞其病以救之，武侯超然不對，其以色驕人哉。無鬼姑就其所好，而以相狗馬諷之，隱然寓上士。天下士蓋亡勢位而超軼絕塵，不同於左右近侍，易識而易狎也。當時武侯默喻其意而大悅，無鬼亦知武侯尚可與言，故繼見而直告曰，勞君之神與形，說到神者好和而惡奸。武侯本性之誠亦爲聳動，便欲愛民偃兵。世主忽發躬行仁義之言，洵是空谷足音。【眉批：點染趣絕。】但戰國七雄兼并，用間伐謀，機詐百出，無鬼恐其以詭譎滅胸中之誠，故正語之曰，君雖爲仁義，幾但爲僞哉。人君有意愛民，將姑息行而民易犯法，適所以害民；有意偃兵，將警備馳而外敵乘隙，適所以造兵。何也？以其不誠也。凡藏逆以求得，挾巧謀以求勝，殺士民、兼土地以養神，所攖多矣！必一槩屛絕，而後此心無私，至誠未有不動，民自樂利咸寧，無夭折死亡之禍，此其道黃帝嘗求之。【眉批：點睛妙手。】故設見大隗問塗一段，大道不可以聰明知識窺測，故七聖皆迷。惟去其害道者而道之，眞面目乃見。后世諸人，囿於所見，安于一曲，馳其形性，潛之萬物，終身不返，良可悲矣！若儒墨楊秉，各執偏私，相拂相非，遺類實多。夫道待人而後行，必有大人而後能修胸中之

260

誠而勿攖。譬有郢人立不失容之質，匠石乃克運斤成風耳。在武侯務以賢下人，去驕人之色，如顏不疑之去樂辭顯，而後國人稱之。在無鬼屈己于謁，似乎賣之鬻之，難免顏成之悲。豈未知不言之言，不道之道乎？人不以善言爲賢，相狗馬之言雖善，未備也。【眉批：點睛妙手。】知大備者，其爲大人。大人并包天地，澤其四方，誠而已矣。子綦乘天地之誠，不與物相攖，忽有世俗之償，故知爲怪而爲捆泣也。堯畜畜然仁，存愛民偃兵之心，故齒缺將逃之也。舜有膻行，年齒長，精神衰，不得休歸，所以謂之卷婁也。惟眞人抱德煬和，以順天下，無所甚親，無所甚疎，以心復心，克全其誠也。【眉批：絲絲入扣。】所以其平如繩，爲天下法；其應變也，循道之自然而無容心焉。若是者，武侯所當師法者也。大凡事會之來，未免損我攖我，須自家有箇主宰，如河之有本源，日有損而未始有攖。這箇道理，常在吾胸中，所謂誠也。【眉批：又一照。】古之眞人，純乎爲天，而至誠在我，隨時爲用，禍殆永除。彼不誠者，動輒危懼，甚至亡國戮民，其患不測，蓋由不知講求這箇道理耳。【眉批：又反照。】然這箇道理，實是難知，武侯不可不圖也。譬人足之所踐無幾，必有足不及到之地，而後可以行遠，則知人之所知無多，必以恬養所不知，而後心契神會，默與天通，可以豁然了悟于大一、太陰、大目、大均，而無大不知也。"恃其所不知"二句，與《庚桑楚》"靈臺者，有恃而不知其所恃，而不可恃者也"，《齊物論》"知止其所不知，至矣"參看，便悟此中消息，却又明白指示。凡人事到盡處，便見天命，曰盡有天。循乎自然，則事物之理畢見，曰循有炤。冥冥中，自有執樞要者，主張維持之，曰冥有樞。無物之始，原有物以始之，曰始有彼。認以有崖不可，認以無崖不可，似可解可知，又似不可解，不可知。頡滑有實，古今不貸。疇謂古之大人有此誠，而今之世主無此誠乎？【眉批：落葉歸根。】頡滑有實，實者，誠也。恃其所不知而知天之所謂，修誠以應天地也，知太一等。以不惑解惑，復于不惑，勿攖之謂也。知問是者，何天下之不可爲，民死之不脫，而弊弊然欲愛民偃兵哉！

南華眞經合注吹影卷之二十四

武林吹影居士胡文蔚豹生甫刪補

膠州　　張其策崃山甫

南海　　程可則周量甫　評訂

雜篇徐無鬼第二

　　徐無鬼因女商見魏武侯,武侯勞去聲。之曰:"先生病矣,苦於山林之勞,故乃肯見於寡人。"徐無鬼曰:"我則勞於君,君有何勞於我!君將盈耆欲,長好惡,則性命之情病矣;君將黜嗜欲,挈音牽。好惡,則耳目病矣。我將勞君,君有何勞於我?"武侯超然以其出言不遜,傲高視貌。不對。少焉,徐無鬼曰:"嘗語君,吾相狗也。下之質,執飽而止,是狸德也;中之質,若視日;上之質,若亡其一。吾相狗,又不若吾相馬也。吾相馬,直者中繩,曲者中鈎①,方者中矩,圓者中規。是國馬也,而未若天下馬也。天下馬有成材,若郵②若失音逸,一作佚。,若喪其一。若是者,超軼絕塵,不知其所。"武侯大說③而笑。徐無鬼出,女商曰:"先生獨何以說音稅。吾君乎?吾所以說吾君者,橫說之,則以《詩》《書》《禮》《樂》;從說之,則以《金板》《六弢》④,奉事而大有功者,不可爲數,而吾君未嘗啓齒。今先生何以說吾君,使吾君說若此乎?"徐無鬼曰:"吾直告之吾相狗馬耳。"女商曰:"若是乎?"曰:"子不聞夫越之流人乎?去國數日,見

----

① 鈎,通行本作"鉤"。
② 郵,通行本作"卹"。
③ 說,通行本作"悅"。
④ 弢,通行本作"弢"。下同。

262

其所知而喜；去國旬月，見所嘗見於國中者喜；及期年也，見似人者而喜矣。不亦去人愈①久，思人滋深乎？夫逃虛空者，藜藋柱乎鼪鼬生由。之徑，踉音郎。位其空，聞人足音跫然而喜矣，而②況乎昆弟親戚之謦欬其側者乎！久矣夫，莫以眞人之言，謦欬吾君之側乎！"

【眉批】藜藋柱乎鼪鼬之徑：柱者，森挺蒙塞意。

【眉批】聞人足音跫然而喜矣：跫然，振足之聲。

補曰：無鬼，《釋文》云"緡山人，魏隱士。"超然，司馬云悵然也。一，身也。精神不動，若亡其身，如言望之似木雞。失，司馬本作佚。若呴若失，驚竦若飛狀。直，謂馬齒。曲，馬背。方，馬頭。圓，馬眼。○擎，引却屏去也。一者，身也，身與物耦，則爲二。亡其身，則神全而氣定矣。馬之直曲方圓，件件合法，一望可知，猶爲中駟。夫成材，則天生自然之驥德也。超軼絕塵，不知其所，言騰驤之捷，莫測其所之也。金版，金匱也。六弢，兵法也。鼪鼬之逕，山間蹊碭也。踉，欲行貌。位，止也。欲行且止，踟躕空谷中也。謦欬，發言之聲也。

刪訂呂註曰：山林之士，安貧樂道，有何病苦足勞。無鬼忘武侯之勢，而轉勞其病。武侯以其不下己，故超然不對。超然，輕視不屑之貌。無鬼託相狗馬，以喻己之無求。狗之下質，執飽而止，猶人饑則爲用，一試即竭。中質視日，猶人視高遠，未能忘己者。亡一，則忘己矣。馬之中規矩，以況國士之遊方內者。天下馬有成材，不習而自然，若呴則無與樂，若失則無與匹，喪一則凝神守氣而德全，超軼絕塵，不知其所以，況天下士材全而德不形，遊乎方外而不可知也。意謂狗之上質，與天下之馬且若此，則吾安知君之勢而下之君，安得不相之乎。武侯悟其意，故大悅。凡進言者，當隨其所好而轉移之，言不中窾，雖《詩》《書》《禮》《樂》，不能聳聽。戰國之主皆好狗馬，故寓言足以解頤。夫人失其性命之情，而耽於人僞，猶去鄉黨親戚，而流於遠方，與逃空虛者，群鼪鼬於山逕也。所謂眞者，則其性之固有，猶其昆弟親戚之舊也。非至狂惑，其聞有眞人之謦欬而不悅者乎！武侯亦若是也。

---

① 愈，通行本作"滋"。
② 而，通行本作"又"。

徐無鬼見武侯,武侯曰:"先生居山林,食芧音序。栗,厭葱韭音久。,以賓音擯,義同。寡人久矣!夫①今老邪?其欲干酒肉之味邪?其寡人亦有社稷之福邪?"徐無鬼曰:"無鬼生於貧賤,未嘗敢飲食君之酒肉,將來勞君也。"君曰:"何哉,奚勞寡人?"曰:"勞君之神與形。"武侯曰:"何謂邪?"徐無鬼曰:"天地之養也一,登高不可以爲長,居下不可以爲短。君獨爲萬乘之主,以苦一國之民,以養耳目鼻口,夫神者不自許也。夫神者,好和而惡奸。夫奸,病也,故勞之。唯君所病之何也?"

補曰:天地之養一也,萬乘與匹夫無異,不可以萬乘居高而爲長,小民居下而爲短。夫神者,虛靜恬澹,和之至也。若苦民養形,以聲色居食,賊其天和,此之謂奸。神自不許而惡之,奸則心爲情慾所亂,實爲大病。以此將來勞君,此病山林之人無有,唯君所病,何故也?婉詞以詰之,令其徐省。

武侯曰:"欲見先生久矣。吾欲愛民而爲義偃兵,其可乎?"徐無鬼曰:"不可。愛民,害民之始也;爲義偃兵,造兵之本也。君自此爲之,則殆不成。凡成美,惡器也。君雖爲仁義,幾且偽哉!形固造形,成固有伐,變固外戰。君亦必無②盛鶴列於麗譙之間,無徒驥於錙壇之官,無藏逆於得,無以巧勝人,無以謀勝人,無以戰勝人。夫殺人之士民,兼人之土地,以養吾私與吾神者,其戰不知孰善?勝之惡乎在?君若勿已矣!修胸中之誠,以應天地之情而勿攖③。夫民死已脫矣,君將惡乎用夫偃兵哉!"

【眉批】無徒驥於錙壇之官句:造句艷若春葩。

補曰:武侯因言有悟,有意於愛民偃兵,此賢王求治之心也。無鬼曰不可。以其有心而爲之也。有心於愛民,則姑息行而民易於爲非,愛之適所以害之。有心於偃兵,則警備弛而敵國外患生,偃之適所以造之。凡美惡之所以成,皆形下之器,非至治自然之道。君雖欲爲仁義,保無有假仁假義者,出乎其間,相率爲偽。既有仁義之形,則形形相生,天下之以跡應者,正未有已。既成仁義之名,則鄰邦必猜忌而謀敗之。變出意外,必有兵戈戰鬪之事。君能清靜寡

---

① 夫,通行本屬上句。
② 無,通行本作"无"。下五处皆同。
③ 修,通行本作"脩"。胸,通行本作"智"。

欲,則神明在躬,方將無爲而治。君必無使心無物搆,如列陣於宮樓之前,屯騎卒於祭祀之地,無藏掩襲要奪之逆以求得,無以機巧謨謀戰爭而求勝。夫殺人兼利,以快吾大欲,自以爲有益,不知聲色貨利,伐性之斧斤。吾神内傷已多,果孰爲善? 所勝者在外,而所喪者在内,勝安在乎? 至誠未有不動,勿攖天地,自有咸寧萬國,斯民方安居樂利,忘知識而順帝則,老死不見兵革,又惡用於偃兵哉! 鶴列,猶魚麗之類,兵陣也。徒,步兵也。驥,騎兵也。麗譙,宮樓之門。錙壇,祭祀之地。古人祭祀,必於路寢,此言宮之内也。

黃帝將見大隗於①具茨之山,方明爲御,昌寓音禹。**驂②乘**去聲。**、張若、諂朋前馬,昆閽、滑稽後車。至於襄城之野,七聖皆迷,無所問塗。遇牧馬童子③,問塗焉,曰:"若知具茨之山乎?"曰:"然。""若知大隗之所存乎?"曰:"然。"黃帝曰:"異哉,小童! 非徒知具茨之山,又知大隗之所存。請問爲天下。"小童曰:"夫爲天下者,亦若此而已矣,又奚事焉! 予少而自遊於六合之内,予適有瞀**音茂。**病,有長者教予曰:'若乘日之車而遊於襄城之野。'今予病少痊,予又且復遊於六合之外。夫爲天下亦若此而已。予又奚事焉!"黃帝曰:"夫爲天下者,則誠非吾子之事,雖然,請問爲天下。"小童辭。黃帝又問。小童曰:"夫爲天下者,亦奚以異乎牧馬者哉! 亦去其害馬者而已矣!"黃帝再拜稽首,稱天師而退。**

【眉批】予少而自遊於六合之内句:少有知識,游於方内,與物爲搆,漸覺瞀昧也。

補曰:七聖,六佐兼帝也。大隗及具茨之山,都是寓言。既云遊六合之内,又云遊於襄城之野,又云遊六合之外,喻大道無窮,不宜以方畛自域也。去害,不過順其自然之意。治天下,爲以無爲,正若是。

呂註曰:欲見大隗而七聖與階,亦猶七竅鑿而混沌死。欲見大道,而聖知不絕,宜其迷也。

陸曰:兩亦若此而已矣,皆指牧馬言。

---

① 於,通行本作"乎"。

② 驂,通行本作"驖"。

③ 通行本句前有一"適"字。

知士無思慮之變則不樂,辯士無談說之序則不樂,察士無凌誶之事則不樂,皆囿於物者也。**招世**方曰:招事以天下爲己事,如招攬也。**之士興朝,中民之士榮官,筋力之士矜難,**孟賁、烏獲,能舉人所難舉。**勇敢之士奮患,**荊軻、聶政,自奮於憂患之中,威武不能屈也。**兵革之士樂戰,枯槁之士宿名,法律之士廣治,禮樂**①**之士敬容,仁義之士貴際。**云際時也,以交際爲重也。**農夫無草萊之事則不比,商賈無市井之事則不比,庶人有旦暮之業則勸,百工有器械之巧則壯。錢財不積則貪者憂,權勢不尤則夸者悲,勢物之徒樂變。遭時有所用,不能無爲也,此皆順比於歲,不物於易者也。馳其形性,潛之萬物,終身不反,悲夫!**

補曰:凌誶,凌轢交誶,冣難剖晰之事。故察士樂得之以見長。中民,平常之流。矜難,爲所難爲,以自矜誇。廣治,治世之術,不一而足。敬容,修飾進止周旋之容。貴際,兼善天下之意。旦暮之業,言業足以謀朝夕,則喜而自勵。勢,即權勢。物,即錢財。依附富貴之徒,以多事爲榮,喜與更變,從中漁獵。以上諸人,雖趨向不同,設遭時有所用,中無主宰,身不自由,不能無爲而遠引也。譬若一歲之間,百物生成,皆順其序。其所變易,皆非物之所自由也。諸人馳騖其形性,潛之萬物而自囿,終身以之,所以可悲也。

郭註曰:不能自得於內而樂物於外,故各以所樂自囿。興朝以下,言士之不同如②此,故爲③之者不可易其方也。能同則事同,所以相比。業得其志則④勸,事非其巧則惰,物違其所嗜則憂則悲⑤。權勢財物⑥,生於事變。凡此諸士,用各有時,時用則不能自己。貴賤無常,各有其極,若四時之不可易。當其時用,順其倫次,則各有用矣。所⑦以順歲則有序,易性則不物。

莊子曰:"射者非前期而中謂之善射,天下皆羿也,可乎?"惠子曰:"可。"
莊子曰:"天下非有公是也,而各是其所是,天下皆堯也,可乎?"惠子曰:"可。"

---

① 樂,通行本作"教"。
② 如,郭本作"若"。
③ 為,郭本作"當"。
④ 則,通行本作"故"。
⑤ 此句通行本作"物得所嗜而樂也"。
⑥ 通行本無"財物"二字。
⑦ 所,通行本作"是"。

莊子曰："然則儒墨楊秉_{公孫龍也}。四,與夫子爲五,果孰是邪? 或者若魯遽者邪? 其弟子曰:'我得夫子之道矣! 吾能冬爨鼎而夏造冰矣!' 魯遽曰:'是直以陽召陽,以陰召陰,非吾所謂道也。吾示子乎吾道。'於是乎爲之調瑟,廢一於堂,廢一於室,鼓宮宮動,鼓角角動,音律同矣! 夫或改調一弦,於五音無當也,鼓之,二十五弦皆動,未始異於聲,而音之君已! 且若是者耶!"惠子曰:"今乎儒墨楊秉,且方與我以辯,相拂以辭,相鎮以聲,而未始吾非也,則奚若矣?"莊子曰:"齊人蹢_{音直}。子於宋者,其命閽也不以完,其求鈃_{音刑}。鐘也以束縛,其求唐子也而未始出域,有遺類矣! 夫楚人寄而蹢閽者,夜半於無人之時,而與舟人鬭,未始離於岑而足以造於怨也。"

删訂呂註曰:不前期而偶中,非善手也。若謂之善射,則天下皆謂之羿,可乎? 言不可也。若以偶中爲羿,則自是者亦可謂堯矣。莊子以此明偶中者非善,而妄是者非公。若皆堯也,五子何復相非。意者若魯遽之所爲邪,冬寒之時,不用火而煖,夏熱之時,能致水爲冰。二事固奇,不過因冬至陽生,以陽召陽而爲火;夏至陰生,以陰召陰而凝冰,未爲奇也。廢一瑟於堂,廢一瑟於室,相去遠矣。廢,廢兩瑟之柱,使之調不成聲也,鼓此瑟之宮絃角絃,則彼瑟之宮角隨動,似奇矣。然律相同則聲相應,亦未爲奇。如唐曹紹夔知樂律,洛陽有僧,房中磬,日夜自鳴,僧以爲怪,因成疾。紹夔素與僧善,來問疾,僧告之。俄擊齊鍾,磬復作聲。夔哂曰:"明日設盛饌,當爲除之。"食畢出錯鑢,擊數下而去,聲遂絕。僧叩其故,曰:"此磬與鐘律合,乃擊此應彼。"僧疾隨愈。又李嗣眞得車鐸,地中有應聲者,掘之得一鐘。蓋有此事。又或別改調一絃,於五音無當也,鼓之二十五絃皆動。此一絃者,初無或異而能然者,乃是衆音之主,故鼓之而衆絃莫不聽命。六十四調皆起於黃鐘之宮,宮爲君,能役他律,此亦常理,不足爲奇。且若是者邪,與起句相應。蹢子,蹢躅不能行之子。鈃鐘,小鐘也。唐,唐塗也,乃庭中之路,《詩》云"中唐有甓",乃堂下給使令之人也,猶《周禮》云"門子"也。齊人出蹢子於宋使爲閽者,以其形之不完,故棄之外國。然形雖不完,畢竟是親子,何忍棄之。試推其類,其求鈃鐘也束縛之,惟恐損傷,比之於子爲何如? 其求唐子也,但使給唐塗使令,未始出疆域之外,比之棄子於外,爲何如? 是于推類之道,有遺矣。齊人於親疏貴賤遠近之類,蔽而不悟,以喻慧子知四子之非,而不知己之非也。離與羅同,至也。岑,山岸也。楚人寄蹢闒者於船上,夜半無人,與舟人相鬭,不思未曾到岸,何得與人爭搆,徒足以結怨耳。此又進一步說與人爭論,不但自蔽不覺,亦且有禍。

　　莊子送葬,過惠子之墓,顧謂從者曰:"郢人堊_{音污,又惡}漫①其鼻端,若蠅翼,使匠石斲之。匠石運斤成風,聽而斲之,盡堊而鼻不傷,郢人立不失容。宋元君聞之,召匠石曰:'嘗試爲寡人爲之。'匠石曰:'臣則嘗能斲之。雖然,臣之質死久矣!'自夫子之死也,吾無以爲質矣,吾無與言之矣!"

　　刪訂陸註曰:堊,白泥也。鼻端之漫甚薄,運斤如風之迅,泥盡而鼻得不傷,巧於斲矣。然非立不失容之郢人,匠石亦不能施其巧,則郢人是斲者之質也。以喻有惠子之強辯,莊子乃得以言折之,今其人既死,復誰與言乎。

　　管仲有病,桓公問之,曰:"仲父之病病矣,_{言病甚也}可不謂云,至於大病,則寡人惡乎屬國而可?"管仲曰:"公誰欲與?"公曰:"鮑叔牙。"曰:"不可。其爲人潔廉善士也,其於不己若者不比之。又一聞人之過,終身不忘。使之治國,上且鈎②乎君,下且逆乎民。其得罪於君也,將弗久矣!"公曰:"然則孰可?"對曰:"勿已,則隰朋可。其爲人也,上忘而下畔,愧不若皇帝,而哀不己若者。以德分人謂之聖,以財分人謂之賢。以賢臨人,未有得人者也;以賢下人,未有不得人者也。其於國有不聞也,其於家有不見也。勿已,則隰朋可。"

　　江遹曰:叔牙之不可屬國,褊心之爲累也。

　　補曰:可不謂云,言可不有以語我,萬一至於不諱,寡人何所取裁也。叔牙嚴毅難犯,不能休容,必以激峻已甚之行,見曲於君。鈎,曲也,矯枉過當之事,下逆於民。上忘,忘己之勢分也。下畔,立等威之辯,定冠履之防。畔者,界限之義,舊作使人忘己,若畔而去之者,非。以德分人,欲一世其修其德也,不聞不見,只形容不苛察瑣屑之意。

　　吳王浮於江,登乎狙之山,衆狙見之,恂然棄而走,逃於深蓁。有一狙焉,委蛇攫抓③,見巧乎王。王射之,敏給搏捷矢。王命相者趨_{音促}。射之,狙執

---

　　① 漫,通行本作"慢"。

　　② 鈎,通行本作"鉤"。

　　③ 抓,通行本作"搔"。

死。王顧謂其友顏不疑曰："之狙也,伐其巧,恃其便以敖予,以至此殛也。戒之哉!嗟乎,無以汝色驕人哉!"顏不疑歸而師董梧,以鋤①其色,去樂辭顯,三年而國人稱之。

【眉批】委蛇攫抓:抓,音搔。

刪訂陸註曰:射之者敏,而狙之搏其捷矢也,亦甚給。狙之巧便如此,宜足以自全,而不知適以速其死,亦驕之爲害也。人其可有驕色哉!色字,所以包甚廣。富貴則有驕泰之色,賢勞則有矜誇之色,施予則有恩德之色,尊上則有傲慢之色。

司馬彪云:抓,曲折而攀援也。執死,見執而死也。

南伯子綦隱几而坐,仰天而噓。顏成子入見曰："夫子,物之尤也。形固可使若槁骸,心固可使若死灰乎?"曰："吾嘗居山穴之中矣。當是時也,田禾一覩我而齊國之衆三賀之。我必先之,彼故知之;我必賣之,彼故鬻之。若我而不有之,彼惡得而知之?若我而不賣之,彼惡得而鬻之?嗟乎!我悲人之自喪者,吾又悲夫悲人者,吾又悲夫悲人之悲者,其後而日遠矣。"

補曰:顏成子見子綦之灰槁,疑其無以自見,不知子綦正不欲其自見也。昔日田侯一覩,齊國三賀,人之知我,必我有以致之。我嘗悲人之逐聲名而自喪天眞者,今先之賣之,幾同自市,則悲人之我,吾又悲。夫悲人之我,所以可悲者,以不能無心也。吾又進而悲之,今而後,乃能泊然無心,枯槁其形,從此而日遠矣。

仲尼之楚,楚王觴之,孫叔敖執爵而立,市南宜僚受酒而祭即今未飲而先奠酒,以祭造酒者。曰："古之人乎!於此言已。"曰："丘也聞不言之言矣,未之嘗言,於此乎言之。市南宜僚弄丸而兩家之難解,孫叔敖甘寢秉羽而郢人投兵,丘願有喙三尺。"彼之謂不道之道,此二道字,只作不爲之爲,與下道字不同。此之謂不言之辯。故德總乎道之所一,而言休乎知之所不知,至矣。道之所一者,德不能同也。知之所不能知者,辯不能舉也。名若儒墨而凶矣。故海不辭東流,大之至也。聖人并包天地,澤及天下,而不知其誰氏。是故生無爵,死無謚,實

---

① 鋤,通行本作"助"。

不聚，名不立，此之謂大人。狗不以善吠爲良，人不以善言爲賢，而況爲大乎！夫爲大不足以爲大，而況爲德乎！夫大備矣，莫若天地；然奚求焉，而大備矣！知大備者，無求，無失，無棄，不以物易己也。反己而不窮，循古而不摩，大人之誠。

【眉批】南宜僚弄丸而兩家之難解句：即從二人身上發揮，前此所無。

【眉批】況爲大乎，云儒墨以意見爲之也。

羅氏《循本》曰：古之人於此言矣，賛仲尼如古人，爲乞言也。孫叔敖，蔿賈之子，名艾獵，楚莊王時令尹，在孔子前。市南宜僚，善弄丸鈴，常八箇在空中，一箇在手。楚與宋戰，宜僚披胸受刃，于軍前弄丸鈴，一軍停戰，遂勝之，在仲尼卒后。皆寓言也。言二人皆以無爲而解難息兵，吾何以言爲，若言可用，則願有三尺喙矣。又云，鳥喙長者，多不能言。孔子之言止此。以下莊子斷之也。彼之謂，指二子。此之謂，指孔子。

刪訂陸註曰：道在先天，一而不分，失道而後德，始有四端萬善之名。皆有心爲之，而去自然者遠矣，故曰德不能同。知既非人之所能知，雖欲強辯，終不能舉以示人，故曰辯不能舉。今之以儒墨名者，類欲同其所不能同，舉其所不能舉，曰斯之謂道，斯之謂知。豈不裂道畔知以其學術禍天下哉！故曰凶海之大，以不擇衆流；聖人之大，以不留名實，無心以爲之也。人不以善言爲賢，道不以有爲爲大，況德可以儒墨之意見爲之乎！觀天地之無所不覆載，非有求焉而大備，大備之中，不但無期必，并無遺漏，無棄置，命物之化而不爲物所易也。是以大人知萬物皆備於我，反之己而常足。循古大聖之所爲，而未嘗致力于其間，此之謂至誠無息之道。不摩，不着力之義。

子綦有八子，陳諸前，召九方歅音因。曰："爲我相吾子，孰爲祥？"九方歅曰："捆①也爲祥。"子綦瞿然喜曰："奚若？"曰："捆也，將與國君同食，以終其身。"子綦索然出涕曰："吾子何爲以至於是極也？"九方歅曰："夫與國君同食，澤及三族，而況父母乎！今夫子聞之而泣，是禦福也。子則祥矣，父則不祥。"

---

① 捆，通行本作"梱"。下同。

子綦曰："歇,汝何足以識之,而捆祥也①邪? 盡於酒肉,入於鼻口矣,而何足以知其所自來? 吾未嘗爲牧而牂生於奥,_{西南隅也。}吾②未嘗好田而鶉生於宎,_{室之東北隅也。}若勿怪,何耶? 吾所與吾子遊者,遊於天地。吾與之邀樂於天,吾與之邀食於地。吾不與之爲事,不與之爲謀,不與之爲怪;吾與之乘天地之誠,而不以物與之相攖;吾與之一委蛇,而不與之爲事所宜。今也然有世俗之償焉! 凡有怪徵者,必有怪行。殆乎,非我與吾子之罪,幾天與之也! 吾是以泣也。"無幾何而使捆之於燕,盜得之於道,全而鬻之則難,不若刖之則易。於是乎刖而鬻之於齊,適當渠公之街,然身食肉而終。

【眉批】渠公,齊富室,爲街正,買捆自代。

補曰:富貴福澤,無因而至者,謂之不詳。夫非望之報,有德者憂之。子綦與子遊於自然,恬澹無爲,忽捆有國君同食之相,償以世俗之榮,事出意外,非怪徵而何。正復爲奇,善復爲妖,知其無可奈何,故泣之。未幾,捆爲盜獲,刖之鬻於齊,爲蹢閽者,食肉之相果驗,怪徵之說不誣矣。歇以相知之,子綦以道摸之,其理則一。

齧缺遇許由,曰："子將奚之?"曰:"將逃堯。"曰:"奚謂耶?"曰:"夫堯,畜畜然仁,吾恐其爲天下笑,後世其人與人相食與! 人③民不難聚也,愛之則親,利之則至,譽之則勸,致其所惡則散。愛利出乎仁義,捐仁義者寡,利仁義者衆。夫仁義之行,唯且無誠,且假夫④禽貪者器。是以一人之斷制利天下,譬之猶一覕也。夫堯知賢人之利天下也,而不知其賊天下也,夫唯外乎賢者知之矣。有暖姝者,有濡需者,有卷_{音權。}婁_{音縷。}者。所謂暖姝者,學一先生之言,則暖暖姝姝而私自悦也,自以爲足矣,而未知未始有物也,是以謂暖姝者也。濡需者,豕蝨是也,擇疏鬣自以爲廣宫大囿,奎蹄曲隈,乳間股脚,自以爲安室利處,不知屠者之一旦鼓臂布草,操烟火,而己與豕俱焦也。此以域進,此以域退,此其所謂濡需者也。卷婁者,舜也。羊肉不慕蟻,蟻慕羊肉,羊肉羶

---

① 通行本無"也"字。
② 通行本無"吾"字。
③ 人,通行本作"夫"。
④ 夫,通行本作"乎"。

也。舜有羶行,百姓悅之,故三徙成都,至鄧之墟而十有萬家。堯聞舜之賢,舉之童土之地,曰冀得其來之澤。舜舉乎童土之地,年齒長矣,聰明衰矣,而不得休歸,所謂卷婁者也。是以神人惡衆至,衆至則不比,不比則不利也。故無①所甚親,無所甚疏②,抱德煬和以順天下,此謂眞人。於蟻棄知,于③魚得計,於羊棄意。以目視目,以耳聽耳,以心復心。若然者,其平也繩,其變也循。"

【眉批】覕,音別,薄結反,過目也。

補曰:仁義既行,將煦煦示愛,孑孑利用。有心以爲之,則近於僞而無誠。夫民固貪矣,導以無誠之仁義,猶假禽貪者,以罝網畢弋之器,其貪不可止也。以一人之斧斤,斷削天下,所傷寔多,而曰利天下。譬之一覕,過目即逝,安望久遠。覕,音別,過目也,舊訓割,言一割而樸散爲器,生意已戕,亦合。外乎賢者,言高出于賢人一等之人,鄙意謂不以賢者爲重,指神人言也。暖姝,淺見者,昫煦自媚之貌,譏俗學所見之卑陋也。濡需,濡滯而有所需待,倚附權勢之人,故以豕蝨形容,譏其紐目前之安利,而終且與之俱喪也。曲隈,蹄之曲處也。域者,心爲所恃者圉也。卷婁,傴僂自苦之義,譏治世之帝王,終身勞苦,不得休息也。童土,猶童山,山無草木曰童,言所居之地僻陋也。○陸註曰:衆至則人各異情,最難得其和同。故堯舜之世,有庸違方命之徒,待其不和而思以處之,則所損多矣,故不利。不若親疏兩忘,順其天和。林註曰:抱者藏而不露,煬者内自溫暖。羊有羶氣,亦意也。魚之在水,悠悠自得,眞人之自爲計,但如魚然。焦註曰:以目視目,不眩于色。以耳聽耳,不惑于聲。以心復心,不役于知,總是寂寞無爲之意。所以其平如繩,爲天下法。其應變也,循乎道之自然,何天下之不自化,而容心爲哉。陸註曰:以心復心,正《易》所言"敦復",抱德煬和之學蓋如此。

古之眞人,以天待之,不以人入天。古之眞人,得之也生,失之也死;得之也死,失之也生。藥也,其實菫也,桔梗也,雞癰④也,豕零也,是時爲帝者也,

---

① 無,通行本作"无"。下句同。
② 疏,通行本作"疏"。
③ 于,通行本作"於"。
④ 癰,通行本作"癰"。

何可勝言！句踐也以甲楯三千,棲於會稽,唯種也能知亡之所以存,唯種也不知其身之所以愁。故曰,鴟目有所適,鶴脛有所節,解之也悲。故曰,風之過河也,有損焉;日之過河也,有損焉。請只風與日,相與守河,而河以爲未始其攖也,恃源而往者也。故水之守土也審,影之守人也審,物之守物也審。故目之於明也殆,耳之於聰也殆,心之於殉也殆,凡能其於府也殆,殆之成也不給改。禍之長也茲萃。其反也緣功,其果也待久。而人以爲己寶,不亦悲乎！故有亡國戮民無已,不知問是也。

補曰:以天代之者,眞人無爲自處,聽其自然,如代天也。不以人入天者,不以有心預自然之理也。眞人超生死,忘得失,生亦得,死亦得,隨時爲用。譬醫者用藥,川烏、桔梗、芡藚、豬零,其實皆同,隨時之所用以爲主,其餘佐之。帝,猶主也,所云藥有君臣也。然而帝豈有常,用之則得,不用則失,生死得失之故亦如是。文種之霸越而不知全身,知得不知失,眞人勿爲也。鴟目夜明晝昏,鶴脛雖長,解之則悲,自然之性不可傷也。風日一段,又說得親切,事會之來,未免損我攖我,須自家有箇主宰,如河之有源頭,方有損而未始以爲攖,這道理原於我廝守,未嘗相離,如水之守土,自然相入不流;如影之守人,長短反側,自然無別;如物之守物,磁石引鐵,狸犬捕鼠,陽燧取火,方諸取水,皆一定而不移。審者,信也,決然如是也。若心與耳目爲聰明知識所熒,則失其自然之天而危殆矣。又推廣言之。凡有所能,皆足害心。府,天府,即靈臺也。殆之成也不及改,禍之長也茲萃,言不好則甚速也,欲其反殆爲安,轉禍爲福,必須循循漸進之功。其剛果自克者,亦必待久而後能。言要好則甚難也,而世人貪着聰明心思之用,如珍寶然。近而喪身,大而亡國戮民,其禍不測。蓋不知講求這箇道理,所以盲憒而淪沒也,悲哉！

故足之於地也踐,雖踐,恃其所不蹍而後善博也;人之知也少,雖少,恃其所不知而後知天之所謂也。知大一,知大陰,知大目,知大均,知大方,知大信,知大定,至矣！大一通之,大陰解之,大目視之,大均緣之,大方體之,大信稽之,大定持之。盡有天,循有照,冥有樞,始有彼。則其解之也似不解之者,其知之也似不知之也,不知而後知之。其問之也,不可以有崖,而不可以無崖。頡滑有實,古今不代,而不可以虧,則可不謂有大揚搉乎！闔不亦問是已,奚惑

然爲！以不惑解惑，復於不惑，是尚大不惑。

參訂諸註曰：足之及踐，無幾也。必所踐之外，有足不能到之地，而後可以行遠。以喻人之所知無多也，亦恃其所不知，而心契神會，默與天通，然後豁然有得於見解之外。大一，渾淪未判之謂也。大陰，至靜無惑之謂也。大目，有物有封之謂也。大均，同而不殊。大方，廣而不禦。大信，其中有信之信。大定，以止眾止之止。是皆天之所謂至矣，盡矣。通之者，未始有物之先，可以潛孚，而不可以思慮求。解之者，至靜無感之時，可以心融而不可以名相得。大目則視之而知網領，【眉批：大目視之至末，出愚見補入，原解多支繁，不得肯綮也。】大均則緣之而化偏畸，大方則體之而彌綸六合，大信則稽之而四時合序，大定則持之而萬感不淆。知天之所謂者，蓋如此。又從上補下意來。人皆謂天不可知，委棄人事，不知凡事到盡處，便見天命，故曰盡有天，即人事盡而天理見也。循乎自然，則吉凶禍福，榮辱得喪，其理皆見，故曰循有照。冥冥之中，自有執其樞要者，即所謂主張網維是者也，故曰冥有樞。無物之始，必有物以始之。《齊物論》曰“非彼無我”，即此彼字，故曰始有彼。彼，造化自然之理也。曰天，曰照，曰樞，曰彼，雖可解之知之，亦似不解不知者。謂不敢以爲可知可解也。唯以不知爲知，乃眞知也。問，問此造化之理。又爲下學示一訪道法門，設欲講求此理，以爲有崖際不可，以爲無崖際亦不可，蓋大方似無崖，而大定又似乎有崖，必於有無之間，潛心理會，方得理會之時。但見其頡頑而升降不拘，滑動而旋轉不窮，一些捉摸不着，似于無物，而實實有所頡者、滑者，故曰頡滑而有實。從古至今，只是一箇造化，初無更代，而用之不窮，何嘗有一毫虧損，故曰古今不代，而不可以虧。以此言之，豈不爲一種大議論乎？揚搉，提掇發揚而論之也。盍亦問是而已。奚惑哉，以此不惑之實理，解我妄惑之邪見，而復歸于實際而不惑，夫庶幾乎大不惑矣！尚，庶幾也。蓋問則自外而入，與不知而知、不解而解者，何啻天壤。但下學鈍根者，非問則無門可入耳。

南華眞經合注吹影卷之二十五

雜篇則陽總論

吹影曰:抱道正德之人,見性復命,以天爲師,【眉批:千里尋龍,業探眞穴。】不言而飲人以和,與人並立而相親如父子,窮則使人忘貧,達則使王公忘其爵祿,寧肯枉已干謁,妄覬富貴哉! 楚王輕賢慢士,夷節言則陽而未之見,則亦已矣。又見王果,屬其薦引,殊不自愛矣。王果鄙之,遠稱不事王侯者以諷之,意謂子而爲佞人也,顚冥求進,不妨謟媚以要王。子而爲正德之人也,樂道保已,不難使楚王化尊嚴而卑禮求見,何以見王爲?【眉批:刺骨。】如必欲見王也,必待公閲休。何也? 楚王爲人,非可以言語感動,惟休不言而飲人以和,庶可使王去驕蹇而與則陽相親耳。正德者,莫如聖人,聖人輔相裁成,極盡綢繆,以萬物爲一體,不以愛人自名,亦不求人之知其愛人,而人之愛之也無已,不自知其然而然也。何則陽沾沾求知求愛於楚王乎! 此繇未見性之故也。【眉批:又回顾则阳,急出见性二字。】彼見性者,於見聞之先,有至尊至貴者存,暢然自適,如懸衆間於十仞之臺,笙鏞交作,萬耳萬目,共覩共聞,不亦大暢乎! 若之何以身殉物,逐逐營營以干進也,不聞冉相氏乎! 得其寰中,以虛無自然之理,物來順應,爲隨成之化,而今古咸宜,不聞成湯乎! 得三臣爲傳,法冉相隨成之化,媲美前人,彼環中之君,固非譚者可以口舌神其交也。【眉批:传神。】湯之於三傳,固師而不圉,然非三臣之所請謁援引而得者也! 戴晉人一見魏瑩而能令惝然若亡,盡銷其忿怒爭鬪之心,彭陽保能化楚王之驕矜乎?【眉批:規諷妙。】蟻丘登極者,視孔子爲佞人,恐其使楚王召已而遠避,彭陽廼求佞人言已乎! 夫富貴爵祿,煙灼人心,爲性雀葦兼葭,拔吾性而離本位,則百病交作,不但顚冥而

275

已也。彭陽遊於楚,猶栢矩遊於齊,不知古之人君罪己而自責,今人之君投大
遺艱,求備而責人,陽自度能無困乎!伯玉六十而知五十九年之非,彭陽能知
非乎!【眉批:輕輕止量,處處含情,如散萬斛靈珠,無不圓潤。】若沙丘石槨,先存衛靈
公名,可見凡事有數,則主臣之遇合有天存焉,不可強也。子欲我譚子於王,意
者以我與夷節,同聲而譽,王或見信乎!彼形尊而嚴者,安望合并爲公?我以
爲好,王或視以爲惡;我以爲賢,王或拒以爲不肖,都不可定。是猶丘里之言,
【眉批:出丘里之言,巧絕。】未合于大道,而同異紛紜,雖終日言之,而無益也。然
而至人非言非默之中,有妙用焉。必也飲人以和,並立而化。若公閲休者,乃
能不言而喻,使楚王與子,親愛而不舍也。故曰必待公閲休。【眉批:結更簡淨。】

南華眞經合注吹影卷之二十五

武林吹影居士胡文蔚豹生甫刪補

昆山　徐乾學原一甫

江都　蔣善元長甫　評訂

雜篇則陽第三

則陽遊於楚,夷節言之於王,王未之見,夷節歸。彭陽見王果曰:"夫子何不譚我於王?"王果曰:"我不若公閱休。"彭陽曰:"公閱休奚爲者邪?"曰:"冬則擉^{捉觸二音}鼈於江,夏則休乎山樊。有過而問者,曰:'此予宅也。'夫夷節已不能,而況我乎!吾又不若夷節。夫夷節之爲人也,無德而有知^{音智}。不自許,以之神其交,固①顛冥乎富貴之地。非相助以德,相助消也。夫凍者假衣於春,暍者反冬乎泠②風。夫楚王之爲人也,形尊而嚴;其於罪也,無赦如虎;非③佞人正德,其孰能撓④焉!故聖人,其窮也,使家人忘其貧;其達也,使王公忘爵祿而化卑;其於物也,與之爲娛矣;其於人也,樂物之通而保己焉。故或不言而飲人以和,與人並立而使人化。父子之宜,彼其^{音記}乎歸居,而一間⑤^{音閒,悠閒靜適之意}。其所施。其於人心者,若是其遠也,故曰待公閱休。"彭陽,魯人,字則陽。夷節,楚人。王果,楚大夫。公閱休,隱者也。

【眉批】無德而有知:病根在此五字。

---

① 固,通行本屬上句。
② 泠,通行本作"冷"。
③ 通行本"非"字後有一"夫"字。
④ 撓,通行本作"橈"。
⑤ 間,通行本作"閒"。

　　補曰:往謁不見,言者已歸,輕賢慢士,王意可知,何復見王果以求譚,躁兢甚矣!王果心鄙之,因盛稱掇鼈、休樊之公閱休,一曰我不若,再曰夷節已不能,隱然見恬退保已者,我三人皆當尊事之。一抑一揚,令其自悟。曰我又不若夷節,似謙實傲,意謂我不若夷節之干進也。【眉批:注中理會莊仙言外之意,婉婉指示,令人谿然開悟,方知南華無一字虛設。】夷節無恬退保己之德,徒有獵取榮名之智,汝不知氣節自許,翻欣慕其才智,與之傾心結納。以神其交,言敬之如神,樂與訂交也。林虙齋作"不自許以之神",讀未妥。與干進者交,固必將利祿薰心,識昏性鑠,顛躓沉迷于富貴之地,德日損而日消矣。此一段極言夷節之不可於作緣。夫凍者二句,喻楚王之不可妄干。凍者在嚴冬寒冷時,欲假春煦以代衣;喝者在盛夏炎熱時,欲反冬日之冷風。此必不得之數,子之欲干楚王何以異此。夫楚王之爲人,形尊而言,外則驕蹇自肆,而性則峻刻難犯。其繩人也,吹毛索瘢,徵罪不赦。如虎二字爲句,其猛虐如虎,勢不敢撓,意惟逢迎諂諛之人,保己化人之正德,或可屈服其心。轉移其聽可與之譚,非此二種人,其孰能焉?若夫正德之聖人,無論顯晦出處,皆有潛力默化之妙,窮則樂天知命,能使家人忘其貧;達則遺榮好道,能使王公忘其尊。於物則油油然,與之偕而盡其歡心,於人則和光同塵,樂與之通而不失在己之樸,但覺沖和之氣,不大聲色。飲人如醇,言默化也。與人偕立而神親情洽,宛如父子,言速化也。又贊嘆而言,彼其人乎,即使退而歸居乎,其於家人,仍從容暇豫,其所施,一如飲和立化之無跡。與彼人心之躁兢者,相去遠矣。待此人與之見楚王,必能上化其君,下助于友,非我之所能及也。公閱休其庶幾乎!故曰待。嗟嗟,休高士也,豈肯謁王侯而蔫士,王果不過遠引高人,以示典型,婉辭之,陰抑之也。

　　林虙齋曰:撓,屈也。非眞小人,孰能屈撓其身以事之?有佞人之正德,謂眞小人也。却如此下四字自佳。愚謂做佞人的,有何正德?確是一邪一正,兩種人。佞人能移君志,正人能格君心也。撓者,轉移搖動之義。又曰"與人並立而使人化"爲句,即目擊而道存,正容使人意消之義。彼其,猶《詩》曰"彼其之子",此一句倒下,意謂彼其之子,若歸而居乎,尊卑長幼,各得其宜,故曰父子之宜。而其所施,一本於間暇,殊不容力,故曰而一間其所施。陸方壺亦如此解。據郭註曰,並立而化,望風而靡,使彼父父子子,各歸其所,是施同天地之德,故間靜而不二也。則"父子之宜,彼其乎歸居"二句,皆指人說。細玩本文氣脈,不若從予說爲近是。

聖人達綢繆,周盡一體矣,而不知其然,性也。復命搖作而以天爲師,人則從而命之也。憂乎知音智。而所行恒無幾,時①其有止也,若之何！生而美者,人與之鑑,不告則不知其美於人也。若知之,若不知之;若聞之,若不聞之,其可喜也終無已,人之好之亦無已,性也。聖人之愛人也,人與之名,不告則不知其愛人也。若知之,若不知之;若聞之,若不聞之,其愛人也終無已,人之安之亦無已,性也。

【眉批】三"性"前後炤應。

補曰:綢繆,纏綿之義。搖作,動作之義。二氣生息變化,循環無已,何等綢繆。惟聖人達此造化之理,輔相裁成,周其用,盡其道,以萬物爲一體,何等墾摯,似乎出於有心,而聖人不知其然也,一任夫天理之自然,而未嘗勉强於其間也,性也。盡性則復命,復命則歸根,雖靜而復命,不妨動而搖作,終日爲未嘗有爲。凡以天爲師,師乎天,則絕乎人矣,然而尚有聖人之稱者,特人從而命之也,聖人何知哉！無知,則自無憂。衆人任知而行,則憂患隨之,戚戚皇皇,竭心慮以馳騖。考其所行,究竟無幾,以有涯之生,作無窮之計,不知歲不我與,有時而止也。我將若之何,甚哉,知之爲患也！曷若師天順應之爲得歟！又設美愛二喻,以見無心順應,不知其然之妙。兩性也,正應前性也。數箇不知,照映甚切。舊以美鑑之語,以喻聖人愛人,未免添足。生而美者,人與之以鑑,不自知其美於人也。即告之而不自恃,若知若不知,若聞若不聞,可喜不減,而人好之如故,以美之出于性也！聖人無心,人名之爲愛,不自知其能愛人也。即告之而不自恃,若知若不知,若聞若不聞,其愛人不減,而人安之如故。以愛之出于性也,何況師天之聖人乎！

陸方壺曰:此言聖人盡性致命之學,唯復命乃可搖作,如天不言而時行物生也。

---

① 通行本"時"字屬上句。

舊國舊都,望之暢然;雖①丘陵草木之緡音昏**。入之者十九,猶之暢然。況見見聞聞者也,以十仞之臺,懸衆間者也②。冉相**去聲**。氏得其環中以随成,與物無終無始,無幾無時。日與物化者,一不化者也。闔**盍同**。嘗舍之!**

補曰:喻見性之樂,猶之見舊也。人情莫不喜得舊物,而還舊觀。故國都邑,望之暢然于心,即陵木荒穢緡合,十失其九,猶之暢然,況見見聞聞者也。有見者,有見見者,見則目之所遇,見見則超形色以獨存。有聞者,有聞聞者,聞則耳之所觸,聞聞則并聲響而俱寂。分明說一箇得性的樣子,以喻其暢。猶十仞之臺,高懸衆樂,笙鏞間作,而見多聞遠,其暢于心也。何如衆間,只作交奏迭縱,五音間發爲妥。呂吉甫曰:衆間,謂衆人之中,猶以十仞高臺懸于衆間,則無所不覩,其暢可勝道哉!然止說得見,而漏却聞了。然此見見聞聞之性體,惟虛無自然者,得與之合,其惟冉相氏乎!環,空虛無爲之喻。冉相氏得此虛無自然之理,物來順應,以隨其自成;與之循環無間,而無始無終;與之今古咸宜,而無幾無時。幾,謂計數年歲,如俗云幾月幾日也。且與物俱化,出有入無,神奇腐臭,其成不一,而總自至一者爲之樞紐。蓋不化者,能化化也。即物物者,不物于物之義。冉相氏其爲以不爲者乎。今之有爲者,曷試舍其有爲,而復于自然,眞性可得矣。

夫師天而不得師天,與物皆殉,其以爲事也,若之何? 夫聖人未始有天,未始有人,未始有始,未始有物,與世偕行而不替,悌,去聲,廢也**。所行之備而不洫,**濘沉陷溺之意**。其合之也,若之何?**

補曰:無爲之道,莫若師天之聖人,然而難言之矣。師天者,若有心要去師法他,便不見得自然。世有不安其自然者,以身殉物,未免芸芸逐逐,勞形搖精,其以此爲事也,若之何能見性? 夫師天之聖人,并不知有天,又安知有所謂人,所謂始,所謂物,雖綢繆搖作,與世偕行,而保己守眞,自無廢替,即周盡一體,所行之備,而復命歸根,不與物並溺。若之何其不合於道乎? 兩若之何,一抑之,一贊之也。

---

① 通行本"雖"字後有一"使"字。
② 懸,通行本作"縣"。間,通行本作"閒"。

湯得其司御、門尹、登恒爲之傅之，從師而不囿，得其隨成；爲之司其名，**之名嬴**音盈，剩也。言之名之在世間，是剩法也。猶所言長物也。**法，得其兩見**音現。**仲尼之盡慮，爲之傅之。容成氏曰：「除日無歲，無內無外。」**

【眉批】之名，一讀。嬴法，一讀。

補曰：引湯一段，見不特冉相氏爲然，即反之之湯，亦知委任群工，而己不尸，希隨成之化。司御、門尹、登恒，應是三樣職名。舉爵以槩其人，非姓名也。湯得三人爲之傅，屈己信從，師事之，不囿以成法，謂不掣制阻撓之，所以三人能虛中順應，得冉相氏隨成之化，媲美聖治。隨成二字，與前緊應。得其其字，正指冉相氏。【眉批：篇中虛字，一一明白。】爲之司其名，居官有聲望也。究竟臣之名，總爲君之名。湯視之名爲已陳之跡，猶嬴法然。在湯寄治於群工，功不必己成，名不必己司，然終不得而辭也，兩見於君與臣而已。若夫仲尼立教於天下，則爲之盡慮以傅之。上傅字，佐輔也。此傅字，立教也。欲天下入於何思何慮之天，盡除殉物之私也。又舉容成氏之言，見人之所以存日而積歲者，不過分別壽夭，爲死生計也。若能齊生死，則日可除，歲可無。忘死生者，無物我；忘物我者，內外合一，而盡性之功全矣。○徐士彰曰：容成爲黃帝造曆，故有此言。○羅勉道以爲門尹登恒，或謂即伊尹。湯得門尹登恒爲師，不局於規矩，隨寓而成功。其所成者不過爲湯司其名，使湯得見稱於天下，然名乃身外剩法，與本分上何益。但見得君相兩箇好看耳。仲尼之徒，方且罄其思慮，以爲時君之傅，過矣。末引容成氏之言曰，歲之所以得名爲歲者，以三百六十日積而名之。若除去日，則無歲矣。人能自其一念微處除之，則無外名之累矣，無內則無外。

魏瑩音英，梁惠王也。**與田侯牟**齊威王也。**約，田侯牟背**音佩。**之，魏瑩怒，將使人刺之。犀首**官名，公衍爲此官。**聞而恥之，**恥萬乘之君而欲爲盜賊之事。**曰：「君爲萬乘之君也，而以匹夫從讎。衍請受甲二十萬，爲君攻之，虜其人民，繫其牛馬，使其君內熱發於背，然后拔其國。忌**畏也。**也出走，然後抶**擊也。**其背，折其脊。」季子聞而恥之，曰：「築十仞之城，城者既十仞矣，則又壞之，此胥靡之所苦也。今兵不起七年矣，此王之基也。衍，亂人也，不可聽也。」華子聞而醜之，曰：「善言伐齊者，亂人也；善言勿伐者，亦亂人也。謂伐之與不伐亂**

人也者,又亂人也。"君曰:"然則若何?"曰:"君求其道而已矣。"惠子聞之,而見音現。戴晉人。戴晉人曰:"有所謂蝸者,君知之乎?"曰:"然。""有國於蝸之左角者,曰觸氏;有國於蝸之右角者,曰蠻氏。時相與爭地而戰,伏屍數萬,逐北旬有五日而後反。"君曰:"噫!其虛言與?"曰:"臣請爲君實之。君以意在四方上下有窮乎?"君曰:"無窮。"曰:"知遊心於無窮,而反於通達之國,若存若亡乎?"君曰:"然。"曰:"通達之中有魏,於魏中有梁,於梁中有王,王與蠻氏有辨①乎?"君曰:"無辨。"客出而君惝然若有亡也。客出,惠子見。君曰:"客,大人也,聖人不足以當之。"惠子曰:"夫吹管②也,猶有嗃也;吹劍首劍環頭小孔也。者,映而已矣。堯舜,人之所譽也。道堯舜於戴晉人之前,譬猶一映也。"

補曰:内熱于背,猶背若負芒刺,畏憚之意也。胥靡,城旦舂,築城所役之人。劫盟行刺,賊殺陋習,衍羞爲之,自是可取,但魏非齊敵,妄自誇詡,以希必不可成之功,欲遺士卒以鋒鏑之苦,猶壞即築之城,而徒苦胥靡也,故季子恥之。華子以爲甫言伐宇,皆未免有較量功利之心,去干羽之格遠矣。佳兵者不祥,統謂之亂人也可。若求其道,則可以不戰而屈人。戴晉人,知道者也。蝸牛之喻虛矣,説來却實有一團至理。夫人能遊心于無窮,雖至大若天地,視之不啻秋毫。緣是推之,天下無異蝸牛,魏國無異左右角,梁王無異蠻氏。何矜情勝氣之不盡消乎,惝然若失,必然之理也。以其譽之堯舜,會不足當晉人之一映,何區區齊魏而約之背之,爭之伐之,而曉曉也哉!

郭子玄曰:蝸至微而有兩角,誠知所爭者若此之細,則天下無爭矣。人迹所及爲通達,謂四海之内也。今自以四海爲大,計在無窮之中,若有若無也。王與蠻氏,俱有限之物耳。有限則不問大小,俱不得與無窮者計也,雖天地在無窮之中,皆蔑如也,況魏中之梁,梁之中王,而足爭哉!惝然自亡,悼所爭者細也。譬猶一映,言曾不足聞也。

孔子之楚,舍於蟻丘地名也。之漿賣漿者之家。其鄰有夫妻臣妾爲人執役。

---

① 辨,通行本作"辯",下同。
② 管,通行本作"筦"。

登極者，乘屋也。子路曰："是稜稜發亂不整貌。何爲者邪？"仲尼曰："是聖人僕
猶徒。也。是自埋於民，自藏於畔。其聲銷，不求名譽。其志無窮，其口雖言，其
心未嘗言。方且與世違，而心不屑與之俱。是陸沉①者也，是其市南宜僚邪？"
子路請往召之。孔子曰："已矣！彼知丘之著於已也，知丘之適楚也，以丘爲
必使楚王之召已也。彼且以丘爲佞人也。夫若然者，其於佞人也，羞聞其言，
而況親見其身乎！而何以爲存！"子路往視之，其室虛矣。

補曰：其口雖言，其心未嘗言，業與斯世伍，安能無問答訓應之事，非同心
之言，若未曾言也。方且與世違，而心不屑與之俱者，言方將避世，仍寄跡於蟻
丘，跡似與之俱，而心實不屑也。林虙齊曰：畔，鄰也。藏居於此，鄰人亦不識
之也。沉不在水而在陸，喻隱者之隱於市廛也。著於已，謂我必知其爲非常人
也。佞人，多言之人也。何以爲存，言必去而不留也。

長梧封人問子牢曰："君爲政焉勿鹵音魯。莽，治民焉勿滅裂。昔予爲禾，
耕而鹵音魯。莽之，則其實亦鹵莽而報予；芸而滅裂之，其實亦滅裂而報予。
予來年變齊，盡易其舊法也。深其耕而熟耰之，其禾蘩以滋，予終年厭飧②音
孫。。"莊子聞之曰："今人之治其形，理其心，多有似封人之所謂，遁其天，離其
性，滅其情，亡其神，以衆爲。言世間此等人多也。故鹵莽其性者，欲惡之孽，爲
性萑葦蒹葭，始萌以扶吾形，尋擢吾性。並潰漏發，不擇所出，漂疽疥癰，內熱
溲膏是也。"

【眉批】陸曰：潰，謂內潰。漏則諸竅不收，發則癰腫膿血，漂疽疥癰發也。
內熱，潰也。溲膏，漏也。

林註曰：封人因耕以喻政。莊子又借以喻治身理性之道。鹵莽滅裂，耕芸
不善之病，不善養性，克治功疏，虛靜之中，忽起欲惡，蔽塞靈明，其爲害也匪
一。猶萑葦蒹葭，彙聚業生，始萌則扶掖吾形，使耳目口鼻，顛倒於聲色臭味
間，極其縱肆，尋使視聽言動，皆失其自然之理。若拔吾性而去之，離其本位，
眞性既失，氣亦爲病，有並潰者，漏發者，觸處成疾，不擇所出。並潰者，漂疽疥

① 沉，通行本作"沈"。
② 飧，通行本作"飧"。

癰是也,膿血之病也。漏發者,内熱溲膏是也,今之消病也。

楊用修曰:鹵,剛鹵之地也。耕剛鹵之地,必加功,《吕覽·耕道篇》曰"强土而弱之是也"。莽,草莽之地,《詩》云"載芟載柞",乃善耕也。不治其剛魯,不芟其草莽,是謂鹵莽之耕。芸以去草,古有烏耘之說,如鳥之俯而啄食,乃善耘也。《吕覽》:"善芸者,長其兄而去其弟。"兄,嘉禾也。弟,荼蓼也。不善芸者,長其弟而去其兄,是滅也。裂者,並其地而坼之。

柏矩學於老聃,曰:"請之天下遊。"老聃曰:"已矣!天下猶是也。"又請之,老聃曰:"汝將何始?"曰:"始於齊。"至齊,見辜罪也。**人焉,推而强之,解朝服而幕之,號天而哭之,曰:"子乎子乎!天下有大菑乎**①**,獨先離**雁也。**之**②。**曰莫爲盜,莫爲殺人?**二莫爲,問詞也,如所云"無乃莫不是"之意。**榮辱立,然後覩所病;貨財聚,然後覩所爭。今立人之所病,聚人之所爭,窮困人之身,使無休時,欲無至此得乎? 古之君人者,以得爲在民,以失爲在己;以正爲在民,以枉爲在己;**太古之君,動必責已,即"百姓有過,在予一人"之意。**故一形**褚氏云應是一物,誤寫之故。**有失其形者,退而自責。**即一人不獲,時予之罪意。**今則不然。匿爲物**即物采、物軌之類。**而愚不識,大爲難而罪不敢,重爲任而罰不勝**音升。**,遠其塗而誅不至。民知力竭,則以僞繼之。日出多僞,士民安取不僞! 夫力不足則僞,知不足則欺,財不足則盜。盜竊之行,於誰責而可乎?"**

【眉批】民知力竭:知,音智。

補曰:病者,心疾之而且醜且患也。榮辱立,謂一榮一辱,分別表著之。若揭竿以示人,則誰不以貧賤爲病,智者恥之,愚者憂之,何所不至? 欲使無至此得乎,見得人方病之爭之,在上者復窮困之不休,則是益病勸爭,勢必至干分犯上,以抵於罪,如所見之辜人也。"匿爲物"至"誅不至"四句,總是刻以繩下。正所謂窮困人之身,使無休時也。"日出多僞,士民安取不僞"二句,極有意味。士民生末世,君雖力行仁義,尚有飾情以應者。今身先詭詐,多端罔人,日出不已,士民又安取夫忠信願愨爲哉! 相率而爲僞,人情也! ○推而强之者,

---

① 通行本无"乎"字。

② 通行本句前有一"子"字。

推辜人而使之前也。

呂吉甫曰:矩蓋嘗有位者,解朝服而幕之,致其哀矜之意。明至此者,已固有罪焉,故不嫌於訕在上者。不能忘榮辱,則民覩所病;不能散貨財,則民覩所爭。今立人所病而使之病,聚人所爭而使之爭,欲其不爲盜殺,不抵於罪,豈可得哉!湯武以萬方有罪,在予一人;以得爲在民,失爲在已也。伊尹以一夫不獲,曰時予之辜,一形有失其形,退而自責也。今則愚不識,罪不敢,罰不勝,誅不至,異於先王之宥不識,量人力而矜不能者矣!民知力竭,不得不以僞應之。

陸註曰:太古淳質之時,民不知有榮辱。自聖人立章服以榮之,置形辟以辱之,于是天下之病于榮者,有驕恣之失;病于儒者,罹幽囚之苦,是民之多病,聖人致之也。貨財不聚之時,飢求飽棄,民不知有爭奪。自聖人棄天之道,分地之利,以聚貨財,于是爭祿于朝,爭利於野,農有兼竝之心,士無推讓之行,而民之有爭又聖人致之也。故爭而不已必盜,盜而不已必殺,欲無致此,先遏亂源,今則不然。

蘧伯玉行年六十而六十化,未嘗不始於是之,而卒詘之以非也。未知今之所謂是之非五十九非也。

陸註曰:夫聖人之進德也無已。蘧伯玉行年五十,而知四十九年之非。知有是非,猶未化也。行年六十而六十化,化則無是非矣。是知六十而化,則知六十者是,而五十九年亦非也。凡人之行,其始未嘗不自以爲是,而卒詘之以非者。蓋是在事初,非在覺後,今又安知六十之所謂化者,非五十九年之非耶!自覺其化,所覺亦非,如何究竟?曰化無可化,忘無可忘,覺無可覺,無無可無,方爲空到。【眉批:一派禪機,可參而不可傳。】

郭註曰:化,謂順世而不係於彼我,順物而暢物情之變。

萬物有乎生而莫見其根,有乎出而莫見其門。人皆尊其知之所知,而莫知恃其知之所不知而後知,可不謂大疑乎!已乎已乎!且無所逃。此謂然與?然乎!

陸註曰:萬物有箇無名之始,既曰無矣,其生不見其根,其出不見其門,非無門無根也,但寂寞而有所不覺耳。知之所知者,如有目則能視,有口則能言,人皆尊之,而不知有超于形體之外者,以主張綱維于其間,是所謂知之所不知,是必恃之而後能知也。此而不知,不尊于此而反尊于彼,可不謂大惑乎！已乎,已乎,誰且能逃此,而獨爲知乎！《陰符經》云:"人知其神之神,而不知其不神之所以神。"意葢如此。既自詰曰然與,而斷之曰然乎,始自審而決自覺也。

呂註曰:之所以不知者,乃萬物之所生出也。人皆尊其知之所知,至其知之所不知,嘗恐其虛而莫之恃,輒望洋而返,其爲疑也,豈不大哉！

補曰:試問恃之義云何？曰:即如内篇《大宗師》云"以其知之所知,以養其知之所不知",外篇《繕性》云"以恬養知",有勿忘勿助,從容涵泳以竢之意,《天道》篇曰"虛靜恬澹,寂寞無爲者,萬物之本也"。合而觀之,便知恃之要旨。

仲尼問於大音泰。史大弢、伯常騫、狶①韋曰:"夫衛靈公飲酒湛音耽。樂,不聽國家之政;田獵畢弋,不應諸侯之際;交際之禮。其所以爲靈公者何邪?"言不足當其惡之意。大弢曰:"是此也。因是也。"因國人所同是而謚之。伯常騫曰:"夫靈公有妻三人,同濫浴器也。而浴。史鰌奉御,而進所搏幣而扶翼。其慢若彼之甚也,見賢人若此其肅也,是其所以爲靈公也。"狶韋曰:"夫靈公也死,卜葬於故墓不吉,卜葬於沙丘而吉。掘之數仞,得石槨焉,洗而視之,有銘焉,曰:'不憑②託也。其子,靈公奪而埋③之。'夫靈公之爲靈也久矣！之二人何足以識之?"

林註曰:搏幣,執其贄見之幣,靈公使扶抑之,不欲其終拜跪之儀。以淫縱黷亂之人猶知肅賓賢士,是即其明處,故曰靈。沙丘石槨先有靈公之名,則此謚已定于未生之前。天也,非人也。不憑其子者,其子孫不足託,遂見奪于靈公也。

方思善曰:《謚法》"亂而不損曰靈",又"德之精明曰靈"。衛君所爲不善,謚之爲靈,恐未當也。奉御,猶今言召對。同浴是一事,奉御又是一事,不必同時,大意從人事而歸天意,去使然而宗自然,特如此設喻耳。

---

① 稀,通行本作"狶"。下同。

② 憑,通行本作"馮"。

③ 埋,通行本作"里"。

少知問於大音泰。**公調曰："何謂丘里之言？"大公調曰："丘里者，合十姓百名而以爲風俗也，合異以爲同，散同以爲異。今指馬之百體而不得馬，而馬係於前者，立其百體而謂之馬也。是故丘山積卑而爲高，江河合水而爲大，大人合并而爲公。是以自外入者，有主而不執；由中出者，有正而不距。四時殊氣，天不賜，故歲成；五官殊職，君不私，故國治；文武大人不賜，故德備；萬物殊理，道不私，故無①名。無名故無爲，無爲而無不爲。時有終始，世有變化，禍福淳淳，至有所拂者而有所宜，自殉殊面，有所正者有所差。比於大澤，百材皆度**居也。**；觀於大山，木石同壇。此之謂丘里之言。"**

陸註曰：天下事物，雖有二殊，而理無二致，得其理而言之，則統之有宗，會之有元。雖異而不得謂之異矣，是之謂丘里之言。丘里者，合十姓百名以爲風俗者也。或合異以爲同，或散同以爲異。異乃同中之異，同乃異中之同。譬之馬，百體無馬，立爲一體，然後稱馬。正喻異不見道，合而爲同，方使見道。積土成山，合水成河，會道之言，亦復如是。所以大人合并萬事萬物，總歸一原，而爲天下之公言。既合并天下以爲公言，則不得復有執距之意，所以自外入者，有主而不執；自中出者，有正而不距。何以故？自外入者，聽言者也；自中出者，立言者也。聽人之言，吾心雖有主，而不可執定一己之見。立言垂訓，吾心雖有取正，而不可有距逆他人之意。蓋以理無定在，執之拒之，則終有我見，不得合異而歸同矣。試觀諸天，四時殊氣，與穆者運之，天不以爲恩也，而歲自成。五官殊職，端拱者主之，君不私也，而國自治。文以經邦，武以勘亂，大人不自以爲功也，而貞順之德備。萬物殊理，而道生之畜之，不自以爲私也，故無名。無爲而無不爲，便是不執不拒的樣子，所以不可執不可距者，蓋以時有終始，世有變化，而事之禍福，淳淳焉流行反復，互相倚伏，有所拂於彼者，而或宜于此。若以我見自殉，執而距之，則事理之變無窮，誠如人面，千態萬狀，面面各殊，有所正者，必有所差，豈能使盡同我乎？須知同中有異，不可作一同想，異不歸同，不可作一異想，同不在己，異不在己，不可作一己想。比之大澤，百材雖別區異所，同以大澤爲居；觀乎大山，雖木石異向，同以大山爲壇；則同中

---

① 無，通行本作"無"。下幾處皆同。

有異,而異之未始不歸於同也,可知矣。此之謂丘里之言。此段專闡異同兩見,只以不執不拒爲主,轉譬轉精,與內篇何異。

《管見》曰:凡一丘一里之中,必有年德之尊者。考衆情而立論,如所謂"月旦評"。及各有流傳里諺,以記其風土事物,此謂"丘里之言"。合異爲同也,其出於丘里少長賢愚得失之不齊,同而異也。天下之大,起於丘里;道之大,貫於事物,散同爲異,猶指馬之百體。合異爲同,立百體而謂之馬也,言之則有合散,冥之則歸混同。理有至極,不容聲矣。丘山積卑,江河合水,大人合公,亦不外乎此理。能合丘里而得宜,則合天下之物情,亦猶是也。在乎公之一字耳。《老子》曰"公乃王",王則天下之所歸往,安得而辭哉!故自外入者,學也。君子之學主乎道,主乎道則物無不通。由中出者,思也。君子之思正乎理,正乎理則於物無所距,猶四時殊氣而成歲,五官殊職而成治,總歸乎大人之德備,以闡大道之無私,又惡可得而名焉!無名故無爲,無爲而無不爲,此理之必至。然而時有變遷,機有倚伏,有以所拂而宜者,有所正而差者,皆由自殉己情,故不免於易向。譬大澤之百材,合而爲大匠之用,異而同也。大山之石木,散而爲天下之用,同而異也。若冥理而歸于道,復何異同之辯哉!

少知曰:"然則謂之道,足乎?"大公調曰:"不然,今計物之數,不止於萬物①,而期曰萬物者,以數之多者號而讀之也。是故天地者,形之大者也;陰陽者,氣之大者也;道者爲之公。因其大以號而讀之,則可也。已有之矣,乃將得比哉!則若以斯辯,譬猶狗馬,其不及遠矣。"

少知又問,同中有異,異而卒歸於同,謂之道足乎?太公調曰不可。道本無名,不可以同異名也。今爲設喻,天下皆言萬物,而物之數不止於萬,期約也。期曰萬者,不過因數之多,號而讀之耳!是故天地者,形之大者也。陰陽者,氣之大者也。而道爲公,稱亦因其大,以道之名,號而讀之可也,其實道無名相,非言同言異者之所能盡,今既有同異之名矣,乃將得比於道哉。以斯而辯,猶狗馬之大小,其不相及遠矣。

刪訂褚氏《管見》曰:夫道之爲名,不足以盡道,物數稱萬,不足以盡物,各

---

① 通行本無"物"字。

以其大者言之耳。夫形之大者,天地統之;氣之大者陰陽統之,道又以統天地陰陽,其大寧可量耶!然既有道之名,則不可與無名者比。所以至人之道,行乎無名,故天下莫得而名也。若以斯異同之辯謂之道,泂如犬馬之大小,其不及甚遠矣!

少知曰:"四方之内,六合之裏,萬物之所生惡起?"大公調曰:"陰陽相照相蓋相治,四時相代相生相殺,欲惡去就,於是橋起。雌雄片合,於是庸^{常也。}有。安危相易,禍福相生,緩急相摩,聚散以成。此名實之可紀,精①^{疑漏一字。}之可志也。随序之相理,橋運之相使,窮則反,終則始。此物之所有,言之所盡,知之所至,極物而已。覩道之人,不随其所廢,不原其所起,此議之所止。"

陸註曰:少知又問萬物之所生,從何而起。大公調爲從起處說起,太極即判,陰陽乃分,縣象著明,莫大乎日月。是故有相照者,陰陽之精,互藏其宅。有相蓋者,蓋之爲言藏也,陰主翕受,陽主施與。有相治者,四時之氣,生尅嗣續,循環不窮。有相代相生相殺者,此時萬物莫不乘此氣機以出入,萬物既生,則萬事萬化,一時同起。故生則有情,有情則欲惡去就,於是橋起;雌雄片合,於是常有。橋起,突然而起之意。片合,猶言分合,既有情矣,則不能無事。故安危禍福,緩急聚散,相易相生,以摩以成,此名實之可紀,精微之可志者也,而皆不外乎陰陽。故随序之相理,橋運之相使,窮則反,終則始,造化如此,物理亦然,故曰此物之所有,乘氣機以出入者也。随序,即循序也。循序,即有所理而不亂,故曰相理。橋者,有升有降,故謂氣運爲橋運。屈申相感,若或使之,故曰相使。論道者,言之所盡,盡此而已。知之所至,至此而已。盡心竭力,只説得箇物字,故曰極物而已。然以言言道,以知知道,非寔覩道者也。故覩道之人,不随其所廢,不原其所起,蓋道無名相,安有起廢。分明提上一步,說到箇未始有始也者,此處方爲究竟。故曰此議之所止。

林註曰:覩,知也。惟知道之人,則于其所以廢,所以起者,皆歸之于無,歸之于自然。則其言議至于此而止,謂到此田地,無可說處矣。

呂註曰:先後相随之謂序,相理而未嘗亂也。橋則乘之以行,運則因之以

---

① 通行本"精"字後有一"微"字。

濟,相使而未嘗定也。窮則反,終則始,陰陽耳,四時耳。是物之有,非道之無也。言知之所止,極此而已。此萬物之所生起,非所以生而起。有名,萬物之母也。若夫覩道之人,未嘗無物,故不隨所廢,未嘗有物,故不原所起,泊然無名,出乎六合之外,豈言知之所及哉!

少知曰:"季眞之莫爲,接子之或使,二家之議,孰正於其情,孰偏於其理?"大公調曰:"雞鳴犬①吠,是人之所知;雖有大知,不能以言讀其所自化,又不能以意其所將爲。斯而析之,精至於無倫,大至於不可圍。或之使,莫之爲,未免於物,而終以爲過。或使則實,莫爲則虛。有名有實,是物之居;寄託也,猶假寓。無名無實,在物之虛。可言可意,言而愈疏。

補曰:孰字,合二家而核其是也。荅曰,二子之說,何當於道哉!雞鳴犬吠,人所共知,大道不若是其易也。彼萬物之出入,非化乎未化之時,有網維於其初者,是其所自化。萬物之搖作非爲乎? 未爲之際,有推移於其間者,是其所將爲此。其理視之不見,聽之不聞,搏之不得,雖有大知,不能以言讀意逆,誠超物表而析之,以言乎精則無倫,以言乎大則不可圍,非一曲之說可盡也。二子區區從物上討取,去道遠矣,未免爲物所累,終有失言之過。【眉批:疏理簡易,人人首肯悅服。】何也? 曰或之使,是明明說有箇主使之者,大着實了。曰莫之爲,全是偶然散聚,適然生死,大落虛了。既有實,則名隨之,故曰有名有實。接子不過自物之寄託處起見,便以爲有名實,而不知道原不擊於有。季眞不過在物之空幻處起見,便以爲無名實,而不知道原不落於無。緣二子妄謂可以言讀,可以意測,以致議論滋繁,離道愈疏也。故曰可言可意,言而愈疏。

未生不可忌,禁也。已死不可阻②,過也。死生非遠也,理不可覩。或之使,莫之爲,疑之所假。吾觀之本,其往無窮;吾求之末,其來無止。無窮無止,言之無也,與物同理;或使莫爲,言之本也,與物終始。道不可有,有不可無。道之爲名,所假而行。或使莫爲,在物一曲,猶見得一邊。夫胡爲於大方? 言而足,則終日言而盡道;言而不足,則終日言而盡物。道物之極,言默不足以載;

---

① "犬",通行本作"狗"。
② "阻",通行本作"徂"。

非言非默，議有所極。"

補註曰：請言生死，彼氣機之出入，不可忌阻，近在目前也，而理不可覬。要在至人，自能默契心通，有不覬之覬。二子于此理，全然不曉，純是一團疑情播弄，所以說或使莫爲。假，作"假借"之"假"。中心疑者，多假言辭以文飾也。夫物莫不有本末。本者，生出之始，自吾觀之，轉覺往不可阻，已無窮矣；末者，終入之始，自吾求之，轉覺來不可忌，已無止矣。循環嗣續，不可端倪，未生不可忌，已死不可阻，泛言生死。此四句，互言不生不死之理，誠能悟此無窮無止眞消息，而后知大道窈窈冥冥，聲響俱銷，與物同此虛無自然之理，故曰無窮無止，言之無也，與物同理。彼二子，方恃或使莫爲，爲立言之本旨，終始要在物上證道，將見言意日出，與物相爲終始，安知所謂無窮無止哉！故曰或使莫爲，言之本也，與物終始。夫道，恍兮惚兮，其中有物。然不可執以爲有，若執以爲有，即不可灑脫，安能還返於無，所以終始爲物累也，故曰道不可有，有不可無。究竟道不可名，可名非道。道之一字，亦係假託，姑與人以稱號，況或使莫爲，只在物之一邊說者，安得不爲大方所笑。是故知道之人，言而足以明道，終日言物而盡爲道也。不知道者，言不足以明道，則終日言道而盡是物也。又一說曰，知道者，終日言物，而足以盡道之理；不知道者，終日言道而不足以盡物之情，亦通。試究其極，絕不開語，默也。不但言與不言，不足以載道，并不足以載物。有至人焉，不言之言，是謂非言；言而不言，是謂非默，庶其有極乎！此段根極理奧，可與内篇《齊物論》《大宗師》同看，歷觀諸解，都模糊放過，即鬳齋、方壺，亦不得肯綮，余爲特疏之。

眞經合注吹影卷之二十六

雜篇外物總論

約菴曰：至人抱神而外物，順人而不失已，廼能遊於世而不僻，躊躇興事而每成功，所謂心有天遊，知外物不可必也。夫外物莫大于忠孝，人主莫不欲其臣之忠，古今以忠而戮辱者，代有其人，而忠未必信。人父莫不欲其子之孝，古今以孝而憂患者，代有其人，而孝未必愛，況其他乎！嘗見世人日以其心，與物搆鬪，交戰于利害之場，焚其天和，至死不悟。夫非與外物相刃靡乎！莊周貧而貸粟，不能得之於河監。鮒失常與，不能得升斗之活於莊周，外物不可必也。任公子大鉤巨緇，原無期必之心，故遲至期年而得大魚。詎若俗儒剽竊古人，妄覬藏珠哉！【眉批：轻轻映带，有花影侵簾之致。】老萊諷孔子去躬矜容知務，遺外飾而内存神也。神龜遊河伯之所，神稍外役，即智困於余且，其明鑒歟！夫治身治世之道，惟知無用而始可與言用，惟不以外物爲事，而後可以出入外物之中而無患，庶幾順人而不失己之聖人，能不留行焉。凡爲外物牽引者，情欲縈擾，六鑿摷攘，胸中欝悶，一見大林丘山，心竊善之，其神不勝也。神勝者，物來順應，萬類咸宜，如春雨時，若草木怒生，竝育而不相害，然而致此抑難矣！故忠孝、名節、仁義、禮樂，聖人所以駴天下者，神人視之，皆外物也，未嘗過而問焉。即以死孝者言之，爵一人爲官師，便多慕賞而毀死之人；即以逃天下言之，堯時有許由，便有慕高風而跋扈踣河之人，漸何可長也。嗟乎，安得忘外物之人，而與之言哉！忘外物者，得魚忘筌，得兔忘蹄之謂也。

南華眞經合注吹影卷之二十六

武林吹影居士胡文蔚豹生甫刪補

同里　錢世清　生一甫

陳祚明　穎倩甫　評訂

雜篇外物第四

外物不可必，故龍逢誅，比干戮，箕子狂，惡來死，桀紂亡。人主莫不欲其臣之忠，而忠未必信，故伍員流於江，萇弘死於蜀，藏其血，三年而化爲碧。人親莫不欲其子之孝，而孝未必愛，故孝己憂而曾參悲。

刪訂陸註曰：大意謂外來之禍，不惟惡者不能免，而善者亦未必能免，故曰外物不可必。大凡天下只理與數，二者而已。忠孝獲慶，理之常也，所遇不偶，變出意外，有數存焉。人當爲其所當爲，不可必其所難必。萇弘，周靈王臣，被放歸蜀，刳腸而死，化碧其事也。孝己，殷高宗之子，逐于后母。曾子爲父芸瓜，誤斷其根，大杖幾死，故以爲憂悲。

木與木相摩則然，金與火相守則流，陰陽錯行，則天地大絯音駭。。於是①有雷有霆，水中有火，乃焚大槐。有甚憂兩陷而無所逃，螴蜳音陳淳。不得成，心若縣音玄。於天地之間，慰暋音昏。沈屯，利害相摩，生火甚多，衆人焚和，月固不勝火，於是乎有僓音頹。然而道盡。

合訂諸註曰：木相摩則然，同類或至相尅；金入火則流，異類或至相尅，言不可必也。陰陽錯背，則災異見。大絯，異常也。大雷雨時，常焚林木，則是水

---

① 通行本"是"后有一"乎"字。

中有火。老槐能生火,故以槐言之。甚矣,火之爲害也!修道之人,虛靜恬澹,五蘊之火俱除,故忘利害,齊死生;不知道者,大患有身,安能無憂?或悅生,或怖死,或嗜利,或慮害,甚憂兩陷而無所逃。蜂蜂疑惑,虞其不成,心搖搖如懸旌,遂意則慰,乖意則瞀,遇境則沈,觸事則屯,【眉批:慰瞀沈屯,四字明確。】利害交戰,五火頓生,如兩木相摩而燃,焚其天和,眾人之所爲,莫不皆然。嗟乎!一水安能制五火,將見精氣銷爍,憒然衰斃,身既盡矣,遑問道耶!

《循本》曰:蜂蜂,蟲起蟄而未甦貌。兩陷,陷於利害。二者之中,如患得患失意。

陸曰:不修道者,不知外物之不可必,而交戰於利害之場,故焚和。焚者,煎熬之義。月固不勝火,月字下得奇。月者,水也,又月古篆"肉"字。言血肉之軀,不勝熬爍,故憒然衰斃。

莊周家貧,故往貸粟於監河侯。監河侯《說苑》作魏文侯。**曰:"諾。我將得邑金,將貸子三百金,可乎?"莊周忿然作色曰:"周昨來,有中道而呼者,周顧視車轍中,有鮒**音附。**魚焉。周問之曰:'鮒魚來,子何爲者邪?'對曰:'我,東海之波臣也。君豈有斗升之水而活我哉?'周曰:'諾。我且南遊吳越之王**褚云:當是"土"字之誤。**,激西江之水而迎子,可乎?'鮒魚忿然作色曰:'吾失我常與,我無所處。我得斗升之水然活耳。君乃言此,曾不如早索我於枯魚之肆。'"**

邑金,取邑之租金也。常與,指水言。約菴曰:予流寓廣州陳村,自戌及癸,獲注此書,時值大飢,流離之子,薄粥野蔬,日纔二餐,愧無粟貸友,亦無從乞升斗。若監河侯之諾貸,未見其人也,況三百金云,雖多而未與,不若少而有濟。吾以莊子之忿然作色,猶行古之道也。今則何敢?陸方壺以爲窮塗仗友生,仁者宜亟賑之,乃出此迂緩不急之語。莊子偶記於此,以見世俗之益偷也。悲哉,天乎!當日如是,茲更甚焉,慎毋使人與人相食之言,驗於后世,則斯人之福矣。

任公子爲大鉤巨緇,五十犗音界。**以爲餌,蹲乎會稽,投竿東海,旦旦而釣,期年不得魚。已而大魚食之,牽巨緇①,錎**音陷。**沒而下,驚②揚而奮鬐**音

---

① 緇,通行本作"鉤"。
② 驚,通行本作"鶩"。

鬐。白波若山,海水震蕩,聲侔鬼神,憚赫千里。任公子得若魚,離而腊之,自淛河以東,蒼梧已北,莫不厭若魚者。已而後世輇音權。才諷說之徒,皆驚而相告也。夫揭竿累,趣①灌瀆,守鯢鮒,其於得大魚難矣! 飾小說以干縣音玄。令,其於大達亦遠矣。是以未嘗聞任氏之風俗,其不可與經於世,亦遠矣!

【眉批】修詞麗而多風。

巨緇,大黑索也。犗,犍牛也。離,剖分也。乾肉曰腊。厭,飽飫也。輇,同詮,輇量人物之小才也。累,小繩也。

呂註曰:此明經世者志於大成,而不期近效。

林疑獨曰:“大魚食之”至“莫不厭若魚”,言存心遠大者,所得雖遲,驚動天下,四方被其澤也。后世驚而相告,揚名於后世也。縣令,懸賞格以待言者。○劉須溪曰:諷說,誦說已成也。

儒以《詩》《禮》發冢,大儒臚傳曰:“東方作矣,事之若何②?”小儒曰:“未解裙襦,口中有珠。《詩》固有之曰:‘青青之麦,生於陵陂。生不布施,死何含珠爲?’”四句是詩語。接其鬢,壓其顪音誨,儒以金椎控其頤,徐別其頰,無傷口中珠。

郭註曰:《詩》《禮》,先王之陳迹也。苟非其人,道不虛行。儒者乃有用之爲奸者,則迹不足恃也。○陸註曰:此戲劇世儒無實得,專以剽竊古人爲事者。補曰:古人所言,猶冢中含珠也。儒以詩禮名家,所以教其子弟者,不過發古人之緒餘,猶盜也。○自上語下曰臚,自下語上曰句,耳旁曰鬢,頤下曰顪。謂以左手接其鬢,右手按其顪也。口旁曰頤,頤旁曰頰。壓,以一指按也。

老萊子之弟子出薪,遇仲尼,反以告,曰:“有人於彼,脩上而趨音促。下,末僂而後耳,視若營四海,不知其誰氏之子。”老萊子曰:“是丘也,召而來。”仲尼至。曰:“丘,去汝躬矜與汝容知,斯爲君子矣。”仲尼揖而退,蹙然改容而問曰:“業可得進乎?”老萊子曰:“夫不忍一世之傷,而驁萬世之患。抑固窶耶?亡其略弗及耶③? 惠以歡爲驁,終身之醜,中民之行進焉耳! 云庸人所爲,則務進

---

① 趣,通行本作“趣”。
② 若何,通行本作“何若”。
③ 耶,通行本作“邪”。

_{於此也。}**相引以名，相結以隱。與其譽堯而非桀，不如兩忘而閉其所譽。反無非傷也，動無非邪也。聖人躊躇以興事，以每成功。奈**①**何哉，其載焉終矜爾！"**

【眉批】老萊子，楚人。

刪訂各註曰：末僂，言其背有僂曲之狀。後耳，耳帖腦後也。視若營四海，即蒿目以憂當世之患意。躬矜者，有矜持之意，便不能無心。容知者，見非盛德若愚也。惠以歡爲鶩，以恩惠結人之歡，而鶩然自負也。相結以隱，以心腹相結也。古之君，不忍一世之傷者，莫如堯。坐致一世之傷者，莫如桀。人皆是此非彼，能兩忘毀譽，然後與道相親。夫道以自然爲宗，反此則皆斲削天眞之事，無非傷也。吉凶悔吝，生乎動，動則非虛靜恬澹之體，無非邪也。聖人不得已而有爲，則躊躇以興事，豫若冬涉川，猶若畏四鄰，無心求功，而功歸之，每每有成。奈何以身任焉，載而有之，終身矜持之爾！

宋元君夜半而夢人，被发闚阿門_{曲側之門也}**，曰："予自宰路**_{淵名}**之淵，予爲清江使河伯之所，漁者余且**_{音豫趄}**得予。"元君覺**_{音教}**，使人占之，曰："此神龜也。"君曰："漁者有余且乎？"左右曰："有。"君曰："令余且會朝。"明日，余且朝。君曰："漁何得？"對曰："且之網得白龜焉，其圓五尺。"君曰："獻若之龜。"龜至，君再欲殺之，再欲活之。心疑，卜之。曰："殺龜以卜吉。"乃刳龜，七十二鑽而無遺筴**_{音策}**。仲尼曰："神龜能見夢於元君，而不能避余且之網；知能七十二鑽而無遺筴，不能避刳腸之患。如是則知有所困，而**②**神有所不及也。雖有至知**_{去聲}**，萬人謀之。魚不畏網而畏鵜鶘**_{音提胡}**。去小知而大知明，去善而自善矣。嬰兒生無石師而能言，與能言者處也。"**

【眉批】現前指點，妙。

陸註曰：數之定也，雖有神知不能移，故有所困，所不及。老子曰："自吾無身，復有何患"。外其身，則不囿於數矣。夫人雖有至知，亦須畢舉群策，而後爲謀允臧。蓋用知則自私，自私則有情識機變，人斯畏而避之。故魚網雖

---

① 奈，通行本作"柰"。
② 通行本無"而"字。

密,魚不畏也。鵜鶘所食幾何,魚反畏之,何也? 網無情而鵜胡有情也! 聖人能與天下相安者,亦無情順應而已,故知去其小則大,明去其善則自善。鵜鶘,即淘河,水鳥也。石、碩,古通用。

惠子謂莊子曰:"子言無①用。"莊子曰:"知無用而始可與言用矣。夫②地非不廣且大也,人之所用容足耳,然則厠足而墊之致黃泉,人尚有用乎?"惠子曰:"無用。"莊子曰:"然則無用之爲用也亦明矣。"

【眉批】墊,音店。

林註曰:墊,掘也。容足之外,皆爲澒淵,則不可行,故曰無用之用。陸註曰:夫至理之言,無可揀擇,故碎拱璧,則塵塵是玉;折沉檀,則片片皆香。顧言之,所該者無窮,而人之所用者有限,以不盡用而遂謂其無用,則非矣。致,至也。

莊子曰:"人有能遊,且得不遊乎! 人而不能遊,且得遊乎? 夫流遁之志,決絕之行,噫,其非至知厚德之任與! 覆墜而不反,火馳而不顧,雖相與爲君臣,時也,易世而無以相賤。故曰,至人不留行焉。夫尊古而卑今,學者之流也。且以狶韋氏之流,觀今之世,夫孰能不波,唯至人乃能遊於世而不僻,順人而不失己。彼教不學,承意不彼。

補曰:至知,不假聰明思慮者也。厚德,循乎自然,動以不得已者。唯此二種人,乃能遊,遊以不遊,斯眞逍遙遊。若流循之志,逐物而忘返;決絕之行,離世以爲高,去至知厚德遠矣,且得遊乎! 斯其人,一往不回,縱使傾覆墜溺而不肯轉頭,如火之延燒迅發,而不自顧惜,方將禍患隨之。世間名分,莫嚴於君臣,一時則然,易世則變,況其他道理,可以紐常襲跡,所以至人隨時應變,無留行焉。學者多尊古而卑今,不知自狶韋以至今日,道眼觀之,孰敢不波。波,言其與世胥溺也。意者,唯至知厚德之至人能不波乎! 其遊於世也,和光同塵,不與之爲異;其於人也,不將不迎,而未嘗以己殉世。彼所謂世教者,雖不屑學之,然亦承其意而不彼。彼者,外之之詞也。何者? 世出世法,原無兩件,有揀

---

① 無,通行本作"無"。下幾處同。
② 夫,通行本作"天"。

擇去取,則非天遊矣。遊非絕物忘世之學,有順應而不自失者在焉!

目徹爲明,耳徹爲聰,鼻徹爲顫音鸒,**,口徹爲甘,心徹爲知,知徹爲德。凡道不欲壅,壅則哽**音耿**,哽而不止則跈**音碾**,跈則衆害生。物之有知者恃息,其不殷,非天之罪。天之穿之,日夜無降,人**①**顧塞其竇。**

殷,盛也。無降,無止也。竇,室之通光者,喻心之靈光也。

陸方壺曰:夫目蔽于色則不明,耳亂于聲則不聰,鼻奪于香則不顫,口嘸于味則不甘,心役于識則不知,知有分別,非德知也。是皆夫人六根所起之六塵,必須撤而淨之,然後能復其本然之靈覺,然六根門頭,頭頭是障,須下幾個徹字,實則一了百當,一處徹則處處皆徹矣。所以道不欲壅,不徹則自爲外物所壅。如人之哽者,哽而不已則跈,跈則衆害生之。跈,足陷泥淖之跡也。言人之虛靈,即爲物所壅塞,則將陷於物欲之中不能自拔,而衆欲交攻,其有存焉者鮮矣。夫物之有生,恃此生息之理,而今之存焉者寡,則生息微眇而不盛,其不盛,非天罪之也。天之穿之者,日夜無降,人顧自塞其竇耳。蓋此段靈光,人人透露,有耳自聰,有目自明,乃天所穿,日夜無止,譬則室之有竇,日光自穿,人顧自塞其竇,乃光明虧蔽而不見耳。

胞有重閬音浪**,心有天遊。室無空虛,則婦姑勃豀;心無天遊,則六鑿相攘。大林丘山之善於人也,亦神者不勝。德溢乎名,名溢乎暴,謀稽乎誸,知出乎爭,柴生乎守,官事果乎衆宜。春雨日時,草木怒生,銚鎒於是乎始脩,草木之到植者,過半而不知其然。**誸,音賢。銚,音挑。鎒,音耨。豀,音奚。

【眉批】果,如由也果之果,云能決斷衆宜。

刪補陸註曰:人恃息生,息恃虛而生。胞,人身胕膜也。重閬,胞中孔竅,所以行氣者,人身如此,人心亦然。清淨之中,一物不着,常與大虛相遊衍,故曰天遊。卑隘之室,長幼雜處一屋,則婦姑或至于爭怒。心無天遊,則情欲縈擾,六賊攘奪,終無寧息,既爲六鑿相攘,胸中不勝躁鬱,一見山林幽靜之地,心竊喜之,亦其元神不定,不足勝之耳。溢者,蕩失也。名勝則實衰,故德溢乎名,而名之所以溢者,以其不能自藏,而有心於表暴也。誸者,急義。御下弦

---

① 通行本"人"字後有一"則"字。

急,則人思以機詐圖之,故謀用是稽。彼此爭勝,則無窮之知出焉。執滯於物,守而不化,則柴塞其中,而與物爲梗。任事在人,衆力咸宜,則官事得果。夫六鑿之易萌,如草木然,當田器始修之時,而其怒生倒植者,已過半矣。夭喬暢茂,有不知其然而然。甚矣,治心者,宜治之于未亂,不可不蚤爲修省。○倒植,即《易》所謂"反生"。

靜然可以補病,眥搣音恣滅。**可以休老,寧可以止遽。雖然若是,勞者之務也,非佚者之所未嘗過而問焉;聖人之所以駴天下,神人未嘗過而問焉;賢人所以駴世,聖人未嘗過而問焉;君子所以駴國,賢人未嘗過而問焉;小人所以合時,君子未嘗過而問焉。**

補病非不病,休老非不老,止遽非不遽,若是猶有勞,故佚者超然不顧。神人,即聖人也。聖言其外,神言其內。趨舍①各有分,高下各有等,故不相②問。以上郭注。○焦註曰:眥搣,舊解目病。劉須溪云,靜非藥也,可以補病,病目無所見,可以休老。不知眥搣,蓋養生家之術耳。按《眞誥》云:時以手按目四眥,令見光,乃是檢眼神之道,久爲之,見百靈。老形之兆,發于目眥。披搣皺紋,可以沐浴老容。

演音踐,以善反。**門有親死者,以善毀爵爲官師,其黨人毀而死者半。堯與許由天下,許由逃之;湯與務光,務光怒之;紀他聞之,帥弟子而踆**音存。**於窾**音欵。**水,諸侯弔之。三年,申徒狄因以踣**音赴,芳附反。**河。**演門,宋城門名。踣,僵也,頓也。

郭註曰:慕賞而孝,去眞遠矣,斯尚賢之過也。其波傷性,遂至於踣河③。○呂註曰:官師之勸,其黨至於毀死。許由之逃,紀他聞之而踆窾,務光赴淵,申狄因之而自沉。好名殉跡之獘至此。○林註曰:踆,與蹲同,此一字,鄙薄之意,故至人無名。

荃者所以在魚,得魚而忘荃;蹄者所以在兔,得兔而忘蹄;言者所以在意,得意而忘言。吾安得夫忘言之人而與之言哉!"

---

① 舍,通行本作"步"。
② 郭本無"相"字。
③ 踣河,郭本作"此"。

　　陸註曰：荃，魚筍也。蹄，兔罝也。在道則爲言説之喻，得其意，則言説可忘。上乘之學，不自外入，專一自家理會，有脱然處，則有言無言，皆作荃蹄觀。得是人而與之言，庶可以行不言之教矣！〇呂註曰：莊子恐後世之人，得其言而昧其所以言，故卒之以荃蹄之喻，俾學者忘言以究其意也。〇荃，或云草之香者，可以餌魚。蹄，兔罝，所以繫其脚，故云蹄。

南華眞經合注吹影卷之二十七

雜篇寓言總論

　　約菴曰：大道不言，一着言詮，從空落影，【眉批：伏下影字案。】未免饒舌。莊子方欲棄絕仁義禮樂，鄙儒墨之議論，訾惠施、公孫龍之強辯，安得著書作經，揚波而助溺哉！故於此篇自明不得已之心曰：吾之不得已而有言也，未嘗執一而自用也。借他端以寓意，如蘧廬一宿而已，未嘗薆古而罔今也，卒取重於古人而有所本，或以前言往行，引申而重言之也，未嘗矯激而與人齟齬也。吾言如醇酒在卮，飲人以和也，所以終身言，未嘗言，終身不言，未嘗不言，可不可，然不然，和以天倪，因以曼衍，所以窮年也。蓋因人言不齊，不得已而闡示道妙，若有言而實無言也，雖曰窮年而與年俱化，【眉批：入化字，可謂鎔金注液。】如孔子使人心服，而不敢蘁立，行年六十而六十化。如曾子再仕而心再化。視吾言，若觀雀蚤蝱相過乎前也。任人視以爲有，視以爲無，視以爲鬼入，視以爲天成，而無暇置辯。惟忘言默契，莫逆於心者，廼能知吾言之所終，吾言之所始，超死生而大妙耳！【眉批：妙合莊仙著書微旨。】噫，大道之有言，猶形之有影也。世之擬議吾言，猶罔兩之問影也。影之所待者，彼形乎？吾言之所待者，彼道乎？影不可執以爲形也，而形不離影。言不可執以爲道也，而道不離言。非言非道，非彼非此之際，有個眞消息。大家請自理會，何庸問哉！【眉批：會心不遠！】

南華眞經合注吹影卷之二十七

武林吹影居士胡文蔚豹生甫刪補

永嘉　何白無咎甫

西安　徐國珩鳴玉甫　評訂

雜篇寓言第五

寓言十九,重言十七,巵言日出,和以天倪。寓言十九,藉外論之。親父不爲其子媒,親父譽之,不若非其父者也。非吾罪者①也,人之罪也。與己同則應,是之也。不與己同則反。非之也。同於己,爲是之;異於己,爲非之。重言十七,所以已言也,是爲耆艾。年先矣,而無經緯本末以期年耆者,是非先也。人而無以先人,無人道也。人而無人道,是之謂陳人。巵言日出,和以天倪,因以曼衍,所以窮年。不言則齊,齊與言不齊,言與齊不齊也,故曰無言。言無言,終身言,未嘗②言;終身不言,未嘗不言。有自也而可,有自也而不可;有自也而然,有自也而不然。惡乎然?然於然;惡乎不然?不然於不然。惡乎可?可於可;惡乎不可?不可於不可。物固有所然,物固有所可,無物不然,無物不可。非巵言日出,和以天倪,孰得其久!萬物皆種也,以不同形相禪,始卒若環,莫得其倫,是謂天均。天均者,天倪也。

【眉批】惡乎然十二句,同《齊物論》。

補曰:莊子自言著述之大旨,不過三端而已。寓言者,假他人他物,相與比

---

① 通行本無"者"字。

② 通行本"未嘗"後有一"不"字。

論,以寓己意,如齧缺、王倪、《齊諧》、湯問之類。重言者,援引古人以取重,如人有聞見,而取正于耆艾也。十九、十七,謂書中十居其九,十居其七也。巵言者,如醇酒在巵,飲人以和。日出者,言其出不一,能調和衆心,與之融洽而無齟齬也。天倪者,大道自然之端倪,似分而不可分,言出于我,視人似分,人且與我和洽而無忤,又不分,如天倪然也,所以已言。已,止也,借重于先輩,可以止人之爭也。期年耆者未解,闕之以竢高明。陳人,即古詩所謂下有陳死人。此數語,見得吾所引重,皆明經緯,知本末,見道高人,非僅以年先之無用人也。或曰陳人,年久無知者也。因者,無物我,忘將迎,與之虛而委蛇也。曼衍,悠優遊衍意。此句正解和以天倪也。天倪,大道中自然而然之端倪,能無心而與之遊,非惟可以送居諸,亦可垂久遠。古今之年有時而盡,吾之所言無時而極也,故曰所以窮年。夫人之同異是非,紛紜雜亂,至不齊矣。我若與之辯,則離岐轉多,但付之以無言,則群言自息而齊矣。彼欲以至齊之理,與人言者,人必不信,固不齊;欲以不齊之言,與我齊者,人必不服,亦不齊也,所以說不言則齊,故曰無言。至於“言無言”三字,人多忽略,此時重提上句而釋之,猶云我所以說無言者,蓋以至人有非言非默之旨。終身言,未嘗言;終身不言,未嘗不言也。具見此叟,筆端轉變不窮處。然而是非之彰,寧無所憑藉而起歟,蓋有自也,隱然指着天倪。自者,恰當不易之理,均均平平,不容以意爲增減,執以私見則阻,運以天機則和,故然不然,可不可,總因夫所固有而已。況這個固有之自,又無物不備者乎!巵言所以得久者,亦不過因其固有,與物曼衍,故飲人以和也。夫不齊莫如萬物,然同乘二氣以生,雖謂之皆種可也,言不二也。胎卵濕化,形固不同,其相禪代於天地之中,往來變化,如環無端,莫得私意比擬。復疇得而是非可否之,是之謂天均,言無低昂差別,各足于其天也。即似分而不可分之天倪也。和者與之融洽而無齟齬,此巵言所以言若不言,而齊之以不齊也。

郭註曰:期,待也。盧齋曰:順也,言不知常變始終之理,但顧其年之長,而稱爲耆宿也,都於于字未洽。

莊子謂惠子曰:“孔子行年六十而六十化,始時所是,卒而非之,未知今之所謂是之非五十九非也。”惠子曰:“孔子勤志服知也。”莊子曰:“孔子謝之矣,而其未之嘗言也。孔子云：'夫受才乎大本，復靈以生。鳴而當律，言而當法。利義陳乎前，而好惡是非，直服人之口而已矣。使人乃以心服，而不敢蠱五各反。立，定天下之定。'已乎，已乎！吾且不得及彼乎！"

陸註曰：勸志，即敏求之意。服知，謂行其所知。惠子亦據夫子之所自許，而信其如是。莊子言夫子六十而化，則已謝是矣，特未嘗自言其所詣也。又引夫子之言以明之。受才，即降才之才。大本，猶大初也。復靈以生，謂人莫不復此靈覺之性以有生。若鳴而當律，無事于音聲之調；言而當法，無事于義理之釋。義利陳前，而好惡是非，皆合其宜。夫固靈性之所顯發，然以言教者，直服人之口而已。若使人心悅誠服，而不敢忤立，是謂以一止而止眾止，非盛德至善，何以有此，宜莊子深嘆其弗及也。

林註曰：必舍去義利，而忘其是非好惡，乃可使人心服，不敢與我對立而爲忤，後可以定天下之定理。蠱，逆也，忤也。對面而立，則我爲順而彼爲逆，《周禮》"以受諸侯之逆"，亦言向我而來者爲逆也。

羅勉道曰：服人之口，儒者之事；使人心服，乃至人之道。"已乎，已乎"二句，孔子又贊嘆之。以爲"不能及彼也"一段，皆孔子之言。

曾子再仕而心再化，曰："吾及親仕，三釜而心樂；後仕，三千鍾①不洎音既。吾心悲。"弟子問於仲尼曰："若參者，可謂無所縣係也，謂係心于祿也。其罪乎？"曰："既已縣矣。夫無所縣者，可以有哀乎？彼視三釜、三千鍾，如觀一作鸛。雀蚊虻相過乎前也。"

郭註曰：不洎，不及養親也②。弟子謂參仕以爲親，似無係心于祿之愆③。既已縣矣，謂係于祿以養也。夫養親以適，不問其具。若能無係，則不以貴賤經懷，而平和恬暢，盡色養之宜。彼，指無係之人。夫無係者，視榮祿若蚉虻鳥雀之在前而過去耳，豈有哀樂于其間哉！

呂註曰：安時處順，哀樂不能入，古者謂是帝之縣解，則無所縣者，故不可以有哀也，死生亦大矣，而哀樂不能入。則是三釜、三千鍾，如蚊雀之過乎前，

---

① 通行本"鐘"字後有一"而"字。
② 此句郭本作"洎，及也"。
③ 此句郭本作"無係祿之罪"。

其大小多少,不足較也明矣!

補曰:再化,謂有樂悲之變也。或兩仕而兩無心于祿也。參以及親不及親爲樂哀,未免從祿之多少,仕之大小起見,雖曰養親,其心寔未能忘祿也。彼忘祿者,視仕如外物之過乎前,不足當一眄,夫何悲喜之有!

顏成子游謂東郭子綦曰:"自吾聞子之言,一年而野,二年而從,三年而通,四年而物,五年而來,六年而鬼入,七年而天成,八年而不知死,不知生,九年而大妙。"

陸註曰:夫道靜虛恬澹,寂寞無爲,然無爲也而無不爲。無不爲,則天矣。故發顏成子遊一端説話。野者,去其機械之心,而返於樸質。從者,隨順衆志,不起愛憎取舍。通者,無人無我,心地大通徹,比從更近一步。物者,如槁木死灰,不起絲毫情識,一味寂滅。來者,幻滅滅故,非幻不滅,如往之有來。鬼入者,與鬼神同其屈申。天成者,與天同其造化,學而至於天成,似不復更有進步,然又有個未始有天,未始有物,未始有始也者。故八年、九年,工夫愈細,不知有死,不知有生,乃入大妙,與道合眞矣。此段學問豈可歲月計,此但言其漸次云爾。

呂註曰:道未始有物也,既已有物,而欲復于無物。其致虛守靜,非一朝之積也,故有一年九年之次。鬼入者,即鬼神來舍也。不知死,不知生,則知止乎其所不知,大妙則神矣!妙萬物而爲言,然后能體神也。

林註曰:五年而來,寂寞中又有不寂寞者存,禪家所謂大死人却活是也。不知死,不知生,無入而不自得也。

生有爲,死也勸公。以其死也,有自也;而生陽也,無自也。而果然乎?惡乎其所適,惡乎其所不適?

陸註曰:此自上"不知死,不知生"逗下意來。以生死而論有爲無爲,言人生不能無爲,如富貴有富貴之爲,貧賤有貧賤之爲,死則同歸于無爲而已,故曰生有爲,死也勸公。公之爲言同也。下一勸字,勸人灰心滅意,以還造化。人皆以生爲樂,以死爲悲,急爲勸慰,使人解其天弢,墮其天袠,同證寂寞,以返吾眞。夫人皆以死也有自也,而不知其生陽也,無自也。死也有自,謂自有形而返于無形,始見其有,倏見其無,故含情之類,不能無悲,而不知遡其生陽之始,寔無所自。如是,則其死也亦返其無所自者而已。而果然乎,而,汝也。汝果以爲然,則惡乎其所適,惡乎其所不適,而生欣戚于其中耶！適者,快適之意。

呂註曰:生而無爲,則不知有死,不知有生。生而有爲,而後有死。勸之以公而無私,則不知有死矣。生有爲,死之所自。故聖人外其身而身存,能以其無私化人之私,所以勸公也。【眉批:勸公合如此解。】原始要終,故知死生之說。始卒若環,則生陽而已,安有所自？以有爲爲自,亦以物情言之,其果然乎？體道窮神者,不知有死,惡知有所適,有所不適。欲求之歷數、人據,未始同也,又惡乎求之禍福人事間哉！試參酌于有命無命、有鬼無鬼之際,而止于其所不知,斯得之矣。

林註曰:生而有爲者,言以生爲有生,則有死矣。蓋有死生之見,自私者也。若以至公之理勸之,欲其知造化之間,無不死之物,故曰勸公,以其死也。陸氏則以“死也勸公”爲句,二說皆通。

天有曆數,地有人據,吾惡乎求之？莫知其所終,若之何其無命也？莫知其所始,若之何其有命也？有以相應也,若之何其無鬼邪？無以相應也,若之何其有鬼邪？”

補訂陸註曰:此以造化之不可知,反復徵問,欲人深造與不知死、不知生之境,以其所知養其所不知,而與道合眞也。曆數者,日月星辰之數,甘、石、巫氏之書是也。人據者,人迹所至,有可考據,《禹貢》、圖經之類是也。命則實有,而曰不得謂之有者,所以遣去執有之病。鬼神乃氣機之往來屈申者,故曰有以相應。然而善未必福,惡未必禍,仁不盡壽,暴不盡夭,又似無以相應者,造化之妙,其不可知者,若此。

補曰:顏成子遊一節,總以“不知死、不知生”六字爲主,要人忘死生,消除私知,寂寞無爲,虛靜恬澹,以證道妙。忘死生者,于人世間惡知其有所適,有所不適,以言乎天地,舉曆數人據,直土苴視之,惡乎求？以言乎命與鬼,直若忘若存耳,又何知焉！此之謂以所知養其所不知,以人合天。其初若漸次而進,其實合道而大妙,與天同一爲而已矣！莫知其所終,即以其死也,有自也。莫知其所始,即生陽也,而無自也。命與鬼二段,總是言死生不可知之故。

衆罔兩問於景音影。曰：“若向也俯而今也仰，向也括①結髮爲髻也。而今也被髮；向也坐而今也起，向也行而今也止。何也？”景曰：“叟叟②，奚稍問也！予有而不知其所以。予，蜩音條。甲也，蛇蜕也，似之而非也。火與日，吾屯也；陰與夜，吾代也。彼吾所以有待邪，而況乎以③有待者乎！彼來則我與之來，彼往則我與之往，彼強陽則我與之強陽。強陽者，又何以有問乎！”

補曰：罔兩，影邊之澹薄者，影外微陰，非一，故加衆字，即指其俯仰坐起等也。叟叟，多人之稱，正與“衆”字相應。稍，率略之意，言奚爲卒然有此問也。羅勉道曰：予，影自謂也。予有此俯仰行止，而實不知其所以然之故。若曰影生于形，如蜩之甲，蛇之蜕，此說是矣而非。蓋甲與蜕，一離于形則不相聯屬，無復俯仰行止之相肖，若影遇日，與火照之則屯聚；遇天陰與夜，則代去。無日與火，則雖有形，不能爲我影。如此看來，則彼之形，雖能爲吾影，而必有待，況罔兩，又用影之有待者乎！彼形來往，吾固與之來往；彼形強陽，吾亦與之強陽。強陽，非血氣之正，而影亦隨之，總不知其所以然也。況叟叟之生于予，而又何以問爲？況乎以有待以字，作用字解。

陸註曰：彼，形也，非吾之所以有待者耶？然彼亦不能自主，必有所以使之如此者。以彼之不能自主者，尚爲吾所以待，而況乎主張網維之造化，將獨不爲彼之所待乎！

陽子居陽姓，名戎，字子居。《列子》作楊朱。南之沛，老聃西游於秦，邀於郊，至於梁而遇老子。老子中道仰天而歎曰：“始以汝爲可教，今不可也。”陽子居不荅④，至舍，進盥漱巾櫛，脫屨户外，膝行而前，曰：“向者弟子欲請夫子，夫子行不間，是以不敢。今間矣，請問其故。”老子曰：“而睢睢盱盱，而誰與居？大白若辱，盛德若不足。”陽子居蹴然變容曰：“敬聞命矣！”其往也，舍者迎將，其家公執席，妻執巾櫛，舍者避席，煬者避竈。其反也，舍者與之爭席矣！

補曰：睢，仰目。盱，張目。皆視上于面而近傲者。家公，旅邸主人也。舍

---

① 通行本“括”字後補一“撮”字。
② 叟叟，通行本作“搜搜”。
③ 通行本“以”字後補一“無”字。
④ 荅，通行本作“答”。

者,治舍役從也。爨,炊者也。陸註曰:睢睢盱盱,矜持之貌。而誰與居,人將畏而去之。若辱,恥而自藏之義。大白者,明于道德之人。若不足,不自滿也。老聖之教如此,于是楊子去其矜持,深自晦昧,忘形混世,歸來而舍者與之爭席。此便是列子見壺子,歸爲其妻執爨,食豕如食人之意。和光同塵,挫銳解紛,正是此旨。

江適曰:下人不精,不得其眞,進盥漱巾櫛,脫履膝行,几以欲得其眞而已。存乎人者,莫良於眸子,神之所託也。至人相遇,目擊道存,知人每得于眉睫。故陽子之睢盱,老子以爲不可教也。避席非止于不爭,爭席非止于不避。夫秦梁之地不遠也,今之舍者,猶昔之舍者也。其相遇遽若此異,乃知至道密庸,變形易慮,人常由之而不知也。

郭註曰:睢睢盱盱,跂扈之貌,人將畏懼而疏遠也。尊形自異,故憚而避之。去其矜誇,故與之爭席①。

---

① 此句郭本無"去其矜誇故也"句。

南華眞經合注吹影卷之二十八

雜篇讓王總論

約菴曰：戰國之世，弒奪兼并，慕權勢者，傾陷於朝。持是非者，橫議于野，其爭甚矣。化爭之道，莫過於讓。王者域中之大，王可讓，何有事物哉！莊子著《讓王》所以云救也。【眉批：是莊仙立言本旨。】故遡自二帝太王，以及世主封君，言達而治世者，不以富貴傷其生也。遡自孔子、顏、曾，以及顏闔、禦寇、屠羊說，言窮而在下者，不以貧賤改其樂也。堯以天下讓，能使人不避。舜則使人入山蹈海而不反，其間不無低昂。【眉批：確有分別。】太王因狄爭而後去跡，似避而心實讓也。何也？不欲以土地害所養也。王子搜雖畏禍而避，猶知生重於國。韓魏爭地，聞華子兩臂之喻而悟，猶知身重于地，亦世主中之賢明者，庶幾近于讓矣！魏牟公子也，封君也，即有向道之意，身居巖穴，心慕退讓之風矣。孔顏行修于內，致道忘心者也。憲之華冠縰履，參之縕袍無表，養志忘形者也。顏闔之却幣，列子之辭粟，養形忘利者也。處窮賤而自樂，有天下而必能讓，其不以至重易生，則一也。若北人隨、光、夷、齊，或溺或餓，似乎傷生也，然且以聞其言，踐其地，爲汙辱，甘于溺餓，芳規高躅，較之鮮廉寡恥，屈己詭遇者，爲何如？此世俗之所甚難，可以廉頑立懦者也。夷、齊處周興之盛，猶以爲遇亂世，不爲苟存。苟可得已，必不賴高節戾行，獨樂其志，不事于世。嗟夫！今之朝秦暮楚以于進者，洵得已而不已矣！

南華眞經合注吹影卷之二十八

武林吹影居士胡文蔚豹生甫刪補

三山　陳肇會昌箕甫

太末　徐國章文匠甫　評訂

雜篇讓王第六

　　堯以天下讓許由,許由不受。又讓於子州支父,子州支父曰:“以我爲天子,猶之可也。雖然,我適有幽憂之病,方且治之,未暇治天下也。”夫天下至重也,而不以害其生,又況他物乎!惟①無以天下爲者,可以託天下也。舜讓天下於子州支伯,子州支伯曰:“予適有幽憂之病,方且治之,未暇治天下也。”故天下大器也,而不以易生。此有道者之所以異乎俗者也。

　　補曰:支父、支伯,總是一人。幽憂之病,《詩》所云“如有隱憂”也。所隱憂者何?即《庚桑楚》篇“大亂之本,必生於堯舜之世,其末存乎千世之后”,《胠篋》篇“仁義多憂,聖人生而大盜起”之意。惟無以天下爲者,可以託天下。故堯舜皆以天下讓之。然有道者異乎俗,安肯重天下而輕養生。故兩以未暇辭之。

　　舜以天下讓善卷,善卷曰:“予②立於宇宙之中,冬日衣皮毛,夏日衣葛絺_{音答};春耕種,形足以勞動;秋收斂,身足以休食;日出而作,日入而息,逍遥於天地之間,而心意自得。吾何以天下爲哉!悲夫,子之不知予③也!”遂不受。

---

①　惟,通行本作“唯”。

②　予,通行本作“余”。

③　予,通行本作“作”。

於是去而入濱山，不知其處。舜以天下讓其友石戶之農，石戶之農曰："捲捲乎，后之爲人，葆力之士也。"以舜之德爲未至也，於是夫負背負。妻戴首戴。携子以入於海，終身不反也。

補曰：捲捲，勞役態。葆力，養其力以圖治也。入山者，何以莫知其處。入海者，何以終身不反。恐舜急于爲天下得人，將來復物色之也，不欲以身爲禹也。觀二子之遠避，知舜尚賢之心，比堯更汲汲矣。

太①王亶父居邠，狄人攻之；事之以皮帛而不受，事之以犬馬而不受，事之以珠玉而不受，狄人之所求者，土地也。太王亶父曰："與人之兄居而殺其弟，與人之父居而殺其子，吾不忍也。子皆勉居矣！爲吾臣，與爲狄人臣，奚以異？且吾聞之，不以其用養害所養。"因杖筴而去之。民相連而從之，遂成國於岐山之下。夫大王亶父，可謂能尊生矣。能尊生者，雖貴富不以養傷身，雖貧賤不以利累形。今世之人居高官尊爵者，皆重失之，見利輕亡其身，豈不惑哉！

補曰：因狄爭而後去，非唐虞之治矣。不忍驅民于鋒鏑，以所用養人之土地，害土地所養之人，是知尊生民者也。下視貪官爵，以利累形亡身者，何啻天壤！

越人三世弒其君，王子搜搜，王子名。患之，逃乎丹穴。而越國無君，求王子搜不得，從之丹穴。王子搜不肯出，越人熏之以艾，乘以王輿，王子搜援綏登車，仰天而呼曰："君乎，君乎！獨不可以舍我乎！"王子搜非惡爲君也，惡爲君之患也。若王子搜者，可謂不以國傷生矣！此固越人之所欲得爲君也。

補曰：人固有出萬死一生之計，以爭國者。王子搜畏禍而不欲爲君，是知生之重于國也。此其人必不敢暴虐其民，故越人欲奉以爲君。

韓魏相與爭侵地。子華子見昭僖侯，昭僖侯有憂色。子華子曰："今使天下書銘誓約也。於君之前，書之言曰：'左手攫之則右手廢，右手攫之則左手廢，然而攫之者必有天下。'君能攫之乎？"昭僖侯曰："寡人不攫也。"子華子曰："甚善！由②是觀之，兩臂重於天下也，身亦重於兩臂。韓之輕於天下亦遠

---

① 太，通行本作"大"。下同。

② 由，通行本作"自"。

矣,今之所爭也①,其輕於韓又遠。君固愁身傷生,以憂戚不得也!"僖侯曰:
"善哉!教寡人者衆矣,未嘗得聞此言也。"子華子者②可謂知輕重矣!

【眉批】兩臂重於泰山等句:危言聳聽,足解頤。

林曰:爭地相侵,憂形於色,愁身傷身,趨而下矣。子華輕重之喻,談言微
中,洵知諷諫者矣。攫,攘取之也。廢者,斷哉之也。

魯君聞顏闔得道之人也,使人以幣先焉。顏闔守陋閭,苴粗也。布之衣,
而自飯牛。魯君之使者至,顏闔自對之。使者曰:"此顏闔之家與?"顏闔對
曰:"此闔之家也。"使者致幣,顏闔對曰:"恐聽者謬而遺使者罪,不若審之。"
使者還反,審之復來,求之則不得已。故若顏闔者,真惡富貴者也。故曰,道之
真以治身,其緒餘以爲國家,其土苴以治天下。由此觀之,帝王之功,聖人之餘
事也,非所以完身養生也。今世俗之君子,多危身棄生以殉物,豈不悲哉!凡
聖人之動作也,必察其所以之與其所以爲。今且有人於此,以隋③侯之珠,彈
千仞之雀,世必笑之。是何也?則其所用者重而所要者輕也。夫生者,豈特隋
侯應作珠。之重哉!

褚氏《管見》曰:難進易退者,君子之常,顏闔不容議矣。天下功業,莫大
於帝王,此猶以爲餘事,則所謂道之真者,豈常流可測耶?

陸曰:所以之,謂心之所往。所以爲,謂事之所爲。

子列子窮,容貌有饑④色。客有言之於鄭子陽者,曰:"列御寇,蓋有道之
士也,居君之國而窮,君無乃爲不好士乎?"鄭子陽即令官遺之粟。子列子見
使者,再拜而辭。使者去,子列子入,其妻望之而拊音撫。心曰:"妾聞爲有道
者之妻子,皆得佚樂。今有饑色,君過而遺先生食,先生不受,豈不命邪?"子
列子笑謂之曰:"君非自知我也,以人之言而遺我粟;至其罪我也,又且以人之
言,此吾所以不受也。"其卒民果作難而殺子陽。

【眉批】見道之語。

---

① 也,通行本作"者"。
② 通行本無"者"字。
③ 隋,通行本作"隨"。下同。
④ 饑,通行本作"飢"。下同。

陳碧虛曰：士甘陸沉無聞，豈肯詘志受無名之餽。苟狥妻子之私，蹢躅於禍網哉！

江通曰：子陽，鄭相，爲人嚴酷，犯罪者無赦，舍人折弓，畏子陽怒責，因國人逐猘犬，而殺子陽。

楚昭王失國，屠羊說音悅。屠羊，卑秩名。**走而從於昭王。昭王反國，將賞從者，及屠羊說。屠羊說曰："大王失國，說失屠羊。大王反國，說亦反屠羊。臣之爵祿已復矣，又何賞之有？"王曰："强之！"屠羊說曰："大王失國，非臣之罪，故不敢伏其誅；大王反國，非臣之功，故不敢當其賞。"王曰："見之。"屠羊說曰："楚國之法，必有重賞大功而后得見。今臣之知不足以存國，而勇不足以死寇。吳軍入郢，說畏難而避寇，非故隨大王也。今大王欲廢法毀約而見說，此非臣之所以聞於天下也。"**言不可使聞中外，恐啓臣工之倖心。**王謂司馬子綦曰："屠羊說居處卑賤，而陳義甚高，子其爲我延之以三旌之位。"屠羊說曰："夫三旌之位，吾知其貴於屠羊之肆也；萬鍾之祿，吾知其富於屠羊之利也。然豈可以貪爵祿而使吾君有妄施之名乎？說不敢當，願復反吾屠羊之肆。"遂不受也。**

陳碧虛曰：誦《詩》《書》而發塚，居屠肆而守義，何代無之。夫竊勢以爲已功，市權而邀重賞者，聞此當知愧矣！○焦弱侯曰：三旌，司馬彪本作"三珪"，云諸矦之三卿，皆執珪。○《口義》曰：三公之車服，各有旌別，故曰三旌。

《副墨》曰：屠羊氏，亦爲小官。《春秋》有羊舌職，可證。

原憲居魯，環堵之室，茨以生草，茨，苫也。以草蓋屋。**蓬户不完，桑以爲樞，而甕牖二室，褐以爲塞，**夜以敝褐塞牖，抵風雨也。**上漏下濕，匡坐而弦。**匡，正也。弦，彈琴也。**子貢乘大馬，中紺**深青赤色。**而表素，**以素衣爲表。**軒車不容巷，往見原憲。原憲華冠**飾皮爲冠。**縰履，**履不着跟曰縰。**杖藜而應門。子貢曰："嘻！先生何病？"原憲應之曰："憲聞之，無財謂之貧，學而不能行謂之病。今憲貧也，非病也。"子貢逡巡而有愧色。原憲笑曰："夫希世**希望世人之聞譽。**而行，比周**相與爲黨。**而友，學以爲人，教以爲已，仁義之慝，輿馬之飾，憲不忍爲也。"**

補曰：慝，謂隱情飾非。合二句，諷其中不足而外有餘也。二室，環堵中，止二室也。

《口義》曰：二室，言夫婦二室，皆以破甕爲牖，以通明也。

曾子居衞，緼袍無表，緼袍，即今之絮衣。無表者，言外破而露其絮。**顏色腫噲，**虛浮之色。**手足胼胝，三日不舉火，十年不製衣，正冠而纓絕，**冠久纓敝，故易斷。**捉襟而肘見，**袖短且破。**納屨而踵決。**履穿而後裂也。**曳縱而歌《商頌》，聲滿天地，若出金石。天子不得臣，諸侯不得友。故養志者忘形，養形者忘利，致道者忘心矣。**

補曰：養志者忘形，適志於高曠，放浪形骸之外，直忘衣冠之久敝也。不逐外物以勞形者，善養形者也，自然不得臣不得友而忘利矣。此眞樂天任運之學，日造于道，而無心無爲也。

孔子謂顏回曰：“回，來！家貧居卑，胡不仕乎？”顏回對曰：“不願仕。回有郭外之田五十畝①，足以給飦粥；郭內之田十畝，足以爲絲麻；鼓琴足以自娛，所學夫子之道者足以自樂也。回不願仕。”孔子愀然變容，曰：“善哉，回之意！丘聞之：‘知足者，不以利自累也；審自得者，失之而不懼；行修於內者，無位而不怍。’丘誦之久矣，今於回而後見之，是丘之得也。”言得其友也。

林註曰：顏子之足以自樂，所樂者何？二程每教人求顏子樂處，請試絟之。

王雱《新傳》曰：凡人之好惡，皆生於心，能無心則好惡所以忘，好惡忘，則處富貴而不知其富貴，居貧賤而不知其貧賤，自得于胷中，故逍遙于天地間也。若原憲、曾子、顏回，可謂無心者矣。三人未嘗惡貧而忘道，故或弦或歌，而忘形自得矣，豈務殉物而傷生歟？此所以異于世俗者，故曰致道者忘心。

中山公子牟謂瞻子曰：“身在江海之上，心居乎魏闕之下，奈何？”瞻子曰：“重生。重生則利輕。”中山公子牟曰：“雖知之，未能②勝也。”瞻子曰：“不能自勝則從，神無惡乎！不能自勝而强不從者，此之謂重傷。重傷之人，無壽類矣！”魏牟，萬乘之公子也，其隱巖穴也，難爲於布衣之士，雖未至乎道，可謂有其意矣！

林疑獨曰：魏公子牟，封於中山。瞻子，魏之賢人。夫人心最爲難勝，身在

① 畝，通行本作“畞”。下同。
② 通行本“能”字後有一“自”字。

江海，心居魏闕，自言未能無心于富貴也。重生則輕利，輕利則不思魏闕矣。牟雖知生可重，利可輕，然其不能自勝。夫不能自勝，不如且順之，而勿強抑。強抑則內傷其神，神惡之矣。不能自勝，一傷也。強而抑之，二傷也。故曰重傷，此非自養之道也，故曰無壽類。瞻子所言，固不可以爲法，譬之名醫療病，必審人而處方，期於瘳疾而已。○張湛曰：象魏、觀闕，天子之門。許愼曰：天子之兩觀也。

孔子窮於陳蔡之閒，七日不火食，藜羹不糝，顏色甚憊，而弦歌於室。顏回擇菜，子路、子貢相與言曰："夫子再逐於魯，削迹於衞，伐樹於宋，窮於商周，周都，商之舊地。圍於陳蔡。殺夫子者無罪，藉陵轢之意。夫子者無禁。弦歌鼓琴，未嘗絕音，君子之無恥也，若此乎？"顏回無以應，入告孔子。孔子推琴，喟然而歎曰："由與賜，細人也。召而來，吾語之。"子路、子貢入。子路曰："如此者，可謂窮矣！"孔子曰："是何言也！君子通於道之謂通，窮於道之謂窮。今丘抱仁義之道以遭亂世之患，其何窮之爲？故內省而不窮於道，臨難而不失其德。天寒既至，霜雪既降，吾是以知松柏之茂也。陳蔡之隘音阨。於丘其幸乎！"固窮之道，因陳蔡之阨而後見，可爲法于後世。孔子削然反琴而弦歌，削然，瀟灑之意。反琴，取而再彈。子路扢然奮躍貌。執干而舞。子貢曰："吾不知天之高也，地之下也。"古之得道者，窮亦樂，通亦樂，所樂非窮通也。道德於此，則窮通爲寒暑風雨之序矣。故許由娛於穎陽，而共音恭。伯得乎丘①首。

《副墨》曰：藜羹不糝，純菜而無米也。削然，孤高貌。

《吹影》曰：擇菜，採野菜而擇美惡。

司馬彪曰：共伯，名和，周屬王之難。天子曠絕，諸侯皆請以爲天子，在位十四年，大旱屋焚，卜於太陽，兆曰屬王爲祟，召公乃立宣王，共伯復歸于宗，逍遙得意于共山之首。

呂吉甫曰：自顏闔、禦冠至孔子，皆不妄受人之爵祿施予，以至貧賤凍餒，而不改其樂者也。其次公子牟，雖未至于道，而有其意者也。世俗之人，湛于人僞者，聞許由、善卷之風，狂而不信，故歷敍聖賢莫不樂道以忘生，忘生爲難，

---

① 丘，通行本作"共"。

猶且爲之，則不以天下國家傷其生爲易，可知矣。

舜以天下讓其友北人無擇，北人無擇曰："異哉，后之爲人也，居於畎畝^隴上曰畝，隴中曰畎。之中，而遊堯之門，不若是而已，言后之所爲若是，乃不自已，而又欲漫人。又欲以其辱行漫我，吾羞見之。"因自投於清泠之淵。湯將伐桀，因卞隨而謀，卞隨曰："非吾事也。"湯曰："孰可？"曰："吾不知也。"湯又因瞀光而謀，瞀光曰："非吾事也。"湯曰："孰可？"曰："吾不知也。"湯又因瞀光而謀，瞀光曰："非吾事也。"湯曰："孰可？"曰："吾不知也。"湯曰："伊尹何如？"曰："強力忍垢，吾不知其他也。"湯遂與伊尹謀伐桀，克①之，以讓卞隨，卞隨辭曰："后之伐桀也，謀乎我，必以我爲賊也；勝桀而讓我，必以我爲貪也。吾生乎亂世，而無道之人再來漫我以其辱行，吾不忍數聞也！"乃自投椆水而死。椆水，一作桐水。湯又讓瞀光，曰："知者謀之，武者遂之，言武功成而克桀。仁者居之，古之道也。吾子胡不立乎？"瞀光辭曰："廢上，非義也；殺民，非仁也；人犯其難，我享其利，非廉也。吾聞之曰：'非其義者，不受其祿；無道之世，不踐其土。'況尊我乎！吾不忍久見也。"乃負石而自沉②於盧水。

劉槩曰：阻兵須強力，弒君須忍垢。

補註曰：引北人無澤、卞隨、瞀光，總是寓言，不必問其事之有無。意謂慕高潔而亡身，亦與以天下國家傷生者無異。孤僻之行，大道所不取也。全真者外天下，方且芻視之，何暇治爲？人以此讓我，以此辭無係無累而事畢矣，即不得已而去之，終身不反，逍遙自得，原無死地。三子之自溺，未免矯激太過，以身殉名。莊子警醒世人之意深哉！陸方壺以爲宜斷自北人至夷齊四條，云既言不以天下之故而傷其生，何當復以赴淵枯槁之士續其後，語意背馳，係後人竄入者。不知立言有反有正。無擇以上，欲人之取法也；無擇以下，欲人之鑒戒也。【眉批：曲中而當理。】

昔周之興，有士二人處於孤竹，曰伯夷、叔齊。二人相謂曰："吾聞西方有人，似有道者，試往觀焉。"至於岐陽，武王聞之，使叔旦往見之，與之盟曰："加

① 克，通行本作"剋"。
② 沉，通行本作"沈"。

富二等,就官一列。"血牲而埋之。二人相視而笑,曰:"嘻,異哉! 此非吾所謂道也。昔者神農之有天下也,時祀盡敬而不祈喜;其於人也,忠信盡治而無求焉。樂與政爲政,樂與治爲治,不以人之壞自成也,不以人之卑自高也,不以遭時自利也。今見殷之亂而遽爲政,上謀而下行貨,阻兵而保威,割牲而盟以爲信,揚行以說衆,殺伐以要利,是推亂以易暴也。吾聞古之士,遭治世不避其任,遇亂世不爲苟存。今天下闇,周①德衰,其並音傍。乎周以塗吾身也,不如避之以潔吾行。"二子北至於首陽之山,遂餓而死焉。若伯夷、叔齊者,其於富貴也,苟可得已,則必不賴。高節戾行,獨樂其志,不事於世,此二士之節也。

《吹影》曰:莊子引此,見二士之餓,非矯激傷身,義不得已,故立高節以風世也。加富二等者,胥祿豐裕,比他人再倍加富也。就官一列者,若肯就職,極其品秩。一列,猶言一品,即今所云九列。時祀二句,不媚神以邀私福,不市恩以收人心也。樂與政爲政二句,政治順民之所樂,無更變勉强難爲之法。遽爲政者,乘其殘暴,急行仁義也。上謀則多詐術,下行貨則以賄略招徠,阻兵則設險禦侮,保威則建武固圉。揚行者,布揚所行之善,以要結衆志。周德衰者,方興之時,而所爲皆衰季之政。並乎周者,與周同時也。方壺作"傍"字解,終不妥。戾行,夷、齊之高蹈世俗,皆以爲乖戾也。

呂吉甫曰:若無擇、隨、光、夷、齊,非特不受人之天下,與其爵祿,又以聞其言,處其世,爲汙辱,以至溺餓而死,此其于樂道以忘生者爲益難,世俗之情,所不信也。數子皆聖賢,則于死生之義,固達矣。夫舜禹之讓,其流爲之噲、殷武之事,其未爲瀆輒。聞無擇、隨、光、夷、齊之風,于天下後世豈小補哉! 則死非所愛也,彼許由、支父、共伯,不以天下易其生,使後世尊生而輕利也。無擇、隨、光、夷、齊,則棄生以利天下,使後世忘生而重義也,其爲仁一而已矣。莊子方論至道,以遺名利,則夷、齊、隨、光皆在所斥,及論讓王,以悟危身狥物之俗,則皆在所貴。知此則言忘而意得矣。

①　周,通行本改作"殷"。

南華眞經合注吹影卷之二十九

雜篇盜跖總論

約菴曰:此即夫子道。不同不相爲謀之意,漆園特以戲謔出之,似乎譏訕,而實取重吾夫子也。【眉批:千古真如,今方出現。】大意謂不同而謀,桀必非堯,狂將侮聖,奈之何哉!莊子非不知尊孔子,賤盜跖,誠恐世人不悟兩忘之道,相爭以能,相誇以智,則是非日繁,性命之情日僞,即聖如孔子,亦不能勝盜跖也。盜跖殺人貪暴,苟得以滿其欲,所謂無恥者富也,不爲行而貪利,故名曰盜。若往與之辯,猶之子張與滿苟得相訟也。寓言無約者,浮遊無拘束之義。與其殉名殉利,不監於道,孰若浮遊無約之爲得乎?盜跖貪得不知足者也。又寓言"無足"二字,無足謂富可以安體樂意,無往不利,無求不遂。知和指其亂苦疾辱憂畏,六害以闢之,謂求富者,不過繚意絕體,爲殆而已,奚安樂之有?有知和者,和之以天倪,無名無利,無聖無狂,知行不言之教,兩忘而化於道耳。

楊升菴曰:邵堯夫述莊子《盜跖》篇,言事之無可奈何者,雖聖人無如之何。庖人雖不治庖,尸祝不越樽俎而代之,言君子思不出其位。楊中立云:《逍遙遊》一篇,子思所謂無入而不自得。《養生主》一篇,孟子所謂行其所無事。能以此意讀莊,所謂圓機之士,可與之論九流矣。世之病莊子者,皆不善讀莊子者也。【眉批:道破一切通弊。】

南華眞經合吹影卷之二十九

武林吹影居士胡文蔚豹生甫刪補

同里　張墉石淙甫

江浩道闇甫　評訂

雜篇盜跖第七

孔子與柳下季爲友,柳下季之弟,名曰盜跖。盜跖從卒九千人,橫行天下,侵暴諸侯。穴室樞户,如云打家劫舍意。驅人牛馬,取人婦女,貪得忘親,不顧父母兄弟,不祭先祖。所過之邑,大國守城,扼險設兵,防侵突,以固疆圉。小國入保,堅壁清野,急儲備,以禦攻掠。萬民苦之。孔子謂柳下季曰:"夫爲人父者,必能詔其子;爲人兄者,必能教其弟。若父不能詔其子,兄不能教其弟,則無貴父子兄弟之親矣。今先生,世之才士也,弟爲盜跖,爲天下害,而弗能教也,丘竊爲先生羞之。丘請爲先生往說音稅。之。"柳下季曰:"先生言爲人父者,必能詔其子;爲人兄者,必能教其弟,若子不聽父之詔,弟不受兄之教,雖今先生之辯,將柰之何哉? 且跖之爲人也,心如湧①泉,意如飄風,剛暴之心,如泉之湧,不可抑壓,急疾之意,如風之飄,不可測度。强足以拒敵,辯足以飾非,順其心則喜,逆其心則怒,易以忌反。辱人以言。先生必無②往。"孔子不聽,顏回爲馭,子貢爲右,往見盜跖。盜跖乃方休卒徒大音泰。山之陽,膾古外反。人肝而餔布吳反。之。孔子下車而前,見謁者曰:"魯人孔丘,聞將軍高義,敬再拜謁者。"謁者入

---

① 湧,通行本作"湧"。

② 無,通行本作"无"。

通。盜跖聞之大怒，目如明星，髮上指冠，曰："此夫魯國之巧偽人孔丘非邪音耶。？爲我告之：'爾作言造語，妄稱文、武，冠去聲。枝木之冠，木遇枝則多錯節，故可以爲冠。帶死牛之脅，許刦反，謂革帶。多辭繆音謬。說，不耕而食，不織而衣，搖脣鼓舌，擅生是非，以迷天下之主，使天下學士不返其本，妄作孝悌，而徼古堯反。倖於封侯富貴者也。子之罪大極重，疾走歸！不然，我將以子肝益晝餔之膳。'"孔子復通曰："丘得幸於季，願望履幕下。"欲近幕下而望見其履。謙詞也。謁者復通。盜跖曰："使來前！"孔子趨而進，避席反走，再拜盜跖。盜跖大怒，兩展其足，案劍瞋赤眞反。目，聲如乳如樹反。虎，曰："丘來前！若所言，順吾意則生，逆吾心則死。"孔子曰："丘聞之，凡天下有三德：生而長大，美好無雙，少長貴賤，見而皆說音悅。之，此上德也；知去聲。維天地，能辯萬①物，此中德也；勇悍戶旦反。果敢，聚衆率兵，此下德也。凡人有此一德者，足以南面稱孤矣。今將軍兼此三者，身長八尺二寸，面目有光，脣②如激丹，齒如齊貝，音中去聲。黃鐘，而名曰盜跖，丘竊爲去聲。將軍恥不取焉。將軍有意聽臣，臣請南使去聲，下三字同。吳越，北使齊魯，東使宋衞，西使晉楚，使爲將軍造大城數百里，立數十萬戶之邑，尊將軍爲諸侯，與天下更平聲。始，罷兵休卒，收養昆弟，共音恭。祭先祖。此聖人才士之行去聲。，而天下之願也。"盜跖大怒曰："丘前來！夫可規以利而可諫以言者，皆愚陋恒民之謂耳。今長大美好，人見而說③之者，此吾父母之遺德也。丘雖不吾譽平聲，吾獨不自知邪？且吾聞之，好面譽人者，亦好背音佩。而毀之。今丘告我以大城衆民，是欲規我以利，而恒民畜我也，安可久長也！城之大者，莫大乎天下矣。堯、舜有天下，子孫無置錐之地；湯、武立爲天子，而后世絕滅。非以其利大故邪？且吾聞之，古者禽獸多而人民少，於是民皆巢居以避之。晝拾橡音象。栗，暮栖木上，故命之曰有巢氏之民。古者民不知衣服，夏多積薪，冬則煬羊亮反。之，故命之曰知生之民。神農之世，臥則居居，起則于于。民知其母，不知其父，與麋鹿共處上聲，耕而食，織而衣，無有相害之心，此至德之隆也。然而黃帝不能致德，與蚩尤戰

---

① 萬，通行本作"諸"。
② 脣，通行本作"脣"。
③ 說，通行本作"悅"。

於涿音卓。鹿之野，流血百里。堯、舜作，立群①臣，湯放其主，武王殺音弑。
紂。自是之後，以强凌弱，以衆暴寡。湯、武以來，皆亂人之徒也。今子修文、
武之道，掌天下之辯，以教後世，縫扶公反，音馮。衣淺帶，矯紀表反。言僞行，以
迷惑天下之主，而欲求富貴焉。盜莫大於子，天下何故不謂子爲盜丘，而乃謂
我爲盜跖？子以甘辭說音稅。子路，而使從之，使子路去其危冠，解其長劍，而
受教於子，天下皆曰孔丘能止暴禁非。其卒之也，子路欲殺音弑。衞君，而事
不成，身菹莊居反。於衞東門之上，是子教之不至也。子自謂才士聖人邪？則
再逐於魯，削跡於衞，窮於齊，圍於陳蔡，不容身於天下。子教子路菹此患，上
無以爲去聲。身，下無以爲人，子之道豈足貴邪？世之所高，莫若黃帝，黃帝尚
不能全德，而戰於涿鹿之野，流血百里。堯不慈，舜不孝，禹偏枯，謂偏一身也。湯
放其主，武王伐紂，文王拘羑里。此六子者，世之所高也，孰與熟同。論之，皆以
利惑其眞而强上聲。反其情性，其行乃甚可羞也。世之所謂賢士，伯夷、叔齊。
伯夷、叔齊辭孤竹之君，而餓死於首陽之山，骨肉不葬。鮑焦飾行非世，抱木而
死。申徒狄諫而不聽，負石自投於河，爲魚鼈所食。介子推至忠也，自割其股
以食音嗣。文公。文公後背之，子推怒而去，抱木而燔音煩。死。尾生與女子
期於梁下，女子不來，水至不去，抱梁柱而死。此四②者，無異於磔竹客反。犬
流豕、操七曹反。瓢倬搖反。而乞者，皆離麗也。名輕死，不念本養壽命者也。
世之所謂忠臣者，莫若王子比干、伍子胥。子胥沈江，比干剖心。此二子者，世
謂忠臣也，然卒爲天下笑。自上觀之，至於子胥、比干，皆不足貴也。丘之所以
說我者，若告我以鬼事，則我不能知也；若告我以人事者，不過此矣，皆吾所聞
知也。今吾告子以人之情，目欲視色，耳欲聽聲，口欲察味，志氣欲盈。人上壽
百歲，中壽八十，下壽六十，除病瘦死喪去聲。憂患，其中開口而笑者，一月之
中不過四五日而已矣。天與地無窮，人死者有時。操平聲。有時之具，而託於
無窮之間③，忽然無異騏驥之馳過隙也。不能說音悅。其志意，養其壽命者，皆
非通道者也。丘之所言，皆吾之所棄也。亟紀力反。去走歸，無復言之！子之

---

① 群，通行本作"羣"。
② 四，通行本作"六子"。
③ 間，通行本作"閒"。

道狂狂汲汲,詐巧虛僞事也,非可以全眞也,奚足論哉!"

【眉批】人肝而舖之:一句出盡惡狀。

【眉批】平情之論,聽者解頤。

【眉批】跖亦藉口言眞,正以明其僞也。

孔子再拜,趨走出門,上車執轡三失,目芒然無見,色若死灰,據軾低頭,不能出氣。歸到魯東門外,適遇柳下季。柳下季曰:"今者闕然,數日不見,車馬有行色,得微往見跖邪?"孔子仰天而歎曰:"然!"柳下季曰:"跖得無逆汝意若前乎?"孔子曰:"然。丘所謂無病而自灸久又反。也。疾走料音聊。虎頭,編音鞭。虎須,幾不免虎口哉!"

《吹影》曰:此節寓言,唯下愚不可移,强欲化之,翻遭其謗。天下至奸至暴之流,往往勦襲異說,飾非拒諫,古今一轍,故借孔跖言之也。要知陰疑於陽,吉凶貞勝,天人必有之事。

呂註曰:夫子與盜跖,善惡相對,吉凶貞勝者也。天下之貞動夫一,唯其對而不一,則不足以相勝也。觀跖之所以拒夫子者,則天下之不仁而爲利者,其說皆如是。又惡可與言哉!凡治其心者,苟不能絕棄聖知仁義,則亦不免爲巧利之對而已。是以至人知善之與惡,相去何若,故不譽堯非桀,兩忘而化其道,以復乎未始有物。此人心之盡,而道之體也。今不直言,寓之孔跖者,直言則人所難喻,故反復辯難以見其情實。

子張問於滿苟得曰:"盍不爲行去聲,下同。? 無行則不信,不信則不任,不任則不利。故觀之名,計之利,而義眞是也。若棄名利,反之於心,則夫士之爲行,不可一日不爲乎!"滿苟得曰:"無耻者富,多信者顯。夫名利之大者,幾在無耻而信。故觀之名,計之利,而信眞是也。若棄名利,反之於心,則夫士之爲行,抱其天乎!"

【眉批】而義眞是也:此眞字,與盜跖所云"非可以全眞"眞字同,與大道相反。

陸註曰:滿苟得,蓋亦盜跖之徒。觀其寓言,謂但求苟得,以滿其欲者,設爲子張問答。子張之意,主於爲名。苟得之意,主於爲利。盍不爲行,言汝何不修行,以爲名利之媒乎?蓋人而無行則不信,信如"獲上信民"之類。信則人任,不信則人不任之以事矣,不任事,則名從何來,利從何得?故觀之名,計之利,而人事之宜,眞在事也。若棄名與利,而反之於心以自審,則夫士之爲行也。豈眞有見於義理之當然,而不可一日不爲者乎?分明是爲名利而修行也!蓋子張務外,故所見若此,苟得則以爲名利者,不在於修行,而在於無行,往往見得無恥者致富,而多信者取顯。多信,謂以然諾取信於人。故名利之大者,其幾率在於無恥而多信。故觀之名、計之利,而信其眞在於是也。若棄名與利,而反之於心以自審,則夫士之爲行也,豈眞一無所爲,而抱其天乎?抱,如抱一之抱,言與之相守而不離也。二子之見,苟得固不足論,而子張學道於聖人之門,其言若此,其亦干祿聞達之病,有未盡袪者歟!

子張曰:"昔者桀、紂貴爲天子,富有天下。今謂臧聚曰,汝行_{去聲,下同。}如桀、紂,則有怍色,有不服之心者,小人所賤也。仲尼、墨翟,窮爲匹夫,今謂宰相_{去聲。}曰,子行如仲尼、墨翟,變容易色,稱不足者,士誠貴也。故勢爲天子,未必貴也;窮爲匹夫,未必賤也。貴賤之分,在行之美惡。"滿苟得曰:"小盜者拘,大盜者爲諸侯。諸侯之門,義士存焉。昔者桓公小白殺_{音弒,下同。}兄入嫂,而管仲爲臣;田成子常殺君竊國,而孔子受幣。論則賤之,行則下之,則是言行之情悖戰於胸中也,不亦拂乎!故《書》曰:'孰惡孰美,成者爲首,不成者尾。'"

陸註曰:子張又論人之貴賤,不在於位而在於行,故臧聚而比之以桀紂則怍,宰相而美之以孔墨則辭。可見勢爲天子,未必其貴也;窮爲匹夫,未必其賤也。士而能修則所貴者在我,如之何其不修耶!苟得則以言行之貴賤卒無定論,即如盜賊之行,人之所賤也。小盜盜鈎,大盜盜國;小盜則拘,而大盜則爲諸侯。行之惡者,果足賤乎?果不足賤乎?又大盜之門義士存焉,故小白不義,而管仲爲之臣;田常不仁,而孔子受其幣。若使夷吾、孔子立論以準天下,何常不賤二君之所爲,而考其所行,則實臣而下之,是聖賢之言行,自相備戰於胸中也。行之惡者,果足賤乎哉?果不足賤乎哉?故《書》有之曰,"孰惡孰美,成者爲首,不成者尾"。

林註曰:爲首、爲尾,即前所謂得其時者,爲義之徒;失其時者,爲簒。蓋以仁義之行,皆爲詐僞,而非天眞也。

子張曰:"子不爲行去聲。將使疏戚無倫,貴賤無義,長上聲,下同。幼無序,五紀六位,將何以爲別乎?"滿苟得曰:"堯殺長子,舜流母弟,疏戚有倫乎?湯放桀,武王殺音弒,下同。紂,貴賤有義乎?王季爲適丁歷反。周公殺兄,長幼有序乎?儒者偽辭,墨子兼愛,五紀六位,將有別乎?

陸註曰:子張又言,子不爲行,將使人道滅絶,故疏戚無倫,貴賤無義,長幼無序,五紀六位,失其分別。五紀,人道之五倫。六位,三綱中之六位也。苟得以爲人道之盡者,宜莫如聖人,而堯舜以下數聖人者,皆有人倫之變,不知聖人者,爲行乎哉!將不爲行乎哉!

且子正爲去聲。名,我正爲利。名利之實,不順於理,不監於道。吾日與子訟於無約曰:'小人殉財,君子殉名,其所以變其情、易其性,則異矣;乃至於棄其所爲,存生保性,所當爲者也。而殉其所不爲,殉名殉利,所不當爲者也。則一也。'故曰,無爲小人,反殉而天;無爲君子,從天之理。若枉若直,相而天極;面觀四方,與時消息。若是若非,執而圓機;獨成而意,與道徘徊。與道徘徊,前人俱作抱道不失解,安有獨意成見,可與入道者,安有徘徊卻顧,可與道合眞者,今正之。無轉而行去聲,下同。無成而義,將失而所爲。無赴而富,無殉而成,將棄而天。比干剖心,子胥抉烏穴反。眼,忠之禍也;直躬證父,尾生溺死,信之患也;鮑子立乾音干,申子不自理,廉之害也;孔子不見母,匡子不見父,義之失也。此上世之所傳、下世之所語,以爲士者正其言,必其行,故服其殃,離同罹。其患也。"

【眉批】自"無爲小人"以下,皆與舊解不全。

【眉批】申子,即申徒狄。

補曰:且子正爲名,我正爲利,尚以名利爲正事,而力爲之也。名與利,俱非眞實道理,故曰不順不監。監者,觀型師法之也。訟於無約,以二人終非定論,同往質成于無約也。無約,猶言全無約束之人也。小人殉材以下,皆無約之言。彼殉財殉名,徒以變情易性,至於棄其所當爲,而殉其所不當爲,則一也。故又戒之曰,無若小人殉利,惟反觀內省,殉爾自有之天眞;無若君子殉名,惟物來順應,從爾自然之天理。若枉直在前,原有天然之極,相其極而用之爲之。爲,言用也。面,同緬,緬觀四方,東南西北,如春夏秋冬,一氣運旋,與時偕行,同其消息,爲是爲非,得環中之理,圓機而應,誠能如是,則理無不順,道無不監矣。不然,獨執成見,遂生意必,望道徘徊不能合眞,此殃患也。或退思改行,轉而求合。或堅決求成,以義自命,將并失去其昔日所爲,亦殃患也。或妄以爲富有,赴之如鶩。或妄以爲有成,狥而不返,盡棄其在我之天。又殃患也。【眉批:萬仞疑城,一旦立破,快心之甚!】故下四"無"字,以禁止之。試觀忠信廉義,不順理監道,尚有禍患害失,況名利乎?今君子小人,殉名殉利,而正言之,力行之,未有不服殃罷患者也。無約之言,庶幾近道乎。此處林陸二公,尚未能窺其立言大旨,輒議爲他人竄入,何也?余特疏之,以竢解人。

無足問於知和曰:"人卒未有不興名就利者。彼富則人歸之,歸則下之,下則貴之矣①。夫見音現。下貴者,所以長生安體樂音洛,下同。意之道也。今子獨無意焉,知去聲。不足邪?意知而力不能行邪?故推正不妄邪?"知和曰:"今夫此人,以爲與己同時而生,同鄉而處上聲。者,以爲夫絶俗過高②之士焉;是專無主正,所以覽古今之時,是非之分也,與俗化世③,去至重,棄至尊,以爲其所爲也;此其所以論長生安體樂意之道,不亦遠乎!慘怛之疾,恬愉之安,不監於體;怵惕之恐,欣懽之喜,不監於心;知爲爲而不知所以爲,是以貴爲天子,富有天下,而不免於患也。"與俗化世,云與俗偕化,則亦與世人同好尚而已。

【眉批】或曰:胸中無主意,不能取正於道。作"專無主正"讀,此"正"字,與"正爲名,正爲利"關合。

刪訂陸註曰:無足,寓言不知足也。知和,知大道者也。無足言天下之人,未有不興名就利者,故富則人歸之,歸則人下之,下則人貴之。以我之一身,而見爲人之所下所貴,則安體樂意而長生之道,亦不外是。奈何子獨無意,其亦知有不足耶?意者知雖足以及之,而力有不能行耶?或欲推求正理,未能遏絶而不忘耶?知和言此,等名利之人,自以爲與我同時而生,同鄉而處者,皆不我若,以我爲絶俗過高之士矣,而察其胸中,全無主意,不過能覽古今之成敗,知是非之分別而已,胸中有甚主張,故曰是專無主。無主則隨俗偕化,同流合污,

---

① 通行本无"矣"字。
② 高,通行本作"世"。
③ 世,通行本屬下句。

去其至重至尊之天爵，以爲其所謂倘來之名利，以是而論長生安體樂意之道，不亦遠乎！這樣人，庸庸瞶瞶，忽而慘怛，自以爲疾；忽而恬愉，自以爲安；四體之間，相刃相靡，茫無監別；忽而怵惕，無故而恐；忽而欣懽，無故而喜；一心之中，乍樂乍悲，亦茫無監別，但知爲其所爲，而不知爲其所以爲。所以爲者，則吾之眞主人也。今也不知有此，是以雖貴爲天子，富有天下，而不免於患，又況其下爲者乎！

無足曰：“夫富之於人，無所不利。窮美究勢①，至人之所不得逮，賢人之所不能及，俠音協。人之勇力而以爲威強，秉人之知去聲。謀而②以爲明察，因人之德以爲賢良，非享國而嚴若君父。且夫聲色滋味權勢之於人，心不待學而樂音洛。之，體不待象而安之。夫欲惡去聲。避就，固不待師，此人之性也。天下雖非我，孰能辭之？”知和曰：“知者之爲，故動以百姓，不違其度，是以足而不爭，無以爲，故不求。不足故求之，爭四處而不自以爲貪；有餘故辭之，棄天下而不自以爲廉。廉貪之實，非以迫外也，反監之度。勢爲天子，而不以貴驕人；富有天下，而不以財戲人。計其患，慮其反，以爲害於性，故辭而不受也，非以要平聲。名譽也。堯、舜爲帝而雍，非仁天下也，不以美害生也；善卷、許由得帝而不受，非虛辭讓也，不以事害己。此皆就其利、辭其害，而天下稱賢焉，則可以有之，彼非以與名譽也。”

補曰：無足又單誇富之於人，無所不利，窮其美之所致，勢之所極。雖至聖不能與之比肩，舉世人之勇力，能俠以爲威強。智謀，能秉以爲明察，并人之德，能因以爲賢良。其尊嚴若君父，況聲色權勢，人之樂於心也，固不待學；安於禮也，固不待師。當此心樂體安之時，雖天下有非之，亦不暇辭。大哉，富之利人如此！知和答曰，夫知者之所爲，原如百姓之動，兢兢業業，不達其度而已。自足于度之內，故不爭不求于我之外，故無以爲也。彼不知足者，孳孳求之，四處交爭，不以爲貪。知足者，常自見其有餘，故辭之。棄天下而不自以爲廉，凡廉貪之實，皆非迫於外耳，惟知足者能自反而取監於度，不驕不戲，患其

____

① 勢，通行本作“埶”。
② 通行本無“而”字。

害於性,辭而不受。度者,恰當之矩,則也。試觀堯、舜、許由,皆非慕仁讓之譽,則知知足者,非興名就利,而爲之者也。

無足曰:"必持其名,苦體絕甘,約養以待生,則亦久病長阨而不死者也。"知和曰:"平爲福,有餘爲害者,物莫不然,而財其甚者也。今富人,耳營鐘鼓管①籥之聲,口嗛苦簟反。於芻豢醪力刀反。醴之味,以感其意,遺忘其業,可謂亂矣;佚音礙。溺於馮音憤。氣,若負重行而上②也,可謂苦矣;貪財而取慰,貪權而取竭,静居則溺,體澤則馮,可謂疾矣;爲欲富就利,故滿若堵耳,而不知避,且馮而不舍上聲,下同。可謂辱矣;財積而無用,服膺而不舍,滿心戚醮在遙反。,求益而不止,可謂憂矣;内則疑刦許業反。請之賊,外則畏寇盗之害,内周樓疏③,外不敢獨行,可謂畏矣。此六者,天下之至害也,皆遺忘而不知察,及其患至,求盡性竭財,單以反一日之無④故而不可得也。故觀之名則不見,求之利則不得。繚魯吊反,紛紜縈擾意。意絕體困憊欲絕意。而爭此,不亦惑乎!"

無足又言若持名而去利,未有不病阨者。知和答曰,凡事平等爲福,有餘爲害。惟貪財者,其害猶甚。今富人生享王侯之奉,居處聲色,佩服食味,奢侈過分,何其亂!佚溺馮氣,若負重上行,何其苦,何其疾!滿心戚醮,求益不止,内虞盗賊,外不敢獨行,何其憂,何其畏!斯人六害不免,一旦患至,即欲竭吾之財,求盡吾之性,終不可得。究竟名何在,利何在,則向日之繚意絕體以爭者,不亦爲大惑乎!

① 管,通行本作"筦"。
② 通行本"上"字後補一"阪"字。
③ 疏,通行本作"疏"。
④ 無,通行本作"无"。

南華眞經合注吹影卷之三十

說劍篇總論

呂吉甫曰：此篇莊子蓋借說劍以明道之所用，無往而不可耳。能止其君之喜好，而安其國，則其澤之所及亦豈小哉！夫天子之劍，言天下神器，不可爲也。示之以虛，開之以利，後之以發，先之以至，此所以用神器之道，以無所爲而爲之者也。能知其本末輕重之所在，則用之而天下服矣。自燕谿、齊岱至渤海、恒山，喻天子之劍以天下爲之。自五行、刑德至下絕地紀，喻神之無時無方也。唯聖人可以御神器，故匡諸侯而天下服。莊子之所以爲劍者如此，文王聞之，芒然自失，乃知己所好者非眞劍也。諸侯以一國爲劍，故以士言士者，民之望也。知勇居先，故以爲鋒。清廉居次，故以爲鍔。賢良倚以爲幹者，故爲脊。忠聖植以爲本者，故爲鐔。豪傑則吾所持而行者，故以爲鋏。爲國者，觀其所以爲鋒、鍔、鐔、鋏者，合與否，則器之利不利，國之安危可知也。天下一國，大小雖殊，其所以用之者，在精神之運，則一而已。及問庶人之劍，則正指王之所好，以救其失也。

劉槩曰：天下事物之情，莫不毀異而尊同。捐小而慕大，以至違害就利，往往皆然。若其不與己同，雖利不從，不見所利。雖大，不慕也。莊子論道，是篇及於辭人說客之言者，蓋寓至理於微渺，必假言而後獲也。物情自貴而相賤，自是而相非，而欲以不同斬人之合，則雖夫子之聖，亦屈於盜跖之暴矣。所以同而勝人，則莊子一言，而絕趙王終身之好者，固其理也。夫突鬢垂冠，曼胡短後，瞋目而語難者，趙王之所好，非莊子之情。今且變其常情，易其常服者，彼將尊其所說也。下論天子,次及諸侯,下鄙庶人者,彼將慕其所大也,大則服天下,次則賓四封,下則斬頸領者,彼將就其所利也。事物之情,不過於此。若夫枉己未有能直人,則莊子之說劍,似求合矣。

南華眞經合注吹影卷之三十

武林吹影居士胡文蔚豹生甫刪補

同里　徐繼恩世臣甫

陳亦培子厚甫　評訂

雜篇說劍第八

昔趙文王喜劍，劍士夾門而客凡王侯士卒，皆分左右，夾門而侍衛。趙王癖於好劍，故客之。三千餘人，日夜相擊於前，死傷者歲百餘人，相擊以別勇弱，故多死傷。好之不厭。如是三年，國衰，諸侯謀之。太子悝苦回反，音恢。患之，募左右曰：“孰能說音悅。王之意，止劍士者，賜之千金。”左右曰：“莊子當平聲。能。”太子乃使人以千金奉莊子。莊子弗受，與使去聲。者俱，往見太子，曰：“太子何以教周，賜周千金？”太子曰：“聞夫子明聖，謹奉千金以幣從去聲。者。謙言犒使之意。夫子弗受，悝尚何敢言！”莊子曰：“聞太子所欲用周者，欲絕王之喜好也。使臣上說大王而逆王意，下不當去聲。太子，則身刑而死，周尚安所事金乎？使臣上說大王，下當太子，趙國何求而不得也！”太子曰：“然。吾王所見，惟劍士也。”莊子曰：“諾。周善爲劍。”太子曰：“然吾王所見劍士，皆蓬頭突鬢垂冠，曼胡之纓，短後之衣，蓬頭，故鬢髮突然上指。曼胡，粗纓無文理也。短後，便於攻擊趨避也。瞋赤眞反。目而語難去聲。爭勝而出語相難也。，王乃說之。今夫子必儒服而見王，事必大逆。”莊子曰：“請治劍服。”治劍服三日，乃見太子。太子乃與見王。王脫白刃待之。莊子入殿門不趨，見王不拜。王曰：“子欲何以教寡人，使太子先？”曰：“臣聞大王喜劍，故以劍見王。”王曰：“子之劍何能禁制？”禁而制之，使人讋慴不敢動。曰：“臣之劍十步一人，云一人之劍，能使左右前後，十步之内，敵不敢偶，即禁制意。**千里不留行。**"劍之威神，可以橫絕千里，人無敢阻當而留其行。**王大悦**①，曰："天下無敵矣。"莊子曰："**夫爲劍者，示之以虛，開之以利，後之以發，先之以至**。示虛，避實而誘擊也。開利，餌貪而乘隙也。後發先至，少却而疾舉也。皆擊刺之法。**願得試之。**"王曰："**夫子休就舍，待命令**平聲。**設戲請夫子。**"**王乃校**音教。**劍士七日，死傷者六十餘人，得五六人，使奉劍於殿下，乃召莊子。王曰："今日試使士敦劍。**敦，治也。即使虞敦匠事之敦。**莊子曰："望之久矣！**"王曰："夫子所御杖，長短何如？"曰："**臣之所奉皆可。然臣有三劍，唯王所用，請先言而後試。**"王曰："**願聞三劍。**"曰："**有天子劍，有諸侯劍，有庶人劍。**"王曰："**天子之劍何如？**"曰："**天子之劍，以燕谿石城爲鋒**劍尖也。，**齊岱爲鍔**五各反。劍刃也。，**晉魏爲脊**劍中突起者，即稜。，**周宋爲鐔**音尋，劍口也。，**韓魏爲鋏**②古協反。從稜向背曰鐔，從稜向刃曰鋏。或以爲劍把，非。。**包以四夷**，以四夷爲外衛。**裹**③**以四時**，與四時合其敍。**绕以渤海，帶以常山，制以五行**，剛柔燥濕，調劑得宜，無偏枯也。**論以刑德**，向化者，德以懷之。負固者，刑以董之。**開以陰陽**，雨暘寒燠時，若無愆，陽伏陰也。**持以春夏，行以秋冬。此劍直之無前，舉之無上，案之無下，運之無旁，上決浮云，下絕地紀。此劍一用，匡諸侯，天下服矣。此天子之劍也。**"文王芒然自失，曰："**諸侯之劍何如？**"曰："**諸侯之劍，以知勇士爲鋒，以清廉士爲鍔，以賢良士爲脊，以忠聖士爲鐔，以豪傑士爲鋏**④。**此劍直之亦無前，舉之亦無**⑤**上，案之亦無下，運之亦無旁。上法圓天，以順三光；下法方地，以順四時；中和民意，以安四鄉。此劍一用，如雷霆之震也，四封之内，無不賓服，而聽從君命者矣。此諸侯之劍也。**"王曰："**庶人之劍何如？**"曰："**庶人之劍，蓬頭突鬢垂冠，曼胡之纓，短後之衣，瞋目而語難。相擊於前，上斬颈領，下決肝肺。此庶人之劍，無異於鬭雞，一旦命已絕矣，無所用於國事。今大王有天子之位而好庶人之劍，臣竊爲**去聲。**大王薄之。**"王乃牽而上殿，宰人上食，

---

① 通行本"悦"後有一"之"字。
② 鋏，通行本作"夾"。下同。
③ 裹，通行本作"裏"。
④ 鋏，通行本作"夾"。
⑤ 無，通行本作"无"。下幾處亦同。

王三環之。三環所上之食，以示敬。即今之安席整豆也。**莊子曰："大王安坐定氣，劍事已畢奏矣！"於是文王不出宮三月，劍士皆服斃其處也。**

【眉批】莊子入殿門不趨，見王不拜：此莊子臨事閒適處。

【眉批】夫爲劍者句：動趙王之敬信者，全在此四語。

【眉批】按：馮緩彈鋏而歌，則劍把何可彈，必從稜向刃處彈之有聲，與歌相應。

【眉批】只就其所好，而鄙之曰"庶人之劍"，而趙文不覺沮喪更絃，持論其正，策士安能及此。

約菴曰：林氏以《說劍》類戰國策士之雄談，非莊叟所作。噫，過矣！鬳齋自稱於南華，獨窺要妙，何於此篇竟不細心體翫，誠所謂智者一失也。彼策士縱橫變詐，規圖名利，全不知理會身心，尊崇道德。惟魯仲連一人，能排難解紛，義無所取，其人亦未嘗聞道也。今觀莊叟，却千金而就天子悝謀，策士輩能之乎？至說劍曰，示之以虛，是爲而不恃也。開之以利，是動而愈出也。後之以發，迎之不見其首也。先之以至，後其身而身先也。無非至人知雄守雌之道，策士輩之知乎！又曰裛以四時，制以五行，論以刑德，開以陰陽，無非至人存神保光之道。又曰持以春夏者，遂生長以養萬物；行以秋冬者，應肅殺以振威神，無非至人過化時雍之道，所謂以之治劍則無敵，以之治世則陶鑄堯舜者也。策士輩曾見及此乎！策士以術，莊叟以道；策士陰陽恐嚇，以詭譎嘗，莊叟光正端方，以義理諷，妙在盛稱天子之匡服，合其自失，繼畢諸侯之安和，令其自雄，下鄙庶人之格鬪，令其自慚自悔。三年癖好，不覺爲之默化淺移，詎儀、秦、衍、緩所克辦哉！考莊叟本傳，太史公特舉《盜跖》《漁夫》諸篇言之，而此篇意趨本旨，殊不少減，安得訾爲後人假託哉！愚以爲非惟秦漢晉唐人，不能摹擬，即戰國名手，亦未能髮髴也，識者應辯之。

南華眞經合注吹影卷之三十一

雜篇漁夫總論

《吹影》曰：見道者，與道合眞，斯謂眞人。此篇又借漁夫，闡明自然精誠之眞體，用之君親哀樂，無所不宜者也。取重于吾夫子，以見夫子一生行事，具在魯論《孝經》中，只是一眞字，學者悟得，便投投是道，一以貫之，忠恕是眞的種子。故曾子以喻門人，然必要到從心不踰矩地位，方爲眞之極至。故篇中設問，敘年六十九歲，意謂夫子七十時方合眞也。《寓言》篇有云"孔子六十而六十化"，化者，化一切人爲之跡。此時尚有聞聞，知爲耳順，至七十則不聽以耳，聽以心，斯合眞而不踰，甚言眞之不可驟期耳。故笑而行言曰"以危其眞"，變容正告曰"愼守其眞"，又曰"眞者，精誠之至"，曰"眞在内者，神動於外"，曰"聖人法天貴眞"，曰"不知貴眞，受變於俗"，翻覆重申以明厥旨。要知眞者，永無四患八疵，并可銷彌四謗，無往不適，故孔子尊敬漁夫，而嘆服其爲有道云爾。

南華眞經合注吹影卷之三十一

武林吹影居士胡文蔚豹生甫刪補

同里　陳士禎旦升甫

陸繁弨儇胡甫　評訂

雜篇漁夫第九

　　孔子遊乎緇帷之林，休坐乎杏壇之上。弟子讀書，孔子絃歌鼓琴。奏曲未半，有漁父者，下船而來，鬚①眉交白，被髮揄_{音投，揮也。}袂，行原以上，距陸而止，左手據膝②，右手持頤以聽。曲終而招子貢、子路，二人俱對。客指孔子曰："彼何爲者也？"子路對曰："魯之君子也。"客問其族。子路對曰："族孔氏。"客曰："孔氏者何治也？"子路未應，子貢對曰："孔氏者，性服忠信，身行仁義，飾禮樂，選人倫，上以忠於世主，下以化於齊民，將以利天下。此孔氏之所治也。"又問曰："有土之君與？"子貢曰："非也。""侯王之佐與？"子貢曰："非也。"客乃笑而還行③，言曰："仁則仁矣，恐不免其身；苦心勞形以危其眞。嗚呼，遠哉，其分於道也！"子貢還，報孔子。孔子推琴而起，曰："其聖人與！"乃下求之，至於澤畔，方將杖拏_{音鐃。}而引其船，顧見孔子，還鄉_{音向。}而立。孔子反走，再拜而進。客曰："子將何求？"孔子曰："曩者先生有緒言而去，丘不肖，未知所謂，竊待於下風，幸聞咳_{苦代反。}唾_{吐臥反。}之音，以卒相_{去聲。}丘也。"客曰："嘻！甚矣，子之好學也！"孔子再拜而起，曰："丘少而修學，以至於

_____

①　鬚，通行本作"須"。
②　膝，通行本作"膝"。
③　通行本"行"字屬下句。

今,六十九歲矣,無所得聞至教,敢不虛心!"客曰:"同類相從,同聲相應,固天之理也。吾請釋吾之所有而經子之所以。子之所以者,人事也。天子、諸侯、大夫、庶人,此四者自正,各任其職,不相侵凌,曰自正。治之美也,四者離位而亂莫大焉。官治其職,人憂其事,乃無所陵。故田荒室露,衣食不足,征賦不屬,妻妾不和,長少無序,庶人之憂也;能不勝音升。任,官事不治,行不清白,群下荒怠,功美不有,爵祿不持,大夫之憂也;廷無忠臣,國家昏亂,工技不巧,貢職不美,春秋後倫,不順天子,諸侯之憂也;陰陽不和,寒暑不時,以傷庶物,諸侯暴亂,擅相攘伐,以殘民人,禮樂不節,財用窮匱,人倫不飭音勒。,百姓淫亂,天子有司之憂也。今子既上無君侯有司之勢,而下無①大臣職事之官,而擅飾禮樂,選人倫,以化齊民,不泰多事乎?

補曰:緇帷,原注林名,考《雜記》:"孔子出魯東門,過杏壇曰:'兹臧文仲誓盟之壇也。'睹物思人,命琴而歌。"按此則緇帷之林,應在魯地,與杏壇相近。莊子亦即舉此事,借漁父之問答,以立言也。揄袂,揚袂也。刺船必卷袖,登陸則揮之也。俱對客,二人與漁父晤語也。選人倫,次第五倫之當否,以示教戒也。行言,且行且言也。遠哉其分於道,云去道甚遠也。下求之,下壇求與相見也。杖拏,持篙弄舟也。反走,欲前而却,以示敬也。緒言,微言之而未盡也。"釋吾之所有"二句,云姑置吾所有之道,而經營子之所從事者也。"離位而亂"合下"乃無所陵"看,有曠官侵職二意。徵賦不屬,不相繼也。功美不有,功美兩虧,猶云無一善狀也。爵祿不持,無功德以副爵祿也。春秋後倫,朝覲失序也。天子有司之憂,天子憂政教之不行,公卿憂輔相之未善也。

且人有八疵祀知反。,事有四患,不可不察也。非其事而事之,謂之總②;莫之顧而進之,謂之佞;希意道同導。言,謂之諂③;不擇是非而言,謂之諛;好去聲。言人之惡,謂之讒;析交離親,謂之賊;稱譽音餘。詐偽以敗惡人,謂之慝;不擇善否,兩容顏④適,偷拔其所欲,謂之險。此八疵者,外以亂人,内以傷身,

---

① 無,通行本作"无"。
② 總,通行本作"摠"。
③ 諂,通行本作"諂"。
④ 顏,通行本作"頰"。

君子不友,明君不臣。

補曰:總者,如俗云多管閒事,件件兜攬也。莫之顧而進之,言未及之而言也。希其胸臆而代爲宣達,阿其私意,而不擇是非,非諂諛而何?攻發人之陰私者,謟口也。離間人之交戚者,盜行也。稱譽貴得其眞,以詐僞出之,必至陽譽小人,陰毀君子,則匿怨之姦人也。方壺曰:敗惡作好惡讀,云敗人惡人也,亦好。善惡判若水火,若模稜承順,一槩包容以討好,名曰兩容。和顏令色,脅肩諂笑以逢迎,名曰顏適。人懷所慾,未以喻人,多方揣度,潛引而默導之,猶竊取所藏,猶拔取根株,曰偷拔其所欲,則陰譎之險人也。

所謂四患者:好經大事,變更平聲。**易常,以挂**音卦。**功名,謂之叨**吐刀反。**;專知擅事,侵人自用,謂之貪;見過不更,聞諫愈甚,謂之狠**①**胡墾反。**;人同於己則可,不同於己,雖善不善,謂之矜。此四患也。能去八疵,無行四患,而始可教已。**

補曰:好經大事,喜身歷非常,變更常法,妄作敢爲,取高名巨功,即《徐無鬼》所言"勢物之徒樂變也"。叨饕同,《說文》曰"貪財曰饕"。侵人自用,謂侵奪他人權勢,用以圖私也。

孔子愀七小反,音悄,色變貌。平聲,作秋。十一尤不收。**然而歎,再拜而起,曰:"丘再逐於魯,削迹於衞,伐樹於宋,圍於陳蔡。丘不知所失,而離**罹同。**此四謗者,何也?"客淒然變容曰:"甚矣,子之難悟也!人有畏影惡**去聲。**迹而去之走者,舉足愈數**音朔。**而迹愈多,走愈疾而影不離**去聲。**身,自以爲尚遲,疾走不休,絕力而死。不知處**上聲,下同。**陰以休影,處靜以息迹,愚亦甚矣!子審仁義之間,察同異之際,觀動靜之變,適受與之度,理好惡之情,和喜怒之節,而幾於不免矣。謹修而身,愼守其眞,還以物與人,則無所累矣。今不修之身而求之人,不亦外乎!"孔子愀然曰:"請問何謂眞?"客曰:"眞者,精誠之至也。不精不誠,不能動人。故强**上聲,下同。**哭者,雖悲不哀;强怒者,雖嚴不威;强親者,雖笑不和。眞悲無聲而哀,眞怒未發而威,眞親未笑而和。眞在內者,神動於外,是所以貴眞也。其用於人理也,事親則慈孝,事君則忠貞,飲酒則歡樂**

---

① 狠,通行本作"很"。

音洛，下同。。處喪則悲哀。忠貞以功爲主，飲酒以樂爲主，處喪以哀爲主，事親以適爲主。功成之美，無一其迹矣；事親以適，不論所以矣；飲酒以樂，不選其具矣；處喪以哀，無問其禮矣。禮者，世俗之所爲也；眞者，所以受於天也，自然不可易也。故聖人法天貴眞，不拘於俗。愚者反此。不能法天而恤於人，不知貴眞，祿祿而受變於俗，故不足。惜哉，子之早①湛丁南反。於人僞，而晚聞大道也！"

補曰：四謗，即逐、削、伐、圍四事也。畏影惡迹一喻，觀之令人絕倒，受與有宜。適者，恰當也。好惡合于理，則得性情之正。喜固可和，而怒何以亦曰和。怒不過情，與不遷怒，皆和也。愼守其眞，與前以危其眞，一正一反，節奏合拍。還以物與人，言人人有眞，以眞合眞，相往還於無往還也。此物字，即精誠也。以精誠之至，解眞字，何嘗與吾夫子異！眞在內者，神動于外，即有內形外之旨。事親以適爲主，養志忘孝，無所不和順也，無一其迹。忠貞者，功成德美，非可執一端之迹，以名之也。不論所以，鼎烹菽水，俱可承歡也。恤於人，不能法天，不免人事之憂也。不知貴眞，林註曰"不知天爵之貴"。祿祿，陸註曰"與碌碌同"。湛，沉溺也。

孔子再拜而起曰："今者丘得遇也，若天幸然。先生不羞而比之服役，而身教之。敢問舍所在，請因受業，而卒學大道。"客曰："吾聞之，可與往者，與之②至於妙道；不可與往者，不知其道。愼勿與之，身乃無咎。子勉之，吾去子矣，吾去子矣！"乃刺七亦反。船而去，延緣葦間。顏淵還車，子路授綏，孔子不顧，待水波定，不聞拏音而后敢乘。子路旁去聲。車而問曰："由得爲役久矣，未嘗見夫子遇人，如此其威也。萬乘之主，千乘之君，見夫子，未嘗不分庭抗③禮，夫子猶有倨音據。傲④五報反。之容。今漁父甫同。杖拏逆立，而夫子曲要同腰。磬折，言拜而應，無乃⑤太甚乎！門人皆怪⑥夫子矣，漁父何以得此乎？"

---

① 早，通行本作"蚤"。
② 通行本"與之"屬上句。
③ 抗，通行本作"亢"。
④ 傲，通行本作"敖"。
⑤ 無乃，通行本作"得無"。
⑥ 怪，通行本作"怪"。

孔子伏軾而歎,曰:"甚矣,由之難化也!湛於禮義有間矣,而樸鄙之心至今未去。進,吾語汝!夫遇長不敬,失禮也;見賢不尊,不仁也。彼非至人,不能下人。下人不精,不得其眞,故長傷身。惜哉!不仁之於人也,禍莫大焉,而由獨擅之。且道者,萬物之所由也。庶物失之者死,得之者生。爲事逆之則敗,順之則成。故道之所在,聖人尊之。今漁父之於道,可謂有矣,吾敢不敬乎!"

補曰:又再拜,敬服之至也。不羞而比之服役,願隨左右服役之徒,受業而教誨之也。問舍所在,欲往侍門墻也。可與往者,言可與往學,則與以妙道。苟非其人,必不知道,斷不可輕與以取咎也。延緣葦間,遲遲洽葦間而去也。逆立,敵面以立也。彼非至人,不能下人五句,彼漁父非至人,斷不能使人謙下而尊敬之,凡下人求道者,不竭其精誠,至人安肯與以妙道,故不得其眞而長傷身。漁父有道之人,夫子所以罄折再拜之也。

南華眞經合注吹影卷之三十二

雜篇列禦寇總論

吹影曰：莊子終身不仕，虛而遨遊以快其志者也。歸精神於無始，甘暝乎無何有之鄉，知太乙，知太初，知太清，知太寧，安其所安之天而不之人也。【眉批：可作漆園小傳，吾以太史公一篇，不若此篇數十言也。】若禦寇內誠不化，外謀成光，則精神浮露，所以能使人保汝，而不能使人無保汝。若鄭緩不悟，至人無恩，上德不德，違造物之報，所以骨肉詬厲，尤父貪天，生死夢幻，積怨不忘，此正不安其所安者也，之人而去天矣。譬之屠龍技成而無用，恃兵好戰而必亡，敝精神乎蹇淺，而妄欲兼濟，適名小夫之智而已。彼小夫不知聖人之大道，利祿燻心，覬覦榮寵，而所治愈下，從事浮飾，而內外交刑。克免此累者，其惟眞人乎！夫人心險於山川，眞人以九徵而辯其賢不肖，觀其人之謙傲，決其德之吉凶；達天命以順應，常通達而不窮；必不貪難得之寶，探驪珠而身試九淵；必不應世主之聘，爲犧牛而入太廟；是以虛而遨遊，獨快其志也。斯人者，非惟視富貴爲浮雲，抑視死生爲一條，又何問上食鳥鳶，下食螻蟻，而厚葬爲！總之其神全，其功內，絕無人爲之私，而一切平不平，徵不徵，均唾棄之而純乎其天耳。【眉批：慧光所照，如快刀利刃，削枝蔓而存本根。】

南華眞經合注吹影卷之三十二

武林吹影居士胡文蔚豹生甫刪補

同里　張壇步青甫

潘沐新彈甫　評訂

雜篇列禦寇第十

　　列御寇之齊，中道而反，遇伯昏瞀_{音務}。人。伯昏瞀人曰：“奚方而反？”曰：“吾驚焉。”曰：“惡乎驚？”曰：“吾嘗食於十㯻_{音漿}。而五㯻先饋。”伯昏瞀人曰：“若是，則汝何爲驚已？”曰：“夫内誠不解，外謀成光，以外鎮人心，使人輕乎貴老，而韲①其所患。夫㯻人特爲食_{音嗣}。羹之貨，無多餘之赢，其爲利也薄，其爲權也輕，而猶若是，而況於萬乘之主乎！身勞於國而知盡於事。彼將任我以事，而效我以功。吾是以驚。”伯昏瞀人曰：“善哉觀乎！汝②處己，人將保汝矣！”無幾何而往，則户外之屨滿矣。伯昏瞀人北面而立，敦杖蹙之乎頤。立有間，不言而出。賓者以告列子，列子提屨跣而走，暨乎門，曰：“先生既來，曾不發藥乎？”曰：“已矣，吾固告汝曰人將保汝，果保汝矣。非汝能使人保汝，而汝不能使人無保汝也，而焉用之感豫出異也！必或作心。且有感，搖而本才，又無謂也_{言無益也}。與汝遊者，又莫汝告_{音鵠}。也。彼所小言，盡人毒也。莫覺莫悟，何相孰也！巧者勞而知者憂，無能者無所求，飽食而敖遊，汎若不繫之舟，虚而敖遊者也！”

---

①　韲，通行本作“齏”。

②　女，通行本作“汝”。下處同。

【眉批】而五饕先饋：饕，賣饗之人。

【眉批】而鏊其所患：鏊，子兮反。

【眉批】敦杖蹇之乎頤：敦，音頓。蹇，子六反。

【眉批】焉用之感豫出異也：此即末節所言"其功外也"。

補曰：《徐無鬼》篇曰"我必賣之，彼故鬻之"，食十而五先饋，必有所以感動其心，故篤于愛敬而不計利也。列子之驚，蓋善于内觀而駭處己之不浹渺，心疑賤業漿人，猶知尊奉，久之恐有人君，役以事功之患，是尚知虛之足貴也。皆人詞雖善之，隱寓接引之意。曰據汝之所以處己如此，人將保汝矣。保者，藉以保護之也，較饋饗者尤甚矣。言見汝之外鎮人心，將來正未有已也。設列子當下能悟，而韜光斂跡，内外交化，復何患之鏊。無奈戶外之屨滿，却是内誠不解，外謀成光之明驗，所患倍于任我以事，效我以功之萬乘矣。皆人敦杖蹇頤，不言而出，示以忘言之教可以悟矣。跣足而求發藥，形外求影，全不知渾身是病，皆人早知其將保汝二字錯認了，復申前言曰，已矣，夫何發藥哉！吾固告汝曰人將保汝，方爲汝浹慮之，汝不知警省弢晦，仍以矜誇之迹，外鎮人心，今果保汝矣。體道者，貴人我皆忘，尤難于使人忘我。吾之所云保汝，非謂汝能使人保汝，蓋謂汝不能使人無保汝也。保汝，則不能忘，我不能使人無保汝，則不能使人忘我。二者俱非所取也，焉用此戶外之屨爲哉！況保汝之人，感汝而悅豫之者，必汝出岸異之形以召之也，既有感矣，必且憧憧往來，搖爾本才，更無謂矣。才即性也，嗟嗟世鮮知微遠見之人，安望藥言告戒，至於小言詹詹，聆之盡爲人毒。與汝遊者，吾悉知之。誰能覺悟汝，誰復問汝爲何如也。相孰，相誰何借問之義。又復提誨之，至人貴無心而虛遊，去巧與知，則無勞與憂。還我無能之體，則無所求。泛泛如不繫之舟，則虛遊之謂也，虛遊則内誠化而外光銷，何驚何患，何鎮何保之有。【眉批：說得玲瓏透徹，開闔起伏，似盤中數菓，絕無遺落。】〇善哉觀乎，林註曰：言汝于此，具一隻眼。江通作"善于内觀"，皆有味。汝處已，林註曰：處，止也。已，助語，謂汝止矣，不必出遊矣。江註作"不遺形解"，俱非。已，是人己之己，言列子之提躬自處也。人將保汝，林註作人將歸向，保守汝而爲師。師傅三教所尚，何患哉！不若從羅氏，藉以保護，正任以事，效以功之意。賓者，閹人也。感豫出異也，羅氏作豫，未然也。感于未然,所以出異衆之驗。陸註作感人而至于豫出,大是異事。豫出,即霸者之民,驩虞如也之意。終牽强,莫從。

林註曰:十與五,舉成數而言。先饋,半價半送也。內誠不解,誠積于中而未化也。諜,動也,形容舉動,有光儀也,此聖門積中發外之意,而莊子以爲有迹之學。鎮,服也。貴者老者,人之所敬,我今非老與貴,其人反輕彼而敬我,言敬己在老貴之上。螯,積聚也。此等事,積而久之,必成患害。提屨跣走,古人坐於席,必脫屨而後入。急于迎,故不及穿屨也。發藥,言教誨開發而藥石之也。

《循本》曰:敦,音頓,豎也。蹙之乎頤,以杖柱頤,而皮肉皺也。

鄭人緩也,呻吟裘氏之地。祇音支。三年而緩爲儒。河潤九里,澤及三族,使其弟墨。儒墨相與辯,其父助翟郭註作緩弟名。十年而緩自殺。其父夢之曰:"使而子爲墨者,予也,闔胡嘗視其良,或作垠冢也。既爲秋一作揪。栢之實矣。"夫造物者之報人也,不報其人而報其人之天,彼故使彼。夫人以己爲有,以異於人,以賤其親。齊人之井飲者相捽也。故曰今之世皆緩也。自是,有德者以不知也,而況有道者乎!古者謂之遁天之刑。聖人安其所安,不安其所不安;衆人安其所不安,不安其所安。

補曰:緩欲速爲儒,又使弟爲墨,好尚不一,非眞儒矣。非眞儒,便不能順其父、化其弟,以致同異愛憎,骨肉訧屬,宜其退而自殺,況爲儒十年,不能克己明道,恚忿捐生,尤不足惜,且生時不能無爭,而死後復多宿怨,其見夢也,方而其父而子其弟,自恃其有恩而忘報者,以爲父尤徒知有人而不知有天,特不安其所安之衆人而已,何足以稱儒耶!祇三年,猶無幾何時也。河潤九里,以喻澤及三族,言所及廣遠也。"使而子爲墨"至"實矣"三句,言使翟爲墨者,我之恩德也。生既不獲善報,人之已死,何不嘗嘗往視之,況墓木已成拱乎!想當時有此一事,莊子斷之以理,曰夫緩以不獲善報,遺恨于親,殊不知有造化之報存也。如緩之學儒,翟之學墨,人之報也。學儒成儒,學墨成墨,天之報也。設其人之天分不足,有終身爲之而不成者矣。彼天使翟爲墨,適以彰其報也,而緩貪天報,以爲有德于弟特異,而怨賤其親,是不知天也。賤親,即前呼父爲而,呼弟爲而子,上見得。此與齊人之井飲相捽者何異?今之世人,皆不知天,

而以私意自爭,皆緩一流人也。【眉批:从本文參悟出一段大议论,世人那得知其故。】
陸註曰:夫井非一人物耶,掘地出泉,往來井井,造物不自靳也。而人固專之以
爲已私,何示弗廣耶!今之有我相而市私恩者,皆緩之徒也。夫至人無恩,大
德不德。有德者,尚不自知也,況有道者耶!不務道德而務施報,貪天功以爲
己力,古者謂遁天之刑。故聖人安其所安,不安其所不安,則不遁天之刑矣。
小人反是。

朱得之《通義》曰:闔胡二句,諸解無意味,謂父何不見其成弟之善,如時
之秋,如柏之寔,成其材,開其生意,而乃黨以致我死乎,十年積怨,其爲儒可
知已。

陸德明曰:穿井者,谓已有造泉之功。而捽飲者,不知泉之出乃天也。緩
以使弟墨爲功而怨其父,不知翟之能墨,亦其天也。

莊子曰:"知道易,勿言難。知而不言,所以之天也;知而言之,所以之人
也;古之人,天而不人。"

補曰:知而不言,刻落聲塵,默與道契,歸精神于無始,所以之天。知而言
之,一着議論,便有人爲之迹。禮樂文章,日趨于末,所以之人。古人不言而
信,無爲而成,純乎天而已矣。

朱泙漫學屠龍於支離益,單千金之家,三年技成而無所用其巧。

【眉批】泙,音平。當作汗。

補曰:龍變化之物,能屠而除絕之,喻能主張乎變化也。千金富有之藏,能
單而殫竭之,喻能吐棄一切也。莊子寓言道大而不得用于世也。

郭註曰:事在于適,無貴遠功。

聖人以必不必,故無兵;衆人以不必必之,故多兵。順於兵,故行有求,兵
恃之則亡。

補曰:綏來動和,此必然之理。聖人則以革心向化,爲不必然之應,故誕敷
文教,終身不見有兵。服強攻暴,此不可必之勢,衆人則以力角智取之術必之,
故干戈迭起,日見其多。由是推之,非惟師出無名,不可興也。即弔民伐罪,應
天順人,順于兵矣,未免有求勝制人之毒。兵者,危事也。恃強好戰者,未有
不亡。

焦氏《筆乘》曰:兵非戈矛之謂,喜怒之戰于胷中者是也。庚桑子曰,懷恚未發者,兵也,豈止鋒鏑之慘而已。

小夫之知,不離苞苴竿牘,敝精神乎蹇淺,而欲兼濟道物,太一形虛。若是者,迷惑於宇宙,形累不知太初。彼至人者,歸精神乎無①始,而甘瞑②乎無何有之鄉。水流乎無形,發泄乎太清。悲哉乎!汝爲知在毫毛而不知太③寧。”

【眉批】而甘瞑乎無何有之鄉:甘,美也。冥,睡也。以美睡喻安也。

補曰:苞苴,裹藉禮物,相饋送也。竿牘,竹簡書札之類,交際慰問所需者,此世俗陋習,故曰蹇淺。小夫欲從此而圖兼濟,縱盡心竭力,何益之有,亦知未始有物之初乎!太乙形虛,渾渾噩噩,無形可見也。虛則一物不有,安有苞苴竿牘。若敝精神者,徒終身役役,迷惑于宇宙間,薾然困憊,爲形所累,詎知太初之皆空耶!形累正與形虛相反,“至人”至“太清”五句,總見無思無爲之妙,正是形虛處,共一精神也。在小夫曰敝,所見蹇淺,勞勞不休,終濟不得一些事。在至人曰歸,妙合形虛,退藏于密,方且動靜咸宜,大小虛寔之分,有如此。汝,指小夫言。悲哉乎,汝小夫之知,爲知在毫末,而不知大寧。毫末與蹇淺,皆形容其小。太乙、太初、太清、太寧,總是無何有之鄉。

宋人有曹商者,爲宋王使秦。其往也,得車數乘。王秦王也。說之,益車百乘。反於宋,見莊子,曰:“夫處窮閭阨巷,困窘織屨,槁項黃馘音國。者,商之所短;一悟萬乘之主而從車百乘者,商之所長也。”莊子曰:“秦王有病召醫。破癰④潰痤者得車一乘,舐痔者得車五乘,所治愈下,得車愈多。子豈舐⑤音失,食紙反。其痔耶⑥,何得車之多也?子行矣!”

【眉批】小人誇詡,口角活現。

【眉批】罵得痛快。

呂註曰:商之所短,自狀其昔之困苦,今以得車之多爲長,志則鄙矣。故莊

---

① 無,通行本作“无”。
② 瞑,通行本作“冥”。
③ 太,通行本作“大”。
④ 癰,通行本作“癕”。
⑤ 舐,通行本作“𦧈”。
⑥ 耶,通行本作“邪”。

子以舐痔折之。

羅註曰：槁項者，項枯瘦無肉。黃馘者，耳黃悴消削，如被馘然。痤，亦瘤類。

陸註曰：匹夫而遊説戰國之君，非阿諛奉迎，大悦其心，不可以得志，故知其得車之多，所事之愈下。

魯哀公問乎顏闔曰："吾以仲尼爲貞幹，國其有瘳乎？"曰："殆哉圾危也。**乎！仲尼①方且飾羽而畫，從事華辭。以支爲旨，忍性以視民，而不知不信。受乎心，宰乎神，夫何足以上民！彼宜汝②與，予頤與，誤而可矣**。彼，指夫子。汝，指哀公。頤，養也。謂彼有益於國。宜汝與，予之出而頤養天下與，直誤矣。可者，云誤則有之也。**今使民離**去聲。**實學僞，非所以視**顧視撫恤之義。**民也。爲後世慮，不若休之，難治也。"施於人而不忘，非天布也。商賈不齒，雖以事齒之，神者勿③齒。爲外刑者，金與木也；爲內刑者，動與過也。宵人之離**雁同。**外刑者，金木訊之；離內刑者，陰陽食之。夫免乎外內之刑者，惟眞人能之。**

【眉批】仲尼方且飾羽而畫：奇喻。

【眉批】雖以事齒之：以事，事字，一作士。

呂註曰：道法自然，有聖智爲之累，則是飾羽而畫也。羽者，天質自然；畫則增以人爲之飾。以支爲旨，以枝葉之言爲美也。忍性猶云矯性，矯飾其自然之性，而不知其無實。若然者，不能忘心而受乎心，不能體神而宰乎神，成了個窠臼，何足以上民哉！"彼宜汝與，予頤與，誤而可矣"三句，解見本文下。羅氏《循本》曰：彼，指民。汝，指哀公。予，顏闔自謂。頤，猶頤指。言爲民上者，宜與民相忘，彼民宜汝與予，頤指示之而自治，何必政令？雖使民或有差誤，可以實心實政教化之。④ 此説自佳。

補註曰：今從仲尼之道，從事華詞，民將離實學僞，不但難以治今日，并難以治後世，不若休之。蓋以有所施而不忘，與天之雲行雨施，布濩無心者異，故

---

① 通行本"仲尼"屬上句。

② 汝，通行本作"女"。

③ 勿，通行本作"弗"。

④ 引文與羅氏原文有出入。

欲休之也。譬如商賈，懷私謀利之人，爲士者不與之齒，縱事出偶然，或與聚列，而神情終不接洽，故曰神者弗齒。猶之矯飾者，有道之人亦不肯與之齒也。

呂氏曰：金與木，刑人之體。動與過，刑人之心。寂然不動者，心之正，動無非邪也。有爲而欲當，則緣于不得已，否則皆過而已。楊子曰，晝人之過少，夜人之過多。宵即夜之謂。爲道未至乎光大，而不免内外刑者，猶宵人耳。

郭註曰：金謂刀鋸，木謂捶楚桎梏。靜而當，則内外無刑。不由明坦之塗者，謂之宵人。○林氏曰：食如日食之食，陰陽食之，言有造化之譴也。

孔子曰："凡人心險於山川，難於知天。天猶有春秋冬夏旦暮之期，人者厚貌深情。故有貌愿而益，有長若不肖，有順一慎。獶①音狷。而達，有堅而縵，有緩而釬。故其就義若渴者，其去義若熱。故君子遠使之而觀其忠，近使之而觀其敬，煩使之而觀其能，卒然問焉而觀其知，急與之期而觀其信，委之以財而觀其仁，告之以危而觀其節，醉之以酒而觀其則②，雜之以處而觀其色。九徵至，不肖人得矣。"

補曰：貌厚則難窺，情深則多詐。下五樣人，皆情貌之不可測者。有貌若愿愨，而情則損人利己，事事求益者；有貌若長者而情實不肖者；有忽而柔順，忽而獶疾，貌多背繆而情反通達者；有貌似堅斷，而情多懦弱者；有貌類寬緩，而情轉褊隘者。此等人皆假義以行私者也。故或去或就，無常耳。耳目遙隔，易于懷欺，故徵忠。左右習狎，多至玩褻，故徵敬。才力短薄，不足以治冗繁；見識褰淺，不足以應呼吸，故徵能徵智。急難不忘，信也。見利不苟，仁也。守死善道，節也。沉湎盡歡，而豐儀整飭；清歌妙舞，而雜處不惑，道德之士也。反是，則不肖人矣。九徵至，而人心之險，不難知矣。

正考父宋之公族，孔子十世祖。**一命**士也。**而傴**曲背曰傴。**再命**大夫也。**而僂，**曲腰曰僂。**三命**卿也。**而俯，**身伏曰俯。**循牆而走，**不敢當中道意。**孰敢不軌！**言取法之也。**如而夫者，一命而吕鉅，**驕矜貌。**再命而③車上儛，**乘車而軒舞。**三命而名諸父。**呼叔伯之名。**孰協唐許？賊莫大於德有心而心有睫，及其有睫也而

---

① 獶，通行本作"懁"。
② 則，通行本作"側"。
③ 通行本"而"後有一"於"字。

內視，內視而敗矣！凶德有五，中德爲首。何謂中德？中德也者，有以自好也而吡_{同訾}。其所不爲者也。窮有八極，達有三必，形有六府。美髯長大，壯麗勇敢，八者俱過人也，因以是窮緣循、_{順其自然}。偄佞央_{去聲}、困畏不若人，_{退讓意}三者俱通達；知慧外通，勇動多怨，仁義多責。達生之情者傀，達於知者肖；達大命者隨，達小命者遭。

【眉批】如而夫者，云如彼一流人也。

羅曰：唐許，陶唐時許由也。許由讓天下而勿受，豈以爵名自驕。孰協，誰能如之也。郭子玄曰：孰協唐許，言而夫與考父，誰同于唐許之事也。協，合也。林鬳齋曰：以我與唐堯、許由，合而觀之，則可見輕重。孰協者，言其不能合觀也。

補曰：呂，鼎呂也。鉅，鐮鈎之屬。而夫驕矜，尊重如鼎呂，難犯如鋒銛。【眉批：確義出人意外揭出，如撥霾見日。】大道無爲自然，見以爲德而有心爲之，則害生，故曰賊。當其有心之時，未免增了許多意識，形色事物，交接于前，日不暇給，如心又開一眼也。一身之外，目爲主；一身之內，心爲主。目視之即心視之，故曰及其有睫也而內視。內視則心隨目轉，愛憎去取，柴柵其內，思慮櫌之，陰陽食之，未有不敗者也。大凡耳聰、目明、鼻臭、口言、心有意識五者，人所得于天者也。不知者，日與物相刃相靡，薾然疲役而不知所歸，寔有害于道，名爲兇德。然四者之累，皆起于心之意識，故曰中德爲首。何以故，緣有心者，意識障蔽，恒至于自好而訾人。訾人者，人盡訾之，故所遇皆窮。極而言之，窮有八；約而斷之，達有三，形有六府。此句難解。形，即形而下者謂之器之形，器則可藏之府庫也。美髯長大，壯麗勇敢八者，皆外形，不足恃也；而中心以爲過人，則傲物肆志，禍之招也，故曰因以是窮。緣循，隨寓而安。偄佞，卑伏自處。困畏不若人，翼翼小心。三者與世無兢，謙而受益，俱有通達之理。窮與通達，不過槩論理所應然，非謂八者盡窮，世所稱達，僅此三項也。仁義多責，言望恩者衆，則責備者多。

陸曰：達生之情，則造于實際，傀然而大解矣。達于知，則知天知人。天之肖子也，在天者爲大，在己者爲小。達在天，則隨順之，聽自然也。達在己，則隨時所遭，皆歸之命。遭者，猶有得失委命之心，隨則無容心矣。

方思善曰:形者,表暴于外之名。府者,藏畜于中之義。言有六者藏畜于中,未免表暴于外也。知慧勇動仁義,所謂六府也。【眉批:六府從此說爲是,諸解俱未妥。】惟達者免乎此矣。達生者無心,達知者無睫,達命者吉凶好惡,無思無營,而與天遊也。

焦曰:《文子》曰:"道有知則亂,德有心則險,心有眼則眩"。何者?有眼必有見。學道者,每患于無見,而不知見爲德之賊也。釋氏說五種眼,只天眼肉眼在面,慧法佛皆在心。彼心眼者,德之成。此心眼者,德之敗。知其所以敗則知其所以成,無二理也。然則達於知者非眼乎,而何以言肖。老氏不云乎:夫道大,似不肖。若肖,久矣其細。

人有見宋王者,錫車十乘,以其十乘驕穉莊子。莊子曰:"河上有家貧,恃緯蕭而食者,其子没於淵,得千金之珠。其父謂其子曰:'取石來鍛之!槌碎之也。夫千金之珠,必在九重之淵而驪黑也。龍頷下。子能得珠者,必遭其睡也。使驪龍而寤,子尚奚微之有哉!'今宋國之濱①,非直九重之濱②也;宋王之猛,非直驪龍也。子能得車者,必遭其睡也。使宋王而寤,子其螫③粉矣!"

陸曰:驕穉,言見莊子而驕,如有孩穉之狀者。或作孩視人亦佳。緯蕭,纖蘆荻爲箔也。子尚奚微之有,言龍不睡,必爲所攫,殘食無遺也。蓋珠有光彩,竊者爲龍所覺,其禍不測。以比今之阿諛苟容,竊取權勢者,皆乘世主之不覺,使其一有悔悟,而此輩螫粉矣。

或聘於莊子。莊子應其使曰:"子見夫犧牛乎?衣以文繡,食音嗣。以芻菽④音叔。,及其牽而入於大廟,雖欲爲孤犢,其可得乎?"

呂曰:莊子入于不死不生,嘗以死爲南面王樂,則太廟犧牲,非所畏也。而俗方危身傷生以蹈利,故其制行如此。

莊子將死,弟子欲厚葬之。莊子曰:"吾以天地爲棺槨,以日月爲連璧,星辰爲珠璣,萬物爲齎送。吾葬具豈不備耶?何以加此!"弟子曰:"吾恐烏鳶之

---

① 濱,通行本作"深"。
② 濱,通行本作"淵"。
③ 螫,通行本作"鼇"。
④ 菽,通行本作"叔"。

食夫子也。"莊子曰:"在上爲烏鳶食,在下爲螻蟻食,奪彼與此,何其偏也!"

《吹影》曰:世俗貪生則重死,重死則厚葬,達人方白骨視之,蓋自有所以不死者,與天地日月星晨共悠久,但問吾所具者備否耳,不問葬也。奪彼與此,特就弟子烏鳶之說,姑以下及螻蟻,隨事應荅,聊折其偏,正意實譏世人貪生重死之不達也。連璧珠璣,想當日送資之所需者。

以不平平,其平也不平;以不徵徵,其徵也不徵。明者,誰爲之使,神者徵之。夫明之不勝神也久矣,而愚者恃其所見,入於人,其功外也,不亦悲乎!此段自爲一節,不可與前段相合。諸本皆合,惟陸方壺分之。

陸曰:君子之立教也,易其心而後語,不平之言,不言也。若以不平平人,則其平也,終于不平而已。文獻足而後言,無徵之言,不言也。若以不徵徵人,則其徵也,終于不徵而已。是以知不平之鳴,不可以齊物,無稽之言,不足以取信。若我之巵言日出,和以天倪,則非不平之平。寓言十九,藉外論之。重言十七,以爲耆艾,則非不徵之徵。且人之聰明,誰爲之使,無亦神者使之乎,神則天性自然之靈覺,不可以絲毫知力,與于其間,明之不勝神也久矣。愚者恃其私見,入于人爲,求功于外,不亦悲乎!外,謂乾慧黠識,指當時談説之士,如惠施、公孫龍之徒,日以其辯,與天下恃其言,既不平,而理復無徵,謂之明可乎?莊子篇終,分明隳括全經,後篇復自爲敘,甚有輕重條理,讀者不得草草。反復抽繹,方見良工苦心。

南華眞經合注吹影卷之三十三

雜篇天下總論

約菴曰:有物混成,先天地生,字之曰道。由老聃此言觀之,道之一字,亦後人强立之名,何術之有哉?術也者,神降聖生,因人身體力行,修之備之而爲言也。若天人之不離於宗,神人之不離於精,至人之不離於眞,聖人之兆於變化,術也。君子之仁義禮樂薰然者,亦術也。道術六通四辟,無乎不在,而不可執所在以自雄。【眉批:雄字,先逗惠子存雄而無術。】無奈後之學者,多一察以自好,不該不偏,各爲其所欲爲,以自爲方。于是道術乃裂而爲方術,囿於畛域,而不能見天地之純,察古人之全矣。古之道術有在於簡樸爲先者,【眉批:運出"有在",正與"無乎不在"相關合。】墨翟、禽滑釐説而誤爲之,其道大觳,以反天下之心。古之道術有在於正己養民者,宋鈃、尹文説而誤爲之,强聒而不舍,以見厭於上下。古之道術有在於順應無我者,彭蒙、田駢、慎到説而誤爲之,適得怪焉,爲豪傑之所笑。此皆嘗有所聞而自以爲方,一曲之學也。【眉批:總結一句,妙合經文之旨。】古之道術有在於澹然獨與神明居者,惟關尹、老聃得衍其傳,而稱博大眞人。古之道術有在于寂寞無形,變化無常,一生死,竝天地,無所不羅而一無所有者,莊周聞而説之,獨與天地精神往來,不以觭見立異,不以傲物明高。【眉批:周旋老莊處,有斟酌。】其于宗也,稠適而上遂。其著書也,雖瓌瑋而連犿,參差諔詭而可觀,充實弘洪,其理不竭,無窮無盡,以竊附于老聃,相進于道而已。末又以惠施多方爲戒。多方者,將高出于方術之上,特爲廣博怪肆之説,與人爭勝也。惟不屑自拘于方,故駘蕩而不得,不能應化而解物,故逐萬物而不反。此句即首節往而不反,必不合矣之義。【眉批:脈絡貫串。】不反者,不反其本也。不合者,不合其宗也。此其人縱有書五車,其道舛駮,其言也不中,徒存雄無術,自以爲最賢耳,烏知道哉!或問《南華》一經,多援引孔子爲重,何于《天下》篇獨不敍及,曰此莊子尊尼山之意也。莊子知孔子爲集大成之聖,業備天地之美,配神明,育萬物,和天下,澤百姓,其爲道術也,六通四辟,無乎不在,而一無所在者也,安敢與諸子同類而語,正所以浹尊孔子也。【眉批:此是莊子本心。】

南華眞經合注吹影卷之三十三

武林吹影居士胡文蔚豹生甫刪補

姪壇亦韓　男濤浴輪

男洌濟遠　男洲澤垓　校

雜篇天下第十一

　　天下之治方術者多矣,皆以其有爲不可加矣。云皆自以爲是也。古之所謂道術者,果惡乎在? 曰:"無乎不在。"曰:"神何由降? 明何由出?""聖有所生,王有所成,皆原於一。"神降則聖之所生,明出則王之所成,聖王生成之功,即天地生成之理。同出一原。不離於宗,謂之天人。不離於精,謂之神人。不離於眞,謂之至人。以天爲宗,以德爲本,以道爲門,兆於變化,千變萬化之理,皆兆端于此。謂之聖人。以仁爲恩,以義爲理,以禮爲行,以樂爲和,熏然慈仁,謂之君子。以法爲分,法則有區別,故曰分。以名爲表,名則有等威,故曰表。以參爲驗,參者以此而合彼,故可徵驗。以稽爲決,稽者,考古而準今,故可以斷決裁制也。其數一二三四是也,其數歷歷明備,可按而稽。百官以此相齒。以事爲常,百官有定秩而不越,庶事有定紀而不紊。以衣食爲主,蕃息鷄豚犬彘之畜是也。畜藏,倉廩府庫之積。老弱孤寡爲意,皆有以養民之理也。謂之聖人以上,言內聖之德。"以仁爲恩"至"養民之理也"一段,言外王之業。"古之人其備乎"至"稱而道之"一段,言古之道術,犧、黃、堯、舜、周、孔,包括其中。天下大亂以下,言後世之方術。悲夫以下,皆傷嘆之辭。古之人其備乎! 配神明,醇天地,育萬物,和天下,澤及百姓,明於本數,繫於末度,六通四

352

辟,小大精粗,其運無乎不在。與上句照應。其明而在曆數①者,舊法、世傳之史尚多有之。其在於《詩》《書》《禮》《樂》者,鄒魯之士、縉②紳先生多能明之。《詩》以道志,《書》以道事,《禮》以道行,《樂》以道和,《易》以道陰陽,《春秋》以道名分。《春秋》,孔子之書。六經并稱,莊子尊孔子之意也。其數散於天下而設於中國者,百家之學時或稱而道之。見百家之學,皆假託六經而稱道之,以申其說。天下大亂,賢聖不明,道德不一,天下多得一察焉以自好。譬如耳目鼻口,皆有所明,不能相通。猶百家衆技也,皆有所長,時有所用。雖然,不該不徧,一曲之士也。判天地之美,析萬物之理,判析,區別意,正見其不能全備也。察古人之全,寡能備於天地之美,稱神明之容。美,道之在中者,體也。容,道之在外者,用也。是故內聖外王之道,闇而不明,鬱而不發,天下之人各爲其所欲焉③以自爲方。悲夫,百家往而不反,必不合矣!言凡爲方術家,終身迷惑,一不反,判之析之,必不能合矣。後世之學者,不幸不見天地之純,古人之大體,道術將爲天下裂。

【眉批】道術,聖人之道。方術,一曲之學。大小精粗迥別。

【眉批】古之人其備乎:古人即指前伍項天神至聖君子也。

【眉批】古之人其備乎:古人即指前伍項天神至聖君子也。

【眉批】其運無乎不在,言道之所運旋。

【眉批】"寡能備"備字與"其備乎"備字相應。

【眉批】天下之人各爲其所欲焉以自爲方:方字妙于點染。

【眉批】此總言天下大亂,內聖外王之道不明,百家衆技紐于一察一曲,各爲所欲爲,自以爲方。裂道術而爲方術也。

刪訂陸註曰:宗,即所云未始有始也者。不離,以無爲爲宗者。天人,即所謂畸於人而牟於天者。不離於精者,凝聚精神,萬古不朽,能感天地,貫金石,是所謂人而神者。不離於眞者,本然之眞,純極無疵,以言其德,至矣極矣,無以加矣,故謂之至人。以天爲宗,及兆於變化,以無爲爲體,以有爲爲用,此聖修之能事,非聖而何?仁義禮樂,皆失道而下之事,賢人君子,治世之法,無過

---

① 曆數,通行本作"數度"。
② "縉",通行本作"搢"。
③ 焉,原本作"爲",據通行本改。

于此。本數明,則末不離。

補曰:無乎不在,所以爲備也。其備乎,備字,與下寡備照應,歎古今道術之異也。

羅氏《循本》曰:其數一二三四,逐一逐二,討分曉也。一察,只見得一偏,執之以自喜,所以自局於方也。

呂註曰:所謂神者,數不可計,度不可奪,不可以書,言傳也。明在數度者,有司存其法,國史記其迹。其在《詩》《書》《禮》《樂》者,鄒魯之士,多能明之,皆古之道術。明而在數度者,先王以其數,施于有政,散于天下,故百家時稱道之,亦不出于古道術之外。此時天下有道,聖賢明而道德一,學者得見其全,不爲奇方異術之所蔽。及其亂也,人恣近好,一察自矜,故國異政,家殊俗,術異方矣。

不侈於後世,不靡於萬物,不暉於度數①,奢,侈也。不示后世以奢侈,鎮物以樸,勿爲靡麗。暉,華藻也。不以文物自飾。**以繩墨自矯,而備世之急,**以繩墨自歷而矯世之奢華,天下皆趨於儉約,而才用有餘,可備意外之急。**古之道術**以簡樸爲先。**有在於是者。墨翟、禽滑釐聞其風而說之。爲之大過,**已抑過也。**之太順②。作爲《非樂》,命之曰《節用》,**《非樂》《節用》,墨子篇名。**生不歌,死無③服。**墨子汎④愛兼利而非鬬,其道不怒;又好學而博,不異,不與先王同,毀古之禮樂。黃帝有《咸池》,堯有《大章》,舜有《大韶》,禹有《大夏》,湯有《大濩》,文王有辟雍之樂,武王、周公作《武》。古之喪禮,貴賤有儀,上下有等,天子棺槨七重,諸侯五重,大夫三重,士再重。今墨子獨生不歌,死無⑤服,桐棺三寸而無槨,以爲法式。**以此教人,恐不愛人;以此自行,固不愛己。末⑥敗墨子道。**末,終也。言終必敗壞而難爲者,墨子之道也。**雖然,歌而非歌,哭而非哭,樂而非樂,是果類乎?**墨子以三者爲非,全不近人情,果足以類萬物之情乎,否耶?**其生也勤,其死也薄,**

---

① 度數,通行本作“数度”。
② 太順,通行本作“大循”。
③ 無,通行本作“无”。
④ 汎,通行本作“氾”。
⑤ 無,通行本作“不”。
⑥ 末,通行本作“末”。

其道大觳樸也,。使人憂,使人悲,其行難爲也,恐其不可以爲聖人之道,反天下之心,天下不堪。墨子雖獨能任,奈天下何! 離於天下,其去王也遠矣!

【眉批】已之大順:舊解"順"仝"愼",愚意當作"已甚"之"甚"。或音同訛寫,古字通用也。林註作"循",平聲。太循其說,抑遏過甚,亦是。

【眉批】觳,音恪,戶角反。

增刪呂註曰:先王之治,于文物聲名大備後,則不侈不靡,不以文華自煥,身先儉約,欲以繩墨矯世之奢,使天下節省以致豐裕,而備水旱兵荒之急,道固有在是者,非常然也。夫道所以體常而盡變,墨子特見其備世之急,遂以爲常,而持之已甚。正所謂得一察焉,以自好也。自作爲《非樂》,至博不異,皆爲之太過,已之太順者也。先王禮樂有節,喪葬有儀,今不同先王,毀古禮樂,儉薄如此,非特不愛人,亦不愛己矣。

《吹影》曰:以下歷指道術之裂,墨翟、禽滑釐、宋鈃、尹文、彭蒙、田騈、愼到、惠施諸人,皆不該不徧,一曲之士也。墨子受病,只在爲之太過上,名篇曰《節用》是也,名篇曰《非樂》則大錯,故莊子全從毀禮樂處闢之。鬭怒,與愛相反,故勿取。好學而博,亦徵墨子聞見淵廣,非孟浪立說者不異,正是汎愛兼利之意,但爲之過當,不與先王同,所以不可爲聖人之道。反人之心,天下不堪,去王遠也,雖然,歌而非歌至末,極言墨道之必敗也。

墨子稱道曰:"昔者①禹之湮音烟。洪水,決江河而通四夷九州也。名川②三百,支川三千,小者無數。禹親自操橐音託,盛土器。耜音似,起土之具。而九雜天下之川。腓無胈足肚,無皮。,脛腓前骨也。無③毛,沐甚風,櫛疾雨,置萬國,禹大聖也,而形勞天下也如此。"使後世之墨者,多以裘葛④爲衣,以跂蹻爲服,跂,同屐。蹻,同屩。木曰屐,草曰蹻。服,言著而用之。日夜不休,以自苦爲極,曰:"不能如此,非禹之道也,不足謂墨。"相里姓。勤名。之弟子,五侯之徒,言不止

① 通行本無"者"字。
② 川:通行本作"山"。
③ 無,通行本作"无"。
④ 葛,通行本作"褐"。

一國之人也。**南方之墨者若獲、已齒、鄧陵子之屬,俱誦《墨經》,而倍譎不同,相與**①**別墨。以堅白同異之辨**②**相訾,以觭偶不仵之辭相應,以巨子**墨道成者,猶云碩師。**爲聖。**句。**人,皆願爲之尸,冀得爲其後世,至今不決。**言如流不斷。**墨翟、禽滑釐之意則是,其行則非也。將使後世之墨者,必自苦以腓無胈、脛無毛相進而已矣。亂之上也,治之下也。**上下,言亂多而治少也。**雖然,墨子眞天下之好也,將求之不得也,雖枯槁不舍也。才士也夫!**補曰:亂,云矯佛人性也。雖矯佛人性,而天下却好之,往往宗尚,求之惟恐不得,極枯槁而不舍,亦可謂之才士矣!言才則非有德者矣。

【眉批】名川三百:名川,或作名山者,非。

【眉批】墨子眞天下之好也:好,去聲。

呂註曰:禹遭水變,其勤苦如此,所謂備世之急者,墨子以爲常然,則非也。爲之太過,日夜不休,無所不用其極,且徒苦後世之人,以此相近而已矣。夫勤儉故難爲,而墨子優爲之,眞天下之好。求之不可得者,其才士也夫!

《吹影》曰:九雜天下之川,雜同鑿,古通用,或悮寫。鑿,疏也,即疏九河也。【眉批:解九鑿,字確而正。】倍譎不同,相謂別墨,言比墨子更詭譎不倫,因自號曰別墨,謂與墨翟有別也。觭偶本異,而曰不相仵。此強辨之事。相問答,曰相應。

不累於俗,不飾於物,不苟於人,不忮逆也。**於衆,願天下之安寧以活民命,人我之養,畢足而止,以此白心,古之道術**以正已養民爲先。**有在於是者,宋鈃、**音刑。**尹文聞其風而說**③**之。作爲華山之冠以自表,**華山上下均平,其冠象之,用以表異于世。**接萬物以別宥爲始**;別善惡,宥不及。**語心之容,命之曰心之行。以腼**和也。**合歡**④**,以調海內,請欲置之以爲主。見侮不辱,救民之鬥,禁攻寢兵,救世之戰。以此周行天下,上說下教,雖天下不取,強聒而不舍者也。故曰上下見厭而強見也。雖然,其爲人太多,其自爲太少,曰:"請欲固置五升之飯

---

① 與,通行本作"謂"。
② 辨,通行本作"辯"。
③ 說,通行本作"悅"。
④ 腼,通行本作"聏"。歡,通行本作"驩"。

足矣。"先生恐不得飽,弟子雖饑①,不忘天下,日夜不休,曰:"我必得活哉!"圖傲乎救世之士哉!曰:"君子不爲苛察,不以身假物。"以爲無②益於天下者,明之不如已也。以禁攻寢兵爲外,以情欲寡淺爲内,其大小③精粗,其行適至是而止。

《吹影》曰:不累于俗,廉潔自持也;不飾于物,澹泊無華也。不苟于人,不敢傲慢。不忮于衆,不拂人情。畢足而止,人人滿志也。凡人爭鬭之事,類始于肴雜,成于刺鬏,分別而寬宥之,人胥安寧矣。以言乎心體,何所不容!【眉批:解心容二字妙。】出此心以應世,名曰心之行。使天下薰然共納於春和之内,善氣迎人,疇不歡心而調適,故曰以脰合歡,以調海内。二子自以爲有道術,欲海内置之以爲主,猶言宗主也。侮鬭攻戰,歡之所以不能合也,故力救之。周,徧也。欲以此徧行於世,雖天下不我取,尚嘵嘵强聒而不已,故當時不取者有言曰,上下見厭而强見也。"我必得活哉"二句,自誇自許之辭,明明說我之不忘不休也,必得活民命哉!將以愧今世託言救世而自利之人哉!圖傲,矯枉之義。其說又曰君子不爲苛察,苛察則非別宥之旨;不以身假物,假物自助則非,不累之旨。凡無益于天下之事,即眞知確見,不如舍之而勿爲。察其大旨,不過外之欲去兵革,内之欲汰情欲,雖其大小精粗,不能備述。其行適至于是而止,未能經虛設曠也。

郭註曰:不爲苛察,務寬恕也。不以身假物,必自出其力也。無益天下者已之,所以爲救世之士也。

呂註曰:其行適至是而止,過此則非。二子所知,謂其不聞道也。

林註曰:强聒不舍,誇說不已也。强見,人已厭鄙,猶强欲見長也。

羅氏曰:脰,煮熟也。言心之用,如以烹飪,與人合歡,使之飲樂,以此調和海内而已。○補曰:愚考從月,音而,煮熟義。從日,音爰,温和義。不若從烹飪解,與調字相合,調如調羹之調。

---

① 饑,通行本作"讥"。
② 無,通行本作"无"。
③ 大小,通行本作"小大"。

公而不黨①，易而無私，決然無主，如水之決東而東，決西而西，更無主宰，隨寓而安。趣物而不兩，與物同趣，不立人我，故云不兩。不顧於慮，不謀於知，不役于計智。於物無擇，忘選擇去取。與之俱往，順其自然。古之道術以順應無我爲先。有在於是者，彭蒙、田駢、愼到聞其風而說②之。齊萬物以爲首，曰："天能覆之而不能載之，地能載之而不能覆之，大道能包之而不能辨③之。"知萬物皆有所可，有所不可。故曰："選則不徧選則有用有棄，……道則無遺者矣。同歸于道，則大以成大，小以成小，普萬物而不遺，何不偏不至之有。是故愼到棄知去己，而緣不得已，泠汰於物，冷汰，瀟灑無累之義。以爲道理，曰："知，句。不知將薄知而後鄰傷之者也。"謑忍恥也。髁獨行貌。無任，忍恥獨行，不肯擔當事務，故笑尚賢任世。而笑天下之尚賢也；縱脫無行，而非天下之大聖；頹然自放，脫略禮法，不立行檢，翻以古之大聖爲非。椎拍輐斷，無圭角意。與物宛轉，舍是與非，苟可以免，不師知慮，不知前後，魏然兀立無知貌。而已④。推而後行，曳而後往，若飄風之還，若羽之旋，若磨石之隧，音隧，言回轉也。全而無非，動靜無過，未嘗有罪。是何故？夫無知之物，無建己之患，無用知之累，動靜不離于⑤理，是以終身無譽。故曰："至於若無知之物而已，無用聖賢⑥，夫塊不失道。"豪桀相與笑之曰："愼到之道，非生人之行，而至死人之理，適得怪焉。"田駢亦然，學於彭蒙，得不教焉。心之好尚，自相契合，不待教而後能。彭蒙之師曰："古之道人，至於莫之是、莫之非而已。⑦ 其風窢音閧。然，惡可而言？"其言止此，下則莊子斷之也。常反人，不聚觀，而不免於魭即輐，誤寫。斷。林氏曰：窢，風聲。言發言如飄風之窢然，無所容心，雖言而若無言，但所見常與人相反，不能聚合倫類而觀，故爲一偏之說，不免于强求無圭角。其所謂道非道，而所言之韙是也。不免於非。彭蒙、田駢、愼到不知道。雖然，槩乎皆常有聞者也。不免于非，即適得怪焉也。槩乎，論其大槩，雖不得正，于道亦當有

---

① 黨，通行本作"當"。
② 說，通行本作"悅"。
③ 辨，通行本作"辯"。
④ 通行本"已"後有一"矣"字。
⑤ 于，通行本作"於"。
⑥ 聖賢，通行本作"賢聖"。
⑦ 通行本"已"字後有一"矣"字。

所聞也。

【眉批】彭蒙、田駢:駢,步田反。

【眉批】謑,苦迷反。髁,戶寡反。

【眉批】拍,普有反。輐,五管反。

《吹影》曰:廓然大公,物來順應,此道術之純正者。所謂以所知,養其所不知,無知而無不知者,愼到三子誤認以爲用知多累,所宜盡棄其知。故欲齊萬物,一如無知之塊,而後不失道之大本。首之爲言本也,意謂莫大于天地,而道又立天地,皆不免于有能不能,則知萬物之可不可,皆情理之所必有者。選擇不可偏革,教化不可遠被,同歸于道則欣然各足,烏用之爲哉!所以棄知。其曰去己,差近忘我。其曰緣不得已,差近無爲。曰冷汰于物,差近虛而委蛇。以此爲道理,未嘗不是。曰知,讀斷,言今人動輒言知,殊不知知識之開,混沌之鑿也。將以薄吾之知,而漸近于傷者也。諸解作知不知爲句,都葛藤,勿從。此句愼到亦說得是,但謑髁四句,廢棄頹放,一味狂肆,非笑聖賢,背戾之甚。椎,搗杵,木之圓者。拍,擊也。輐,車上圓木,惟圓能轉。棄知者無圭角,與之相似。是以隨物宛轉,不執是非,苟免于世。無知無慮,無前無後,魏然而兀立。謑髁無任,至此,正棄知去己處。推而後行,曳而后往,正緣不得已處。若風還、羽旋、磨石之隧,又喻推行曳往之無心,誠能若是,便克以自全,可免人之非笑。己固無過,而未嘗有責罪之者,三句又總言棄知去己,緣不得已,冷汰于物之好處。是何故?問一句,接言夫椎輐、風羽、磨石,無知之物,何嘗知己足建立于世,何嘗恃知而求用于世,其動也隨人,其靜也無營,而拍斷、還旋、隧之理不匱,故終身無譽無咎,所以說人能至于若無知之物,即非笑賢聖,以爲無用可也。復結一句曰塊不失道,愼子受病,全在此處。大道千變萬化,無所不在,必爲土塊之無知,則頑而無靈,質而不化,近于死人矣,適得怪焉,豪傑疇不笑之。下又略次田駢、彭蒙以結案,既抑而復許之。【眉批:此段久墮塵上,中古今人從未解得,經約庵一翻洗發,何啻曉日中天。】

《循本》曰:易,平坦也。決然無主者,遇事決然行之,而不先立主意也。趨物而不兩,隨事而趣,不生兩意,如作一事,又別生一意,便是有心了。冷者,清冷之意。汰者,洗滌之意,猶言遇事灑脫也。知不知者,雖知只做不知。薄與隣，皆略也。若略知，則必有略傷。彭蒙、田駢、愼到、惠施、鄧析，皆齊宣王時人，居稷下，其學本黃老，見《尹文子》及《荀子》。

以本爲精，以物爲粗，以有積爲不足，道未始有物，有積便爲不足。學道者，貴致虛也。與下"無藏故有餘"謹對。**澹然獨與神明居，古之道術有在於此①者，關尹、老聃聞其風而說②之。建之以常無有，**指未始有始也。**主之以太一。**即有始也者。《老子》曰"天下有始，爲萬物母"是也。有始便有主宰。**以濡弱謙下爲表，**表，言應事接物，見于外者，道之用是也。**以空虛不毀萬物爲實。**陸氏曰：實，即佛家所云實相。蓋眞空不空，故不壞世相而成實相，若毀壞萬物，則是斷滅頑空，非所謂道。**關尹曰："在己無居，形物自著。**陸氏曰：居，佛氏所云住心也。己之心，一無所住，而形形物物，莫非己心之所顯發。此便是無所住而生其心。**其動若水，其靜若鏡，其應若響。**三句無心之喻。**芴乎若亡，**恍惚之中，若有物，若無物也。**寂乎若清，**不存清形。**同焉者和，得焉者失。未嘗先人而常隨人。**謙下意。**老聃曰：'知其雄，守其雌，爲天下谿；知其白，守其辱，爲天下谷。'人皆取先，己獨取後，曰受天下之垢；人皆取實，己獨取虛，無藏也故有餘。歸然而有餘。其行身也，徐而不費，**舒徐容與，常自儉嗇。**無③爲也而笑巧。人皆求福，己獨曲全，曰苟免於咎。以深爲根，以約爲紀，**觀其言曰，古之爲道者，微妙玄通，深不可測，以深爲根之謂也。治人事天，莫如嗇。我有三寶，曰慈、曰儉。得非以約爲紀之謂乎！**曰堅則毀矣，銳則挫矣。常寬容於物，不削於人。**言不苛刻繩人，自不受人之侵削。方壺曰：一味寬容遜順，而不敢爲刻削之行。亦通。**可謂至極。關尹、老聃乎，古之博大眞人哉！**

補曰：此述道術之大而眞者，以明己學之所從出也。

寂④漠無形，清虛無象也。**變化無常，死與生與，**死也生之始，生也死之徒，知一氣之無窮無盡。**天地竝⑤與，**至陰肅肅出乎天，至陽赫赫發乎地，知兩者交通而和。**神明往與！**往來屈伸，與之同運。**芒乎何之，忽乎何適，**動無形迹。**萬物畢羅，莫足以**

① 是，通行本作"此"。
② 說，通行本作"悅"。
③ 無，通行本作"无"。
④ 寂，通行本作"芴"。
⑤ 竝，通行本作"並"。

歸，包括萬類而可測其歸宿。古之道術有在於是者，莊周聞其風而說①之，以謬悠之說，荒唐之言，無端崖之辭，時恣縱而不儻同黨。不以觭見之也。以天下爲沉濁，不可與莊語。以卮言爲曼衍，以重言爲眞，以寓言爲廣。獨與天地精神往來，而不敖倪於萬物。不譴謫問也，又責也。是非，以與世俗處。其書雖瓌瑋，而連犿無傷也。其辭雖參差，而諔詭可觀。彼其充實不可以已，上與造物者遊，而下與外死生、無終始者爲友。其於本也，弘大而辟，深閎而肆；其於宗也，可謂稠適而上遂矣。雖然，其應於化而解於物也，其理不竭，其來不蛻，芒乎昧乎，未之盡者。

【眉批】犿，音獲。

【眉批】諔，尺叔反。

【眉批】稠，音調。

補曰：謬悠者，其說若謬于理，而理實悠長也。荒唐者，廣遠無域畔也。時恣縱而不儻，言時時恣意放言，不雷同于人。不以觭見者，非若一端之士，以偏觭自見也。敖倪，同傲睨。瓌緯，高自標許也。連犿，宛轉貌。諔詭，言滑稽詭譎也。充實不可以已者，言其書之中，皆道理充塞于其間。辟，開闢廣遠之義。

陸氏曰：上遂，上達也，達本反始之意。稠作調，調適者，調御閒適，放于自然，欲爲而爲之以不爲也。雖然，下一轉語，言上達之妙，未始離于下學之中。應于化而解于物，謂順天地自然之化，以解萬物之懸結也。此便是調適上遂之意。不竭，謂其出無窮。不蛻，謂不離本宗。來字，或是本字。芒乎昧乎，未之盡者，此個道理，便寂寞無形，變化無常。書以載道，此書所言，直是芒昧無盡。若常人，語下則遺上，語理則遺物，安得謂之無盡？莊叟自敘道術，只在著書上見得，句句是實，却非他人過爲誇誕者。

惠施多方，其書五車，其道舛音詒。駁音剝。其言也不中。歷②物之意，曰："至大無外，謂之大一；至小無内，謂之小一。歷物，謂歷考其所說事物之意。至大無外二句，理與莊同，但於一之中，又分大小，便生辯說之端。謂之一，則無大小矣。無

---

① 說，通行本作"悅"。

② 歷，通行本作"厤"。

厚不可積也，其大千里。大至千里，則其高厚可知。極言其所積也。天與地卑，天有時而下濟。山與澤平。澤有時在山上。日方中方睨，睨，斜也。中之時，早知其必睨。物方生方死。方生之日，而所死之數已定。大同而與小同異，此之謂小同異；如梅先李後，草天木喬之類。萬物畢同畢異，此之謂大同異。一氣混芒，分爲四時，萬物生長收藏，畢同畢異。南方無窮而有窮。海獨居南，比之三方更遠，而浩淼無窮。然既謂之方，統在疆域中，會有涯際。今日適越而昔來。昔知有越，今乃得至。雖謂之昔來亦可。連環可解也。兩環各自爲圓，不能相合，業已解矣。我知天下之中央，燕之北、越之南是也。燕越之人，各以其地爲中，推之一方一邑皆然，廣之天下，亦皆如是。汎①愛萬物，天地一體也。"惠施以此爲大觀②觀，示也。猶《易》"大觀在上"意。於天下而曉辯者，天下之辯者相與樂之。見天下悅慕其學，而爲說浸廣也。卵有毛；如雞伏鵠卵，出於卵者，爲鵠不爲雞，則知卵有一定之毛。雞有三足；雞只二足，有運而行之者爲三。郢有天下；楚王於郢，則郢即楚王天下。犬可以爲羊；馬有卵；犬羊胎卵，人所立之名。設當日呼犬爲羊，名胎爲卵，亦至今不易也。丁子蝦蟆也。有尾；蛙爲蝌蚪所變，即謂之有尾可。火不熱；寒極則火可狎。山出口；空谷傳音如有口。輪不蹍地；脫輞則著地，不可轉也。目不見；不能左右視。指不至；能指示人，不能至其地。至不絕；凡事理造與至極，自可以轉變不窮。龜長於蛇；龜，知吉凶，則長於蛇。矩不方；規不可以爲圓；矩爲方之器，而體不方。規爲員之器，而體不員。鑿不圍枘音瑞。木柄所以入木者，非鑿圍枘，而柄自入之。飛鳥之影③未嘗動也；鏃矢之疾，而有不行不止之時；在弦而未發，不行也。既發而未至于的，不止也。狗非犬；一物不應兩名，言狗則不宜復呼爲犬。黃馬驪牛三；馬牛一，黃驪二，從呼之者三。白狗黑；設前人名曰爲黑，則白狗黑矣。孤駒未嘗有母；馬之有母者曰駒，無母者曰孤。今曰孤駒，則未嘗有母矣。馬二歲曰駒。一尺之棰，日取其半，萬世不竭；捶搗衣杵，取其半而易用之，則經久不壞。萬世者，甚言之也，總見不盡用者善其用。辯者以此與惠施相應，終身無窮。桓團、公孫龍辯者之徒，飾增飾意。人之心，易迷亂也。人之意，能勝人之口，不能服人之心，辯者之圍言徒以強辯，虛辭自圍，不能超脫。也。惠施日以其知，與人之辯，

---

① 汎，通行本作"氾"。
② 通行本"易"字屬下句。
③ 影，通行本作"景"。

之字疑當衍。**特與天下之辯者爲怪**，不過與其徒，自爲怪異耳。**此其抵①也**。大略，即今之言大抵如此。**然惠施之口談，自以爲最賢，曰天地其壯乎！**誇其自強不息，與天地同壯健也。**施存雄而無術**。夫守雌爲人道之要旨，今施之自賢自負如是，徒自爲雄而無服心之術。

【眉批】多方，欲高出自以爲方者之上，正見其存雄也。以勝人爲名也。

【眉批】輪不蹍地：佳句。

【眉批】飛鳥之景未嘗動也：佳句。

《吹影》曰：自"卵有毛"至"萬世不竭"，皆天下之辯者，推廣其說，以與惠子唱和，徒亂人意，口給取憎，安能使人中心誠服。可憐竭一生精魄，橫生意見，究竟不出于此，故曰囷也，爲怪也。雖自賢自壯，不過存雄耳，多方耳，何術之有！○與人之辯，之字宜衍。特，猶但也，不必從《副墨》改作"持"字。

南方有畸②異也。**人焉，曰黃繚，問天地所以不墜不陷，風雨雷霆之故。惠施不辭而應，不慮而對，徧爲萬物說，說而不休，多而無③已，猶以爲寡，益之以怪。以反人爲實，而欲以勝人爲名，是以與衆不適也。弱於德**，在內本無所得。**強於物**，徒然強辯於外。**其塗隩矣**。暗昧不明之喻。**由天地之道，觀惠施之能，其猶一蚉一虻之勞者也。其於物也何庸！**無所用之也。**夫充一尚可，曰愈貴道，幾矣！**幾，殆矣。**惠施不能以此自寧，散於萬物而不厭，卒以善辯爲名。惜乎！惠施之才，駘蕩而不得，逐萬物而不反，是窮響以聲，形與影競走也。悲夫！**

【眉批】繚，音了。

夫"充一尚可"二句難解，陸氏方壺曰：於世充一蚉一蝱之類而進之，雖太寧太一，尚可許之，以是而曰愈于貴道者，豈不殆哉！蓋貴道之人，自以多言數窮爲戒。故知者不言，善者不辯。惠子不能以此寧一其心志，緘默其言詞，以求進于太上忘言之域，獨以其精神，散于萬物，而不厭其煩，卒以善辯，自成其名。惜乎！有如是之才，而不能善用，駘蕩而不得于心，逐物而不反其本，將欲止天下之辯歟！言愈煩而辨愈起，是猶窮響以聲，而形與影兢走也。悲夫！

---

① 抵，通行本作"柢"。

② 畸，通行本作"倚"。

③ 無，通行本作"无"。

　　呂註①曰：老子曰"多言數窮"，曰"希言自然"，則有言者，不得已也。惠施之口談，自以爲賢，不知天地之虛曠，而有我之甚，不能守雌者也。宜其以天地爲壯，存雄而無術也。夫聖人以無言爲言，所以爲德。今施恃其辨，以反人爲寔②，以勝人爲名，不知無言者也。爲言所役，不能自勝，則弱于德。以勝人爲名，則強于物。其塗隩，非六通四闢之道也。天地之道所以大者，以其無爲。今施之能，不免于有我。由天地之道觀之，雖博且辯，猶一蚉一蝱之勞而已，于物何庸哉！一與多，皆道也。一爲本，多爲末。曰③一雖不足爲本末之備，比之忘本逐末者，尚可。曰愈貴于道，亦幾矣。施不知反本以自寧，散于萬物而不厭，卒以善辯爲名，逐末而不知反本也④。夫無聲則響絕，處陰則影滅。已無我，則天下莫與之爭。施雖有才，而不知出此，徒事言詞之末，以與物競，奚異于窮響以聲，而形與影競走也，其失性甚矣！所以莊叟⑤深惜而悲之也。

　　《循本》曰：前歷言道術，此獨言多方，所謂方術也。後言存雄而無術，竝術亦無矣。又曰莊子極詆惠子，所以厭戰國之縱橫者，可見。末篇敘道術，先天人、神人、至人，次及聖人、君子，後世道術裂而始有諸家之異，終及惠子方術下矣。莊子自列於老聃之後，固未嘗敢以上掩六經也。誦讀至此，豈復更有餘篇耶！

　　陸德明曰：子玄之注，只論大體，可謂得莊子之旨。

---

① 　原作郭注，誤。据褚伯秀《南华真经义海纂微》改。
② 　寔，呂注作"實"。
③ 　曰，呂注作"則"。
④ 　此句呂注作"逐物而不反也"。
⑤ 　呂注無"莊叟"二字。

364

责任编辑:赵圣涛
封面设计:胡欣欣
责任校对:吕　飞

图书在版编目(CIP)数据

南华经合注吹影/[清]胡文蔚 著;李波,彭时权点校. —北京:人民出版社,
　2020.8
ISBN 978－7－01－022028－4

Ⅰ.①南…　Ⅱ.①胡…②李…③彭…　Ⅲ.①道家②《庄子》-注释
　Ⅳ.①B223.52

中国版本图书馆 CIP 数据核字(2020)第 061010 号

南华经合注吹影

NANHUAJING HEZHU CHUIYING

[清]胡文蔚　著

李　波　彭时权　点校

人民出版社 出版发行

(100706　北京市东城区隆福寺街 99 号)

中煤(北京)印务有限公司印刷　新华书店经销

2020 年 8 月第 1 版　2020 年 8 月北京第 1 次印刷
开本:710 毫米×1000 毫米 1/16　印张:25
字数:400 千字

ISBN 978－7－01－022028－4　定价:79.00 元

邮购地址 100706　北京市东城区隆福寺街 99 号
人民东方图书销售中心　电话 (010)65250042　65289539